U0746730

清代徽州乡土文献萃编

李琳琦 主编

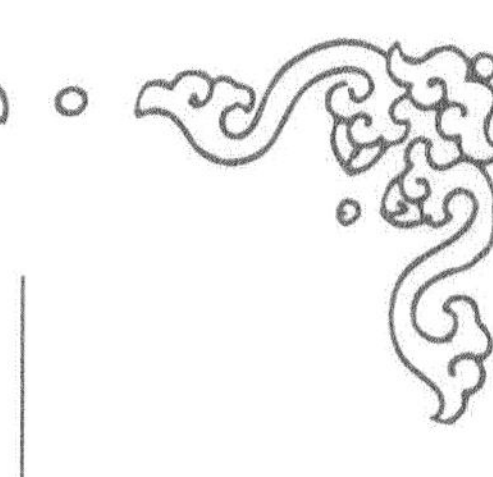

橙阳散志

[清]江登云◎辑

[清]江绍莲◎续编

康　健◎校注

国家古籍整理出版专项经费资助项目

安徽师范大学出版社

图书在版编目（CIP）数据

橙阳散志 /（清）江登云辑；（清）江绍莲续编；康健校注. — 芜湖：安徽师范大学出版社，2018.3

（清代徽州乡土文献萃编 / 李琳琦主编）

ISBN 978-7-5676-3351-3

Ⅰ.①橙… Ⅱ.①江… ②江… ③康… Ⅲ.①村史－歙县－古代 Ⅳ.①K295.45

中国版本图书馆CIP数据核字（2018）第028980号

国家社科基金重大项目“六百年徽商资料整理与研究”（13&ZD088）阶段性成果

文化名家暨“四个一批”人才工程资助项目

橙阳散志 ［清］江登云◎辑 ［清］江绍莲◎续编 康 健◎校注

CHENGYANG SANZHI

策划编辑：孙新文

责任编辑：孙新文 蒋 璐

装帧设计：任 彤

出版发行：安徽师范大学出版社

芜湖市九华南路189号安徽师范大学花津校区

网 址：http://www.ahnupress.com/

发 行 部：0553-3883578 5910327 5910310（传真）

印 刷：江苏凤凰数码印务有限公司

版 次：2018年3月第1版

印 次：2018年3月第1次印刷

规 格：700 mm × 1000 mm 1/16

印 张：23.75

字 数：410千字

书 号：ISBN 978-7-5676-3351-3

定 价：69.80元

橙陽散志卷九

里人江登雲愛山輯　子紹蓮依濂續編

營建志

營建條例同見舍宇志

邱墓特載始祖用誌本源且墓在村內志所應及也故字號稅畝均爲詳注至宋元明各派支祖及鄉之名賢碩彥烈士貞媛墓地雖不盡隸村中而其衍慶流芳有不可没者悉附錄於後庶某壠某邱其人斯在所以示勸也餘則限於尺幅不及備書

邱墓祇載葬地權殯淺土者雖例所應載之人亦闕而有待非敢從略蓋未有主也[illegible]考者亦闕之

子孫附葬祖墓者概不另書[illegible]有專載乃寓特書之

《橙阳散志》书影（中国社会科学院历史研究所图书馆藏嘉庆刻本）

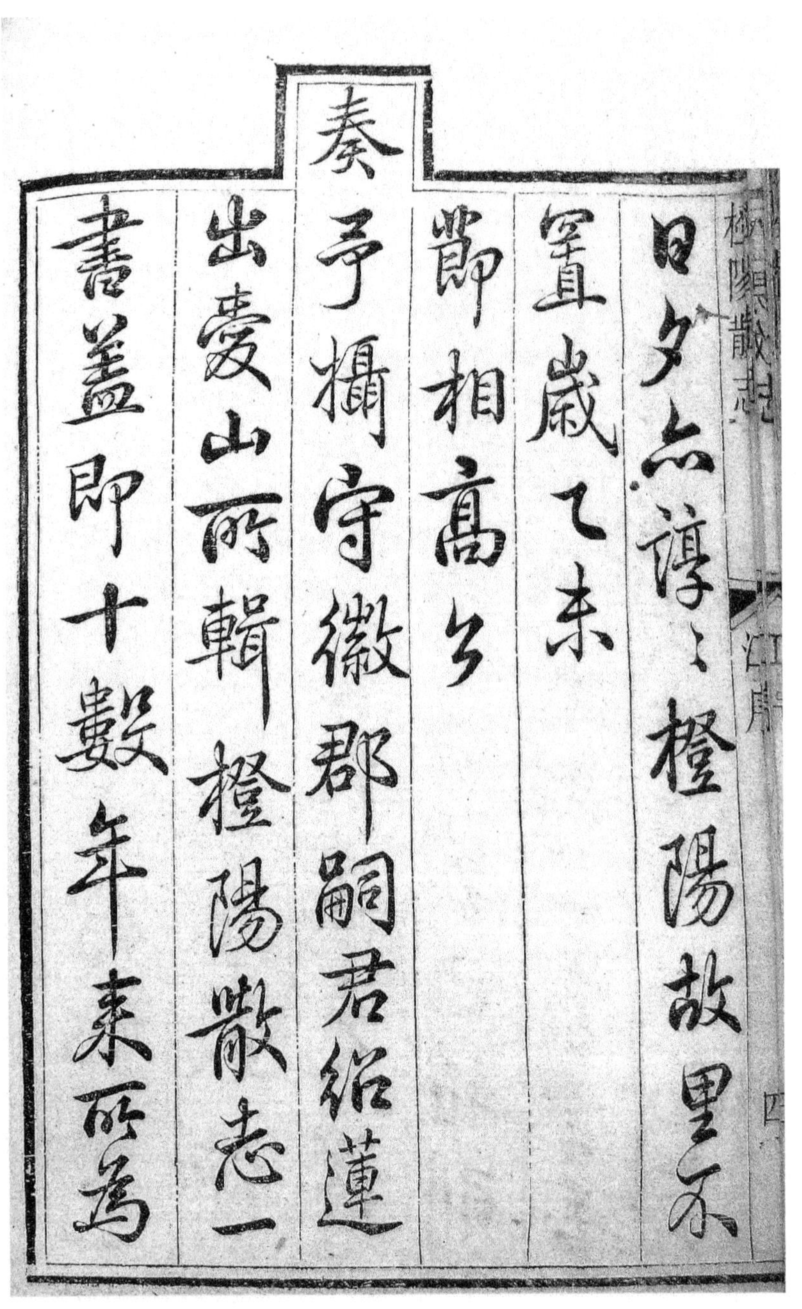

日夕以諄〻橙陽故里不
置歲乙未
鄧相高鄉
奏
亭攝守徽郡嗣君紹蓮
出麦山所輯橙陽散志一
書蓋即十數年來所為

《橙阳散志》书影（广东省立中山图书馆藏乾隆刻本）

橙陽散志卷一
村地
村圖
大牛山
盤塢
雞冠尖
飛布山
瑞陽阿
高山
金竈
嶠山
岑山
後山界
水田
猪頭山
喜子塢
聽泉橋
始祖墓
菖蒲塘
雲嵐橋
練溪橋
桃花垻
香海林
崔頭山

江村全图

江德量故居 （康健摄）

前　言

方志为历史研究之重要史料，在徽学研究中亦得到广泛运用。徽州方志众多，目前存世的有数十部，但目前出版的甚少，仅有《中国地方志集成·乡镇志专辑》[①]对遗存至今的《橙阳散志》《丰南志》《孚潭志》《善和乡志》《西干志》《岩镇志草》和《沙溪集略》等七部徽州乡镇志影印出版，但未能进行整理。虽然刘道胜《徽州方志研究》[②]一书，对传统社会时期徽州方志的编纂、流变、内容与价值有所探讨，但从现有的研究来看，徽州方志的整理与研究还存在很多不足。就整理而言，目前仅有万历《歙志》[③]《新安志》[④]《紫阳书院志》[⑤]《丰南志》[⑥]等少数几部方志（含专志）被整理出版，这与存世数量众多的徽州方志而言，显得十分不足，这也在相当程度上影响徽州方志的开发利用。《橙阳散志》为清代徽州著名的乡镇志之一，为歙县江村人江登云始辑，共有十二卷；其子江绍莲续编，共有十五卷，卷末“备志”一卷。其村仕宦辈出，商业兴盛（尤其是盐商），文风昌盛。该方志内容丰富，详细记载了清中叶以前，该村落社会自然地理环境、风俗民情、商业发展和乡村社会组织及其运作实态，具有较高的研究价值。

一、著者生平

《橙阳散志》为江登云始辑，其长子江绍莲续编。前者成书于乾隆四十年（以下简称乾隆本），内容为十二卷；后者成书于嘉庆十四年（以下简称嘉

① 《中国地方志集成·乡镇志专辑（27）》，江苏古籍出版社1992年版。

② 刘道胜：《徽州方志研究》，黄山书社2010年版。

③ ［明］谢陛撰，张艳红点校：万历《歙志》，黄山书社2013年版。

④ ［宋］罗愿撰，萧建新、杨国宜校著：《〈新安志〉整理与研究》，黄山书社2008年版。

⑤ ［清］施璜编，陈联、胡中生点校：《紫阳书院志》，黄山书社2010年版。

⑥ 吴吉祜辑，吴保琳校；吴晓春点校，张艳红校注，许振东审定：民国《丰南志》，黄山书社2017年版。

庆本),内容为十五卷,末一卷。下面对该书两个作者的生平事迹分别介绍。

江登云(1717—1778),字舒青,号爱山,一号步蟾,原名嘉咏,字鸣和。出生于歙县北乡江村。该村为江氏世居之地,北宋初期始迁祖江汝刚迁居该村,其生峄、岌、岩三子,不久便人丁兴旺,枝繁叶茂,逐渐形成峄、岌、岩三大派。随着世系的推衍,三大派支下又形成若干门房支派,江登云属于岌公分桂一公派的东皋堂门,为江村始迁祖江汝刚第二十四世孙[①]。

明清时期,江氏科第发达,文风昌盛,仕宦辈出,商业兴盛,已成为当地望族。江登云出身于书香门第、商贾世家。高祖父江国宪(1581—1652),"居躬孝友,德重乡闾,族人奉为矜式"[②]。其曾祖父江懋孳(1604—1669),覃恩貤赠武翼大夫、湖广襄阳游击,懿德孝友[③]。其祖父江承元(1648—1715),为当地著名商贾,尝倡修叶坝岭古道、修建东皋堂,捐引道庵田产,义举甚多。其父江嗣仑(1685—1749),字英玉,号星源,邑庠生,中康熙戊子科举人,生六子,登云为其第三子。江嗣仑在江西饶州府经营盐业,年老之时,在皖城经营中经济拮据,遂将盐业交给其长子江嘉谟打理。江嘉谟"往服其劳,力担家计"[④]。江登云十六岁便到饶州府鄱阳县佐助其长兄业盐,很快恢复商业元气,后来其长兄在扬州业鹾,从此商业兴盛。登云虽身处商海,但却胸怀大志,于是在乾隆四年(1739)弃商从武,进入武庠。"乾隆丁卯乡试二十七名举人,戊辰会试二十五名进士,殿试二甲第六名,钦点御前侍卫,赏戴花翎,管理銮仪卫事。"[⑤]登云仕途颇为顺利,为官清廉,颇有政声,屡受提拔。初任湖北襄阳左营游击,署郧阳副将、均州参将,调湖南镇筸左营游击署沅州副将,升江西南安参将、袁临副将,累官至南赣(吉袁临宁)总兵[⑥]。

江登云为官三十载,晚年自言:"直内廷者八年,外任二十余载,位忝封疆,秩跻上品,天恩高厚,图报靡涯。"其族侄江恂在为其撰写的传记中也称:"为国家宣力三十年,终老故土,完人也。"[⑦]虽然一生大半时间在官场,但笔耕不辍,著有《圣贤同归》《素壶便录》《爱山诗草》《修本堂集》《僚友良朋宴

①《济阳江氏族谱》卷首《源流世系》,乾隆四十三年刻本。

②[清]江登云:《橙阳散志》卷四《人物志下·隐德传》,乾隆四十年刻本。

③《济阳江氏族谱》卷首《源流世系》,乾隆四十三年刻本。

④[清]江绍莲:《橙阳散志》卷三《人物志一·孝友传》,嘉庆十四年刻本。

⑤《济阳江氏族谱》卷五《世系·岌公分桂一公派》,乾隆四十三年刻本。

⑥《济阳江氏族谱》卷九《清覃恩累晋武功大夫袁临副将署南赣总兵官登云公原传》,乾隆四十三年刻本。

⑦《济阳江氏族谱》卷九《清覃恩累晋武功大夫袁临副将署南赣总兵官登云公原传》,乾隆四十三年刻本。

集》等书。

尤为值得一提的是，他潜心搜集乡土文献，积数十年之功，辑《橙阳散志》一书，为一村文献[①]。《橙阳散志》于乾隆四十年刊刻，江恂在为该书所写分序评价说："纪载之详，搜罗之广，考核之确，则他志所不逮。虽一家言，若徽郡诸大族，准此而家各为志，则合而成一邑一郡之志。"[②]江登云热心于地方文化事业，积极参与《济阳江氏族谱》编纂，出力甚多，但该谱刊刻不到一年，他就病逝，故未能将新谱中的资料增补到该方志中。

江绍莲(1738—?)，字扆联，号梅宾，原字依濂，江登云长子，邑庠生。他在其父《橙阳散志》基础上，续编《橙阳散志》[③]。

其实，在《橙阳散志》撰写过程中，江绍莲就参与不少资料搜集的工作。在其父病逝后，他又用三十几年时间，广泛搜集各种文献，尤其是利用新刊刻的《济阳江氏族谱》，增补该方志，将内容扩充至十五卷，并新增《备志》一卷。正如其在《续编引言》中所言："敬谨发册，详审玩绎，广采见闻，旁征博雅，举志中已见者续之，未及者增之，有因时日孔迫，夙未详尽者，则采掇以补之，广为十有五卷，诸条目惟益恩褒，盖昔无今有者。余一遵原本，罔敢更易。若夫村隶于邑，邑之疆圉形势、山脉水源、建置沿革、城郭乡隅、风俗礼教，实村之统会，有不可不知者，撰为五考，曰备志，厕于卷末，以备参证，非另开生面也。"[④]除《橙阳散志》外，江绍莲著有《梅宾诗钞》《蟾扶文萃》《芸窗半稿》等诸书。

二、版本、内容

关于《橙阳散志》馆藏情况，据《中国地方志联合目录》记载，该志分别收藏在国家图书馆、上海图书馆、广东省立中山图书馆、中国社会科学院历史研究所图书馆和南京大学图书馆等单位[⑤]。具体来说，该志乾隆本分别收藏于国家图书馆、广东省立中山图书馆，嘉庆本分别收藏于中国社会科学院历史研究所图书馆(存前十卷)、上海图书馆(缺卷九、卷十)、安庆市图书馆(不

①《济阳江氏族谱》卷九《清覃恩累晋武功大夫袁临副将署南赣总兵官登云公原传》，乾隆四十三年刻本。

②［清］江登云：《橙阳散志·江序》，乾隆四十年刻本。

③《济阳江氏族谱》卷五《世系·岃公分桂一公派》，乾隆四十三年刻本。

④［清］江绍莲：《橙阳散志·续编引言》，嘉庆十四年刻本。

⑤中国科学院北京天文台：《中国地方志联合目录》，中华书局1985年版，第471页。

全)。为便于论述,现将两种版本内容列表如下：

卷次	乾隆本	嘉庆本
序	刘宗魏序、杨祈迪序、徐光文序、江恂序	江兰序、刘宗魏序、杨祈迪序、徐光文序、江恂序、续编引言(江绍莲撰)
卷一	**舆地志** 村图、疆界、地脉、山名、水源、地名、井、塘、官堨、古迹、胜景	**村地志** 村图、地界、地脉、山名、水源、土名、井、塘、官堨、古迹、胜景
卷二	**选举志** 科第、荐辟、殊恩、明经、舍选、封赠、乡宾、文学、武庠	**选举志** 科第、荐辟、恩褒、殊恩、明经、舍选、封赠、乡宾、文学、武庠
卷三	**人物志上** 宦业传、忠节传、孝友传	**人物志一** 宦业传、忠节传、孝友传、义行传、隐德传、儒林传、士林传、隐佚传、风雅传、名艺传
卷四	**人物志下** 义行传、隐德传、儒林传、士林传、隐佚传、风雅传、名艺传、列女传	**人物志二** 列女传
卷五	**物植志** 五谷、瓜菜、果木、花卉、畜养、禽鱼、古树	**物植志** 五谷、瓜菜、果木、花卉、畜养、禽鱼、古树、药材、颜料
卷六	**礼仪志** 祭祀、岁时、冠婚、丧葬	**礼仪志** 祭祀、岁时、冠婚、丧葬
卷七	**风俗志** 灯事、游神、还烛、保安	**风俗志** 灯事、游神、还烛、保安
卷八	**舍宇志** 社坛、公所、祠堂、书院、园馆、庵、观	**舍宇志** 社坛、公所、祠堂、书院、园馆、庵、观
卷九	**营建志** 社仓、坊表、邱墓、桥梁、道路、路亭	**营建志** 社仓、坊表、邱墓、桥梁、道路、路亭

续 表

卷次	乾隆本	嘉庆本
卷十	**艺文志上** 书籍、碑、记	**艺文志一** 书籍、碑
卷十一	**艺文志下** 序文、诗歌	**艺文志二** 记
卷十二	**别志** 村考、氏族、邻贤、旅客、附居、仙释	**艺文志三** 序文
卷十三		**艺文志四** 诗歌
卷十四		**艺文志五** 诗歌
卷十五		**别志** 村考、氏族、邻贤、旅客、附居、仙释
卷末		**备志** 歙疆圉形势考、歙山脉水源考、歙建置沿革考、歙城郭乡隅考、歙风俗礼教考
跋	江廷泰、江鉴载	江廷泰、江鉴载、江廷霖
合计	十二卷	十五卷，卷末一卷

从上表可以看出，与乾隆本相比，嘉庆本无论在卷数，还是在具体篇章方面，都有所增加，而且其内容的次序安排与前者也略有差异。具体来说，嘉庆本为十五卷，卷首为序言；卷一至卷十五分别为：村地志、选举志、人物志一、人物志二、物植志、礼仪志、风俗志、舍宇志、营建志、艺文志一、艺文志二、艺文志三、艺文志四、艺文志五、别志；卷末为备志；最后为跋文。

江绍莲续编之时，不仅将列女、序文、诗歌单独成卷，而且增加不少篇章文字。这是一大变化。此外，在原有内容中，也增补了一些子目，如在卷二"选举志"中新增"恩褒"子目，在卷五"物植志"新增"药材、颜料"两个子目。最大的特色是，新增卷末"备志"，其疆圉形势考、山脉水源考、建置沿革考、

城郭乡隅考、风俗礼教考等五个篇章内容,则是从全县乃至府域的视角来叙述,具有超越江村一隅之乡镇志的特色。

值得关注的是,江绍莲在续编之时并非简单地将十二卷增加三卷内容,使之成为十五卷本,而是对整部方志从头到尾皆有改动、增减、补充、考证,这就使得该方志的编纂过程较为复杂。

学界无论在《橙阳散志》的资料梳理,还是在具体研究方面,都取得一定的成果。但目前针对该方志文本本身的研究,则尚付阙如,这是造成目前对该方志的版本和卷数方面存在分歧的重要原因,亦在一定程度上影响了对该方志的运用。

基于上述认识,笔者试图通过系统校勘,对《橙阳散志》全面整理,纠正学界目前存在的错误认识,试图以此来复原该部方志的编纂实态,以便人们更好的利用之。

三、研究价值

《橙阳散志》为清代乾隆、嘉庆时期徽州歙县江村之村志,其村盐商辈出,文风昌盛。该方志内容丰富,详细记载了清中叶以前该村落社会风俗民情、江氏商业发展和基层社会组织运作实态。具体来说,从事该方志的整理具有以下意义:

第一,古典文献学上的意义。虽然学界对《橙阳散志》的运用较多,但在其版本和卷数方面存在严重分歧,尚未明晰其版本和具体卷数。这在相当程度上影响了对该方志的运用。目前学界对该方志版本方面,存在乾隆四十年刻本和嘉庆十四年刻本等不同观点,卷数则有十二卷和十五卷之别。那么,《橙阳散志》编纂的实态是什么呢?因而对其文本本身之编纂实态进行研究,就显得十分必要了。

管见所及,学界之所以存在几种不同说法,与《中国地方志联合目录》著录时的错误不无关系。学者们在研究中,多是选取馆藏的一种文本进行研究,而对其他馆藏单位收藏的文本尚未进行查阅,未能相互比照,故而造成错误认识。

《中国地方志联合目录》将《橙阳散志》著录为十五卷,实误。而且,该书将南京大学图书馆和广东省立中山图书馆藏之《橙阳散志》著录为嘉庆刻本,亦为错误。有鉴于此,笔者广泛查阅国家图书馆的稿本、上海图书馆、

《中国地方志集成·乡镇志专辑》(南京大学图书馆藏)、中国社会科学院历史研究所图书馆和广东省立中山图书馆等馆藏文本,相互比对,纠正了以往认识中的错误,指出广东省立中山图书馆和南京大学图书馆收藏之文本皆为乾隆四十年刻本,其卷数皆为十二卷。上海图书馆、中国社会科学院历史研究所图书馆等收藏之文本,皆为嘉庆十四年刻本,卷数为十五卷。

笔者在整理校注时,以上海图书馆收藏之嘉庆十四年刻本为底本,同时辅之以中国社会科学院历史研究所图书馆收藏的文本,来校国家图书馆收藏的稿本和《中国地方志集成·乡镇志专辑》(南京大学图书馆藏)、广东省立中山图书馆收藏的乾隆四十年刻本。试图通过这样精细的研究,厘清《橙阳散志》版本、卷数及其编纂实态问题,从而全面认识其在方志编纂学上的意义。

第二,历史文献方面的意义。《橙阳散志》为清代乾嘉时期歙县江村之村志,详细记载了从宋至清前期该村的社会经济、商业、风俗民情、民间组织运作、基层社会变迁等实态,亦从长时段的角度集中反映了江氏宗族崛起、发展演化的历史,具有十分重要的文献价值。众所周知,歙县江村江氏为扬州盐商的主体力量之一。该方志中《人物志》收录了众多商人传记,尤其是乾嘉时期该宗族的重要商人(主要为盐商)的事迹,如"以布衣上交天子"的著名盐商江春。这些商人传记资料,对于深入认识徽商具有重要意义。又如,该方志中的《艺文志》收录很多有关该村落的资料,其中收录的明代嘉靖时期乡约的碑记,是进一步认识明代徽州乡约推行情况的重要史料。再如,方志中收录的江氏族人在书画造诣、村落建设(如园馆、书院、祠宇、牌坊、道路、桥梁等)和祭祀、会社、婚丧风俗等社会史方面资料,亦十分丰富,这是全面认识江氏宗族在社会文化发展方面的重要史料。总之,深入剖析《橙阳散志》具体内容,为全面、深入探讨歙县江村村落社会史、文化史和商业史提供重要资料基础。

校注说明

《橙阳散志》为清代徽州著名的乡镇志之一，为歙县江村人江登云始辑，其子江绍莲续编。关于其版本和卷数，目前尚存在分歧。其刻本有乾隆四十年刻本（以下简称乾隆本）和嘉庆十四年刻本（以下简称嘉庆本）之说，卷数有十二卷和十五卷之别。该志乾隆本分别收藏于国家图书馆、广东省立中山图书馆，嘉庆本分别收藏于中国社会科学院历史研究所图书馆（存前十卷）、上海图书馆（缺卷九、卷十）、安庆市图书馆（不全）。本次校注以上海图书馆收藏嘉庆本为底本，辅之以中国社会科学院历史研究所图书馆的嘉庆本（主要用卷九、卷十内容），来校南京大学图书馆和广东省立中山图书馆收藏乾隆本，相互参照，进行比勘，试图以此来复原该部方志的编纂实态，以便学界更好地利用。

一、原书文字有脱落者，用“□”标出。同时，对脱落文字能够补充者，用“[ ]”标出。

二、原书双行小字，用小五号楷体排版，部分加以括号标出，以便区别。

三、原书为繁体竖排，校注时改为简体横排。

四、原书中涉及的个别年号，如弘治、弘光，原书为“宏”，校注时一律改为“弘”。

五、校注采取注释的方式，对于不同版本之间文字的不同和需要进行解释的文字均加以注明，注释文字皆放在每页之下。

六、原书中的诗文排版，五言诗四句一排，七言诗两句一排，现皆居中编排。

序[①]

余家自宋天圣间始祖若毅府君以进士由三衢来倅歙，家于橙阳，及今七百六十余年，代多名臣伟彦。国朝以来，则掇巍科，跻朊仕者甚众，而逸士贞媛，幽光潜德，尤未易更仆数。其所建置于村闾中者，祠宇、坫坛、桥梁、庵观，用以崇礼仪，标灵秀，历历可纪，以故人文丕振，俗习敦庞。在歙诸大族中最为播著，洵足垂奕祀，表先型也。族兄爱山公辑有《散志》十二卷，记载殊悉，顾自乾隆乙未迄今又三十余稔。吾村文物声华之盛，视昔有加，有宜编续者。去冬族侄依濂自里来扬州，适余协理河工，巡视南下，相聚于扬寓之泼墨轩中，握手论心，出《续修散志》一十五卷，又《备志》一卷，视余问序。盖就原志按款类增，举近今三十年事迹，胥备于册，而郡邑中之疆圉形势、建置沿革、山脉水源、城郭乡隅、风俗礼教，并为详考焉。读竟不禁欣喜叹曰："依濂，其善承先志哉。"余少与依濂同学攻业，依濂性爽，豁笃根本，才识亦过人远甚。每当风窗共读，雨夜论文，往往出人头地，余以益友待之。今阅《续志》益信谊笃本源，情殷作述，固始终讲求根柢者，其才其志，有不可企及，则信今传后，有裨于村党良多，厥功懋哉！用为之序。

大清嘉庆十二年岁在丁卯上元日畹香兰敬撰。

① 该序为嘉庆年间江绍莲续编之时新增，乾隆本无此序。

原　叙

乡鄙为居处之常，不必志也；其所事事要皆琐屑，无可志也。柱史章贡氏曰：不然。圣王立教，始于一乡。乡者，天下风化之源也。国有史，志国也；郡邑有志，志郡邑也。而凡国与郡邑中人物维何，风土维何，实本一乡之人物风土所积而成，故统而合之，曰国与郡邑，散而分之皆乡也。国有史，郡邑有志，则乡遂不可无志，以备国与郡邑之采。

同年友爱山江君，新安名宿，少补国学弟子，会国家开乡会，榜选将材，以韬略贡阙廷，天子选为侍从臣，继而分镇襄郧，移驻苗瑶重地。昨冬来为赣南参镇，公事暇出所著《橙阳志》质于余，举其乡里名胜、人物声华，悉著于篇。翻阅一过，不禁喟然曰："爱山真有心人哉！"昔余宦居京洛，与爱山相处最善，花晨月夕，杯酒赋诗，尚论古今人物，深服其才识不可企及。斯志之作，则向所得于言论间者，尚其一斑，而著述所及，更足觇素志也，即此以备国与郡邑之采，爱山不大有功于记载之林哉！余乡先辈魏公冰叔尝为明大中丞江长信先生、忠义江止庵先生两公传，知橙阳固多伟人。今读斯志，益信为文献邦，其间文物声华悉得寓目，亦云幸矣！爰为之序。

时乾隆三十二年太岁在丁亥仲春月既望年愚弟章贡刘宗魏顿首拜撰。

缅夫志乘之作，权舆于《尚书》《禹贡》《周礼》《职方》，而传体《史记》毕备，班氏因之，志汉地里于《汉书》，厥后代有因革成书，可考其自大一统，下逮郡邑纪乘，皆正史体也。其稗官撣人，各以轩车所涉，网罗散失，则皆野史类也。夫标记出于野史，往往越趄无当，然犹足以备采访。若夫生长之乡，钓游之地，有先达者纪其山川、人物、风土[①]，受裁史笔，纂辑成编，则固不可以野史目之。盖载事之文以实，而一乡之耳目易周，搜讨益暇，出其大才，用之以约，则失者鲜，而得者自多。

① "风土"，乾隆本作"风俗"。

歙邑山深水藏，江左人文渊薮也。余幸学制于兹，下车时考核邑乘及《黄山图志》，冀得其略，以广见闻。顾新刊之书，虽屡经名手，而犹多不满人意者。邑本古都会，多名区，某水某邱，不如躬亲阅历之别白者真，而凡忠孝节义、名宦乡贤，又不如其宗族乡党之论定者确。与此《禹贡》必载禹迹所及，而职方必以乡长党正所举为可信也。余久思即邑人所指疵谬，重加厘订，而苦斯役之不易举，是以志焉未逮。

近得江村梅宾文学出其尊人镇军爱山先生所著《橙阳散志》十二卷，嘱余序。余敬读一过，见其体裁，史笔也；分门别类，列图注说，志体也，名之曰散志，以别郡邑志，自居散野之名也。岩峦幽奇，人物倜傥，汇偏隅于寸眸，考订既真，凡邑志谬误者间亦指出。若飞布山示禁案牍具存，新志失载，现奉上游驳改，散志则备载其碑文，即此一条，可见一邑辽阔，未若居其乡者，知之在步履咫尺之[1]间。若其人才，则迁处四方，而鼻祖出橙阳者来曩云仍咸列焉。即如郡伯蔗畦江公，以有明迁邗江，籍仪征，而溯厥氏族[2]，则选举[3]宦迹，在所必载。其他籍外郡者，准此风气醇古，不忘本也。至若地方之一堨一潭、一基一址，艺植风土之所琐细，无不毕记，其足以传信，殆或无遗焉，是则吾歙之乘，苟资此以考一乡。删繁就简，则一乡中得其实矣，推而一郡一省，所资于邑乘者，莫不皆然。是此一编，上供輶轩之采，下敦桑梓之恭，其有裨于载笔良多。我朝幅员之广，旟旐建于《禹贡》《职方》以外，要之统志之取资必始一邑，而一邑又皆乡之统会，以是知观于乡，知王道之易，非虚语也。得是书殆所云，非可以野史目之者，此其选。爰不揣余谫陋，为即所见允所嘱，而为之序。

时乾隆乙未小春闰月之吉书于问政山堂邑令星沙杨祈迪拜撰。

《周礼》小史掌邦国之志，外史掌四方之志，又职方氏掌天下之图，所以辑其土地山川、民风物产献于王，以觇俗尚之淳漓，生齿之隆杀，而政令之宽严，敷布之缓急于以别焉。今《通省志》《郡邑志》犹此意也。顾古者輶车四出，纳贾陈诗，其采访也详，故民无遁情，政无妄设，以视风俗为之的故也。秦汉而后，职不领于王官，惟藉守令之耳目，宋及元明始创郡邑志之例，然亦

① 乾隆本少“之”字。

② “溯厥氏族”，乾隆本作“考其世次”。

③ “选举”，乾隆本作“选拔”。

只就文人才士见识所及，其间所见异情，所闻异辞，详略低昂，纷然不一，则去古愈远，欲以觇民风而成化治难矣。凡此皆由采访不行，山陬僻壤，一名一物，无以周知也。非得乡里之贤，朝夕容心，勤事搜考，以供采择不可。

我国家定鼎以来，休养生息百数十年，圣天子加意维新，民风丕变。每逢翠华巡幸，野老穷儒，悉予觐谒，纳谏陈诗，周知民物。凡通省、郡邑志，尽从修葺，考核綦严。此正贤士大夫出其才智，以襄治化之候也。

同邑镇军江爱山先生才行素著，向时同宦都门，时相过从，言论间即以移风易俗为己任，予心许焉。别去二十年，由荆南、岭北历镇虔州，政令所敷，悉本素抱，士戢民安，为国家藩篱重寄，因益信先生向所自许者不谬。今秋邮寄《橙阳散志》十有二卷，问序于予。其书纪载风俗，嘉予善良，虽一乡之志乘，而史体寓焉。予读竟肃然起曰："此正贤士大夫出其才智，以襄治化也。"夫郡邑志不逮古制，以采访难周也。使都邑乡间贤士大夫，咸随事随时，遐稽博采，辑为信书，以供采访，则郡邑志得所藉手，信而有征，于以表国华而资拜献，俾政令之宽严，敷布之缓急，得因风俗为转移。譬若射者，准之于鹄，何患政治之不成哉。则不必輶轩广采，以较之《周礼》、小史、外史之设，所以辑其土地、山川、民风、物产，以献于王者，不几同其盛哉！此予读《橙阳志》，而更有望于天下之士也。因乐为之序。

时乾隆四十年岁在乙未孟秋月望日[①]年家姻弟篁城徐光文顿首拜撰。

橙阳，予始祖歙州公故居，予与爱山同为歙州公裔孙，而爱山籍隶歙，予籍隶扬，则以予六世祖光禄公业鹾扬州家焉，遂世为扬之江都人。予与爱山初不甚习，乾隆癸酉以选贡廷试，爱山侍直内廷，相与话故乡闻见，每言欲辑为一书，贻吾族子孙，俾不忘祖德。是时在京者，予族多人，而爱山独予洽。爱山性喜搜罗故实，采访遗轶。京师禁籞宫阙、街逵巷陌、坛壝梵刹以及园囿亭馆诸名胜，可到之地，靡不引予遐瞩周览，且为道其沿革兴废，若指诸掌。嗣予官湖南，爱山官湖北，虽一省而长湖间隔，音问都缺。未几，爱山调任乾州，予亦擢乾州司马。城斗大，两署连墙，中通往来，不烦署门出入。晦明风雨，忧乐相共，亲昆弟不啻焉。凡里中祖墓宗祠、科第人物、山脉水源、村落形势与夫风土之流传，支派之繁衍，塘堨之微，艺植之细，暇辄与予言最

① 乾隆本在此处多"赐进士出生、奉直大夫、日讲官、起居注、翰林院试讲、前钦命提督河南学政、辛卯科山东典试官加三级"等文字。

悉。予虽足未至里闬，而以此得瞭然乡里事，不啻亲至村中，与诸父老相酬对也。迨予改官赴部，而爱山专阃西江，自计与爱山殆无复执手话故里时矣。未几，予以左迁来皖，摄篆泾川。爱山以保荐，入觐道泾，作对床之话者两日夕，亦谆谆橙阳故里不置。

岁乙未，节相高公奏予摄守徽郡，嗣君绍莲出爱山所辑《橙阳散志》一书，盖即十数年来为予言者，义类悉仿郡邑志，而名之为散，不敢侪于郡邑也。纪载之详，搜罗之广，考核之确，则他志所不逮。虽一家言，若徽郡诸大族，准此而家各为志，则合而成一邑一郡之志。譬之农夫话阡陌，亲切不肤，该博不漏，又岂若燕代之谈钓弋，闽粤之夸狗马，徒失之揣摩附会也哉。展阅一过，恍与爱山复坐蛮溪官阁，倚双桂，啜苦茗，听话村中旧事也。爱山本予叔父行，以宗谱未刻，自明万历时，世次淆紊，相沿至今。顷刻谱将竣，数百年沈阁之事，一旦获举，为报爱山散志中，当又续入此番故实耳。

乾隆四十年岁次乙未又十月侄恂书于新安郡署。

续编引言

《橙阳散志》十有二卷,先子爱山公手辑书也,作于乾隆甲申,成于乙未,迄今上己巳,又历三十五载,里中英彦辈起,声华文物,视昔有加,思照款续编,自忖非才,见讥大雅,辄懦而中辍。

前春,从叔成叔先生从邗上移书,命莲曰:"《散志》,吾村文献也,载祖宗邱垅,所以重世守,子孙所瞻依也;纪忠贤节孝,所以垂往范,乡闾所矜式也。他如礼仪文物,胥风化攸关,洵垂教之大者。前人为是书,其功莫大,其心良苦矣。失今弗修,则丝棼难理,久且废坠。昔司马迁续父谈而成《史记》,班固续父彪而成《汉书》,功有巨细,其为继述一也,承厥绪者,宁无意乎？是在于子。"读竟爽然汗下曰:"是诚不肖之责也。敢以谫陋,惮厥瘁哉?"敬谨发册,详审玩绎,广采见闻,旁征博雅,举志中已见者续之,未及者增之,有因时日孔迫,夙未详尽者,则采掇以补之,广为十有五卷,诸条目惟益恩褒,盖昔无今有者。余一遵原本,罔敢更易。若夫村隶于邑,邑之疆圉形势、山脉水源、建置沿革、城郭乡隅、风俗礼教,实村之统会,有不可不知者,撰为五考,曰备志,厕于卷末,以备参证,非另开生面也。溯前夏,竟今冬,早夜编辑,又得里中同志共相订正,三阅寒暑,书成执以就正先生,先生曰:"善!用敢付梓,以观其成焉。"

嗟乎!先生不云乎为是书者其心良苦,今承怂恿先人遗编,用垂久远,而凡后起之硕彦贞姬,幽光潜德,以迄土地人文、遗规俗习,一一得胪于册。莲藉是以竟先人之绪,感何如哉,爰述厥端委如右。

嘉庆十四年孟冬之朔男绍莲百拜敬识。

原志凡例

一、《橙阳志》之作，原以备郡邑志之采，然不敢参郡邑志之席，署曰散志，所以别也。

一、《散志》共十二卷。今广为十五卷，又增备志一卷。凡为纲者十，为目者七十[①]。今增恩褒一条。其中名目，悉准郡邑志例，间有创见，则以村志所应及也。

一、凡郡邑志每篇之首，必援引典故，以标大旨，篇末复作咏叹语，究与本志无涉，兹悉从简，惟鄙见所在，随类敷陈，以豁阅者之目。

一、郡邑志于山川胜景必系以图，所以标形势也，未可语诸乡里，惟绘村图，聊以辨方隅焉。

一、志惟人物宜严，诸传悉准掩棺论定之义，然有才行彰著，实不容掩者，或为特书，或从附录，非曰破格，亦信人所共信耳，阿私所好，则断不敢。

一、志与史不同，史兼善恶，志惟表善。善善从长，恶[②]容过刻，然惟善则书，正以惩恶，采择之间，亦曷敢滥。

一、橙阳选举人物，新邑志间有舛讹，悉从更正，并随款注释于下，以俟重修邑志呈改。

一、郡邑志类有祥异一条，所以纪事，似不应略，然一村之祥异有限，自可从简。至于鬼神怪诞，事属不经，概置不道。

一、《散志》作于甲申，迄乎乙未。其间颇费时日，盖村事繁琐，兼之远宦暌隔，诚恐罣漏，稿凡三易，所以慎之也。

一、志中纪载，本就一己所知，间命长子绍莲采辑，聊存梗概。嗣经同里诸君雅意，遗闻故典，随时惠教，遂忘鄙陋，编辑成书，其中荒谬实多，尚冀博雅考正焉。

乾隆乙未孟冬月橙阳里人江登云爱山氏谨识。

① 南京大学图书馆藏本作“六十有七”，广东省立中山图书馆藏本作“六十有九”。

② 南京大学图书馆藏本、广东省立中山图书馆藏本皆作“乌”。

目　　录

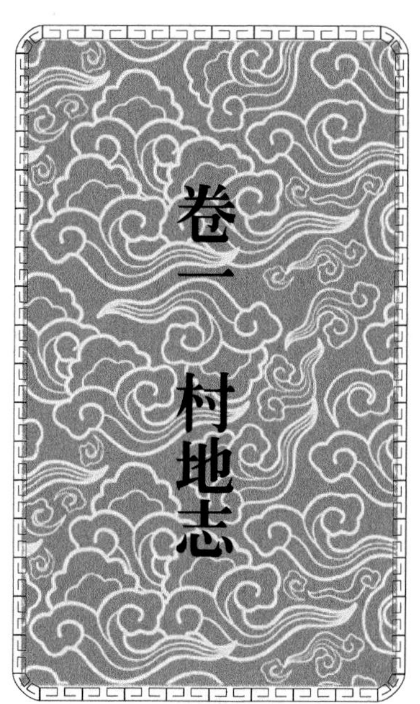
卷一　村地志

地界、土名悉准本都图所隶，其中上塘边、方家堨二处烟户，虽入八都，实九都地也，故并载入。山名首标飞布，次鸡冠，溯发脉也。余只及村中，古迹亦然。惟黄山村入遗迹附注，井塘、官堨，悉从今名，以便稽考。

地界

村地直歙城北七里，邑九都一图、二图、十五图、十六图地也。古称德政乡归化里，一作居化里，东至锦里亭，东南至清塘界，南至小溪饯亭，西南至长湖，西至三里亭，西北至田干，北至庆安桥，东北至仁和亭，周十五里有奇。北障飞布，南带练溪，其间山田交半，顾平冈土阜，胥可筑屋，中夹平原，颇开朗。自宋歙州倅江公卜居，历七百载，烟户三千余家，分三派。西里村州倅公孟派居焉；东外村仲派居焉；中介塘亦孟派，出绍蜀源程氏，还居于村，通名其地曰江村。洪武十三年，诏令直省编定都图，造具黄册，以定赋役。江村地居九都，向止三图。嗣以烟户稠密，分十五图为二，增十六一图，共四图，图分十甲，甲设排年，以司税册。其赋役差徭，各甲照田亩钱粮，轮流充当值日，客民不与，故寄居吾村者，迄今称乐土焉。①

地脉

地脉出飞布山。其左支为大牛，居山麓者，曰桂林、曰黄村、曰大坑、曰前村、曰方塘、曰圆塘、曰山昆、曰丰堨头、曰考坑、曰胡眉坑。右支为岑山，居山麓者，曰前庄、曰岑山村。中支为鸡冠尖，居山麓者，曰江村、曰王宅村、曰杨公塘、曰慈姑、曰片上村、曰登第桥、曰章塘庙、曰何村、曰大芝山、曰潭石头、曰前山、曰上宅、曰黄荆渡、曰东山，以江村较诸乡，固一大村落也，而地脉亦居其胜。自鸡冠尖南一里，歧为两山，左黄土山，由王宅村直环，而南止于东山，江村藉以镇练溪水口。右则村地正脉，南里许曰八仙亭，地势平复，起三里曰火炉尖。左右开列，为村北障，负障而居，为幽兰荡。再起为远晴阁，后山东出，曰主山、曰橙子培。歙州公始迁处，子孙葬衣冠奉祀焉。又东出曰九芝山，山麓为介塘，由主山西出，曰朝山、曰郭姑山，环山前后为里村，由朝山而南，地势跌落为梅树，底乃地脉，过峡处也，于始祖墓最关紧要。再起曰古里埵，由古里埵东出，曰前山，合村文会馆在焉，折落曰东皋。

① 乾隆本无此段小字。

其下为祥里，由前山而南，曰天黄山，其东出曰椒山，山麓为外村。天黄南向衍为平田，至菖蒲塘突起，为江氏始祖墓，墓左百余，武宗祠在焉。其鸡冠左出之山，由东山逆上，曰云岚山、曰三台山，拱列于前，天黄西出之山，环抱于右，村地形胜，形家每称善云。

飞布以后诸山，为八乡地脉所有，山业除附近黄村、前庄、岑山各村已产自行保护外，其余山地系明时桂林、江村洪、江两姓公买，粮税总寄桂林洪本仁祠，输纳山地。自白额龙至引岭大片等处，归桂林洪祠征租；牙山至木梅坪等处，归江村绿猗文会征租。计江村所征各租户：

宋村郑汉文名下高山、鸡冠、列燕窝岩三处，共租银二钱四分。郑伯高子观喜名下梅树湾、牙山、牛巴坞三处，共租银五钱。郑永锡名下燕窝坪一处，租银一钱。郑心一名下梨树界、栗木培二处，共租银二钱四分。郑以明名下高山一处，租银三钱。郑日升名下目外坪、横路、下燕窝岩三处，共租银一钱二分。刘秋保名下黄念山、荻草培（即梨树坞）二处，共租银三钱二分。王天喜名下牙山、逑子岭二处，共租银一钱五分。凡以上山地，公议只许割柴，永禁种树开垦，致砍伐挖掘，有伤地脉。如违，八乡公同呈官理究。

鸡冠尖村地来脉，文会公买，律字一千八百八十五号，山税三分六厘七毫，土名白石山，系靠东向南阳面，税寄九都一图八甲绿猗社户输纳，租山人大坑许聚。近前庄来脉，文会公买，昆字一千五百十二、十三、十四等号，山地税一分二厘，土名前山，税寄九都十五图六甲江藩东户输纳，租山地人，前庄江长人、江尔期、江瑞祥。村后来脉，文会收买，玉字六百五十号，山税二分，土名上再心坞；又玉字七百一十五号，山税三厘八毫，土名同；又玉字七百一十六号，山税一分一厘二毫九丝，土名同；税寄九都一图八甲绿猗社户输纳。天黄山下始祖墓来脉，文会收买，水字七百八十五号，山税三分，土名上塘边，税寄九都一图八甲聚星社户输纳。[①]

山　名

飞布山，原名主簿山。唐天宝六载敕改今名，直村北七里，又名瑞金山，上有瑞金庵，明大中丞江东之题其额。山顶有甘露洞出云气，可占晴雨，又有祥云岩、三佛石、狮子林、五老峰、打鼓架、甘泉等胜。山脉产矿石，屡奉制抚严采伐之禁。碑记载艺文。

鸡冠尖，一名白石山，村北五里，顶多奇石。

松培山，即松坞，村北二里。

登龙山，村北一里，为村地脉，故名，俗作灯笼山。

栗树山，登龙山前，为村北障。

---

① 乾隆本无上述三段小字。

葫芦尖，栗树山右，并载古迹。

主山，居里村之中，下为橙子培。

九芝山，主山东北，尝产九芝，故名，上多古松奇石。

草荚山，九芝山南。

朝山，主山之前。

郭姑山，朝山西南。

郭公山，郭姑山西。

小松山，郭姑山西，上有听松楼。

古里堙，村西南。

前山岭，古里堙东。

前山，前山岭东，建有绿猗会馆。山顶有九芝山房、舒啸亭，山麓为东皋，古有环翠轩，今改筑荫园。

天黄山，前山南，右为杨山。

椒山，天黄山东北。

社屋山，椒山南，上多古木。

天井山，村东南，旧有古井，能禁火灾，久淤塞，形家谓宜于开浚。

枧头山，村东南，山腰古松数株，青翠可爱。

猪头山，枧头山南。

三台山，宗祠前，上多松木，三峰耸翠，下有酿云泉。其西建有鹏扶会馆、各祠庙舍宇。

鹤头山，三台山南，下为云岚桥。

云岚山，一名云郎山，村南三里，唐越国汪王陵在焉。

佛堂山，即云岚支山，上为觉华禅林。

水　源

村西水曰布练溪，即布射水也。发源飞布西峡，由松关石门至岑山，合鸡冠尖右涧水，环村而南出，小溪入东河，至万年桥下，合西二河，沿郡城为练江。出蒲口，合西四县大水为新安江，东流入于浙。

村东水自鸡冠尖左涧发源，由八仙亭、仁和亭南流，至枧头山下，黄土山右涧水，亦由王宅村慈姑西流，至枧头山下，同出云岚桥入小溪。

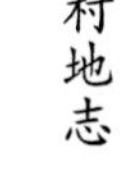

土名

橙子培、主山垭、幽兰荡、大巷口、朝山顶、上坦、打鱼山、清塘滩、梅树底、拗耳上、大梅头、麻矶头、杨家坪、古里垭、前山领、杨山园。以上里村。

祥里、隔壁街、大井边、三槐里、东里、大树下、菱角塘下、唰塍、窑头、仓屋坦、小井边、敦文巷、椒山上、堑里、社屋塘上、上塘边、方家堨、高坦头、云岚村。以上外村。

栏杆前、程家坦、介塘岭、后山界、后井坑。以上介塘。

井

村中凡十八[①]井，名井四：曰大井。在祥里出口，宋地师赖文俊扦。邑志称赖公井，下有泉三穴，大旱不涸。曰丹井。在朝山下。明隐士江老莱汲水炼丹，故名。曰小井。古称周家井，在外村四季塘上。曰后井。在介塘村后，今呼后井坑头。

无名井十四[②]。一在清塘滩，一在外村宗祠，一在程家坦，一在村后塘，一在饭匙塘上，一在大梅头，一在拗耳上，一在唰塍，一在窑头，一在仓屋坦，此井久淤，一在上塘边，一在香海林，一在佛堂山[③]，乾隆四十四年，僧寂学浚，底有泉，极甘冽，一在东里[④]，嘉庆三年，司理江启薰浚。

塘

池塘在村内者，大小以数百计，其可名者则一百有零。曰清塘，在朝山南。曰荷花塘，清塘西，今并入清塘。曰饭匙塘，清塘北。曰菜鱼塘，饭匙塘北。曰上菜鱼塘，菜鱼塘北。曰梅树底塘，在梅树底。曰上塘，郭姑山南。曰树林塘，大巷口。曰石片塘，树林塘西。曰河上塘，石片塘西。曰下宋塘，河上塘西。曰上宋塘，下宋塘北。曰长塘，下宋塘西。曰食米塘，长塘北。曰唰头塘，在杨家坪。曰石榻塘，火炉尖下，传云能制火灾，不可使涸。曰钓湖塘，石榻岭后。曰下钓湖塘，钓湖

---

① “十八”，乾隆本作“十六”。

② “十四”，乾隆本作“十二”。

③ 乾隆本无此井。

④ 乾隆本无此井。

塘下。曰鱼草塘，在幽兰荡。曰上高塘，鱼草塘东。曰中高塘，上高塘东。曰下高塘，中高塘东。曰村后塘，在后井坑。曰梨园塘，后井坑对坞。曰亭塘，梨园山南。曰窑头塘，草荚山东。曰后冲山塘，窑头塘上。曰步碓塘，后冲塘北。曰研钟塘，步碓塘上。曰旺霭塘，介塘厅后。曰栗树塘，旺霭塘西。曰蛤塘，九芝山西。曰介塘，九芝山南。曰里役塘，介塘西，明程守身捐置，入祠收息，以供里役，故名。曰前介塘，清塘东。曰山下塘，前介塘东。曰松子塘，清塘畔南。曰上松子塘，松子塘上。曰畔[①]下塘，文会馆西。曰汉里塘，文会馆南。曰竹林塘，前山岭东。曰雪塘，竹林塘下。曰下雪塘，雪塘下。曰上塘，在上塘边。曰箬笠塘，天黄山西南，为宋真人聂绍元旧居，尝取水炼丹，一名药粒塘。曰屋边塘，天黄山西。曰社屋塘，社屋西。曰珠石塘，社屋塘上。曰堑里塘，椒山北。曰前山塘，堑里塘下。曰荷池，前山塘下，宋庾台使江应昂开浚。曰社塘，古名村前塘，在祥里出口。曰井边塘，在御史祠前，今填平。曰长塘，在催官地。曰圆塘，在催官地。曰汪基塘，催官地后。曰汪子坞塘，在汪子坞。曰雍子塘，汪子坞后。曰六公塘，汪子坞东。曰上六公塘，六公塘上。曰上吴家塘，在吴家岭。曰下吴家塘，在吴家岭。曰鱼花塘，吴家岭后。曰上鱼花塘，鱼花塘上。曰下圆塘，锦里亭前。曰上圆塘，在锦里坦。曰石公塘，锦里坦对坞。曰小石公塘，石公塘北。曰江清塘，上圆塘东。曰赛盈塘，江清塘东。曰兔子塘，在锦里亭对坞。曰新塘，兔子塘上。曰高塘，新塘上。曰屋儿塘，在天井山。曰人情塘，天井山后，明初里人江柏浚。曰梅仙塘，人情塘上。曰小梅仙塘，梅仙塘边。曰石灰塘，梅仙塘南。曰新塘，石灰塘南。曰界上塘，新塘东。曰后头塘，枧头山东。曰郑塘，枧头山南。曰江先塘，一名蓑衣塘，在郑塘东，里人江柏浚。曰石鼓塘，郑塘下。曰张四塘，石鼓塘东南。曰成花塘，张四塘东。曰羊须塘，成花塘东。曰小羊须塘，羊须塘上。曰菜园塘，羊须塘东。曰姻睦塘，菜园塘东。曰上中古池，窑头南坞。曰下中古池，中古池下，一名青塘。曰石道塘，窑头进坞极南。曰窑头塘，枧桥南。曰菱角塘，删膝下。曰四季塘，小井边。曰藕坑塘，新建庙前。曰夹[②]塘，藕坑塘东，俗作脚塘，有泉，大旱不涸。曰秀水池，宗祠甲门前，乾隆甲午年浚。曰斗富塘，在宗祠前，俗呼豆腐塘。曰王二坞塘，云岚山后。曰铜锭塘，王二坞南。曰铁锭塘，王二坞南。曰菖蒲塘，在始祖墓前，塘中向有石埂，水分清浑二色，盖半出地泉，半纳沟浍之水也，后误掘通，遂成一色。曰麟阁塘，凌云台东。曰朱家塘，在朱家坞。曰瓦窑塘，佛堂山旁。曰山前塘，佛堂山前，中有泉。曰净香池，香海林前，乾隆癸巳仲冬，庵僧福基募浚。

① “畔”，乾隆本作“坢”。

② “夹”，乾隆本作“脚”。

官　堨

长湖堨，由丰瑞里引布练溪河水入堨，经村西至范村归河，长五里，灌田八百余亩，久废。乾隆二十年，知府何达善兴修，里举人江嘉诂董其事。

枧堨，由岑山桥西引布练溪河水入堨，至村西归长湖堨，长三里，灌田三百余亩。乾隆二十年，与长湖堨同修。

小堨，由村西长湖村引河水入堨，溉田百余亩，归入长湖堨。

勋堨，由庆安桥下引布练溪河水入堨，至杨山园归入小堵堨，长三里，灌田五百余亩。乾隆初年修。

小堵堨，由练溪桥上引河水入堨，至村南方家堨，后归毕家堨，长二里，灌田三百余亩。按古有方家堨，今废。

毕家堨，由村西毕家湖引布练溪河水入堨，至东山前，归大河，长五里，灌田五百余亩。乾隆三十三年修。

古　迹

主簿砦，在飞布山。昔时世乱，有主簿葛显率邑人保聚于此，置有石砦，今圮，仅存遗基。

般若台，在瑞金庵左，巨石天成，面平如几，虬松翠柏，映带左右，明铁牛禅师说法处。嘉庆辛酉，村人江振鸿为作偈立碑。

瑞阳阿，在瑞金山南。旧有瑞阳台、瑞阳楼，明大中丞江东之为冏卿时，以争寿宫事被放，遯迹于此，八年不入城郭，著有《瑞阳阿集》，邹公元标尝于此讲学。《记》载《艺文志》。黄山桃源溪有石当中流，狂澜触石，湍而为渊，公被放时游览至此，题"迴澜石"三字，以勒诸石，盖自况也，迄今传颂风范。又始信峰顶有寒江子独坐处，文石先生读书黄山时所题也。忠义遗徽，堪与瑞阳阿迴澜石题迹并传不朽。同见《黄山志》。

打鼓墩，在村南佛堂山前。昔为郑氏村落，人多业农，每当春作于此，击鼓催耕，故名。今其族无闻，而墩名犹不改云。并载《别志》。

聂真人宅，在天黄山西药粒塘上，为宋真人聂绍元旧居，久圮，其后裔续葺房舍，今亦颓败。

火炉尖，在村北，今呼葫芦尖，聂真人练丹处，有丹灶遗迹。

饯亭[①]，在村南河滨，为村人饯别处，迹最古。旧亭啮于河，乾隆三十一年重建于旧址之北。

柏亭，在主山埵东，元处士江椿妻洪氏励志守贞，植柏筑亭以自矢，亭久圮，今存遗基。

仪宾第[②]，在村西南方家埸。永乐时，里人汪某尚淮西郡主治第于此，今圮。并载《别志》。

凌云台，在步云桥西。万历间，中丞江东之筑镇水口，横亘八丈，后其地归赠君江世栋。乾隆三十六年，村人议拓其基，重为甃石，世栋子昱、恂捐入文会。原序载《艺文志》。

荫墩，在祥里。明时筑，别驾江世济种树其上，尽成古木。乾隆二十九年，大方伯江春于下建增福阁，偏植荆树棠花，春时烂如错锦。

大树下[③]，在村东大路口。古有巨槐，中丞江东之抚黔时，将讨播酋。酋遣使馈金于家，求公弟东会为解，至此却回。使者曰："吾赍数万金，跋涉八千余里，不获登公之堂。乃仅于此大树之下一坐也。"叹服而去。

放生池，在练溪桥口。万历间，文学江学海等举金瓯社，放生设禁，后兴废不常。乾隆二十七年，合村重兴，沿岸植桃，为桃花坝。

胜　景

村地去城近，而路非要冲，碧岫遥环，清溪旋饶，深得山林趣，乡先辈有八景之目。

曰洪相晓钟。洪相山庙祀双烈，村东二里，林扉未开，疏钟递响，读士耕氓，藉勤动作，亦清夜警人之一助也。

曰王陵暮鼓。唐越国汪王保障六州，泽沛遐迩，奉敕建寝殿于云岚山，地近军营，暮鼓初挝，与画角鸣笳相应答，响彻空山，殊增胜概。

曰松坞樵歌。村北坞曰松培，地多古松，朝晖夕阴，林翠欲滴，樵牧往来，其间行歌相答，恒多野趣。

曰练溪渔唱。溪源出飞布，环村而南达于歙浦，村雨初晴，溪烟欲暮，渔歌互答，声隐隐林外，非依山面溪，鲜此佳境。

① 乾隆本无"饯亭"条。

② 乾隆本无"仪宾第"条。

③ 乾隆本无"大树下"条。

曰云朗岚光。三台山南有云岚桥，就桥倚山，筑为小亭，天朗气清，遥面天都、云门两峰，秀插天表，亭四壁松篁，复极幽韵。

曰飞篷月色。是处有月，而飞篷当众山中，由村北望，空旷无际，盖山空月明，南楼间客，有独赏焉。

曰白石晴云。鸡冠山多奇石，积雨初收，云从石隙中出，缕缕若飘絮，随风荡漾，弥漫山顶，惟山居人得睹此奇景。

曰紫金霁雪。紫金，歙东名山，去村三十里而遥，烟岚隐约，仅能指似，独雪霁光明皎洁，如列目前，玉树珠簪，天然入画。

时下标题，复有荫亭春雨、觉华松涛及江村即景、香林八景诸胜。又有泉二①：曰酿云泉，在三台山东北听泉桥下，初名甽边泉，侯郡守江昉题曰酿云，以脉出云岚山也。泉滃出山麓，杂入甽水。嘉庆六年，昉子振鸿甃石阑之，遂与甽水别较，白沙泉味更清洌。《记》载《艺文志》。曰灵泉，在觉华庵东寮阶下。天启时建庵，掘地涌出，因凿为池，广不盈甓，而滃出不竭。事见《三蕺文集》。

又村后登龙山、火炉尖、栗树山、石骨岭，并远晴阁后山，形家谓木、火、土、金、水五星联络，为村地落脉，最为灵秀，而文会馆前王二坞，冈峦起伏，形类梅花五点，为始祖墓，并祠基护障，与三台山前后交荫，且于文会馆拱照，尤称秀拔。乾隆丙戌冬，明经江本良于山顶培植松木，公禁采伐，游者并称胜览。②

---

① 乾隆本无“酿云泉”“灵泉”内容记载。

② 乾隆本无此段文字。

卷二 选举志

选举、人物两志，区孟、仲二派。孟为里村，仲为外村。孟派中之继程氏者为介塘，仍歙州公季派徙歙东牌镇，他事无关村地，不书。惟选举、人物，采入仲派。居杏里者，例如之桐城、玉田二族，异派同源，诸先哲敦睦情殷，于村中颇垂功业，间有祔主于祠者，故其选举、人物，曾通往来者，并为采录。余未及载，上元派仿此。

选举、人物书名，照郡邑志例，遵临文不讳之义，以归画一。

科第、荐辟、恩褒、殊恩、明经、乡宾，俱准年分排纂，余分派汇书。

征召就职，别曰荐辟。一登荐牍，并得列名，从其类也。异数授官，赐予则曰殊恩，以示旌异。

旌表忠义、孝友，特赐建坊。予谥者，别曰恩褒，以重旷典，至有司赠额嘉奖，善行悉载本传。女行以节膺旌，及节孝符例，并有百岁邀荣者，亦归《列女传》，均不另书，非敢从略，以无关选举也。

恩拔副岁贡生，总归明经，由庠生例贡者并载。

援例授官，汇诸舍选，京职悉书，外职莅任者书，候铨者载，实受五品以上，及即补官职。

封赠得诰敕者，微末必书，以彰恩宠。

科　第

江汝刚，宋天圣庚午进士，有传。按：庚午系天圣八年，《开化谱》载甚详。旧邑志作天圣二年，误。公官歙，非歙人也。《橙阳志》未可扳及，然开祥启族，实基一村科第之先，故冠之于首，以寓特书之意，橙阳科第，遂以次及焉。

江士昌，字必大，牌镇人。宋咸淳甲戌进士，高州助教，升玉山主簿，有善政，卒于官。

江崇寿，字士高，牌镇人。明洪武辛亥进士，癸丑试取山西河清县知县，并载荐辟。

江　昌，外村人，成化甲午举人。有传。

江　贤，字永廸，一字以愚，里村人。弘治戊午举人，解州学正，升大名府教授。

程道东，介塘人。嘉靖壬子举人，己未进士。有传。

江东之，外村人。嘉靖甲子举人，万历甲戌进士，丁丑补殿试。有传。

江世东，外村人，桐城籍。万历乙酉举人，辛丑进士，甲辰补殿试。有传。

江湛然，里村人。万历乙酉举人。有传。

江之湘，桐城派。万历戊午举人。有传。

江中耀，玉田派。国朝顺治乙酉开科举人，户部湖广司郎中，钦命芜湖钞关监督。

江中楫，字祖如，号清涛，中耀弟。顺治乙酉开科举人，丁亥进士，历任福建瓯宁、

建安知县。

江　皋，之湘孙。顺治甲午举人，辛丑进士。有传。

江同海，字观卿，桐城派，怀宁籍。顺治丁酉举人，辛丑进士，任襄阳县知县。《歙志》作庚子科，误。

江　闾，里村人，贵州籍。康熙癸卯举人，榜姓越，改复本姓，并载荐辟。有传。

江同淇，字瞻斐，桐城派，怀宁籍。康熙己酉举人，庚戌进士。

江允汭，桐城派，通州籍。康熙己酉举人，庚戌进士，任武安县知县。

江之泗，字四友，之湘从弟。康熙己酉举人，任通州学正，并载乡宾。《歙志》作壬子科，误。

程　丰，字豫障，介塘人，嘉定籍。康熙壬子举人。

江朝宗，上元派监生。康熙丁巳举人，乙丑进士，历任陕西汉中府知府。

江　笔，字绍文，之湘孙，皋从弟。康熙戊午举人。

江广誉，字绣闻，皋弟。康熙甲子举人，乙丑进士，任山东临邑县知县。

江为龙，桐城派。康熙丙子北榜举人，庚辰进士，任工科掌印给事中。

江鉴，里村人，顺天籍。康熙丁酉举人，榜姓吴，改复本姓。有传。邑志作癸巳恩科，误。

江　茨，鉴子，顺天籍。乾隆辛酉举人，榜姓赵，改复本姓。有传。

江鹏举，字扶摇，皋曾孙。乾隆癸酉举人。

江曾贯，字中一，之湘元孙。乾隆丙子举人，任砀山县教谕。

江廷泰，外村人。乾隆壬申恩科顺天通州籍举人，榜姓王，复本姓，改籍江都。甲戌明通，丁丑进士，并载荐辟。有传。

江　宣，字仲方，之湘来孙，乾隆壬午举人，任嘉定县教谕。

江世琳，字树玉，外村人，广西兴安籍。乾隆乙酉举人，任刑部安徽司郎中，升甘肃宁夏府知府。

江德量，里村人，仪征籍。乾隆己亥恩科举人，庚子榜眼，授编修，并载明经。有传。

江万泉，字民山，里村人，嘉定籍。乾隆戊申举人，任昭文县训导。

江复初，字憬良，里村人，和州籍监生。乾隆戊申顺天举人，任直隶柏乡县知县。

江　咏，字褚生，笔元孙。乾隆乙卯顺天举人。

江庆章，字仲来，咏子。嘉庆戊辰恩科举人。

以上文榜

江　佐，字辅臣，牌镇人。明隆庆庚午举人，任陕西宁夏卫千户。

江世德，牌镇人。万历壬午举人，宁夏卫效用千户。

江应宪，玉田派，万历壬午北直解元，丙戌进士。

江腾龙，玉田派，万历庚戌进士。

江一鹏，玉田派，天启乙丑进士。

江一龙，玉田派，举人。

江化龙，玉田派，举人。

江乘龙，玉田派，举人。

江见龙，玉田派，举人。

江山秀，玉田派，崇祯壬午举人。

江九鼎，里村人，湖广籍。国朝顺治丁酉举人。有传。邑志失载。

程之栋，字隆吉，介塘人，钱塘籍。康熙甲子举人。

江嗣仑，外村人，康熙戊子举人，并载封赠、乡宾。有传。

江　旻，字扶五，号文江，里村人，仪征籍。康熙甲午举人。

江开会，里村人，山东籍。雍正癸卯举人。

江嘉诂，嗣仑子，乾隆甲子仪征籍举人。有传。

江登云，嗣仑子，乾隆丁卯举人，戊辰进士，授御前侍卫，赐戴花翎，累晋振威将军。有传。

江绍萱，嗣仑孙，乾隆癸酉举人。并载封赠[①]。有传。

江龙骧[②]，字驭安，号春衢，嘉诂子。乾隆庚子举人，候补守御所千总。

江树勋[③]，字延辅，外村人。乾隆癸卯举人，署靖江营守备。

江金殿[④]，字芝梁，嘉诂孙。乾隆己酉恩科举人，候补卫千总。

以上武榜

荐　辟

江崇寿，明洪武三年荐辟，后以进士授知县。见科第。

江宁祖，字彦谧，外村人。洪武时举人材，以丁母忧，未受职。并载乡宾[⑤]。

① 乾隆本无“并载封赠”句。

② 乾隆本无“江龙骧”条。

③ 乾隆本无“江树勋”条。

④ 乾隆本无“江金殿”条。

⑤ 乾隆本无“并载乡宾”句。

江　懋，里村人。洪武二十三年举人材，授济阳县丞。有传。

江尔椿，外村人，监生。天启时尚书陈长祚荐入史馆，修隆万两朝实录，授运判。有传。

程士贤，道东子，郡庠生。崇祯八年举真才，授知县。并载文学[①]。有传。

江道远[②]，外村人，岁贡生。崇祯时，巡按御史蔡国用荐举征修国史，赐七品服，历官教授，并载明经。有传。

江懋祖，世东孙。国朝康熙初南巡，进献诗赋，召试行在，未授职归。有传。

江　闿，康熙十八年，召试博学鸿词，授知县。见科第。

江宏文，里村人，嘉定籍。康熙时，征取入都，充武英殿纂录。有传。

江廷泰，乾隆二十七年南巡，选进诗赋。召试行在，钦取二等，赐缎二疋。见科第。

江　兰，外村人，贡生。乾隆二十七年南巡，选进诗赋，召试行在，由主事历官兵部左侍郎。有传[③]。

江绍莲[④]，字依濂，一字扆联，号梅宾，登云子，邑庠生。乾隆四十六年，郡邑选举优行，学政徐汇试安徽通省，取列第三名，注册。并载殊恩。

江长諴[⑤]，字贯诚，里村人。监生，加授州同。嘉庆元年举孝廉方正，巡抚朱验看候题。并载名艺。

恩　褒[⑥]

江应全，里村人。崇祯十七年，巡按郑昆贞以孝行奏请旌表，特旨建坊。并载殊恩、封赠、乡宾。有传。

江天一，里村人。明末死节，乾隆四十一年，特旨追恤，通谥节愍，准予崇祀。并载文学。有传。

江承燧，里村人，捐建洞庭冷饭洲。乾隆十年，湖广督抚迈柱、蒋洲先后入奏，诏赐"乐善好施"四字，建坊旌表，崇祀武陵忠义祠。并载封赠。有传。

江有容，外村人。康熙时庠生。嘉庆七年，巡抚福庆具题孝行，奉旨给银建坊旌表，崇祀孝子祠。并载文学。有传。

---

① 乾隆本无"并载文学"句。

② 乾隆本无"江道远"条。

③ 乾隆本无"有传"二字。

④ 乾隆本无"江绍莲"条。

⑤ 乾隆本无"江长諴"条。

⑥ 乾隆本无"恩褒"目内容。

江　淑，外村人。嘉庆五年，分发四川候补吏目，从事军营，死难，经总督勒保题奏。八年七月十六日，奉旨议恤，赐祭葬银两，给予云骑尉世职，次满，改给恩骑尉，世袭罔替。并载舍选。有传。

江义泰，里村人，监生。嘉庆六年，巡抚荆道乾具题孝行，奉旨给银，建坊旌表。事载孝友。

殊　恩

江　元，牌镇人。明洪武初，以助饷功，赐博士。有传。

江偕寿，牌镇人。洪武时，征取助建都城，赐博士。有传。

江　胜，以父偕寿建城功，荫国学生。

江　行，以父偕寿建城功，荫国学生。

江应全，崇祯时捐助军饷，赐光禄寺署丞。见恩褒[①]。

江日照，应全子。捐助军饷，由中书加赐尚宝司卿。并载明经、乡宾。有传。

江　春，外村人[②]。由府同知，即用副使道。乾隆二十二年南巡，奏对称旨，钦赐内务府奉宸苑卿。三十年八月，奉特旨加赐承宣布政使，晋三级，诰授光禄大夫。五十年，恭与千叟宴，恩赐寿杖[③]。前后叠膺，赏赐貂皮、彩缎缎、朝珠、玉器，并御书怡性堂额，□□恩最渥。有传[④]。

江　进[⑤]，外村人。由州同累赠光禄大夫、兵部侍郎。乾隆五十年，恭与千叟宴，恩赐寿杖、貂皮、彩缎。并载封赠。有传。

江振先[⑥]，春子。乾隆四十九年南巡，七龄，召见，奏封称旨，温语褒嘉，御解金丝荷包，面赐配带。

江　宁[⑦]，字裕民，进孙兰子。嘉庆元年，恭遇恩诏，以二品官荫赐六品荫生，加授郎中。

江士材[⑧]，字为舟。嘉庆八年，以父淑难，荫承袭云骑尉世职。

---

① “见恩褒”，乾隆本作“并在封赠、乡宾。有传”。

② “外村人”，乾隆本作“字颖长，号鹤亭，外村人”。

③ 乾隆本无“五十年，恭与千叟宴，恩赐寿杖”句。

④ 乾隆本无“有传”二字。

⑤ 乾隆本无“江进”条。

⑥ 乾隆本无“江振先”条。

⑦ 乾隆本无“江宁”条。

⑧ 乾隆本无“江士材”条。

江　苾[①]，字芬扬，号子芬，进侄。嘉庆九年，捐助军饷，由布政司经历恩加府同知。并载名艺。

江立礼[②]，字修五，绍萱子。嘉庆九年，捐助军饷，由布政司理问恩加知州。并载封赠。

江绍佐[③]，字虞襄，外村人。嘉庆十一年，捐助军饷，由州同恩加知府。

江绍莲[④]，邑优生。年七十，应嘉庆丁卯科江南乡试，获安徽巡抚监临鄂云布具题，钦赐副榜。见荐辟。

明　经

江　汉，里村人，县学。明永乐时岁贡。并载乡宾。有传。

江兴礼[⑤]，牌镇人，宣德时岁贡。

江　珪，昌侄[⑥]，庠生。嘉靖时肄业国子监。有传。

江无息，原名可大，字子业[⑦]，桐城派。嘉靖时岁贡。

江　瀚，外村人，县学。嘉靖时岁贡。有传。

江　敦，汉子，县廪生。嘉靖时例贡。有传。

江东会，东之弟，颍州学。万历辛丑拔贡。有传。

江元国[⑧]，字君礼，里村人，无为州学。万历时贡，任龙泉县县丞。

江思孝，字以仁，无息子[⑨]，桐城学。万历时岁贡。

江世济，外村人，县学。万历戊申岁贡。并载乡宾。有传。

江东望，里村人，府学。万历戊申岁贡。有传。

江禹注，里村人，庠生。例贡，任任王府典宝。

江其远，字长卿，里村人，县学。万历时例入监。

江尔松，东之子，县学。万历时例入监。有传[⑩]。

---

① 乾隆本无“江苾”条。

② 乾隆本无“江立礼”条。

③ 乾隆本无“江绍佐”条。

④ 乾隆本无“江绍莲”条。

⑤ 乾隆本无“江兴礼”条。

⑥ 乾隆本无“昌侄”二字。

⑦ 乾隆本无“原名可大，字子业”句。

⑧ 乾隆本无“江元国”条。

⑨ 乾隆本无“字以仁，无息子”句。

⑩ 乾隆本无“有传”二字。

江道振，里村人，县学。天启壬戌岁贡。有传。

江之流，桐城派。天启甲子副榜。

江　权，玉田派。天启时岁贡。

江仁豸，玉田派。崇祯戊辰拔贡。

江中龙[1]，桐城派。崇祯庚午副榜。

江　俞[2]，桐城派，庠生。例入监。

江道远，安庆府学，崇祯庚午岁贡。见荐辟[3]。

江湛如，湛然弟。府学，授博士。有传。

江　益，湛然子，县学。崇祯时拔贡。有传。

江日照，庠生。崇祯时恩贡。见殊恩。

江九鹏，字培风，号翼云，里村人，庠生。崇祯时恩贡。

江九皋，日照子，庠生。崇祯时例入监。有传。

江中柱，玉田派，国朝顺治甲午恩贡。

江允元，里村人，府学。顺治甲午恩贡。有传。

程之标，介塘人，钱塘学。康熙时例贡。有传。

程之彬，字其东，之标弟，杭州府学。康熙辛未岁贡。

江练如，字胜碧，外村人，县学。康熙戊寅岁贡。

程世礼，之标子，杭州府学。康熙庚辰岁贡。有传。

江　国[4]，字彤许，皋子，桐城学。康熙时例贡，授州同。

江　图[5]，字洛符，国弟，桐城学。康熙时岁贡。

江　冏[6]，字驭穆，图弟，桐城学，廪生。康熙时例贡。

江　夏[7]，字廷贲，冏弟，桐城学，廪生。康熙时例贡。

江　园[8]，字幼会，夏弟。康熙乙酉顺天副榜，任安东县教谕。

江　固[9]，字方城，园弟，桐城学。康熙时岁贡。

① 乾隆本无“江中龙”条。

② 乾隆本无“江俞”条。

③ 乾隆本作“字毅卿，号初岷，外村人。安庆府学，崇祯庚午岁贡。任合肥训导，加七品服”。

④ 乾隆本无“江国”条。

⑤ 乾隆本无“江图”条。

⑥ 乾隆本无“江冏”条。

⑦ 乾隆本无“江夏”条。

⑧ 乾隆本无“江园”条。

⑨ 乾隆本无“江固”条。

江　珊[①]，广誉子，桐城学。康熙时岁贡。

程乙生，介塘人，县学。康熙戊子岁贡。有传。

程侯本，介塘人，嘉定学。康熙时例贡。有传。

程　枢[②]，字建中，介塘人，嘉定学。康熙时例贡。

程　佩[③]，字昭令，介塘人，嘉定学。康熙时例贡，授内阁中书。

程　佺[④]，字松如，介塘人，嘉定学。康熙时例贡。

程　倬[⑤]，字天津，介塘人，嘉定学。康熙时例贡。

程　伸，字遂初，介塘人，嘉定学。康熙时例贡。

江东涛，里村人，县学。康熙时例贡。有传。

江致中，字位三，尔松曾孙，县学。康熙时例贡。

江　泓，里村人，庠生，考取州同。

江　溰，字梁雪，日照孙，扬州府学。康熙时例贡，授州同。

江　湘，九皋子，仪征学。康熙时例贡。有传。

江　淇，字企武，九鼎子，庠生。康熙时例入监。

江　浚，字在郊，九鼎侄，府学。康熙时例授州同。

江世栋，日照曾孙，仪征学。康熙时考授州同。并载封赠。有传。

江起蔚，字叔豹[⑥]，里村人，府学。康熙戊子岁贡。

江　瑞[⑦]，外村人，江都学。康熙时例贡。并载封赠。有传。

江承玠，瑞弟[⑧]，府学[⑨]。康熙壬辰例贡。并载封赠。有传。

江　湑，外村人，上元学，增生。康熙时例入监。有传。

江　洪，瑞子[⑩]，扬州府学。雍正癸卯例贡。有传。

江允暹，洪弟，仪征学[⑪]。雍正时例贡。有传[⑫]。

---

① 乾隆本无“江珊”条。

② 乾隆本无“程枢”条。

③ 乾隆本无“程佩”条。

④ 乾隆本无“程佺”条。

⑤ 乾隆本无“程倬”条。

⑥ 乾隆本无“字叔豹”三字。

⑦ 乾隆本无“江瑞”条。

⑧ 乾隆本无“瑞弟”二字。

⑨ 乾隆本在“府学”前有“外村人”三字。

⑩ 乾隆本为“承玠侄”。

⑪ 乾隆本作“江都学”。

⑫ 乾隆本作“并载风雅”。

江兆元[1]，字苍臣，笔子，桐城学。雍正时例入监。并载封赠。

江　暄，字丽生，世栋子，天长学。雍正时例贡。

江　榕，字荫千[2]，里村人，仪征学。雍正时例贡。

江先民，字时若[3]，里村人，庠生。雍正时例贡。

江启心，里村人，府学。乾隆丙辰岁贡。有传。

程翰登[4]，乙生孙，县学。乾隆辛未例贡。有传。

江　徽[5]，字从五，兆元子，桐城学。乾隆时例入监。并载封赠。

江遵统[6]，字建中，国子，桐城学。乾隆时例贡。

江化沄[7]，字佃葵，图子，桐城学。乾隆时例入监。

江遵衢[8]，桐城派。乾隆时岁贡。

江　昱，世栋子，仪征学，廪生。乾隆时例贡。并载封赠[9]。有传。

江　恂，昱弟，仪征学，廪生。乾隆癸酉拔贡，并载封赠。有传[10]。

江世杰，里村人，府学。乾隆己卯岁贡。有传。

江本良，有容子[11]，县学[12]。乾隆丁亥岁贡。有传[13]。

程廷霖，乙生孙[14]，府学。乾隆戊子岁贡。有传。

江长鍹，字泽光，外村人，宿迁学。原名长铣，入大兴籍，监生。乾隆辛卯副榜，四库馆修书，分发广西署永福县，迁江县知县，郁林州州同，补田州州同[15]。

---

①乾隆本无“江兆元”条。

②乾隆本无“字荫千”三字。

③乾隆本无“字时若”三字。

④乾隆本无“程翰登”条。

⑤乾隆本无“江徽”条。

⑥乾隆本无“江遵统”条。

⑦乾隆本无“江化沄”条。

⑧乾隆本无“江遵衢”条。

⑨乾隆本无“并载封赠”句。

⑩乾隆本作“字于九，号蔗畦，世栋子，仪征学，廪生。乾隆癸酉拔贡，任湖广常宁、清泉、衡阳等县，历乾州、宝庆同知，署长沙知府，告补安徽池州通判，历署泾县、旌德知县，安庆府同知，凤阳、徽州知府”。

⑪“有容子”，乾隆本作“有容姿”三字。

⑫乾隆本在“县学”前有“字亦存，一号尺循”句。

⑬乾隆本无“有传”二字。

⑭乾隆本在“乙生孙”前有“字新甫，号渔山”句。

⑮乾隆本无“分发广西署永福县，迁江县知县，郁林州州同，补田州州同”句。

江　文，字明上，号竹冈，廷泰侄，顺天大兴学廪生，改本籍[1]。乾隆甲午岁贡。

江　绳[2]，字宜庭，笔曾孙，桐城学，廪生。乾隆时例贡，历任江西上姚县知县。

江于煁[3]，桐城派，庠生。乾隆时例入监。

江文彪，里村人，县学。乾隆乙未例贡。有传。

江德量[4]，恂子，仪征学，廪生。乾隆丁酉拔贡。见科第。

江　纶[5]，荄子，顺天大兴县学，改本籍，考入四库馆修书，授山西宁乡县典史。并载名艺传附见。

江　信[6]，字虚舟，里村人，和州学，廪生。乾隆时例贡。

江启芳[7]，进侄，县学。乾隆时例贡。有传。

江启熏[8]，字善甫，启芳弟，县学。乾隆时例贡，加授理问。

江绍汾[9]，字滢南，号修原，嗣仑孙，县学。乾隆壬子例入监。

江士本[10]，字树滋，启芳子，汉阳学。乾隆时例贡。

江　璠[11]，字奂如，号璞轩，绍萱孙，县学。乾隆壬子例贡，加授知府。

江　楫[12]，字文舟，里村人，府学。嘉庆丁巳岁贡。

江士相[13]，字得六，号元卿，进孙，县学。嘉庆庚申例贡，即用郎中。

江德沛[14]，字亦霖，里村人，县学。嘉庆壬戌例贡，署直隶宣化府通判。

江启莲[15]，字有仪，外村人，杭州府学。嘉庆丁卯例贡。

---

① 乾隆本无“顺天大兴学廪生，改本籍”句。

② 乾隆本无“江绳”条。

③ 乾隆本无“江于煁”条。

④ 乾隆本无“江德量”条。

⑤ 乾隆本无“江纶”条。

⑥ 乾隆本无“江信”条。

⑦ 乾隆本无“江启芳”条。

⑧ 乾隆本“江启熏”条。

⑨ 乾隆本无“江绍汾”条。

⑩ 乾隆本无“江士本”条。

⑪ 乾隆本无“江璠”条。

⑫ 乾隆本无“江楫”条。

⑬ 乾隆本无“江士相”条。

⑭ 乾隆本无“江德沛”条。

⑮ 乾隆本无“江启莲”条。

舍选

江正一，元提领。有传。

江　淳，一名行宗，明淮王府奉祀。

江守相，明德庆州州同。有传。

江邦直，字太华，明鳌山卫经历。

江之永，明临清州州同[①]。有传。

江元胜[②]，字春和，明新城县知县。

江元康[③]，明芜湖关税大使。

江以南，字道明[④]，明岷王府奉祀。

江时仙[⑤]，字苍华，明颍州守备。

江时望[⑥]，字尔霖，明镇江都司。

江大润[⑦]，明武昌府巡检。有传。

江脩斗[⑧]，字拱北，明宁波守备。

江云龙，字五龙，号少潭[⑨]，明都察院知事。

江可继，明光禄寺署丞。有传。

江鸣钊，明浮梁县知县。

江一鸿，明虔州镇将。有传。

江宣儒，国朝黄平州知州。

江　岷，字龙门，武庠，云南[⑩]守备。

① 乾隆本作“一名桂龄，明龙里卫经历，历任临清州州同”。

② 乾隆本无“江元胜”条。

③ 乾隆本无“江元康”条。

④ 乾隆本无“字道明”三字。

⑤ 乾隆本无“江时仙”条。

⑥ 乾隆本无“江时望”条。

⑦ 乾隆本无“江大润”条。

⑧ 乾隆本无“江脩斗”条。

⑨ “字五龙，号少潭”，乾隆本作“字少潭”。

⑩ 乾隆本无“云南”二字。

江　鲲[1]，武庠，更名禹治，候补兵马司指挥。有传。

江　昕，字儆曙，世栋子，更名有功，武庠[2]，太湖营守备。

江位增，字允升，东涛曾孙，九江府照磨。邑志作汪姓，任长沙经历，误。

江　淦[3]，字汉西，兵部员外。

江　铣[4]，字雨严，台湾凤山县典史。

江　锦[5]，字制川，署浙江嘉兴通判。

江德溥[6]，字受将，锦子。浙江盐运经历，署龙头场大使。

江永壁[7]，字在东，候补都司。

以上里村

江千八，宋持节荆襄庾台使。有传[8]。

江应昴，千八子，宋持节河东庾台使。有传。

江桂六，字元贵，元大理寺[9]评事。

江善庆，应昴元孙，明织染局司务。有传。

江天耀，明太医院吏目。

江祖文，明京卫司经历。有传。

江以循，字季良[10]，明武庠[11]，贵州抚标功授把总。

江禹泗，明杭州府经历，死难[12]。

江士俊，明嘉鱼县知县，邑志作县丞，误。

江必达，国朝候补鸿胪寺鸣赞。有传。

江国柱，居杏里，军功札授都司。有传。

江承炳，候补按察司副使道，并载封赠。有传。

---

① 乾隆本无“江鲲”条。

② “武庠”，乾隆本作“歙武庠”。

③ 乾隆本无“江淦”条。

④ 乾隆本无“江铣”条。

⑤ 乾隆本无“江锦”条。

⑥ 乾隆本无“江德溥”条。

⑦ 乾隆本无“江永壁”条。

⑧ 乾隆本无“有传”二字。

⑨ 乾隆本无“大理寺”三字。

⑩ 乾隆本无“字季良”三字。

⑪ 乾隆本无“武庠”二字。

⑫ 乾隆本无“死难”二字。

江　耀，字彤瞻，候选知府。

江承瑜，候选府同知，并载封赠。有传。

江　岷[①]，河工议叙，即补知县。有传。

江允升，候选盐课司[②]提举。有传。

江　晟，瑞子[③]，候补知府，加二品封衔。有传。

江允玮，候选知州。有传。

江允柟，字荣让，号荫斋。荆门州州同，历署黄州府同知、汉阳府通判、荆门州知州，京山县、当阳县知县。

江　淳，沅陵县县丞。传附见[④]。

江长遇，候补刑部司狱，加授候选按察司经历。并载封赠。有传[⑤]。

江　昉，承玠子[⑥]。候补知府，加三品封衔。有传[⑦]。

江长楷[⑧]，字式亭。四川永宁县典史，署赤水河县丞。

江嘉馨[⑨]，字芳杜，候补都司。并载封赠。

江嘉铣，字泽西，承炳孙。候补知府，加二品封衔。

江派鹭，昉子。候运同。事附见[⑩]。

江　蕃[⑪]，进子，候补知府，加二品封衔。有传。

江　淑[⑫]，四川试用吏目。见恩褒。

江振鸿[⑬]，春子。即用道议纪录二次。事附见。

江士旦[⑭]，字召思。河南试用县丞，署开封经历，长葛知县。

江绍第[⑮]，字云次，嘉馨子，候选运同。

---

① 乾隆本无“江岷”条。
② 乾隆本无“盐课司”三字。
③ 乾隆本无“瑞子”二字。
④ 乾隆本作“字景厚，号楼堂，沅陵县县丞”。
⑤ 乾隆本无“有传”二字。
⑥ 乾隆本在“承玠子”前有“字旭东，号砚农”句。
⑦ 乾隆本无“有传”二字。
⑧ 乾隆本无“江长楷”条。
⑨ 乾隆本无“江嘉馨”条。
⑩ 乾隆本作“字起堂，号玉翚，昉子，候选运同”。
⑪ 乾隆本无“江蕃”条。
⑫ 乾隆本无“江淑”条。
⑬ 乾隆本无“江振鸿”条。
⑭ 乾隆本无“江士旦”条。
⑮ 乾隆本无“江绍第”条。

江　平[1]，字衡轩。署南昌同知，简发山东试用知州。

江士栻[2]，字兆詹，号仲卿，蕃子。即用郎中。事附见。

江明略[3]，字聘侯，吏目管诸罗巡检。

江立智[4]，绍萱子，候补都司。传附见。

江立桢[5]，候补都司。事附见。

江本瑗[6]，字近蘧，绍萱孙，候补游击。

以上外村

江允迪，字吉甫，宋宣议郎。

江　汉，字朝宗，宋博士。

江若汇，字溯本，明河南府经历。

江安治[7]，国朝甘肃试用通判，署靖远县知县捐职，从许姓，析居洪村口。有传。

以上牌镇

江调治[8]，广誉子，刑部司狱。

江成烈[9]，字慎咸，笔孙，江南苇荡营守备。

江　澍[10]，笔曾孙。河南候补州同，历署怀庆府同知，登封、中牟虞城知县，借补武陟县县丞。

江　浔[11]，澍弟，贵州遵义县典史。

江　廖[12]，笔曾孙，湖北京山县巡检。

江　诩[13]，字素山，廖子，两淮盐运司知事。

---

① 乾隆本无“江平”条。

② 乾隆本无“江士栻”条。

③ 乾隆本无“江明略”条。

④ 乾隆本无“江立智”条。

⑤ 乾隆本无“江立桢”条。

⑥ 乾隆本无“江本瑗”条。

⑦ 乾隆本无“江安治”条。

⑧ 乾隆本无“江调治”条。

⑨ 乾隆本无“江成烈”条。

⑩ 乾隆本无“江澍”条。

⑪ 乾隆本无“江浔”条。

⑫ 乾隆本无“江廖”条。

⑬ 乾隆本无“江诩”条。

以上桐城

江　渊，明军功授都司。

以上玉田

程瓒谟，字献可，号石坡。明福建闽县知县，邑志作训导，误。

程天启，明叙州府知事。有传。

程所志，明汀州卫经历。

程所德，明温州卫经历。

程叙恪[①]，字循先，嘉定籍。国朝宁波府经历。

以上介塘

封　赠

江　敩，以子以南赠岷府奉祀。有传。

江一阳，字元长，号西溪[②]，以子湛然封泰安州知州。

江应箕，字南陆[③]，以子可继赠光禄寺署丞。

江应全，以子日照赠尚宝司卿。见恩褒、殊恩[④]。

江若琨，以子鸣钊赠浮梁县知县。

江衍庆，字善先[⑤]，以子人龙赠州同。

江九万，以子闿封益阳县知县。并载乡宾。有传。

江昭年，字存远[⑥]，以子鉴赠茂州知州。

① 乾隆本无“程叙恪”条。

② 乾隆本无“字元长，号西溪”句。

③ 乾隆本无“字南陆”三字。

④ 乾隆本作“见荐辟”。

⑤ 乾隆本无“字善先”三字。

⑥ 乾隆本无“字存远”三字。

江　澂，字镜若，以子世栋赠州同，以孙恂覃恩，貤赠凤阳府知府[①]。

江元植，字培甫[②]，以子宣儒赠黄平州知州。

江承燧，以子禹治赠兵马司指挥。见恩褒[③]。

江世栋，以子恂覃恩，赠清泉县知县、池州府通判、安庆府知府[④]。见明经。

江元椿[⑤]，字大年，以孙永俅赠州同。

江宣谟[⑥]，字佑启，以子永棣赠州同。

江以培，以子嘉珍赠州同，以孙淦覃恩，貤赠兵部员外[⑦]。

江　昱[⑧]，以弟恂覃恩貤赠安庆府知府。见明经。

江　恂[⑨]，以子德量覃恩，赠江西道监察御史。见明经。

江孺调[⑩]，字时序，以孙锦貤赠州同。

江嘉珍[⑪]，字瑾怀，州同，以子淦覃恩，封兵部员外。

江绍标[⑫]，字仪表，以子锦赠州同。

江莲德[⑬]，字仰青，监生，以子铣覃恩，封凤山县典史。

江名秩[⑭]，字晋阶，理问，以子玉辉，封朝议大夫。

江德坚[⑮]，昱子，以从弟德量覃恩，貤封翰林院编修，并载文学。有传。

江福民[⑯]，字思济，以子昌赠南昌府同知。

江景文，字伯奇[⑰]，以子珪赠德州州同。

江汝楫，字思贤，号慕峰，以子东之赠右佥都御史。并载文学。

---

① 乾隆本无“以孙恂覃恩，貤赠凤阳府知府”句。

② 乾隆本无“字培甫”三字。

③ 乾隆本作“有传”。

④ 乾隆本无“池州府通判、安庆府知府”句。

⑤ 乾隆本无“江元椿”条。

⑥ 乾隆本无“江宣谟”条。

⑦ 乾隆本无“以孙淦覃恩，貤赠兵部员外”句。

⑧ 乾隆本无“江昱”条。

⑨ 乾隆本无“江恂”条。

⑩ 乾隆本无“江孺调”条。

⑪ 乾隆本无“江嘉珍”条。

⑫ 乾隆本无“江绍标”条。

⑬ 乾隆本无“江莲德”条。

⑭ 乾隆本无“江名秩”条。

⑮ 乾隆本无“江德坚”条。

⑯ 乾隆本无“江福民”条。

⑰ 乾隆本无“字伯奇”三字。

江若城，号荷塘，以子世东赠靳水县知县。

江国茂，以曾孙春特恩赠光禄大夫。并载文学。有传。

江国鉴，字先民，以孙承炳赠副使道。

江懋孳，以曾孙登云覃恩[1]，貤赠襄阳游击。传附见。

江懋潢，字广益，州同[2]，以孙允升貤赠盐课司提举。

江　演，州同，以子瑞封内阁中书，以子承玠恩赠户部郎中，以子承瑜赠府同知，以孙晟赠资政大夫，以孙春两赠资政大夫，特恩赠光禄大夫。有传。

江茂华，字文玉，以孙进貤赠州同，以曾孙兰覃恩，赠兵部左侍郎、云南巡抚[3]。

江懋焕，字维章，以孙玉堂貤赠州同。

江懋尧，字式仁，以子承东赠州同。

江懋佐，字宾臣，以子承炳赠副使道。

江之洪，以子时琮赠州同。有传。

江承基，字恭先，以孙嘉云貤赠州同。

江承元，以子岷赠知县，以孙登云覃恩，貤赠御前侍卫，晋赠襄阳游击、南安参将袁临副将。有传。

江承明，以子学赠州判。有传。

江建中，字德昭，以子迪封登仕郎。

江承绣，字虞彩，以子允楠覃恩，赠荆门州州同。

江　瑞，以子洪覃恩，封刑部郎中、宣化府同知，以子晟赠资政大夫。见明经[4]。

江瑞霦，以子进赠州同，以孙兰覃恩，貤赠兵部郎中，晋赠太仆寺卿、大理寺少卿、兵部左侍郎、云南巡抚[5]。有传。

江承封，以子玉堂封州同[6]。有传[7]。

江承炳，以孙嘉铣赠资政大夫。见舍选。

江承玠，以子昉赠通议大夫。见明经。

江承珍，州同，以子允升赠盐课司提举。有传。

江承东，州同，以子廷泰覃恩赠竹溪县知县。有传。

---

① 乾隆本在“以曾孙登云覃恩”前有“字师善”三字。

② 乾隆本无“州同”二字。

③ 乾隆本无“以曾孙兰覃恩，赠兵部左侍郎、云南巡抚”句。

④ 乾隆本作“见舍选”。

⑤ 乾隆本无“晋赠太仆寺卿、大理寺少卿、兵部左侍郎、云南巡抚”句。

⑥ 乾隆本在“以子玉堂封州同”前有“字衡侯”三字。

⑦ 乾隆本无“有传”二字。

江承琦，字云兆，以子允玮赠知州。并载文学。

江承瑜，以子春两赠资政大夫，特恩赠光禄大夫。见舍选。

江嗣铉，字淑大，以子嘉云赠州同。

江　学，州判，以子嘉谦封州同，以孙绍第贻赠运同[①]。有传。

江嗣仑，以子登云覃恩赠御前侍卫、襄阳游击、南安参将、袁临副将[②]。见科第。

江　进，以子兰覃恩，封兵部郎中、太仆寺卿、大理寺少卿，赠兵部左侍郎、云南巡抚。见殊恩。[③]

江嗣埙，州同[④]，以子嘉铣封资政大夫。有传。

江长遇[⑤]，以孙士朴贻赠朝议大夫。见舍选。

江嘉谟，州同[⑥]，以弟登云覃恩陈情，特旨贻封南安参将。有传[⑦]。

江嘉谏[⑧]，字泽民，以孙立智、立桢，并贻赠都司。

江嘉馨[⑨]，以子绍第赠运同。见舍选。

江嘉谱[⑩]，字序周，号研山，监生。原授六品职衔，以子绍葆封奉直大夫。并载名艺。

江　菖[⑪]，州同，以子士朴封朝议大夫。传附见。

江绍芳[⑫]，布政司理问，以子立桢赠都司。有传。

江绍萱[⑬]，以子立智封都司，以孙本瑗赠游击。见科第。

江立功[⑭]，字志崇，千总，以子本瑗赠游击。

江立礼[⑮]，以子璠赠知府。见殊恩。

江　德，字茂卿，以子崇寿赠河清县知县。

---

① 乾隆本无“以孙绍第贻赠运同”句。

② 乾隆本无“袁临副将”四字。

③ 乾隆本作“字志山，号可亭，州同、以子兰覃恩，封兵部郎中”。

④ 乾隆本在“州同”前有“字彩山”三字。

⑤ 乾隆本无“江长遇”条。

⑥ 乾隆本在“州同”前有“字勉亭”三字。

⑦ 乾隆本无“有传”二字。

⑧ 乾隆本无“江嘉谏”条。

⑨ 乾隆本无“江嘉馨”条。

⑩ 乾隆本无“江嘉谱”条。

⑪ 乾隆本无“江菖”条。

⑫ 乾隆本无“江绍芳”条。

⑬ 乾隆本无“江绍萱”条。

⑭ 乾隆本无“江立功”条。

⑮ 乾隆本无“江立礼”条。

江社迪，以子若汇赠河南府经历。

江　晋[①]，字锡蕃，以子安治覃恩赠通判。

江思忠，字以恕[②]，以子之湘赠峨眉县知县。并载乡宾[③]。

江思信[④]，字以成，以子之泗赠通州学正。并载乡宾。

江　楫[⑤]，字苇渡，以子皋赠福建布政司参政。并载文学。

江兆元[⑥]，以孙绳貤赠上姚县知县。见明经。

江兆允[⑦]，字岸依，以子成烈赠江南苇荡营守备。

江　岱[⑧]，监生，以子澍赠武陟县县丞。

江　徽[⑨]，以子绳赠上姚县知县。见明经。

江　奎[⑩]，字时祥，监生，以子曾贯赠砀山县教谕。

江遵礼[⑪]，以子宣赠嘉定县教谕。

程　镰，字我泉，以子道东赠云南府知府。

程时彦，字圣功，州同，以子侯本赠宁国府知府。

程钟恒，以子天潋赠州同。有传。

乡　宾

江　社，里村人，明洪武时举人。有传。

江　汉，永乐时举。见明经。

江宁祖，宣德时举。见荐辟。

程　镐，介塘人，弘治时举。有传。

江　龙[⑫]，字腾霄，桐城派。弘治时举。

---

① 乾隆本无“江晋”条。

② 乾隆本无“字以恕”三字。

③ 乾隆本无“并载乡宾”四字。

④ 乾隆本无“江思信”条。

⑤ 乾隆本无“江楫”条。

⑥ 乾隆本无“江兆元”条。

⑦ 乾隆本无“江兆允”条。

⑧ 乾隆本无“江岱”条。

⑨ 乾隆本无“江徽”条。

⑩ 乾隆本无“江奎”条。

⑪ 乾隆本无“江遵礼”条。

⑫ 乾隆本无“江龙”条。

江世济，天启崇祯时五举大宾。见明经。

江应全，天启崇祯时四举大宾。见恩褒[①]、殊恩、封赠。

江日照，崇祯时三举大宾。见殊恩、明经。

江思忠[②]，龙曾孙，国朝顺治时举大宾。见封赠。

江思信，思忠弟[③]，顺治时举大宾[④]。见封赠。

江万仁，字完初[⑤]，外村人，顺治时举。

江时浚，里村人，顺治十年举。

江九万，康熙时举大宾[⑥]。见封赠。

江起升，万仁子，康熙时举。有传。

江德正，字秉贞，外村人，康熙时举。

江之澧[⑦]，桐城派，康熙时举。

江之泗[⑧]，康熙时举大宾，见科第。

江嗣仑，乾隆十年举大宾。见科第、封赠。

文　学

明

江远宗，字彦圣[⑨]。

江禹导，字勋泉[⑩]，郡庠。

江经世，字大还，一字仲誉[⑪]，邑庠。

江应龙，字大化，邑庠[⑫]。

---

① 乾隆本无“恩褒”二字。

② 乾隆本无“江思忠”条。

③ 乾隆本无“思忠弟”三字。

④ 乾隆本无“大宾”二字。

⑤ 乾隆本无“字完初”三字。

⑥ 乾隆本无“大宾”二字。

⑦ 乾隆本无“江之澧”条。

⑧ 乾隆本无“江之泗”条。

⑨ 乾隆本无“字彦圣”三字。

⑩ 乾隆本无“字勋泉”三字。

⑪ 乾隆本无“字大还，一字仲誉”句。

⑫ 乾隆本无“字大化，邑庠”句。

江应召，字德行，一字君奭，邑庠[①]。

江侑升[②]，字旭如，无为州。

江大学，字圣初，庐州[③]。

江不息，字无生，邑庠[④]。

江天一，见恩褒[⑤]。

江从先，字仲后[⑥]，郡庠。

江可范，字叔度，邑庠[⑦]。

江之海，字百谷[⑧]，嘉定。

江之瀚，字浚甫[⑨]，嘉定。

江之潢，初名孝征，字忠甫[⑩]，嘉定。

江　莲[⑪]，邑庠。

江必名，有传。

江士鼐，初名大鼐，字一公[⑫]，杭州。

江若镜，有传。

江允明，字公亮[⑬]，郡庠。

江日宁，字咸万[⑭]，郡庠。

江若琦，字公韩，一字仲玉[⑮]，郡庠。

江必显，字孟潜[⑯]，嘉定。

江念祖，有传。

---

① 乾隆本无"字德行，一字君奭，邑庠"句。

② 乾隆本无"江侑升"条。

③ 乾隆本无"字圣初，庐州"句。

④ 乾隆本无"字无生，邑庠"句。

⑤ "见恩褒"，乾隆本作"有传"。

⑥ 乾隆本无"字仲后"三字。

⑦ 乾隆本无"字叔度，邑庠"句。

⑧ 乾隆本无"字百谷"三字。

⑨ 乾隆本无"字浚甫"。

⑩ 乾隆本无"初名孝征，字忠甫"句。

⑪ 乾隆本无"江莲"条。

⑫ 乾隆本无"初名大鼐，字一公"句。

⑬ 乾隆本无"字公亮"三字。

⑭ 乾隆本无"字咸万"三字。

⑮ 乾隆本无"字公韩，一字仲玉"句。

⑯ 乾隆本无"字孟潜"三字。

江敦三，字孝一，郡庠[1]。

江梦相，字士先[2]，邑庠。

江朝东，字次宗，一字宗之，钱塘[3]。

江　恒，有传。

江兆复，字律南[4]。

江有声，字长孺[5]。

江有科，郡庠[6]。

江藩东，有传[7]。

江必成[8]，字静含，邑庠。

江必泰，郡庠。

江士森，有传。

江生潆，字尔带[9]，邑庠。

江生濠，字尔梁，邑庠[10]。

江生涛，字波臣，邑庠[11]。

江　斌，有传[12]。

江嘉梅，有传。

江　荪[13]，字湘友，太仓州。

国　朝

江仁贤[14]，海州。

---

① 乾隆本无“字孝一，郡庠”句。

② 乾隆本无“字士先”三字。

③ “字次宗，一字宗之，钱塘”，乾隆本作“郡庠”。

④ 乾隆本无“字律南”三字。

⑤ 乾隆本无“字长孺”三字。

⑥ 乾隆本无“郡庠”二字。

⑦ “有传”，乾隆本作“浙江”。

⑧ 乾隆本无“江必成”条。

⑨ 乾隆本无“字尔带”三字。

⑩ 乾隆本无“字尔梁，邑庠”句。

⑪ 乾隆本无“字波臣，邑庠”句。

⑫ “有传”，乾隆本作“赣州”。

⑬ 乾隆本无“江荪”条。

⑭ 乾隆本无“江仁贤”条。

江信贤[1]，海州。有传。

江肇登，邑庠。有传[2]。

江　声，字奕远[3]，邑庠。

江　枫，邑庠。

江梦光。

江攀龙，字安期[4]，邑庠。

江圣期，字征我[5]，邑庠。

江辨志，字备期[6]，邑庠。

江家齐，邑庠。传附见[7]。

江上澜[8]，邑庠。

江国祚，有传[9]。

江　源，有传。

江伊勋，字就三[10]，邑庠。

江天虬[11]，字驾青，邑庠。

江　俊[12]，字汝依，无为州。

江维信[13]，有传。

江祚长[14]，字佑仁，无为州。

江世桢[15]，字维周，无为州。

江家澍[16]，字沛霖，无为州。

---

① 乾隆本无“江信贤”条。

② 乾隆本无“有传”二字。

③ 乾隆本无“字奕远”三字。

④ 乾隆本无“字安期”三字。

⑤ 乾隆本无“字征我”三字。

⑥ 乾隆本无“字备期”三字。

⑦ 乾隆本无“传附见”三字。

⑧ 乾隆本无“江上澜”条。

⑨ “有传”，乾隆本作“邑庠”。

⑩ 乾隆本无“字就三”三字。

⑪ 乾隆本无“江天虬”条。

⑫ 乾隆本无“江俊”条。

⑬ 乾隆本无“江维信”条。

⑭ 乾隆本无“江祚长”条。

⑮ 乾隆本无“江世桢”条。

⑯ 乾隆本无“江家澍”条。

江连山[1]，无为州。传附见。

江树屏，字东藩[2]，邑庠。

江　豫，有传。

江仪勋，字千仞，邑庠[3]。

江承宪，字嘉令，邑庠[4]。

江　夔，字虞一[5]，郡庠。

江祖望，嘉定。

江枝桂，嘉定。

江　铨，嘉定。

江梦锦，字醴侯[6]，扬州。

江东懋，字苍起[7]，扬州。

江懋贤，海州。

江名箕，字冠斗[8]，扬州。

江　宏[9]，字达夫，太仓州。

江世伋，字又吕[10]，邑庠。

江宣融[11]，字绍举。

江山永，有传。

江承言，有传[12]。

江　煃，有传[13]。

江　钊，钱塘。

江　洁，钱塘。

---

① 乾隆本无“江连山”条。

② 乾隆本无“字东藩”三字。

③ 乾隆本无“字千仞，邑庠”句。

④ 乾隆本无“字嘉令，邑庠”句。

⑤ 乾隆本无“字虞一”三字。

⑥ 乾隆本无“字醴侯”三字。

⑦ 乾隆本无“字苍起”三字。

⑧ 乾隆本无“字冠斗”三字。

⑨ 乾隆本无“江宏”条。

⑩ 乾隆本无“字又吕”三字。

⑪ 乾隆本无“江宣融”条。

⑫ “有传”，乾隆本作“邑庠”。

⑬ “有传”，乾隆本作“邑庠”。

江　泉，字聚源[1]，仪征廪[2]。

江　昆，仪征。

江　春，字致尧[3]。

江盈峡[4]，字卜公，郡庠。

江亢宗，有传。

江　洲。

江　玮[5]，字虞文，嘉定。

江良璧[6]，字瑞玉，嘉定。

江　焵[7]，嘉定。有传。

江光达，字沂阳[8]，邑庠。

江之南[9]，字武烈，无为州。

江必禄[10]，字天爵，无为州。

江三奇[11]，字鲁詹，无为州。

江金榜，字云翥[12]，邑庠。

江　锡，嘉善。

江　英，吴县。

江鹏翮，钱塘。

江梦笔，邑庠。事附见[13]。

江　周，字原朊[14]，邑庠。

江观涛，郡庠。并载名艺[15]。

---

① 乾隆本无"字聚源"三字。

② "仪征廪"，乾隆本作"仪征"。

③ 乾隆本无"字致尧"三字。

④ 乾隆本无"江盈峡"条。

⑤ 乾隆本无"江玮"条。

⑥ 乾隆本无"江良璧"条。

⑦ 乾隆本无"江焵"条。

⑧ 乾隆本无"字沂阳"三字。

⑨ 乾隆本无"江之南"条。

⑩ 乾隆本无"江必禄"条。

⑪ 乾隆本无"江三奇"条。

⑫ 乾隆本无"字云翥"三字。

⑬ 乾隆本无"事附见"三字。

⑭ 乾隆本无"字原朊"三字。

⑮ 乾隆本无"并载名艺"句。

江　键，仪征。

江宗源，仪征。

江德坚，仪征。见封赠。

江德全[1]，仪征。

江德在[2]，字文叔，仪征。

江德谨[3]，字次勤，仪征。

江德升[4]，字勉上，仪征。

江　镆[5]，字声之，江都。

江　淳[6]，字朴舟，仪征廪。

江　汉[7]，字濯之，仁和。

江启东[8]，字曙云，邑庠。

江腾晖[9]，字恺堂，邑庠。

江德堂[10]，字用礼，仪征。

江　钧[11]，仪征。

江　城[12]，和州。

江卿云[13]，字健修，邑庠。

江履平，海州。

以上里村

---

① 乾隆本无“江德全”条。

② 乾隆本无“江德在”条。

③ 乾隆本无“江德谨”条。

④ 乾隆本无“江德升”条。

⑤ 乾隆本无“江镆”条。

⑥ 乾隆本无“江淳”条。

⑦ 乾隆本无“江汉”条。

⑧ 乾隆本无“江启东”条。

⑨ 乾隆本无“江腾晖”条。

⑩ 乾隆本无“江德堂”条。

⑪ 乾隆本无“江钧”条。

⑫ 乾隆本无“江城”条。

⑬ 乾隆本无“江卿云”条。

明

江景英，字伯俊[1]，郡庠。

江　渭，字本清[2]，邑庠。

江汝楫，郡庠。见封赠[3]。

江　春，字时元[4]，邑庠。

江东尹，字志甫，一字觉宇[5]，邑庠。

江世纶，字允言[6]，郡庠。

江国纪，字南仲[7]，邑庠。

江国亮，字寅卿[8]，邑庠。

江国桢，有传。

江士元，字体仁[9]，郡庠。

江国茂，郡庠。见封赠。

江震绳，字伯生[10]，郡庠。

江维驹，字仲干[11]，邑庠。

江之永，字汉长[12]，杭州。

江之泰，字二同[13]，杭州。

江　玠，字蕃玉[14]，郡增生[15]。

江　琮，字特岳[16]，郡庠。

---

① 乾隆本无“字伯俊”三字。
② 乾隆本无“字本清”三字。
③ 乾隆本无“见封赠”句。
④ 乾隆本无“字时元”三字。
⑤ 乾隆本无“字志甫，一字觉宇”句。
⑥ 乾隆本无“字允言”三字。
⑦ 乾隆本无“字南仲”三字。
⑧ 乾隆本无“字寅卿”三字。
⑨ 乾隆本无“字体仁”三字。
⑩ 乾隆本无“字伯生”三字。
⑪ 乾隆本无“字仲干”三字。
⑫ 乾隆本无“字汉长”三字。
⑬ 乾隆本无“字二同”三字。
⑭ 乾隆本无“字蕃玉”三字。
⑮ “郡增生”，乾隆本作“郡庠”。
⑯ 乾隆本无“字特岳”三字。

江中桂，字砥之[①]，邑庠。

江承烈，字以扬[②]，杭州。

国 朝

江锡衮，字兆先[③]，邑庠。

江宏敩，字永修[④]，邑庠。

江　源，有传。

江文振，字师百[⑤]，雅州。

江文范，雅州。

江文仪[⑥]，荣经。

江文淑[⑦]，雅州。

江文韬[⑧]，荣经。

江永治，有传。

江　澜，字卓然[⑨]，邑庠。

江承琦，郡庠。见封赠[⑩]。

江有容[⑪]，邑庠。见恩褒。

江　华，字含英[⑫]，郡庠。

江肇栋，有传[⑬]。

江长铠，有传[⑭]。

江绍高，邑廪。传附见[⑮]。

---

① 乾隆本无“字砥之”三字。

② 乾隆本无“字以扬”三字。

③ 乾隆本无“字兆先”三字。

④ 乾隆本无“字永修”三字。

⑤ 乾隆本无“字师百”三字。

⑥ 乾隆本无“江文仪”条。

⑦ 乾隆本无“江文淑”条。

⑧ 乾隆本无“江文韬”条。

⑨ 乾隆本无“字卓然”三字。

⑩ 乾隆本无“见封赠”句。

⑪ 乾隆本“江有容”条，仅作“有传”。

⑫ 乾隆本无“字含英”三字。

⑬ “有传”，乾隆本作“邑廪”。

⑭ “有传”，乾隆本作“宿廪”。

⑮ 乾隆本无“传附见”句。

江长锡，字承天[①]，宿迁。

江鹏九，宿迁。

江步云，通州。

江绍绎，字驹思[②]，邑廪生[③]。

江飞鸾[④]，宿迁。

江启沃[⑤]，字心泉，宿迁廪。

江启吉[⑥]，字夙来，宿迁。

江立贤[⑦]，青阳。

江德里[⑧]，字蔼庭，邑增生。

江启元[⑨]，字善长，宿迁。

江启济[⑩]，字北雄，宿迁。

江本玙[⑪]，字俪原，邑庠。

江本恭[⑫]，字寅谷，仪征。

江绍憘[⑬]，字饮吉，仪征。

江　璇[⑭]，字在虞，原名本璇，邑庠。

以上外村

明

江胜祖，字彦高[⑮]，郡庠。

---

① 乾隆本无“字承天”三字。

② 乾隆本无“字驹思”三字。

③ 乾隆本无“生”字。

④ 乾隆本无“江飞鸾”条。

⑤ 乾隆本无“江启沃”条。

⑥ 乾隆本无“江启吉”条。

⑦ 乾隆本无“江立贤”条。

⑧ 乾隆本无“江德里”条。

⑨ 乾隆本无“江启元”条。

⑩ 乾隆本无“江启济”条。

⑪ 乾隆本无“江本玙”条。

⑫ 乾隆本无“江本恭”条。

⑬ 乾隆本无“江绍憘”条。

⑭ 乾隆本无“江璇”条。

⑮ 乾隆本无“字彦高”三字。

江清源，字如泉[1]，郡廪生[2]。
江镇寿[3]，邑庠。
江　闰，郡庠。
江　兢[4]，郡庠。
江思宗，邑庠。
江道隆，邑庠。
江季真，郡庠。
江　侃，邑庠。
江　仪，郡庠。

国　朝

江　浔，有传。
江　震，严州。事附见[5]。
江　凤[6]，字彩文，淳安。

以上牌镇

明

江　濂[7]，字景濂。
江之沅[8]，廪生。
江之淑[9]。
江之瑛[10]。
江之淇[11]，增生。

---

① 乾隆本无"字如泉"三字。
② 乾隆本无"生"字。
③ 乾隆本无"江镇寿"条。
④ 乾隆本无"江兢"条。
⑤ 乾隆本无"事附见"句。
⑥ 乾隆本无"江凤"条。
⑦ 乾隆本无"江濂"条。
⑧ 乾隆本无"江之沅"条。
⑨ 乾隆本无"江之淑"条。
⑩ 乾隆本无"江之瑛"条。
⑪ 乾隆本无"江之淇"条。

江之淞[①]。
江之淮。
江之汉，增生
江　楫，见封赠[②]。
江　柱，字石公[③]。
江　梁，字淑舆[④]。
江　栋，字巢初[⑤]。
江　介[⑥]。
江　令[⑦]。
江　仑[⑧]。
江尚质[⑨]。
江　迥[⑩]，廪生。

国　朝

江有伦[⑪]。
江有成[⑫]。
江可进[⑬]。
江　搴[⑭]。
江　围[⑮]，字包九。

---

① 乾隆本无“江之淞”条。
② 乾隆本无“见封赠”句。
③ 乾隆本无“字石公”三字。
④ 乾隆本无“字淑舆”三字。
⑤ 乾隆本无“字巢初”三字。
⑥ 乾隆本无“江介”条。
⑦ 乾隆本无“江令”条。
⑧ 乾隆本无“江仑”条。
⑨ 乾隆本无“江尚质”条。
⑩ 乾隆本无“江迥”条。
⑪ 乾隆本无“江有伦”条。
⑫ 乾隆本无“江有成”条。
⑬ 乾隆本无“江可进”条。
⑭ 乾隆本无“江搴”条。
⑮ 乾隆本无“江围”条。

江必元[①]。

江兆熊[②]。

江遵观[③],字旷伯。

江祖茂[④]。

江辅舟[⑤]。

江遵铭[⑥],廪生。

江锡福[⑦]。

江　达[⑧]。

江　镇[⑨]。

江　瀚[⑩],廪生。

江待举[⑪]。

江　管[⑫]。

江盛瑞[⑬]。

以上桐城

明

江文豸。

江一鸠。

江中彩。

江中砺。

---

① 乾隆本无"江必元"条。

② 乾隆本无"江兆熊"条。

③ 乾隆本无"江遵观"条。

④ 乾隆本无"江祖茂"条。

⑤ 乾隆本无"江辅舟"条。

⑥ 乾隆本无"江遵铭"条。

⑦ 乾隆本无"江锡福"条。

⑧ 乾隆本无"江达"条。

⑨ 乾隆本无"江镇"条。

⑩ 乾隆本无"江瀚"条。

⑪ 乾隆本无"江待举"条。

⑫ 乾隆本无"江管"条。

⑬ 乾隆本无"江盛瑞"条。

江中岩。

江中砥。

江中秀。

江中胜。

江山远。

以上玉田

明

程璜显，郡庠。

程　铭，邑庠。

程　钦，郡庠。

程　镀，郡庠。

程　铠，郡庠。

程道著，字诚甫[①]，邑庠。

程道淑，字希孟[②]，邑庠。

程时举，字明献，一字中岳[③]，郡庠。

程道清，有传。

程道涣，字天叙[④]，郡庠。

程天任，字仲衡[⑤]，邑庠。

程瑞征，字兆圣[⑥]，邑庠。

① 乾隆本无“字诚甫”三字。

② 乾隆本无“字希孟”三字。

③ 乾隆本无“字明献，一字中岳”句。

④ 乾隆本无“字天叙”三字。

⑤ 乾隆本无“字仲衡”三字。

⑥ 乾隆本无“字兆圣”三字。

程士贤[1]，见荐辟。

程见可，字行甫[2]，邑庠。

程士英，字含仲[3]，郡庠[4]。

程奋翼，字云卿[5]，邑增生[6]。

程　绚，字国辅[7]，临清州[8]。

程国宾，有传。

程子振，字公武[9]，邑庠。

程又新，字无垢，原名荣登，字御礼[10]，邑庠。

程明誉，字允孚[11]，郡庠。

国　朝

程　仪，字凤威[12]，嘉定。

程钟岱，有传。

程瑞鳞[13]，字西文，江阴。

程　震，字锡九[14]，苏州。

程起鹤，有传。

程四海[15]，江阴。

程大光，字充符[16]，钱塘。

---

① 乾隆本无“程士贤”条。

② 乾隆本无“字行甫”句。

③ 乾隆本无“字含仲”三字。

④ “郡庠”，乾隆本作“邑庠”。

⑤ 乾隆本无“字云卿”三字。

⑥ 乾隆本无“生”字。

⑦ 乾隆本无“字国辅”三字。

⑧ 乾隆本无“州”字。

⑨ 乾隆本无“字公武”三字。

⑩ 乾隆本无“字无垢，原名荣登，字御礼”句。

⑪ 乾隆本无“字允孚”三字。

⑫ 乾隆本无“字凤威”三字。

⑬ 乾隆本无“程瑞鳞”条。

⑭ 乾隆本无“字锡九”条。

⑮ 乾隆本无“程四海”条。

⑯ 乾隆本无“字充符”三字。

程楙弟[1]，字友棠，邑庠。
程楙功[2]，字敏周，邑庠。
程牧斯[3]，字耽咏，原名楙诗，邑庠。
程华国[4]，字慎修，邑庠。
程凤池[5]，字维周，杭州。
以上介塘

武　庠

国　朝[6]
江　镡
江　玉
江廷桢，字圣瞻[7]。
江　岷[8]，见舍选。
江　鲲[9]，见舍选。
江　昕[10]，见舍选。
江先轸，字南七，邑庠[11]。
江　琰，字蓝浦[12]，邑庠。
江道增，字于南[13]，邑庠。

---

① 乾隆本无“程楙弟”条。
② 乾隆本无“程楙功”条。
③ 乾隆本无“程牧斯”条。
④ 乾隆本无“程华国”条。
⑤ 乾隆本无“程凤池”条。
⑥ 乾隆本作“俱国朝”。
⑦ 乾隆本无“字圣瞻”三字。
⑧ 乾隆本无“江岷”条。
⑨ 乾隆本无“江鲲”条。
⑩ 乾隆本无“江昕”条。
⑪ 乾隆本无“字南七，邑庠”句。
⑫ 乾隆本无“字蓝浦”三字。
⑬ 乾隆本无“字于南”三字。

江锦标，字佩文[①]，邑庠。

江嵩秀，字中五[②]，邑庠。

江时柱，字擎一[③]，邑庠。

以上里村

明

江以循[④]，郡庠。见舍选。

国　朝

江　蛟，字元庆[⑤]，邑庠。

江　晋，字汉周[⑥]，邑庠。

江　海，字殿五[⑦]，郡庠。

江兆柱，字含一[⑧]，邑庠。

江绍菘，字胜台[⑨]，邑庠。

江登鳌，字敬斋[⑩]，仪征。

江绍荃，字佩紛[⑪]，邑庠。

江绍椿，字崇年[⑫]，邑庠。

江绍怡[⑬]，字友和，仪征。

江秉钺[⑭]，字殿擎，郡庠，候补千总。

---

① 乾隆本无“字佩文”三字。

② 乾隆本无“字中五”三字。

③ 乾隆本无“字擎一”三字。

④ 乾隆本无“江以循”条。

⑤ 乾隆本无“字元庆”三字。

⑥ 乾隆本无“字汉周”三字。

⑦ 乾隆本无“字殿五”三字。

⑧ 乾隆本无“字含一”三字。

⑨ 乾隆本无“字胜台”三字。

⑩ 乾隆本无“字敬斋”三字。

⑪ 乾隆本无“字佩紛”三字。

⑫ 乾隆本无“字崇年”三字。

⑬ 乾隆本“江绍怡”条仅作“扬州”。

⑭ 乾隆本无“江秉钺”条。

江龙骠，字得蜍[1]，邑庠。

江金鳌[2]，字宇清，邑庠。

江达策[3]，字原梧，邑庠。

江　荚[4]，字又韩，邑庠。

江鳞吉[5]，字禹渊，邑庠。

江本柱[6]，字廷玉，郡庠。

以上外村

国　朝

程钟岷，字南衡[7]，邑庠。

以上介塘

① 乾隆本无"字得蜍"三字。

② 乾隆本无"江金鳌"条。

③ 乾隆本无"江达策"条。

④ 乾隆本无"江荚"条。

⑤ 乾隆本无"江鳞吉"条。

⑥ 乾隆本无"江本柱"条。

⑦ 乾隆本无"字南衡"三字。

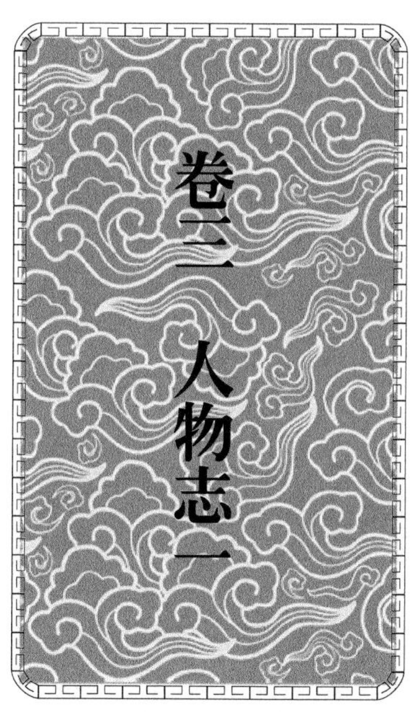
卷三 人物志一

选举无科分、年分可排者，既分派汇书，而人物传复合一，各以门类序也。其中前后，悉准时世，列女仍分书。

一行服官，凡所建绩，总曰宦业，仗义死节表曰忠节，尽伦常者列之孝友，饶利济者列之义行，存心修行则曰隐德。至士人首重理学，故儒林尚焉，士林、隐佚次之，风雅、名艺各著所长[①]，闺阁、才媛则附风雅之后[②]。

传以传人，必求名实相副，罔敢涉虚。节孝则广为采入，重阐幽也。

邻贤旅客，才德超迈者，亦足以藉余光，与附居者同载别志，仙释亦然。

宦业传

宋

江汝刚，字君毅，开化人。由进士判歙州军事，为政以德，民大化淳。任满兆姓遮留，卜居城北橙子培，以姓名地，曰江村，为迁歙祖。见科第。旧邑志作歙令，误。

明

江　懋，字德修，高才能诗。洪武四年，以司仓遗误，代兄谪龙里卫。二十三年，漳州守陆積荐举人材，授济阳县丞，历任福清县令，致仕归。见荐辟。

江　汉，初名耀宗[③]，字文明，号涤旧，性极孝膺。岁荐授麻城二尹，劝民种树，浚筑堤堰，民赖饶足，以母老乞归。见明经、乡宾。

江　昌，字伯大，号困庵。领乡荐，知攸县，轻徭节费，与民休息，宿猾不敢市奸，升南昌同知，历岳州太守，击豪强，扶寡弱，有当戍者挟中贵请免，公立遣之，以年老致政归。见科第。

江　珪，字延信，昌胞侄。官德州州同，时有刘六、刘七之乱，残破州郡，次德州州守及同官遁，公毅然自任，独立城上，辟四门设疑兵以待。贼素知其才，疑有伏，间道去，生民安堵。事闻，迁大理府通判，旋擢维摩州守，有善政，卒于官，州民立祠祀焉。见明经。

江　瀚，字文渊，号拙斋。以岁荐授处州训导，造士以德，尝摄邑篆，一以民生、士习为急，廉能声播遐迩，将擢县令，请告归。行李萧然，惟琴书数

① “各著所长”乾隆本作“又次之”。

② “后”，乾隆本作“末”。

③ 乾隆本无“初名耀宗”句。

事而已，士民有理学名儒之颂。见明经。

江东之，字长信，号念所，晚号耽瑞。由行人擢山东道御史，忠直感言，首发冯保奸，继劾都御史王宗载承张居正指，与于应昌共陷刘台事，奸人尽抵于法。出视屯政，奏驸马都尉侯拱宸从父豪夺民田置于理。会小阿卜户率众袭破黑峪关，杀数百人去，边臣周咏等掩尸诈以功上，为按臣所劾。公奉命往勘，尽得欺罔状，直声大震，有尽忠言事之旨，擢光禄少卿，改太仆。以争寿宫事，与李植、羊可立同贬，出知霍州。久之，起邓州，进辰沅兵备，三迁大理少卿，以佥都御史巡抚贵州，提督川湖军务。击高寨叛苗，斩首数百。后讨杨应龙，兵寡不敌，为奸党中伤，免官归，积劳成疾卒。尝买妾武陵，知为娄人妇，遣归不责其镪。同门友舒邦儒阖门疫死，遗一岁孤儿，人莫敢近，公抱归乳之，舒氏赖有后。事迹载《明史》本传[①]及所著《瑞阳阿集》[②]。见科第。

---

①《明史》卷二百三十六《江东之传》：江东之，字长信，歙人。万历五年进士。由行人擢御史。首发冯保、徐爵奸，受知于帝。佥都御史王宗载尝承张居正指，与于应昌共陷刘台，东之疏劾之。故事，御史上封事，必以副封白长官。东之持入署，宗载迎谓曰："江御史何言？"曰："为死御史鸣冤。"问为谁？曰："刘台也。"宗载失气反走，遂与应昌俱得罪。东之出视畿辅屯政，奏驸马都尉侯拱宸从父豪夺民田，置于理。先是，皇子生，免天下田租三之一，独不及皇庄及勋戚庄田。东之为言，减免如制。还朝，擢光禄少卿，改太仆。坐争寿宫事，与李植、羊可立皆贬。东之得霍州知州，以病免。久之，起邓州，进湖广佥事。三迁大理寺右少卿。二十四年，以右佥都御史巡抚贵州。击高寨叛苗，斩首百余级。京察，被劾免官。复以遣指挥杨国柱讨杨应龙败绩事，黜为民。愤恨抵家卒。

②该书收录于《四库全书存目丛书》集部167册。江东之传记，见《瑞阳阿集》卷十《歙志节概列传》：江东之，字长信。授行人，擢御史，都尉侯拱宸怙戚畹势，车骑阑入御道，东之叱之出。锦衣徐爵，张居正腹心，骄纵莫敢谁何，东之劾其奸状。巡抚王宗载谋杀直臣，以媚权相，东之露章指其杀人以媚人，乞从先朝杨路谋杀沈炼抵罪例治之。寻出督屯牧，会小阿卜户率百余虏袭破黑峪关，杀数百十人去。边臣周咏等瘗尸，诈以功上，为按臣所劾。东之受命往勘，间行关外，见新莳蔬畦，疑之，立命发掘深入，得九尸，皆中创，陈文治等因坐死，直声大震。累迁，进太仆寺，时张冯余党复炽，构陷张岳、沈思孝、吴中行、赵用贤、邹元标诸臣。东之愤上疏，请先自罢。复以山陵事议与执政迕，左迁职方员外，出知霍州，进为大理少卿。狱有阉官格杀亲弟，刑曹耆于阉，故从末减。东之以状闻，曹郎坐贬。寻抚贵州，时贵安疆臣桀骜，觊贵竹，东之烛其奸，首议建天柱、铜仁二县，会播酋杨应龙之事，忌者中之，削籍归。东之尝买妾武林，知为娄人妇，立遣还，不责其镪。同门友舒邦儒阖门疫死，仅遗一岁孤，东之抱归乳之。其性刚直，任气节，虽谗言蜂起，而持论不屈，士议以此多之。所著有《台中》《庭中》《抚黔》奏疏行于世。张涛曰：江中丞忠谋直节，读所著《台中》《庭中》《抚黔》诸疏稿，大抵天性刚鲠，毁誉不为动。还武林妾，鞠舒邦儒遗孤，虽细行，乃蹈仁择，义多类此；抑戚畹侯拱辰，法阉党徐爵，暨核勘覆败诈功之周咏、陈文治，皆切中；露封章示院长王宗载，声其媚人、杀人之罪，柏乌负霜雪，侪辈寒栗；发愤援张岳、沈思孝、吴中行、赵用贤、邹元标诸建言君子，荐绅先生多韪之。比议大峪山陵，吴门柄政，震恐欲死。晚起田间，抚鬼国，亦犹放霍州之遗意。直哉史鱼！子瑕间之，中丞之谓哉！(《四库全书存目丛书》集部167册，齐鲁书社1997年版，第157-158页)。

江守相[①]，字良佐。父潽饶善行，公承先志，少有卓识，以经济自负。嘉靖末，由国子生授德庆州州同，摄牧事，兴利除弊，州人爱戴，树碑纪德，居乡多义举。隆庆壬申，倡修本宗合谱，以联宗族。见舍选。

江　敦，字淑厚，号郭山。与唐太史皋为契友，学识渊博。初授乐平县丞，摄万年邑篆，有循声[②]，擢紫阳令，兴利除弊，民有仁慈之颂。见明经。

程道东，字兴周，一字震伯[③]，号宇和。任工部郎中，以治河功，除深州州守，改青州府倅。防筑海堤，深得机宜。特用南京户部郎中，转兵部，擢云南太守，多善政，有"清风万里"之谣，会入觐请告归。见科第。

江之永[④]，字洪源，号联巢，初名桂龄，赦季子。敏达多才，由国子生任龙里卫经历，赞理军卫，多著劳绩，擢临清州州同，恭慎称职。上官以廉能荐举，辞疾归，居乡饶义行，修举废坠，村闾藉以整理。见舍选。

江世济，字元美，号三莪。以岁荐官宣城司训，某权宦诈以抢夺，诬民于狱，连及诸生。公不避权势，诣上官力白其冤，士民得免。擢惠州通判，两摄河源县事，廉洁自持，数平海洋大案。时河涌，醴泉人谓清廉所感[⑤]，年七十余归。巡按温公以故人谊造访，时值年饥，邻郡遏籴，惟以开禁为请，无一言及私。温叹服发檄，各属米舟得通六邑，饥民赖以全活。寿八十六，无疾终[⑥]。见明经、乡宾。

江世东，字伯达，号玄洲，一号石钟。幼英敏，读书过目不忘。初任蕲水令，正直严明，狱无宿犯，胥吏以不便于私嫉之。会直指至，匿不以闻，致失郊迎礼，直指怒，故诘以重案，公立陈委曲，数年间诉词批判，一一诵诸口，不遗一字，断制悉与典律无差，直指不能答，及闻民间有"江清彻底"之谣，乃叹服奏闻。擢云南道监察御史，拟奏数十条，切中时弊，未上而卒，蕲民立祠祀焉。见科第。

江之湘，字楚望[⑦]。以乡魁除四川峨眉令，敦礼义，崇文教，士民感化甚众。年八十五卒，门人谥之曰文范。先世自汝修公子跻公宋御史直言忤旨，罢职，避居新安，历数世复归常山，后迁桐城。至公兄弟情殷一本，谊切宗

① 乾隆本无"江守相"条。

② "摄万年邑篆，有循声"，乾隆本作"摄篆万年，有循声"。

③ 乾隆本无"一字震伯"句。

④ 乾隆本无"江之永"条。

⑤ 乾隆本无"时河涌，醴泉人谓清廉所感"句。

⑥ 乾隆本无"寿八十六，无疾终"句。

⑦ 乾隆本无"字楚望"三字。

盟，往来村中不绝[①]。见科第。汝修公开化派，与汝刚公同行[②]。

程天启，字云章，号觉宇。性慷慨，重然诺，以国学生[③]授叙州府知事。时播酋煽逆，公佐事军，前修器械，峙糗粮给，发调停，大吏倚为右臂，以劳疾卒于官。见舍选。

江东望，字君介，号玄水。以岁荐[④]官华亭训导，时诸生与豪绅为难，有司附势中诸生以法，迫公详文为据，公力诤其诬，几不自免，事得寝。升德化教谕，告归。见明经。

江湛然，字清臣，号方壶，晚号乾庵。官泰安州守，宽严并济，时东境荐饥，公雩祷辄应，蝗不入境。迁婺州府同知，两署府事，六绾邑符，郡政一肃，晋两浙盐运同知，冰洁自持，报最，擢桂林太守。当黔滇不靖，戴星入治，解骄兵脱巾之变，郡保无虞。将致仕，士民控留，上官敦劝视事。会入觐，予告归。见科第。

江道振，字振先，初名道正，字君履[⑤]，号[⑥]太冲。行谊端严，领岁荐，授六安训导，有巨室以事干法，遗千金请托，力辞不受，升清河教谕，历官宝庆府教授。见明经。

江道远[⑦]，字宏毅，一字宏业，号毅卿，初名国熙，字初民。居桐城枞阳镇，膺岁荐，受知于巡按御史蔡公国用，以宏文博学荐于朝，征修国史，赐七品服，议叙合肥训导，任满升峨眉教谕，旋改松江教授，值兵乱皆未履任，流寓淮北，卒于宿迁之洋河，子孙遂家焉。见荐辟、明经。

江可继，字敬承，一字敬夫[⑧]，号宗南，肄业成均。崇祯初，选法淹滞，领袖诸生，毅然具奏，铨选由是疏通。初授鸿胪寺鸣赞，升光禄署丞，致仕归。见舍选。

---

① 乾隆本无“先世自汝修公子跻公宋御史直言忤旨，罢职，避居新安，历数世复归常山，后迁桐城，至公兄弟情殷一本，谊切宗盟，往来村中不绝”句。

② 乾隆本无“汝修公开化派，与汝刚公同行”句。

③ 乾隆本无“生”字。

④ 乾隆本无“以岁荐”三字。

⑤ 乾隆本无“初名道正，字君履”句。

⑥ “号”，乾隆本作“先号”。

⑦ 乾隆本无“江道远”条。

⑧ 乾隆本无“一字敬夫”句。

国　朝

江　皋，字在湄，号眉瞻，晚号磊斋[①]。文章经济，推重一时，历任福建布政司参政，分守兴泉道，简放四川学政[②]，所至有声，引年归。康熙甲午，重赴鹿鸣宴，为当时宿望[③]。绩邑临溪祖墓，先为士人侵葬，公谊居族裔[④]，一力清理，至今得保无虞。见科第。

江允元，字舜牧[⑤]，一[⑥]字长叔，号岫云。官溧阳教谕，教养兼至。士有贫窭者，解囊周恤，而董戒必严，士风丕振。邑令礼若神明，每事咨商，溧民深受庇荫，十余年未尝一有私托。见明经。

江国柱，字左衡，号啸翁。幼习儒业，旁通奇壬星卜、堪舆之学。及长，有勇力，善骑射。康熙初，朝命简亲王进讨滇粤叛藩，随姐夫胡国瑛从征，以战功给都司札效用西宁镇标，屡署将裨。平卓子山，手擒巨盗有功，西宁总镇韩公[⑦]具题候选，会母疾，请告归。见舍选。

江承玠，字播五，号讱存。初任工部屯田司员外，升户部河南司郎中。值秦中大饥，奉旨发粟往赈，需车脚四万余金。议者欲派之民间，公曰："岁凶，惟无食之民困，今派费，则有食之民亦困。"[⑧]力持不可，乃拨部帑[⑨]。雍正元年，上[⑩]命遴选贤员，怡贤亲王以操守清廉、才能练达保荐，特用山东司郎中，历[⑪]任嘉兴、台州太守，振兴文教，一时名彦如齐，次风少宗伯、王南亭少司成俱列门墙[⑫]。台郡太平旧有金清港，为朱子创建，御咸蓄淡，地利攸关，

---

① 乾隆本无"晚号磊斋"句。

② "历任福建布政司参政，分守兴泉道，简放四川学政"，乾隆本作"初任福建兴泉道，历官陕西参议"。

③ 乾隆本无"康熙甲午，重赴鹿鸣宴，为当时宿望"句。

④ 乾隆本无"公谊居族裔"句。

⑤ 乾隆本无"字舜牧"三字。

⑥ 乾隆本无"一"字。

⑦ "公"乾隆本作"弼"。

⑧ 乾隆本无"曰：岁凶，惟无食之民困，今派费，则有食之民亦困"句。

⑨ "乃拨部帑"，乾隆本作"及止"。

⑩ 乾隆本无"上"字。

⑪ "历"，乾隆本作"出"。

⑫ 乾隆本无"振兴文教，一时名彦如齐，次风少宗伯、王南亭少司成俱列门墙"句。

闸圯不治者百年所，民田胥废，赋税不供[①]，公输[②]俸金，力筹兴复，及浚筑临海社渎场之三沟、六浦、郡东河渠，皆有裨水利。擢两浙都转盐运观察，惜商爱民，有风清泽溥之颂。又尝捐葺海塘，易以石工，所修处历久巩固[③]，浙民迄今称焉。乾隆二十二年，奉旨准入国史名臣循吏传[④]。见明经。

江　闾，字辰六，号雒萱，晚号卤夫。少负俊才，有雅望，为王新城弟子，外舅吴公园次有"吾家叔宝"之誉[⑤]。领乡荐，召试博学鸿词，授益阳令，建立十九贤祠，设书院课士，在任有驱虎、祈雨、退水诸异政。时长沙初复，大兵南下，羽檄旁午，刍茭供顿，应给裕如[⑥]，以卓异赐袍服奖励，擢均州牧，摄郧阳太守，调任解州，摄平阳太守[⑦]，任满报最，内升员外。见科第、荐辟。

程侯本，字汉封，号谷源。初任正定同知，调补[⑧]宁波，佐郡二十余年，清慎自持，解运京差，屡著劳绩，擢升宁国太守。见明经[⑨]。

江　洪，字苍舒，号芝亭，官刑部督捕司郎中，摄现审司事。热河有牙侩群毙人命致死，实王姓贿赂有司诬指高某，众证成谳。公奉命覆勘，众证如前，高殊不一，辩细鞫，乃知为瘖，释之，抵王于法，士民称快。出任临洮西宁太守，有循声，会以属吏误军需事议罢职，督抚交荐，留办肃州屯政，特旨起用，补宣化东路同知。所属命盗大案，辄诬连各县民人，拘逮候证，民多废业。公遇事立断，案无留牍，吏卒诬指，即予杖革，民免株连。以养母乞归卒。见明经。

江廷泰[⑩]，字阶平，号益堂。幼颖悟，力学工文。负笈游京师，为程文恭公入室弟子。初令湖北竹溪，丁父忧归。服阙，调补山西武乡，署沁州牧，勤民造士。乾隆丁酉，为山西省试同考，公慎无私，所拨悉名俊，一时称为得

---

① "台郡太平旧有金清港，为朱子创建，御咸蓄淡，地利攸关，闸圯不治者百年所，民田胥废，赋税不供"，乾隆本作"台郡太平旧有朱子金清港，牖圮久未修"。

② "输"，乾隆本作"俸"。

③ 乾隆本无"又尝捐葺海塘，易以石工，所修处历久巩固"句。

④ "乾隆二十二年，奉旨准入国史名臣循吏传"，乾隆本作"其子昉笃气谊，工诗词，以风雅重当世"。

⑤ 乾隆本无"号雒萱，晚号卤夫。少负俊才，有雅望，为王新城弟子，外舅吴公园次有'吾家叔宝'之誉"句。

⑥ 乾隆本无"时长沙初复，大兵南下，羽檄旁午，刍茭供顿，应给裕如"句。

⑦ 乾隆本无"摄平阳太守"句。

⑧ 乾隆本无"补"字。

⑨ 乾隆本作"见舍选"。

⑩ 乾隆本无"江廷泰"条。

士。见科第、荐辟。

江　鉴，字禹门，号文山。领乡荐，初任乐山令，以卓异[①]升茂州守。爱民造士，修建学宫，捐置学产[②]，开田浚渠，民赖饶足[③]。以足疾告归，寓居秦淮，杜门谢客，制府尹文端公为公同年友[④]，十余年来一谒外，未尝有所干请[⑤]，年逾八十卒[⑥]。见科第。

江登云[⑦]，字舒青，号爱山，一号素壶，初名嘉咏，字鸣和。性孝友，刚正无欺。少补国学生，后由武进士侍直内廷，两护车驾，北巡关外，多著劳绩。辛未岁饥，公以父忧家居，移书邗上。族人输金储粟，以赈里闬，四乡踵行之，郡邑克免于馁。初任南漳游击，治军有法，恤兵爱民，以地僻藏奸，设游巡法，以靖寇盗，革豪弁利债，以苏民困。时罗田逆匪马朝柱煽乱，后有匿名帖言匪党匿迹闫坪，邑令仓皇请兵剿袭，公持不可，曰："首告逆犯，何用匿名也?"声言散给门牌，按户检查，阴令干弁截要迳，遍察果无，实乃邻邑木工因怨报复，遂抵诬者于法，一境免蹂躏之惨，树碑颂者几千人。历署均州参将、勋阳副将，奏调乾州游击，力罢采黄之议，以杜边衅。会有告红苗出掠行旅者，公素审苗性愚，半由奸民诱伙，分财未遂，辄以首告相掣制，每致激变。因单骑按部宣布法令，曲加训诲，搜得永绥奸民杨老回等，正其罪，苗人尽称快，罔不帖服。题署辰州副将，以卓异特擢南安参将，升袁临副将，三署南赣总兵，咨定储粮、赈兵、舒民之法，饥年称便。以丁母忧归，年六十二，无疾卒。见科第。

江　兰[⑧]，字芳国，号畹香，晚号香祖。少英敏，具干才。由贡生应召试，初任兵部武选司主事，练达多能，堂官奏荐，擢升郎中，转鸿胪寺卿，以军营报捷赐戴花翎。历任太仆寺卿、大理寺少卿，外补河南、云南、山东布政使，改按察使。尝奏赎豫省穷黎售产，民得复业，又劝谕富户放赎荒年贱鬻子女使得完聚。署北河总督，董治河务，悉就安澜。特调云南按察使，路出松桃，值苗民不靖，带兵助剿，无分畛域，经略福公疏于朝，超升云南巡抚。甫抵

① 乾隆本无"以卓异"三字。

② 乾隆本无"捐置学产"句。

③ 乾隆本无"民赖饶足"句。

④ 乾隆本无"制府尹文端公为公同年友"句。

⑤ "十余年来一谒外，未尝有所干请"，乾隆本作"十余年未尝干预时事"。

⑥ 乾隆本无"年逾八十卒"句。

⑦ 乾隆本无"江登云"条。

⑧ 乾隆本无"江兰"条。

任，普洱边界猓黑，陆梁公会同提镇，募兵聚糗，深入不毛，直捣贼域，军令严明，将备用命，边疆赖以宁谧。奏入特邀恩眷，颁给荷包、玉器，以彰劳绩。接署云南学政，录士公平，多士悦服。嘉庆元年，圣主登极，晋秩光禄大夫，锡封予荫。旋奏请入觐，内补兵部右侍郎，董治山陵，兼平畿南巨盗有功，转左侍郎，移疾归。未几，召赴河工，协理河务，屡膺褒奖，以议叙入都候旨，卒于京邸，寿六十八。生平爽直，绝尽苞苴，尤笃于乡党，捐置绿猗文社、鹏扶文社田产，为祭祀之费。年饥，捐赈乡邻，并饶义举。见荐辟。

江　茭，字景韩，号补堂。性聪颖[①]，工诗文，精书法。官内阁中书，升侍读兼司经局正字，谙练旧章，能于马上草奏[②]，随事敷陈，悉合典例。传忠勇公平定金川，奏请随军[③]，倚为赞助[④]，凯旋以功候升[⑤]。会西巡选举扈从，劳瘁成疾，卒于边庭。子纶，字舒海，贡生，亦有才名，授宁乡县尉，未莅任卒[⑥]。见科第。

江　恂[⑦]，字于九，号蔗畦，一号邻竹。由拔萃起家，初摄常宁、衡阳令，继任清泉。泉为新分之邑，凡区画疆隅、建造衙署、分拨赋税，井然有条，复建白沙、东洲两书院课士，文风丕振。荐擢乾州司马，地为苗巢要区，详定建廒储粟，使守御有备。又议增筑外城，并复边墙旧制，以卫乾城，格于议未果。历署靖州牧、宝庆同知、长沙太守，以事忤当路被劾，左迁池州通判，摄旌德、泾县令，升亳州牧。甲午淮水决，亳城内外水深丈许，君设簰拯溺，给饼疗饥，全活靡算。事定，更筑护城堤，自是亳州永无水患，迄今称江公堤。每逢凶岁，实心赈恤，恩旨有"勤民能事"之奖。后历署安庆同知、安徽庐凤兵备道，擢凤阳太守，丁母忧归。服阕，补徽州太守，以寄籍仪征故也。积劳成疾，卒于官。君性警敏，工诗善书，居官廉洁自持，发奸摘伏，狱无遁情，邻郡疑案上司，悉任审理辄得实，而执法不挠，虽任故乡，毫无瞻徇，有古良吏风焉。以子德量赠监察御史。见明经、封赠。

江安治[⑧]，字天牧，号缨泉。敏达能文。由国子生入仕，简发甘肃通判，

---

① 乾隆本无"性聪颖"句。

② 乾隆本无"能于马上草奏"句。

③ 乾隆本无"传忠勇公平定金川，奏请随军"句。

④ 乾隆本作"廷寮倚为赞助"。

⑤ 乾隆本无"凯旋以功候升"句。

⑥ 乾隆本无"子纶，字舒海，贡生，亦有才名，授宁乡县尉，未莅任卒"句。

⑦ 乾隆本无"江恂"条。

⑧ 乾隆本无"江安治"条。

署靖远县令。地近边疆,时回匪煽逆,大军进剿,解运军需,调度得当,大吏倚重。事平记功候升,以劳伤致病,年甫五十,卒于官。见舍选。

江德量[①],字成嘉,一字量殊,号秋史。好古多闻,苍雅籀篆,靡弗综核。以选拔膺乡荐,举庚子编修,擢江西道监察御史,所条奏胥,有裨时政,同列重之。承父遗并所自蓄秦汉碑、唐搨、宋板书最多,所书武成王庙碑八分,为世所称,尝注《广雅》、辑《泉志》,皆未及成。年四十二,以内忧归卒。见科第、明经。

忠节传

明

程士贤,字师尹。以诸生举真才,授唐县令,爱民惜士,邑中蝗起,滴指血书表焚之,蝗尽死。李自成逼开封,公缮兵固守,出贼不意,数挫其锋,后求援不至,城遂陷,公自经以殉。唐民有清廉善政歌,立专祠奉[②]祀。见荐辟。

江大润[③],一名士润,字元玉,11东望子。任皂林驿丞,改武昌金牛镇巡检。张献忠犯武昌,公率乡兵,竭力捍御,城陷自沉于江。见舍选[④]。

江国茂,字公乔[⑤],一字承甫,号二如,郡诸生。品诣纯粹[⑥],忠孝性成,与四方名士结社论文,从游甚众[⑦]。甲申国变,诣学宫痛哭,弃功名,遁迹江湖间,以终其身。诗得少陵心法,载《遗民诗集》中。见封赠、文学。

江一鸿,禀性忠义,尝客西江[⑧],崇祯癸未,募义兵勤王,授[⑨]宣武将军,分[⑩]守虔州,竭力捍御。国变,合门死节。见舍选。

江天一,字文石,号止庵,初名涵颢,字淳初[⑪],大润子,郡诸生。素以忠

① 乾隆本无"江德量"条。
② "奉",乾隆本作"崇"。
③ 乾隆本无"江大润"条。
④ 乾隆本作"见荐辟"。
⑤ 乾隆本无"字公乔"句。
⑥ 乾隆本无"品诣纯粹"句。
⑦ 乾隆本无"与四方名士结社论文,从游甚众"句。
⑧ 乾隆本无"禀性忠义,尝客西江"句。
⑨ 乾隆本作"拜"。
⑩ 乾隆本无"分"字。
⑪ 乾隆本无"初名涵颢,字淳初"句。

义自矢，适淮见割肝孝妇，为著《惊天集》，拟疏代请表扬。思陵之季，凤督马士英奏调黔兵，取道新安，师多失纪，黔卒素涎新安殷富，乘隙劫掠，焚杀极惨，徽民团乡勇自卫，遂多斗伤，其后队亦以纵掳歼于乐平。士英怒奏徽民截杀官兵，祸在不免，公走南都，上书史阁部，事得白。后从金公声尽节金陵，同死族孙孟卿，字鼎泰[①]，明参将吴国桢、游击陈继遇、书吏佘元英共六人。国朝钦定《明史》，与金公合传[②]，赐谥节愍，著有《止庵遗集》[③]。见恩褒、文学。

江天曙，天一仲弟。禀性忠义，与兄从金公勤王临阵，身伤十三刃，右手削去中指，无退志，创重仆野田中，日啖生萝卜得不死。兄殁后，隐居山中，力作孝养，得以终母天年。

江日照，字彦明，号六水，恩贡。授文华殿中书，加尚宝司卿，才行兼卓。明亡，遁迹不仕，提督张天禄等交荐，内院洪承畴起用，坚辞不赴。洪素知公，叹曰[④]："伯夷、太公各行其志，不相强也。"遂山林隐处，以终其身。见殊恩、明经、乡宾。

国　朝

江九鼎[⑤]，字小重，顺治丁酉武举，官贵州卫守备。性忠直，有材干。康熙初，从征吴逆，数挫贼锋，贼众围之，力战死。见科第。

江　淑[⑥]，字信芳，寄居宿迁洋河。由国子生授州同，简发四川，改补吏目。教匪之乱，慨请从戎，解运军粮，实心任事。每遇贼，率领兵弁挥戈向敌，以卫粮车。途次大宁，贼大至，奋勇抵当，身中数刃不退，遇害死。经总督勒保题奏，奉旨赐祭葬银两，优恤照阵亡人员四品官以下给云骑尉世袭，递降罔替。见恩褒、舍选。

---

① 乾隆本无"字鼎泰"句。

②《明史》卷二七七《金声传》："天一，歙诸生。"

③ 乾隆本无"赐谥节愍，著有《止庵遗集》"句。《江止庵遗集》收入《四库未收书丛刊》第六辑第二十八册。

④ "洪素知公，叹曰"，乾隆本作"洪曰"。

⑤ 乾隆本无"江九鼎"条。

⑥ 乾隆本无"江淑"条。

孝友传

明

江　泰，字仕通，外村人。性孝友，元末寇乱，祖父避兵山村，相继以死，家产无遗。公竭力奉母，抚弟友义，卒复故业。与弟康建屋同居，至白头不忍分爨，年八十无疾终。

江显祖，字彦德，外村人。性刚直，克尽孝道，父善庆初为粮长，解京差务，公身任其劳，奔走严寒暑雨中无虚日。父没，葬送尽礼，事祖母、母均以孝著。

江雷祖，字彦震，号复斋，外村人。性至孝，事亲一循古礼，亲没遇忌日，号泣尽哀，历四十年不变，著有《孝思集》，以纪先德[①]。

江宗汇，字志本，显祖子。幼聪慧，孝友性成，父早殁，奉祖母、母极孝，事出继叔童祖如父，同居共爨，不忍分析。

程　萱，字仲华，介塘人。事亲极孝，亲未葬身殁，舁棺中途，重弗能举，人谓不欲先亲祷之，告以其地易葬父母。及举棺，轻疾如箭，纯孝所积，虽死不磨云。

江兆科，太守昌子。弱冠庐墓，哀毁成疾卒，郡邑名流作诗以吊，积而成帙。

江　淇，字东川，外村人。父早殁，母洪遗腹而生，丱角即析薪负米以养。及壮有室，服贾于外。闻母疾遄归，日行百余里，延医求治病，因以痊。母殁，哀毁骨立，庐于墓侧，时年七十余，哀慕有如孺子。

江积高，号橘泉，牌镇人。家贫力作以养，母疾告天，愿以身代，旋割股和药以进，母病立瘳。父疾，复割股获愈，人称孝行。

江　教，字国用，号东冈，汉次子。幼居祖父丧，哀毁笃至，处兄弟，循循有礼。见封赠。

江应全，字左衡。父早殁，母万氏遗腹而生，刻苦成家[②]，事两孀母极孝。遇父忌辄悲啼，旬日嫡母方氏疾，与妻杨氏同割股，居丧哀毁，庐墓不

① 乾隆本无“著有《孝思集》，以纪先德”句。

② 乾隆本无“刻苦成家”句。

返，芝生墓侧。崇祯时[①]，建坊旌表[②]，生平并饶义举，尝独建合郡节烈祠。见恩褒、殊恩、封赠、乡宾。

江文遂，字敬宇，里村人，父宏忠早殁，遗腹生，事母尽孝，母病沉疴，医药罔效，割股和药以进，遂愈。邑令旌之。

江国政，字范先，里村人。天性孝友，诚实无欺[③]。幼丧父，与兄国学[④]力作养母，事叔父应喜如父，间遇棰楚，绝无怨言，并养赡叔家，始终不倦。兄殁无子，念嫂苦节，命子之鳌母事之，一室同居，白首无间[⑤]。

国　朝

江九万，字元里，号青园，应全孙。性至孝，祖母杨疾危，与妻黄氏日夜侍榻前，同日割股和药以进，疾以得苏。值家庙灾，蹈火中捧先世木主以出，得无恙。生平急人之难，倾囊不吝，凡诸赈饥，给槥瘗旅全婚，不可枚举[⑥]。见封赠、乡宾。

程之标，字元表，贡生，候铨州佐。孝友性成，弱冠割股愈母疾，爱弟敬兄，敦本睦族，咸出至诚。见明经。

江　岷，字嶓友，号左嵋，承元子。多才干，陈恪勤。公董治河务，公为襄赞[⑦]，以议叙即补知县[⑧]，缘母老告归[⑨]。性至孝，服劳奉养，能先意承志[⑩]。母年九十余，偶疾，公辄悲啼。疾笃，昼夜侍床第间，衣不解带者弥月。母殁时已七十，哀慕如孺子。待两弟极友爱，季弟早逝，抚孤侄如己子。父遗田产，悉以资之，自置不取。生平敦本好善，倡新宗祠[⑪]。于乡间义举，亲邻缓急，尤多资助，年七十五无疾终[⑫]。子嘉閶，字师闵；嘉谊，字正其，承世泽，皆

① 乾隆本作“崇祯十七年”。

② 乾隆本作“巡按郑昆贞请建坊旌表”。

③ 乾隆本无“诚实无欺”句。

④ 乾隆本无“与兄国学”四字。

⑤ 乾隆本无“兄殁无子，念嫂苦节，命子之鳌母事之，一室同居，白首无间”句。

⑥ 乾隆本无“值家庙灾，蹈火中捧先世木主以出，得无恙。生平急人之难，倾囊不吝，凡诸赈饥，给槥瘗旅全婚，不可枚举”句。

⑦ 乾隆本无“多才干，陈恪勤。公董治河务，公为襄赞”句。

⑧ 乾隆本作“议叙知县”。

⑨ 乾隆本无“缘母老告归”句。

⑩ 乾隆本无“服劳奉养，能先意承志”句。

⑪ 乾隆本无“倡新宗祠”句。

⑫ 乾隆本无“年七十五无疾终”句。

克敦友义；谊子绍莘，字耕野，复输助以补支祠蒸祭之缺[①]。见舍选[②]。

江有容，字公望，邑诸生，仁孝性成[③]。甫弱冠，随父羲龄公客鸠江，同栖冷庙中[④]。危桥隔市，父体怯畏渡，公晨起进餐毕，负以度桥，贸易于市，日晡待诸河上，又负以归，弥年不倦[⑤]。归而应试，闻父病[⑥]，星夜奔驰，中途遇虎，行不暇避，虎弗为害。会山水发没及腰膂，漂泊数里，卒获保全。两昼夜行四百余里，父病已笃，竭力救治，赖以少瘥。寻奉父归，贫无舟车费，背负以行，迍邅万状，旬余抵里[⑦]，安贫读书，终身色养。尝以家寒未娶，凡母之亵衣溺器，皆手自涤焉。居丧哀毁，对宇营坟，有同庐墓。寿九十四，无病终[⑧]。巡抚陈公大受采舆论[⑨]，旌其闾，巡抚福公庆复具疏题请，奉旨建坊旌表[⑩]。见恩褒[⑪]、文学。

江　迪[⑫]，字云吉，一字耘织，号麓村，外村人，州佐，加四品秩。孝父恭兄，念兄瞽目，祖遗业悉资养膳，甘自树立。晚岁家事稍充，延师教诸子侄，养膳亲支，人钦友义。

江大瑾，外村人，居杏里。幼丧父，事母尽孝。年十四，值母病，刻侍榻前。病笃，割股和药，赖以得痊，邑令王额旌之。

江　昉[⑬]，字旭东，号橙里，一号砚农。幼敦笃，三岁失恃，父观察公命副室刘淑人子之。公事如所生，及没，以慈母持三年丧，陈请貤封，循典制亦以重父命也，君子以为知礼并钦其孝。性好学，气度渊雅，绝尽浮靡之习，所居紫玲珑阁，名流萃聚，诗酒盘桓，词学跻宋人阃域。与从兄鹤亭方伯同为物

---

① 乾隆本无“子嘉闻，字师闵；嘉谊，字正其，承世泽，皆克敦友义；谊子绍莘，字耕野，复输助以补支祠蒸祭之缺”句。

② 乾隆本无“见舍选”三字。

③ 乾隆本无“仁孝性成”句。

④ “甫弱冠，随父羲龄公客鸠江，同栖冷庙中”，乾隆本作“父羲龄公客鸠江，公甫童年”。

⑤ 乾隆本无“危桥隔市，父体怯畏渡，公晨起进餐毕，负以度桥，贸易于市，日晡待诸河上，又负以归，弥年不倦”句。

⑥ 乾隆本无“归而应试，闻父病”句。

⑦ 乾隆本无“贫无舟车费，背负以行，迍邅万状，旬余抵里”句。

⑧ 乾隆本无“尝以家寒未娶，凡母之亵衣溺器，皆手自涤焉。居丧哀毁，对宇营坟，有同庐墓。寿九十四，无病终”句。

⑨ 乾隆本无“采舆论”三字。

⑩ 乾隆本无“巡抚福公庆复具疏题请，奉旨建坊旌表”句。

⑪ 乾隆本无“恩褒”二字。

⑫ 乾隆本无“江迪”条。

⑬ 乾隆本无“江昉”条。

望所归，一时广陵风雅之盛，自马氏后，以二公家为坛坫主。而居心仁厚，周给贫友，有借以足饔飧者，于乡间祠墓尤多捐整。尝综汉阜盐荚，人以为利薮，公清洁自持，囊无赢蓄，至弃庐以偿宿逋，其素性狷介如此。子振鹭，字起堂，号玉华，谨饬能诗，工楷法，克承家学。见舍选。

江嘉霖[①]，字沛川，号雨亭，外村人，主簿加六品秩。性孝友，先世遗居让归兄弟，建屋奉母，备极孝养，延师训诲犹子，不啻己出。尝客广陵，乡人道其地者，恒藉吹嘘，用壮行色，数十年间受惠甚众。江氏宗祠重建，劝助征收，尤有功焉。长子绍昴，字寅望，轻财好义，良有父风；其从弟嘉云，字龙起，幼孤，亦以孝母闻乡里，由州佐加五品秩。

江嘉谟[②]，字仲书，号勉亭，嗣仑子，候州佐加四品秩。质直好义，能面斥人非，人咸敬服。幼失恃，事父并继母极孝。父客皖城，经营拮据，公甫弱冠，往服其劳，力担家计，父得优游井里。整顿村间，嗣业扬鹾，浸裕不蓄私财，公平正直，六十年如一日，诸弟侄俱得成名入仕。处乡党，恒多义举，凡修里社之祀，建合宗之祠，任劳不惜，并佐其成。客扬间，岁必一归省母，晚年侍母，家居不出。母殁，尽哀尽礼。寿七十四卒，以弟登云陈情，貤封参将。长子绍薇，字开百，号晓岩，候铨州佐，亦尝捐葺青塘尾山祖墓。见封赠。

江承晟[③]，字绍李，里村人，国子生。父能襄早殁，母许氏矢节抚孤，频遭家难。公克自树立，苦作事母，后托业江宁，奉母客邸，极尽孝养。母殁，公年已六十，麻衣泣血，无少废礼，遂并移父柩，合葬朝阳门外小虵村之青龙山。子毓禘，遂居江宁。

程天澄[④]，字映渟，号系江，介塘人，例铨州佐。幼诚信，笃念根本，尝割股愈母疾，待诸兄极友爱。性勤学，能诗兼工书法。

江启芳[⑤]，字春旬，号信旃，由诸生入贡。幼失恃，事继母极孝谨，待诸弟友义。公平正直，囊无私蓄，而心存利济，乡邻缓急，胥沾其惠，有古风焉。尝置田为天一公祭祀费，年四十五卒，人多惜之。见明经。

江绍勖[⑥]，字敬夫，号镜斋，外村人，国子生。颖悟知医，事亲尽孝，抚养诸弟，家庭取给，独任不辞，致囊无储蓄。及二亲既殁，诸弟成立，而年已四

① 乾隆本无“江嘉霖”条。

② 乾隆本无“江嘉谟”条。

③ 乾隆本无“江承晟”条。

④ 乾隆本无“程天澄”条。

⑤ 乾隆本无“江启芳”条。

⑥ 乾隆本无“江绍勖”条。

十矣，以未克成家，恒菀郁，一日遁去，不知所终，人共哀之。

江永俅[1]，字公仪，里村人，候铨州佐。少勤谨，父业中落，刻苦成家。母早故，事父与祖母极孝，居扬已数世，不惮千里，遄归故乡展谒先墓，奉三世栗主入祀支祠，作还乡日记，以遗子孙，人共称焉。子銮，字近坡，克承父志，好亲风雅，盖亦贤嗣云。

江熊起，字瑞章，文学承言子。事亲尽孝，母疾割股以疗，邑令杨额旌之。

江嘉珍[2]，字瑾怀，候铨州佐。幼丧考，勤谨有才干，克自树立，孝事孀母，待兄友义。见封赠。

江永谟[3]，里村人，担水为活，而孝养罔缺，母便溺器，皆手涤焉。有以酒食招者，必怀肉进母，历久不怠。

江义泰[4]，字宜之，生有至性，少继叔后，事继母不异，所生本生父殁时，才逾十龄，事祖父母，能代父职。祖父母殁，悲痛尽礼，夜宿柩旁，及殡旦夕，哭墓侧，惨动路人。念两母皆苦节孤居，完娶后犹伴宿寝门，母命再三，始一返。举子后，不复入私室。尝为本生母吮疽获愈，舐目复明。母疾呼天叩祷，额破膝穿，疾以得痊，寿终九十余岁，居丧无异丧祖父母时。其于所后母亦如之。巡抚荆公道乾题请，奉旨建坊旌表。见恩褒。

义行传

明

江　元，字仁长。具卓识，慷慨好义。明太祖入境，日久饷缺，公年已九十余，潜往窥之曰："此真主也，生民自此苏矣。"助饷银十万，以资接济，事平以功钦授博士。见殊恩。

江远荫[5]，字千里，里村人。多善行，明初，村中水利向未经营，旱涝多愆，公输资力筹开浚，舍宇田畴，胥受其益。

① 乾隆本无"江永俅"条。

② 乾隆本无"江嘉珍"条。

③ 乾隆本无"江永谟"条。

④ 乾隆本无"江义泰"条。

⑤ 乾隆本无"江远荫"条。

江　晋，字原民，外村人。仗义急公，众推为粮长。明初，押解京绢匹，独任不辞，以遗累系狱。子宏闻难，匍匐走京师，诣都察院申诉，得同邑御史胡公昌龄为白其事，乃得释。宏遂以疲瘁死京师，人称孝义。

江　嘉，字原美，晋胞弟。元末政繁赋重，民不聊生，公多周贷。尝收债四都，途遇孕妇以失金为夫所迫，号泣赴水，因偿金为之解释，并取其乡借券尽焚之。先艰于嗣，后遂举三子。

江务本，远荫子。公直无欺，少游金陵，途中拾遗囊，贮精金数百，遂宿逆旅，俟之日昃，有夫妇号泣至，盖变产偿官物也，尽还之。

江善庆，字仕良，刚直无私。明初，沿元弊政，吏尚贪酷，邑民遭冤狱，受祸甚惨。公毅然曰："新君御宇，政令不兴，民无生日矣。"乃与侄回祖、焕祖、童祖倡议走京师，伏阙呈诉，得高帝温旨，赐路金遣归，酷吏程以善等抵于法，民得安业。见舍选。

江　柏，字仕坚，外村人。性尚义，应役石城，乘高帝夜行，面诉民役苦状，特旨释归，并免同时筑城之役，众共德之，酬以金帛，不受，乃为浚人情、江先二塘。

江回祖[①]，字彦直，外村人。笃志根本，正统初，水渌寺四世祖墓杀余地为僧盗卖侵葬，公一力清理，得以复业，至今通山税产，克保无虞。

江童祖，字彦和，外村人。孝友仗义，兄显祖卒，遗子宗汇，教养兼至，抚以成立。生父善庆公金陵讼冤之役，公甫童年，奉继母命捐金赞助村里，冤狱得以就理。卒后，合族感其义，为附葬歙州公墓右。

江偕寿，字仁庵。乐善好施，捐金数万，创建歙东良堨。洪武时，征取入都，分建旱西门及大街廊房，工费数十万，工成旌为博士，赐二子入监读书。见恩殊。

江　祥，字德征，里村人。轻财尚义，岁饥，开仓赈粟，罄尽不惜。贫士借贷，不责其偿，中丞东之公为立传。

程　镐，字宗周。业鹾维扬，抚孤恤寡、拯溺江中诸善举，行数十年不倦。见乡宾。

江希文，字道显，号仰北，外村人。明达多才，急公尚义。中丞公议建宗祠，公偕弟希武捐地卜筑，并采木严州，独任其劳。北关巨桥未建，乡民病涉，公捐金建桥利济，其他赈饥周急义举尤多。

江若冀，号云庵，外村人。作客无为州，有同渡遗金三十铤，追而还之。

① 乾隆本无"江回祖"条。

又尝典铺被盗，恐多牵累，隐不呈报，会盗贼为缉捕所获，呼公质证，公绝不认，盗得免死，寻为良善，一时传颂高义。

江东升，字长旭，号慕峰，东之仲弟。孝友好义，广置祠田、义田，以供祀事，以济贫困。巡抚朱鉴塘公檄下郡邑，有“义周族党”之奖，欲题旌，未行而公卒。

江东会，字元甫，号聚所，晚号沧屿，东之季弟。任光禄署丞，轻财尚义，族间婚嫁无力者，悉为措置。万历戊子，岁凶，煮糜赈饥，全活甚众。见明经。

江福孙，字惟德，号滨谷，里村人。事继父母以孝闻，族有贫乏者，日计人口，馈钱米于其家，借贷力不能偿者，尽焚其券，曰：“勿使子孙伤吾义也。”年八十，郡守邬公旌其门。

江以深，字少渠，外村人。倜傥不群，中丞公倡建宗祠，公捐助居多。族有兄弟分产较十八金，致结讼不解，公如数出己赀与之兄弟，愧赧而罢。

江以惠，号龙潭，外村人。孝友好义，族子有负债难偿，为券人所迫，几不自存，公鬻己田代偿之。族中婚嫁无力者，悉为措置，使无愆期，人颂厚德[①]。女适同邑毕茂良，官至工部侍郎、仓场总督[②]。

江岩龙[③]，号竹冈，里村人。任侠尚气节，明末寇乱，乡有豪奴纠合群贼，恣害村闾，人无敢治。公奋然手铁鞭，伺奴于途，断其足，群贼辟易，无敢入村者，族党赖以宁谧。

江世禄，字叔礼，外村人。慷慨好义，凡祖祠、坟墓，以及庵观、桥梁，恒多捐助[④]，人共德之[⑤]。

江尔松[⑥]，字茂承，东之子。循谨谦和，以友义称。尝捐西坡木植，增建贻庆后堂，以成父志。见明经。

江若清，字浚卿，号斗陵，牌镇人。怀才不遇，弃举子业，力行善事。万历十六年，时疫大作，捐施医药，全活甚众。广置祀产，以敦孝享，族邻不足，多方周济。

江国伟[⑦]，字士奇，世禄子。性笃根本，任侠好施。村闾义举，凡厥考有

① 乾隆本无“人颂厚德”句。

② 乾隆本无“女适同邑毕茂良，官至工部侍郎、仓场总督”句。

③ 乾隆本无“江岩龙”条。

④ 乾隆本在“恒多捐助”后有“子国伟亦以好义称”句。

⑤ 乾隆本无“人共德之”句。

⑥ 乾隆本无“江尔松”条。

⑦ 乾隆本无“江国伟”条。

志未就者，一一踵成之。与惠州公及允言、茂承、尚之、师尹、克生、叔度、嘉铭、于常诸君子，砥砺敦行，多所建树，村人目为杰士。

江国桢，字克生，一字孟周[①]，世济子。公直无私，从弟国彦早卒乏嗣，族人争利其产，公一力维持，立继延祀，以安孀妇。见文学。

江信贤，诸生。义闻里闬，兄任贤以诬罔陷海州狱，公理于部按，屡遭刑楚，兄赖其力，竟免大辟，得减罪改戍，人咸重之。见文学[②]。

程守身，字若曾，介塘人。孝友尚义，明季，赋重役繁，民多逃窜，公倡议捐金，置产滋息，为供应费，族邻得以保聚。

江九皋，字鹤程[③]，国子生。善属文，尤邃于经史[④]，禀[⑤]性孝义，慷慨卓荦。同兄九万重修合郡节烈祠，给槥赈饥，置义冢，赡孤贫，义举甚多。国初，死于难。见明经。

江南能，字元表，初名[⑥]彦宣，里村人。知礼达义，业鹾淮南，值明末关津丛弊，九江关蠹李光宇等把持关务，盐舟纳料，多方勒索，停泊羁留，屡遭覆溺，莫敢谁何。公毅然叩阙，奸蠹伏诛，鹾商永利，事载《两淮盐法志》[⑦]。

国　朝

江泉龙[⑧]，字清源，里村人。居无为州，敦本尚义，念故乡辽远，祠祀多愆，承厥祖元鼎公遗志，倡议捐资，创建南圩头支祠，以时祭祀，复得聘龙、孔龙、胤龙诸协力，酌立祠规于故乡祠墓，定以三岁一归祭扫，规制之善，迄今奉为成例。

江必达，字子上，爽朗不群，笃于宗族，捐修本支祠宇，置祀田祭器，以供蒸尝。见舍选。

江　演，字次义，号拙庵。孝友好义，郡北新岭峻险，行者艰阻，公呈请

---

① 乾隆本无“一字孟周”句。

② 乾隆本无“见文学”三字。

③ “程”，乾隆本作“诚”。

④ 乾隆本无“善属文，尤邃于经史”句。

⑤ 乾隆本无“禀”字。

⑥ “初名”，乾隆本作“号”。

⑦ 乾隆本无“鹾商永利，事载《两淮盐法志》”句。

⑧ 乾隆本无“江泉龙”条。

制抚，捐[①]金数万，辟新路四十里，以便行旅。修建[②]北关万年桥以利涉[③]，又[④]浚扬州伍佑东河二百五十里，及开安丰串场官河，盐艘免车运之劳，商民受益[⑤]。尤笃于族谊，本支祠宇湫隘，毅然改建，修葺宗祠[⑥]，增置祭田，以供享祀，族中教养兼至。没后百年，村党犹沾其泽。见封赠。

江之洪，字禹功。少贫，刻苦成家，凡祖祠、坟墓，清理遗失，一力修整，竭橐不恪[⑦]。亲友后人[⑧]，散处四方，不能存活者，悉为安奠，分多润寡，俾无饥寒，行数十年不怠。见封赠。

江维浩[⑨]，字尔宏，里村人。居无为州，克敦善行，与族兄维相倡率族人修葺无为州支祠，添建祠廊，用垂永久。

江承元，字涵初，号诚斋。少孤，事祖母及继母以孝闻，从叔演公重建支祠，开辟新路，倚[⑩]为赞助，并酌定祠规，以垂世守[⑪]。凡诸义举，必命二子奋勉从事。居乡以德化人，人咸悦服，京江张相国书"德重天褒"旌其闾。见封赠。

江承明，字淑旦，性质直，康熙初，水渌寺祖墓为豪家谋夺，一二村愚，暗利其金，几为所有，公闻风遍走呼号，以发其奸，事得就理，祖墓赖以无虞。见封赠。

江承联，字公捷，外村人。寄居扬州[⑫]，国子生，敦本尚义。里中社坛建自前明，岁久倾圮，公捐金倡建。子嗣仁，字景山，继成之祀典，借以不废。仁长子嘉植，字周书，具干才，早自树立，年甫四十而殁，人惜之[⑬]。

江　瑞，字天玉，号五峰，内阁中书[⑭]。性刚好义，捐金修葺西湖岳王坟庙。亲邻急难，挥金拯援，四方奇人杰士，挟一才一艺者，悉罗致座上，好贤

① "捐"，乾隆本作"蠲"。
② "修建"，乾隆本作"又修建"。
③ 乾隆本无"以利涉"三字。
④ 乾隆本无"又"字。
⑤ 乾隆本无"及开安丰串场官河，盐艘免车运之劳，商民受益"句。
⑥ 乾隆本无"修葺宗祠"句。
⑦ "凡祖祠、坟墓，清理遗失，一力修整，竭橐不恪"，乾隆本作"凡祖祠、坟墓，捐修不吝"。
⑧ "亲友后人"，乾隆本作"亲支"。
⑨ 乾隆本无"江维浩"条。
⑩ "倚"，乾隆本作"每倚"。
⑪ 乾隆本无"并酌定祠规，以垂世守"句。
⑫ 乾隆本无"寄居扬州"句。
⑬ 乾隆本无"仁长子嘉植，字周书，具干才，早自树立，年甫四十而殁，人惜之"句。
⑭ 乾隆本无"内阁中书"句。

之风，晚近所不多观。见明经[1]、封赠。

江人龙，字霖公，号蘧轩[2]，里村人，例铨州佐。幼事孀母以孝闻，持躬正直，能面斥人非[3]，里中事无巨细，视公一言而定。业鹾广陵，多所建树，同乡寓公，奉为矜式。尤笃于亲族，祠墓蒸尝，捐助不吝[4]。子姓视同一体，抚孤侄不啻己出。

江承炳，字云岑，性孝义。凡恤贫拯急，修理桥梁道路，皆力行不怠。尝捐资万缗，赈丹徒被饥之民，督抚题旌具呈，力辞。又捐金数千，助建宗祠，并田千余亩，为宗党祭祀、备荒之费。见舍选、封赠。

江承珍，字待占，一字岱瞻，号寄舫。少孤，奉母以孝称。及长，勇于为善。父茂潢公，孝友好善，愿多未副，公体先志，饶义举，念邻邑楠木岭，为七省通衢，捐金修葺，建祠岭头，以施汤茗。本村石路，亦赖捐葺，又置祀田四十亩以奉蒸尝，义田八十亩，以给宗族贫困，公田十亩，备桥梁、茶亭费用，右文田三十亩，为族中士子讲学、课文之资，以及修里社之典，崇节烈之祀，悉置产滋息。而家产不过中人，恬澹自安，性泊如也。见封赠。

江承东，字晓苍，号曙园，例铨州佐。孝友敦本，谙练多能[5]，考订宗谱，重定祠规，以联族谊。作客汉阳，遇民间灾患，恒多佽助。其长子淳，字景厚[6]，尝办赈京江，同事者分资润己，公却金不受，实力办公，饥民得沾实惠。见封赠。

江承瑜，字昆元，号惕庵。性仁孝，见义必为，助建宗祠，治村东道路，岁捐[7]金以周宗党。客居维扬，见地湿，民多疾病，设局延医，全活甚众。民间被灾，恒出钱粟，以奠其居，人咸感戴[8]。见舍选、封赠

江时琏，字彝重，号润庵，外村人，例铨州佐。持躬俭约，厚重寡言，本支祠宇被灾，与弟琮，字坤璧[9]，捐金重建，以妥祖灵。凡经营会计，公尤独任其劳，于祠墓蒸尝，竭诚尽力，数十年不怠[10]。

---

① "明经"乾隆本作"舍选"。

② 乾隆本无"号蘧轩"句。

③ "幼事孀母以孝闻，持躬正直，能面斥人非"，乾隆本作"以孝友正直闻"。

④ 乾隆本无"祠墓蒸尝，捐助不吝"句。

⑤ 乾隆本无"谙练多能"句。

⑥ 乾隆本无"字景厚"句。

⑦ "捐"，乾隆本作"蠲"。

⑧ "人咸感戴"，乾隆本作"子春，继父业，多建勋迹，详载殊恩"。

⑨ 乾隆本无"字坤璧"句。

⑩ 乾隆本无"于祠墓蒸尝，竭诚尽力，数十年不怠"句。

江光祖[1]，字耀先，一名全超，天表孙。承先志，尝捐田入无为州支祠，以助祭祀，族人感其谊。卒，葬祠基东首，后裔迁六安州苏家埠。

江承燧，字左佩，号敬和。以孝义著，尝客武陵，见洞庭风涛之险，修建冷饭、舵杆二洲，以泊行舟，开岁崩山险道，以便商旅，凡诸善行，不可枚举。乾隆初，奉诏旌表崇祀[2]。见恩褒[3]、封赠。

江　学，字圣友，号益斋，承明子，例铨州倅。孝友好义，雍正间，郡邑荐饥，岁征积滞，族中贫窭，时迫催科。公出己资六百余缗，以济其困。又尝呈请捐金，代输合郡积税，裕课恤民，公私兼受其益。见封赠。

江嗣仑，字英玉，号星源，承元子。性孝友，忠实无欺，乡党翕然宗之，薰其德而善良者甚众。尝倡建宗祠，躬董其成[4]，以联宗族，佽助婚嫁，俾无愆期。族中节烈妇五、六人无力举报，悉代请旌，以维风化，及建桥葺路，恤难赈饥，无不实力举行。乾隆十年，邑绅胪其事，举乡饮大宾，排难解纷，人咸听服。及卒，乡人无不哀泣[5]。子嘉谱[6]，亦尝助修宗祠[7]。见科第、封赠、乡宾。

江　注[8]，字沧臣，应全曾孙，候铨州佐。侨寓维扬，志笃根本，尝修葺许村青山头祖墓，建碑以垂久远。本支祠宇年久倾颓，偕诸弟侄捐金重建，迄今祀事孔修，公之力也。

程钟恒，字镇北，乙生子，例铨州佐。孝义性成，谦和接物。凡祖茔修葺，祠庙蒸尝，独力肩任。视兄侄如一体，终其身无怠志[9]。

江允升，字晓青，号晴轩，承珍子。笃行好义，偕弟昭晖、暄昂置飞布书院于郡城，为文会公产[10]，以为村人士应试肄业之所。乾隆辛未，郡邑大饥，公客维扬，捐千余金，首倡义举，买谷以赈，村党扬寓诸贤仿其事，醵金数万，建惠济官仓，俾六邑凶荒有备，实公之昆季启其端也。见舍选。

江　晟，字西平，号聿亭，瑞季子。性刚直，以孝友称，兄洪官西宁守，坐

① 乾隆本无“江光祖”条。

② “乾隆初，奉诏旌表崇祀”，乾隆本作“经湖广督巡迈柱、蒋洲先后入奏，于乾隆十年，诏赐‘乐善好施’四字，建坊旌表，重祀忠义祠。子禹治，承父志，亦多义行”。

③ 乾隆本无“恩褒”二字。

④ 乾隆本无“躬董其成”句。

⑤ 乾隆本无“排难解纷，人咸听服。及卒，乡人无不哀泣”句。

⑥ “谱”，乾隆本作“谟”。

⑦ “亦尝助修宗祠”，乾隆本作“亦多义行”。

⑧ 乾隆本无“江注”条。

⑨ “终其身无怠志”，乾隆本作“子天澂尝割股以救母疾”。

⑩ 乾隆本无“为文会公产”句。

事边陲，父母闻耗殷忧，公思慰亲心，即日就道，一骑走数千里外，上下维持，事得解。生平急人之难，解囊不惜。晚年以己意，造平安车，邀游名山水，卒归老故乡[①]，优游以终其身。其车制歌铭、镌石藏石、香墨绣之室。见舍选。

江允晴，字东扶，号虞泉。幼孤，事节母尽孝，置田宗祠，以供春秋祀事，岁施槥数百口，以济急难。本宗支谱未辑，开局捐修，未成而卒。子振鹍，字岷高，号习隅[②]，承[③]遗志，更联合三宗，克竣数百年未竟之功，复岁解囊镪，以周贫困，凡祖茔倾圮者[④]，力为[⑤]修葺。见舍选。

江　进[⑥]，字志山，号可亭。少谨，愿孝亲爱弟，族中硕彦，咸器重之。而公慎无欺，为人谋有终始，以故声望日起。尝急族兄之难，走万里维持调护，使免于厄，人多义之。晚岁成家，事关孝义，实力举行，重建支祠，置产供祀，于亲支、子侄顾复殷拳，各令得所。训后有方，嗣贤用跻朊仕，叨宠邀荣，年七十七终，福寿之隆，近所罕觏。见殊恩、封赠。

江　涛[⑦]，字右山，外村人，国子生。性沈毅，孝事继母，抚养诸弟，于祠墓公事，实心整顿，迳岭祖茔松楸，赖以保护数十年，人无敢侵伐。

江　春[⑧]，字颖长，号鹤亭。性警敏，少攻制举，为王己山太史弟子。辛酉乡闱，以兼经呈荐，额溢弗捷，弃帖括，治禺荚业。练达多能，熟悉盐法，司鹾政者咸引重，俾综商务，勤慎急公。上六巡江南，两幸山左，祇候供张胥由擘画，尝于金山奏对称旨，解御佩荷囊，面赐佩带，晋秩内卿。于净香园赐金玉器玩，并御书"怡性堂"额，康山则两蒙特幸焉。乙巳，庆元恭赴千叟会，与族兄进同与宴锡杖。借帑舒运，恩数异常等，人以为荣，盖由公实心报称。逢大典礼，暨工赈输将重务，殚心筹策，靡不指顾集事，故独契宸衷也。当提引事发，人情危惧，公毅然赴质，比廷谳，惟自任咎，绝无牵引，上识公诚，置商不问，保全甚众。内监张凤盗销金册，畏罪南逃，公踪迹得之。上谓"尽心国事"，特宣温旨，加授布政使衔，荐至一品，此其大端也。他如建宗祠，整书院，养老周贫，及一才一技之士，望风至者，务使各副其愿。其敦本尚义，又

---

① 乾隆本无"卒归老故乡"句。

② 乾隆本无"字岷高，号习隅"句。

③ 乾隆本作"善承"。

④ "凡祖茔倾圮者"，乾隆本作"凡祖茔倾圮者十余所"。

⑤ "力为"，乾隆本作"一力"。

⑥ 乾隆本无"江进"条。

⑦ 乾隆本无"江涛"条。

⑧ 乾隆本无"江春"条。

族戚宾朋所共钦者。年六十九，无疾终。嗣子振鸿，字吉云，号成叔，擅诗画才，孝友勤慎，凡敬宗收族，嘘植贫寒，悉如其考。见殊恩。

江世栋，字右李，号岱瞻。幼豪爽，见义必为。侨居[1]维扬，凡事关故乡宗党，实力举行，视亲支如一体，间遇困乏，分财周恤，倾橐弗惜。尝侍季父闾公宦均州时，经兵燹，州民凋瘵，公筹策调济，疲氓得苏。游学中州，捐葺文通文墓，并为文记之[2]。子八人，各以孝、义、廉、节著。子恂，官本郡太守[3]，复捐俸置田，为本支祠祭祀之产。见明经、封赠。

江寅亮，字升明，里村人。醇谨好义，捐置新马坟山地，以为义冢，村人德之。

江　桢，字培青，号朴斋，里村人，国子生[4]。少有才名，南北乡闱屡荐不售[5]，考秩州佐。居乡[6]敦厚诚笃，慷慨好义，倡修本支祠宇[7]，捐葺道路，周贫拯急，嘘植寒微[8]，行数十年不怠。弟梅，字仲和，号雪堂，亦尝助修支祠[9]。

程　道[10]，字禹经，介塘人，国子生。性勤谨，刻苦成家，居躬节俭，而笃于根本，尝捐金助修支祠，增建寝室。年近九十，无疾终。

江日永[11]，字陆南，号愓庵，人龙孙，州佐加四品秩，继祖父业。倜傥有才，克敦亲谊，赡养从叔终其身。于祖祠公事，多所匡助。江村江氏三族合谱之辑，与族侄恂虚衷考订，经营赞襄。复命长子毓英，字鄂唐，共事编辑，克抵于成。毓英次子承之，字安甫，幼颖悟，从武进张皋文太史游，好学深思，辑有《读易》《读礼》数种。

江嘉诂[12]，字赓扬，号乐泉。幼岐嶷，早掇乡科考，补守备，以侍母家居不仕，村间祖祠、邱墓，赖以整理。辛未，族中赈饥，公董其事，人沾实惠。郡伯

---

① 乾隆本作“客居”。

② 乾隆本无“尝侍季父闾公宦均州时，经兵燹，州民凋瘵，公筹策调济，疲氓得苏。游学中州，捐葺文通文墓，并为文记之”句。

③ 乾隆本无“官本郡太守”句。

④ 乾隆本无“国学生”三字。

⑤ 乾隆本无“少有才名，南北乡闱屡荐不售”句。

⑥ 乾隆本无“居乡”二字。

⑦ 乾隆本作“助修支祠”。

⑧ 乾隆本无“嘘植寒微”句。

⑨ 乾隆本无“弟梅，字仲和，号雪堂，亦尝助修支祠”句。

⑩ 乾隆本无“程道”条。

⑪ 乾隆本无“江日永”条。

⑫ 乾隆本无“江嘉诂”条。

济源何公仿其事，设惠济官庾，即以公为董率，每值岁凶，筹度赈恤，不惮烦劳。何公习其能，兴蚕桑，教织纴，悉推心寄任，胥公慎不负所托。至于悯孤寒，设义塾，掩骼埋胔，填桥治路，必勖有力者为之，而自助其成。族中鼠牙雀角，得公一言而释，数十年乡党奉为祭酒。见科第。

江　蕃[1]，字均佐，号春园。敦厚诚笃，器量过人。治鹾广陵，早自树立。于诸义举，肩任弗辞，尝捐修宗祠，设立义学，并于云岚山创建忠义、节孝诸祠，以崇祀典。族中贫乏，按口给谷，以济饔飧。而于扬城街衢，或输己资，或劝义助，力为甃治，以便行旅，人皆颂德。以祝禧盛典，特邀议叙，由知府晋秩二品，年四十八卒。凡有志未竟者，子士相、士栻遵遗命继成之。见舍选。

江禹治[2]，字念功，号岚罔，承燧子。少豪迈，多才能。维持乡党，总司汉鹾，调济得当。当路巨公，迄四方才智士，愿与缔纳。汉皋新安会馆之建，经营赞助，与有力焉。其码头出路，为士人阻抑，非君排解，无能得也。乃年甫五十而卒，未克竟其用，族人恒惋惜焉。见舍选、武庠。

江绍萱[3]，字荣北，号鹿俦。幼孤，奋勉成家，持躬俭约。尝与兄绍芳捐刻《济阳宗谱》，又助修宗祠，治入村石路，以支祠祀事未备，命子立智，字辅舜，输金置产，以供春秋二祭。见科第、封赠。

江政观[4]，字振华，里村人，例铨府经历。居无为州，再迁桐城周家潭。父以望，字元长，素有长者称。君性孝义，凡诸善举，倾橐不吝。族有为券人所迫者，脱裘代偿之。本支祠毁，倡重建之议，经营赞助，俾得告成，以妥先祀。不惮千里，遄归故乡，赞成宗谱，以联宗族，士论韪之。

隐德传

元

江正一[5]，字寿谦，里村人。才识明达，孝义性成。宋末世乱，隐居不仕。元初，授提领官，任事称职。笃于亲谊，女弟适蜀源程氏，衰龄乏嗣，家

① 乾隆本无“江蕃”条。
② 乾隆本无“江禹治”条。
③ 乾隆本无“江绍萱”条。
④ 乾隆本无“江政观”条。
⑤ 乾隆本无“江正一”条。

贫无肯继者。公曰："兴灭继绝，义也。"慨以次子松为之嗣，程得不绝，后还居村中，为介塘支祖。

明

江　清，字德渊，里村人。孝友雍睦，乡里曲直，视公一言为定，人比之王彦方，以富户供役金陵，劳瘁成疾卒。

江　瑞，字伯祥，号永思[①]，清子。幼孤，克自树立，振孤恤贫，乐扶人善，学士钱溥铭其墓。

江　社，字士常，号乐轩[②]，瑞子。行谊[③]端方，举贤良方正，以亲老辞不就，后举乡饮。子褣，字永礼，循礼安分，居丧一遵朱子《家礼》，时守令官称江处士而不名。见乡宾。

江　潮，字廷高，外村人。父天才，有隐德，子二，公居次，孝友醇厚，居乡以德化人，族党奉为矜式。三子镃、钦、钧，怡怡友爱，有田氏家风，榜其堂曰"茂荆"，用垂世范。钦于祖祠、坟墓，尤多整理，迄今赖之。

江　赦，字国恩，号自新，汉长子。英伟绝群，是非曲直，一准公道。乡邻有病疫者，公过其门，病者作神语曰："某来须远避"，病寻愈，人谓刚正直逼鬼神。

江东明，外村人。兄东尹早卒，嫂汪青年守志，公受兄托命，养节抚孤，赖以成立。

江以舟，字道济，号莲槎，里村人。天性笃挚，遐迩同称盛德，乡里奉为楷模。年九十余，郡守采风，旌其门曰德寿。

江国宪，字章甫，镃曾孙。居躬孝友，德重乡闾，族人奉为矜式。子懋孳，字师善[④]，亦以德行祀乡社，膺覃恩貤封[⑤]。

国　朝

江大顺[⑥]，字吉甫，号鹤岑，里村人，居无为州。轻财尚义，维持宗党，年逾七十，族人推为祭酒。

① 乾隆本无"号永思"句。

② 乾隆本无"号乐轩"句。

③ "谊"，乾隆本作"义"。

④ 乾隆本无"字师善"句。

⑤ 乾隆本无"膺覃恩貤封"句。

⑥ 乾隆本无"江大顺"条。

江起升，字旭如。性孝友，方正无私，族中奉为矜式。凡济困扶危，诸善举行，数十年不倦，晚膺乡饮之选。见乡宾。

江仕侠，字任侯，外村人。朴直好义，处乡党循循有礼。家素贫，父养浩坐卧一经，家道赖公开拓，时称象贤之子。

江懋材，字君干，外村人。从兄懋槐早世，遗三子孤幼无依，公本贫寒，竭力抚育，俾各有成，里闬传颂。

江羲龄，字舜年，外村人。性正直，少读书，以父老弃儒服贾，博微利以供养，父得优游以终。尝贸易芜湖，有误投多金者，却弗受，人称江公道云。

江瑞霈，字云友。诚朴好善，和睦乡党，处兄弟极友爱，家庭操作，甘任其劳，人咸义之。次子长遂，字惟诚，号鹤洲，亦以孝母闻[①]。见封赠。

江瑞珙[②]，字明玉，外村人，国子生。性好善，贸易台儿庄，周恤贫困，不令人知。每除夕，以馒头钱物，暗投贫家屋院。荒年广施绵衣，煮糜赈馁，全活甚众。土人为立碑记，有江善人之目，后裔居宿迁洋河。

江瑞升[③]，字东暟，外村人。质直好义，善待乡邻，消弥衅隙。族中事涉讼端，多方劝息，乡人靡不听服。

江承封[④]，字卫侯，例铨州佐。公慎不欺，为族人代理鹾务，绝无染指，经营或绌致亏资本，愿倾产以偿，族人信其无私，恒谅之。子玉堂，字绐掌，州佐加五品秩，亦能实力急公。见封赠。

江昭义，字长仁，号讱庵，里村人。诚敬朴实，居乡一循古道，凡声色货利，屏弃不事，时有隐君子之目。

江惟棐，字迪公，里村人。性宽厚，排难解纷，人皆感德。侨居嘉善，尤多善行，有长者之称。年八十八，膺粟帛之锡，廉宪董额旌之。

江廷祥，字钟伯，号麟郊，里村人，例铨州佐。居躬孝友，接物谦和。尝为知交，办公汉上，利人济物，绝尽营私，当路尽目为长者。

江仕伊[⑤]，字仲尹，外村人。勤谨俭朴，于本支祠宇坟墓，尽心整理。村闾旧事，记诵详明，后人得有稽考，族共称焉。

---

① "次子长遂，字惟诚，号鹤洲，亦以孝母闻"，乾隆本作"长子长进，增设本支祠祭祀；仲子长遂，以孝称；季子长遇，慷慨好义，兼精地学，皆克继先德云"。

② 乾隆本无"江瑞珙"条。

③ 乾隆本无"江瑞升"条。

④ 乾隆本无"江承封"条。

⑤ 乾隆本无"江仕伊"条。

江长遇[①]，字咸章，号石原，瑞霖第三子。孝悌尚义，训勉子侄，使各成名。而于乡闾善举，倡行不倦。性好学，精究堪舆，卜地营坟，祖父尽安吉壤。年未五十而殁，人咸惜之。其仲子菖，字在川，号剑浦，尝于汉阳捐赈，膺议叙。见舍选、封赠。

江仕球[②]，字佩玉，牌镇人，寄居威坪。少有至性，孝事孀母。乾隆甲子岁凶，承母命煮糜救饥，威坪富户仿其事，更相捐赈，合镇得免于馁。子震，字次杨，严郡庠生，文行并著，克继先绪。

江嘉培，字雨载，外村人，州佐加四品秩[③]。质直敦本[④]，客处维扬，凡事关故乡，竭力维持，数十年不怠。弟嘉堡，字南屏，候选理问，并以孝友称[⑤]。

江嘉霈[⑥]，字文璧，嘉霖弟，国子生。耿直不阿，承办泰坝鹾务，不负族人之托。主叶氏家四十余年，主宾相得，并为整饬家事，严毅自持。叶氏子弟视同严傅焉，时有正人之目。子绍旸，字景初，性谨悫，克继父业。

江以宥[⑦]，字之三，里村人，居无为州南圩头。性诚朴，笃志根本，年七十外，犹率领宗支，时归故里，展谒先墓，不惮千里跋涉，孝思真挚，近俗所不多觏。

江邦铎[⑧]，字振木，里村人，国子生。家世谨愿，业鹾宁波，诚信接人，为人排难解纷，恒耗橐金不吝，时郡邑长靡弗引重。子兆理、兆璧，胥以谨愿见称。

程　淳[⑨]，字质孚，钟岷子，国子生。敦善行，惠及里邻。客扬数十年，乡人往来，每多佽助，尝捐缗助建都天神庙。

江明生，字寅初，号东有[⑩]，里村人，例铨州佐。少孤，敦笃孝友，谊切本源，支祠修葺，出力为多[⑪]。长兄文生与嫂皆殁，幼弟、孤侄赖君抚养成室。未几，侄夭，复抚侄孙，得以成立。生平喜蓄奇方，拯人疾苦，全活甚众。子

① 乾隆本无"江长遇"条。

② 乾隆本无"江仕球"条。

③ 乾隆本作"例铨州佐"。

④ "敦本"，乾隆本作"重根本"。

⑤ 乾隆本无"弟嘉堡，字南屏，候选理问，并以孝友称"句。

⑥ 乾隆本无"江嘉霈"条。

⑦ 乾隆本无"江以宥"条。

⑧ 乾隆本无"江邦铎"条。

⑨ 乾隆本无"程淳"条。

⑩ 乾隆本无"号东有"句。

⑪ 乾隆本无"谊切本源，支祠修葺，出力为多"条。

绍彭,字冠南,早故。孙梦笔,字星泉,邑诸生,不坠先德,三族合谱之辑,与有劳焉[①]。

江　谟[②],字廷飏,里村人,贡生。性诚实,恒客江右、燕京,与人交公正不欺,人目为长者,于里邻亦多补助。

江兆炜[③],字赤文,弟兆炯,字绣成,桢子,皆例铨州佐,均以孝母闻。母殁,簪珥衣襦及器用物,对之辄流涕,封贮一楼,数十年不忍分析。作客吴门,声望日著,四方游士,恒乐与交,人有识韩之慕。

江以墧[④],字坚士,里村人,国子生。公慎无欺,客寿春数十载,人号长者,乡人往来,频沾厥惠。

江　煜[⑤],字炳若,昭义孙,国子生。性质朴,不尚华靡。作客吴门,公平正直,人咸信服。居乡和厚,训后有方,子观涛楫禀庭训,俱有声庠序。

江学镗[⑥],字振声,里村人,国子生。少丧父,节俭成家,事母孝谨,而于祖祠先墓,恒出力整理,寿逾八十无疾终。

江绍芳[⑦],字兰皋,号敬斋,嗣仑孙。幼孤,长克树立,好行其德。尝捐刻《济阳宗谱》,于族邻暗多周恤,不令人知。居恒喜读书,究心性理,著有《周易管窥》,爱才礼士,嘘植寒微。尝客西江,经营鹾务,伯氏勉亭公藉为左臂,人共贤之。子立信,字行可,倜傥有才;立桢,字佐廷,尝助修宗祠。见封赠。

江绍伟[⑧],字英万,号恬斋,外村人。注县倅,性谨饬,和睦邻里,暗行补助,而接人以诚,恒多规劝。父嘉文,字再韩,敏达多才,未竟其志而殁,数世遗棺,君日涉川原,经营卜葬,赡膳两孀嫂,终其身不怠,族里称焉。

江永交[⑨],字宅南,里村人,例铨州佐。生平好义,厚待亲支。客居维扬,里党公事,恒多倡助,族戚往来其间,缓急并蒙嘘植。

---

① 生平喜蓄奇方,拯人疾苦,全活甚众。子绍彭,字冠南,早故。孙梦笔,字星泉,邑诸生,不坠先德,三族合谱之辑,与有劳焉”句。

② 乾隆本无“江谟”条。

③ 乾隆本无“江兆炜”条。

④ 乾隆本无“江以墧”条。

⑤ 乾隆本无“江煜”条。

⑥ 乾隆本无“江学镗”条。

⑦ 乾隆本无“江绍芳”条。

⑧ 乾隆本无“江绍伟”条。

⑨ 乾隆本无“江永交”条。

儒林传

明

江　铎，字振之，号化行，外村人。淹贯古今，讲求性理，著有《东皋草堂文集》《环翠轩诗稿》，一时受业者皆成名宿，独以族子东之、世济为不凡，后一官巡抚，一官别驾，各以风节、理学见重当世。

程　璩，字叔玉，号履斋，介塘人。富而好礼，苦心学易，功惜隙驹[①]，著有《周易发蒙》并《悔庵诗》十二卷。

程国宾，字尚之，号醉阳，郡诸生。工诗文书法，为学根柢性理，所著《砚虹堂诗集》并《语录》，皆有关世教。见文学。

江　恒，字于常，号一得、愚人，湛然子，邑诸生。攻辟异端，学通性理，讲学紫阳时，有卫道醇儒之目。著《王学类禅臆断》一书，辨《传习录》所论之非，共百三十二则。又著有《四书正义》[②]。卒祀紫阳书院及洛闽溯本祠。见文学。

国　朝

江永治[③]，字功万，起升孙，邑诸生。孝友方正，学识兼优，为后进师表。事关风化，悉力整理，迳岭祖墓，保护尤勤。尝创议渔梁坝建闸启闭，蓄水泄沙，以防坝上濒河田畴沙涨之患，深中时弊，惜未及行。又定宗祠改筑之议，作有《祠基论》。乾隆间，重建宗祠，实遵行之。见文学。

江　湘[④]，字郢上，号文江。学识渊深，两举鸿博，均以养母未赴。遍交当世名贤，与同邑吴公园次、昆山徐公健庵，选宋金元诗永并梓。所著《貊其堂诗文》诸集行于世。见明经。

江　湑[⑤]，字佩水，号蒿坪。生有宿慧，五岁解作文，八岁工书，以诸生肄业国学，考秩州佐。乾隆丙辰，荐举鸿博，不赴。肆志于诗，名重京洛，时人方以郑都官，有江鹧鸪之目，而于朝章国典最精核。司寇励公廷仪重其才，

① “功惜隙驹”，乾隆本作“爱竞白驹”。

② 乾隆本无“又著有《四书正义》”句。

③ 乾隆本无“江永治”条。

④ 乾隆本无“江湘”条。

⑤ 乾隆本无“江湑”条。

聘居宾馆，代作笺奏，辄报可，颇多建树。其小行楷书、七言绝句并奏章，称为三绝。晚与某贵人龃龉，假逃禅以远患焉，人服其保身之哲。见明经。

江山永，初名晋，字虞封，世栋子，江都籍诸生。年十三，割股救母。三十后，孤居不娶，弃举子业，教诸弟子，究心程朱之学，著有《定斋遗文》《真味集》等书，郡守天津王公又朴序而行之。尝与天长刁琢辩论性理，往复数千言。卒，祀扬州孝子祠。见文学。

江　昱[1]，字宾谷，号松泉，山永弟。居躬笃厚，学古穷经，沈归愚宗伯目为国士。乾隆元年，举博学鸿词，力辞不就。著《尚书私学》及《辩论尚书》，析疑发覆，为治经诸家所折服。兼精考据之学，有《潇湘听雨录》八卷，所著各书集，《钦定四库全书》皆采入提要。见明经、封赠。

士林传

明

江福崇[2]，字思尚，外村人。博学能文，遍交当世名士，与程篁墩尤称结契。先世族谱，向未编订，公于弘治辛亥，倡率族人勤事修辑，克抵于成，程公为之序。江村江氏之谱，肇修于此，隆庆间合订，实藉为圭臬焉。享寿八十，无病终。

江祖文，字汝敬，号初江。性方正，中丞公奉勘黑峪关事，公为前驱，不受贿赂，悉心谘访，得边民被杀，实情以报，事得伸雪，例授京卫，未莅任卒。见舍选。

江世昌，号肖庵，外村人。幼孤，事母极孝。中丞公莅任台中，公主记室，多所采纳。馆饩所入，分惠族邻。以嗜学攻苦致疾，年未四十卒。

江道文，字敏学，号竹猗，牌镇人。少英爽，好读书，屡试不售。而禀性刚直，不阿权势。尝倡建歙东文会馆，为士子读习之所。

江禹通，字心阳，里村人，文行并著，楚衡廖公希元重之，时廖守衢州，衢绅欲以江氏祖墓议建学宫，公请于廖，以寝其事，祖墓得保无虞。

江自成，字玉吾，里村人。性醇谨，好读书，不求闻达，见义必为，著有《蝉声集》。

---

① 乾隆本无“江昱”条。

② 乾隆本无“江福崇”条。

江学海，字相如，号海若，晚号鸿蒙山人，里村人。学富才雄，中丞公辟为记室，尝倡议佐中丞公筑凌云台，以镇水口，合村受庇[①]。著有诗文数十卷、《清寤堂集》三十卷。

江士森，字惟敏，江夏籍，诸生。资性敏慧，酝酿六经，游学江汉。明末，死流寇之难。见文学。

江天表，字文月，天一季弟。性孝友，笃气谊。兄天一尽节金陵，不避险难，昼伏夜行，走收遗骨，得同郡闵遵古、程达可、胡克岐、洪石生，闽客萧伦，金陵人李彬玉、朱惟和，芜湖僧海明仗义经营，归葬村西双子坞，事见《感义扶丧记》[②]。复[③]以兄所遗古文，授门人洪祚永付梓焉。

江藩东[④]，字允武，杭州籍诸生。读书穷理，抱经济才，兼通韬略，善击剑。明亡，遁迹邱园，以终其身。见文学。

国　朝

江懋祖，字惟念，号武斋。积学工诗，康熙初，应召试，未授职归。勋贵赫公，重其才，延训子弟。公抱道自尊，绝尽干谒。子承琳，字林玉，亦以厚道见称[⑤]。见荐辟。

江　源，字逢也，号一斋，外村人，邑诸生。推诚砥行，积学工文，所著有《引翼集》[⑥]。其及门皆一时英俊，同邑方鸿，尤称高足，官襄城令，以循良著，盖本师训云。见文学。

江维信[⑦]，字汝彝，里村人，居无为州，诸生，工诗文。整理支祠，与族侄庠生连山，字佩玉，修辑本支族谱。见文学。

江　浔，字沚潢。少补邑诸生，屡试不售，抑志家居，尊祖敬宗，和睦乡里，族人奉为表率。见文学。

江肇登[⑧]，字岸先，晚号祠谷，邑诸生。颖悟，工诗文。遍游名区，好交当世奇士，与婺源曹鸣远、进士同族饮玉公称莫逆。会二公俱隐，亦遂闭户不

---

① 乾隆本无“尝倡议佐中丞公筑凌云台，以镇水口，合村受庇”句。

② 乾隆本无“事见《感义扶丧记》”句。

③ 乾隆本无“复”字。

④ 乾隆本无“江藩东”条。

⑤ 乾隆本无“子承琳，字林玉，亦以厚道见称”句。

⑥ 乾隆本无“所著有《引翼集》”句。

⑦ 乾隆本无“江维信”条。

⑧ 乾隆本无“江肇登”条。

出。尝启征合村辑《橙里人文志》,未行而卒。见文学。

程乙生,字东木,号芝山。才行兼笃,为村闾矜式[①]。食贫舌耕,葬祖四世,女弟于归无托,迎养终身。善作瘦黄庭小楷,推一时独步。见明经。

江　源,初名之源,字逢其,里村人,邑诸生。精河洛之旨,究堪舆之奥,著有《理气集成》等书。见文学。

江鸣銮[②],字鸾声,里村人,有声誉。壮游京师,当世贤士雅重之。钱塘高官詹士奇、郑学士、江未达时尝叨公惠。既贵,思有以报之,公绝不与通,都宪王公材任为立传。

江国祚[③],字绍基,邑诸生。品诣醇笃,讲求根本。族忠义止庵公以葬时仓促,未及树表,几就湮没。公与族侄启心竭力经营,表彰厥墓,岁祀藉以不废。见文学。

江东涛,字若山,父之鳌,字扶六,素称孝义[④]。公能继厥志[⑤],正直无私,才学淹博[⑥]。里[⑦]中举业士子,讲学论文,每[⑧]藉为领袖。见明经。

程钟岱,字青岳,号桐坞,乙生子,郡廪生。襟怀澄旷,善画工诗。少时与试,维扬太守左公目为国士,乡科荐元未售,竟以诸生终[⑨]。见文学。

江启心,字云松。持躬方正,恬澹[⑩]自甘,不为世累,尤以文章著,为后学楷模。见明经。

程起鹤,字羽亭,号楩汀。淳笃好义,攻苦读书,诗文为世所赏,著有《环梓居诗存》。见文学。

江　豫,字我康,号立亭,鸣銮子[⑪]。端重寡言,工文章书法,尤称超妙,得者视同珍玩。学使郑公、江少与同学,每欲为公地,会邻邑士人有以千金请为关说者,公峻拒之,郑闻叹服。其弟家齐,字我思,并名噪艺林。齐曾孙

---

① 乾隆本无“为村闾矜式”句。

② 乾隆本无“江鸣銮”条。

③ 乾隆本无“江国祚”条。

④ 乾隆本无“父之鳌,字扶六,素称孝义”句。

⑤ 乾隆本无“公能继厥志”句。

⑥ 乾隆本作“才学渊博,正直无私”。

⑦ 乾隆本作“族”。

⑧ 乾隆本无“每”字。

⑨ 乾隆本在“竟以诸生终”句后,有“子廷霖,亦称端士”句。

⑩ “澹”,乾隆本作“淡”。

⑪ 乾隆本无“号立亭,鸣銮子”句。

楚材，字履厚，亦性笃根本[①]。见文学。

程世礼，字鲁傅。品行端方，尝请修建二程夫子祠于吴山之金刚岭，以卫文教。见明经。

江长铠[②]，字鳞次，宿迁廪生。笃志根本，工诗文，试辄前茅，而乡闱屡荐弗售。著有《碧云诗集》。见文学。

程廷霖[③]，字新雨，号渔山，钟岱子。孝友性成，好古勤读，长于制举业，数奇不售，闭户授徒，及门掇科名者甚众。晚以诗酒自娱，其厚德谦光，为一乡矜式。子奕聘，字重三，并以长厚闻。见明经。

江本良[④]，字赤存，号尺循，有容子。家贫，力学制艺，瓣香金海阳，一时奉为程式。居乡质直，于祠墓悉心整理。飞布、后山遭奸民盗掘煤矿，伤残地脉，公会同八乡人士，呈请郡邑，立碑严禁，身任厥劳，数十年不倦。辑有《飞布保脉集》。子绍高，字引棠，邑廪生，亦以文名；次子绍成，字象功，性质直，笃根本。见明经。

江世杰，字廷英，号待园。性谨厚，工文章。乡里是非曲直，多所匡正，士林称焉。其从弟世仪，字瞻武[⑤]，并[⑥]风雅能诗。见明经。

江承言[⑦]，字念绳。性至孝，谨愿寡言。闭户授徒，数十年不与外事，人称守礼君子。见文学。

江亢宗[⑧]，字根孝。性爽豁，多才能。于祠墓公事，实力整理，不避嫌怨。飞布禁矿之举，恒多出力。尝客苏州，乡人建新安会馆，君董厥事。公慎无欺，人多称焉。见文学。

江　煃[⑨]，字耀舟，桢子。性颖悟，有才调。幼与邑中诸名流，谈经讲艺，名著一时。而维持里党，排难解纷，尤乐行不倦，族中有义侠之称。见文学。

江肇栋[⑩]，字隆山，一字楞珊，号爰庐，迪子，邑廪生。多才能文，乡闱荐

① 乾隆本无“学使郑公、江少与同学，每欲为公地，会邻邑士人有以千金请为关说者，公峻拒之，郑闻叹服。其弟家齐，字我思，并名噪艺林。齐曾孙楚材，字履厚，亦性笃根本”句。

② 乾隆本无“江长铠”条。

③ 乾隆本无“程廷霖”条。

④ 乾隆本无“江本良”条。

⑤ 乾隆本无“字瞻武”句。

⑥ “并”，乾隆本作“亦”。

⑦ 乾隆本无“江承言”条。

⑧ 乾隆本无“江亢宗”条。

⑨ 乾隆本无“江煃”条。

⑩ 乾隆本无“江肇栋”条。

弗售，抑志家居。村闾公事，恒多出力。迳岭墓树为地邻侵伐，与族兄本良等鸣于官，得以清业，人咸称焉。见文学。

江德坚[①]，字廷恺，号桐墅，昱长子。资性爽豁，诚实不欺，克敦孝友。以从弟德量陈情，貤封编修，志在有为，乃历年四十而卒，族人惜之。见封赠、文学。

隐佚传

元

程　松，字子高，号介轩。隐居不仕，筑室九芝山麓，恬静寡欲，炼性修真，具道家风骨，为出继介塘程氏祖。

明

江　英，字仲杰，号悠然翁，里村人。明敏醇厚，积学工诗。丁元之季，不乐仕进。生平爱陶彭泽之为人，时形吟咏，著有《悠然小稿》。

程道清，字孔时，诸生。幼喜事田园，及长，放浪形骸，扁舟吴越，逾淮徐，游齐鲁，所至孤居，不与人接。作诗数百首，以见志。见文学。

江懋莹，字佽玉[②]，一[③]字次玉，世济孙。才识明敏，旷达不羁。明季世乱，逃名隐居，诗酒自娱，与二三同志参禅古佛庵中[④]，终其身不出。

国　朝

江　斌[⑤]，字全子，初名必升，一鸿子，赣州增广生。明末，父守赣州，合门死难。公时游学在外郡，遂弃功名，遍历燕、秦、楚、粤。所至，当路争聘召，苟非其人，避不就，咏游山水，以终其身。著有《涤露集》。见文学。

江　剡[⑥]，字东山，号拙巢，嘉定籍诸生。少习风雅，寝食于诗者五十余年。遨游四方，无所遇。晚居僧寺，绝尽世缘，临终自题诗卷《云间吟》焉。

---

① 乾隆本无“江德坚”条。

② 乾隆本无“字佽玉”句。

③ 乾隆本无“一”字。

④ 乾隆本无“与二三同志参禅古佛庵中”句。

⑤ 乾隆本无“江斌”条。

⑥ 乾隆本无“江剡”条。

敢才飏赓费，许穷愁岁月；成毕竟物从，所好聚何尝，声以不平鸣；鸟啼花落孤，居兴断墨残，笺老去情片，石他时表名，姓鹤槎山下，葛天氓。所著有《拙巢诗集》。见文学。

江嗣珏，字兼如，一字双玉[①]，号丽田，外村人。性幽静，工诗书，尤精于琴，得古人不传之秘。尝客燕京、山左、江右诸郡，一时称为绝调。遍游名山水[②]，晚归黄山西江海，大中丞征辟不出，作《却聘诗》见志。同邑巴君廷梅契慕高雅，为造琴台于始信峰。卒葬黄山云谷，芜湖文士甘铭为志墓。著有《琴谱诗集》，临终皆自焚去，不存[③]。

风雅传

宋

江千八[④]，外村人，官庾台使。晚年逍遥山水，爱城南河西地幽林密，构筑精庐，日与缁流道客，讲论元机，逃禅世外，以终其身。今五明寺，其遗基也。见舍选。

江应昴，字德昂，千八子[⑤]。官庾台使，志大才高，好宾朋，尚华丽。于村中建园亭、书舍，啸咏其间。今东头园并荷池，即其故址。见舍选。

元

江桂一，字元直，应昴子。雅好琴书，筑环翠轩于东皋，日集良朋，杯酒赋诗，以为娱乐。尤喜畜名马，出入游猎，有古侠士风。子惠，字懋德，孙景元，字伯仁，家学相承，风雅不绝。

明

江社弼，号颐斋[⑥]，外村人。多才善鉴，志慕李杜名家，长于诗赋。尝于

① 乾隆本无“一字双玉”句。

② 乾隆本无“遍游名山水”句。

③ 乾隆本无“卒葬黄山云谷，芜湖文士甘铭为志墓。著有《琴谱诗集》，临终皆自焚去，不存”句。

④ 乾隆本无“江千八”条。

⑤ 乾隆本无“千八子”句。

⑥ 乾隆本无“号颐斋”句。

郡试，时见婺邑余棐，目为奇士，赘于家[①]，多方造就，后余登第，官编修[②]。

江　瀚，字之东，号柏亭，里村人。驯雅工诗，著有《柏亭诗稿》。

江尚榕，字北峰，里村人。弈品第一，时国手推李程，公与并驱，遍交当世贤士，蜀抚徐公光我尤结[③]契。

江尔椿，字大年。任侠好施，筑杨紫山房，读书其[④]中，广[⑤]植名花奇卉，风亭月榭，游者如入山阴。见荐辟

江尔桢，字仲坚，号十洲，外村人，以博雅称，著有《蛙鸣集》。

江若镜，字君玉[⑥]，一[⑦]字湛，一号柏峰，杭州籍诸生。折节读书，诗文超迈，尝作《听月诗》，脍炙人口，诗载《皇明诗统》。见文学。

江克信，字诚庵，里村人。弈品擅长，诗格清婉，时称双绝。子观水，字南华[⑧]，孝友雅驯，尝割股救祖母疾，小楷法赵文敏，观者莫能识辨。

江　玮，字廷耀，外村人。习术数，尤精于弈[⑨]，诗文结社，为风骚领袖。

江养浩，字孟长，外村人。工诗文，精书法，得米家三昧。恬静寡欲，人称有道高儒。

江一鹤，字振寰，一字秋鸣[⑩]，号怀一，里村人。倜傥好义，寓居西湖，与董思白、陈仲醇、陆伯生称莫逆友，著有《圣湖诗集》。

江必大[⑪]，字容甫，号南郭，一鹤子。性颖慧，工诗词，遨游四方。明末兵乱，作《南郭操》以自况，婺邑齐季函采入《琴谱》。

江必名，字德甫，一鹤子[⑫]，嘉定[⑬]籍诸生。为董思白入室弟子[⑭]，学殖宏富，作画入宋元人阃奥，迄今访求者，不惜重金购获。与从弟遥止，时称二难。见文学。前志误写秀水籍。

---

① 乾隆本无“赘于家”句。

② “后余登第，官编修”，乾隆本作“后余官拜修撰”。

③ “结”，乾隆本作“衿”。

④ 乾隆本无“其”字。

⑤ 乾隆本无“广”字。

⑥ 乾隆本无“字君玉”句。

⑦ 乾隆本无“一”字。

⑧ 乾隆本无“字南华”句。

⑨ “弈”，乾隆本作“奕”。

⑩ 乾隆本无“一字秋鸣”句。

⑪ 乾隆本无“江必大”条。

⑫ 乾隆本无“一鹤子”句。

⑬ “嘉定”，乾隆本作“秀水”。

⑭ 乾隆本无“为董思白入室弟子”句。

江念祖，字遥止，初名灵承，字于旅[①]，钱塘籍廪生。湛深经术[②]，著述极富，寓意作画，得石田老人真诀。见文学。

江必超，字文特，里村人，工诗文书法，一时郡邑治学宫碑记，悉出手书。

江必迈[③]，字天沐，号螺青，必超弟。亦以画著，得青藤道人笔意。

江上文，里村人，工诗书，间亦作画，为世所赏。

江湛如，字幼淹，一字如如[④]，号若木，湛然弟。工诗善书，弈[⑤]敌国手。周游三十年，流寓临清，居庸陀罗、尼门等处。见明经。

江　益，字无方，一字无疆[⑥]，湛然子。诗宗老杜，画法荆关，著有《黄白山樵诸集》。见明经。

国　朝

江德乾，字立成，外村人。幼勤读，比长[⑦]，学识明达，落拓不羁，戚价人先生[⑧]聘入莲幕，著有《刑名钱谷诸条议》，癖耽于弈[⑨]，兼精星命之学。

江德坤，字子厚，号次舟，德乾弟。工诗文书画，郡邑文士隆礼相延，煮茗分笺，无间晨夕。

江德震，字东起，号素庵，外村人。寓宿迁洋河[⑩]，工诗善书，尤精韵学，著有《五声韵定》。

江南春，字寄梅，里村人。工诗文，善击剑鼓琴，著有《琴谱》二卷。

江宗涵，字有容，号雪村，德震子。幼敏悟，博见多闻。年十八，游彭城，作《怀古诸什》，慷慨磊落，四明周屺公见而奇之。尤精诗余骈体，著有《筠香集》。

江嘉梅，字晚柯，号老云[⑪]，湛然孙，前秀水籍诸生。性敏慧，八岁能诗。

① 乾隆本无"初名灵承，字于旅"句。

② 乾隆本无"湛深经术"句。

③ 乾隆本无"江必迈"条。

④ 乾隆本无"一字如如"句。

⑤ "弈"，乾隆本作"奕"。

⑥ 乾隆本无"一字无疆"句。

⑦ 乾隆本无"幼勤读，比长"句。

⑧ 乾隆本无"先生"二字体。

⑨ "弈"，乾隆本作"奕"。

⑩ 乾隆本无"寓宿迁洋河"句。

⑪ 乾隆本无"号老云"句。

及长，博雅工文，善画。每有所作，不轻视[①]人，積于除夕，酣饮自赏，已而痛苦焚之。尝寓西湖，与李笠翁、尤展成、吴山涛为知心友。见文学。

江嘉树，字芹先，湛然孙。性耽吟咏，著有《蠖庵诗集》。

江宏文，字书城，寄籍嘉定。能作擘窠大字，南翔镇白鹤寺门额草书“白鹤飞来”四字[②]，乃公九龄时手书[③]。尤精于诗，康熙间南巡召试，行在奉取，入都充武英殿纂录，后以疾放归。诗载沈归愚宗伯《国朝别裁集》。见荐辟。

江允暹，字于升，号容斋[④]。尚气谊，重交游，喜周贫困[⑤]，性耽于弈[⑥]，士之精此艺者，多方罗致。同邑程天桂时称国手，尤与投契。见明经。

江嗣增，字晋昌，号容堂，一号青渠[⑦]，外村人，例铨州佐，加五品秩[⑧]。能诗善画，著有《虹桥诗草》。

江元录[⑨]，字御良，号耘石，外村人，州佐加五品秩。性尚风雅，与四方名流结社论诗，同邑叶咏亭主于其家，尤多倡和，诗载陈古愚《所知集》中。其弟元镇，字鲁岩，亦能诗。

江　瑄[⑩]，字虞瑞，外村人，国子生。承维摩公之后，家藏书集最富。性旷达，遨游四方，文人才士恒乐与交，江阴刘君风汉尤称莫逆。后占籍海州，遂家于新安镇。

江承章，字豹文，里村人，考秩州佐。夙尚风雅，筑花山精舍。法易水制墨，神采坚莹，与程方诸家并著。

江邦鉴，字静波，弟邦铨，字序衡，里村人。并以诗著，遍游名山水，吟咏极富，邦鉴尤究地学[⑪]。

程翰登[⑫]，字赓宇，钟恒子。性恬雅，克循礼法。葺就芝轩别墅，植梅桂诸卉。木花晨月夕，良朋酬酢，觞咏其间。里中士子课艺，旧有蟾扶文社，公

① “视”，乾隆本作“示”。

② 乾隆本无“能作擘窠大字，南翔镇白鹤寺门额草书‘白鹤飞来’四字”句。

③ “乃公九龄时手书”，乾隆本作“九龄能书，窠大字”。

④ 乾隆本无“号容斋”句。

⑤ 乾隆本无“喜周贫困”句。

⑥ “弈”，乾隆本作“奕”。

⑦ 乾隆本无“一号青渠”句。

⑧ 乾隆本无“加五品秩”句。

⑨ 乾隆本无“江元录”条。

⑩ 乾隆本无“江瑄”条。

⑪ 乾隆本无“邦鉴尤究地学”句。

⑫ 乾隆本无“程翰登”条。

悉心整理,数十年得以不废。见明经。

江以埙,字乐昆,号梧斋,里村人,国子生。性豪爽,尚友义。居乡,以德化人,人咸敬服[①]。工琴书诗画,世以医名。君复超迈痘科,尤称神妙。子嘉理,孙长诚,胥克世传其业。

江文彪[②],字虎文,号梅坡。能诗文,书法仿董文敏极肖,指书尤为绝艺。久客汉江,富于吟咏。见文学。

附

明

胡　媛,湖南人,江学海继室。工诗文,著有《湖湘游草》《岳麓吟》。

凌　媛,邑沙溪人,兵部侍郎凌驹妹,里村江廷俊室。博通书史,善古文诗词,兼工制艺。

国　朝

胡　媛,邑琶塘人,江鸣銮室,文学豫之母也。工诗善画,尤精花卉,得恽氏真诀。

吴　媛[③],名吴邑,湖州太守绮女,解州牧江闿继室。承家学,幼即工诗,著有《香台集》,一时闺秀唱酬,积累成帙,太守为序而行之。

石　氏[④],吴县人,西宁太守江洪妾。幼敏慧,精于弈。国手程天桂时尚少,守命与弈,程摇手谢曰:"桂恐蹉跌于女士,累后日名也。"卒不与校。

葛　氏[⑤],江都人,太守江洪妾。性幽静,精于琴,守为购小金雷古琴,宝同珍贝。夫卒后,不忍复弹,匿迹深闺数十年。寿七十余殁。

梁　媛,陕西泾阳人,庶常棠荫孙女,州佐江嗣阶继室。阃教相承,姑侄姊妹尽以才名,工诗文书画,尤通易理,精于占卜。

陈　佩,字怀玉,天长人,明经江昱室。才情清丽,著有《闺房集》,其诗

① 乾隆本无"尚友义。居乡,以德化人,人咸敬服"句。

② 乾隆本无"江文彪"条。

③ 乾隆本无"吴媛"条。

④ 乾隆本无"石氏"条。

⑤ 乾隆本无"葛氏"条。

载沈宗伯《国朝别裁集》。

江绣琼[①],字瑶峰,侍郎江兰女,适如皋诸生张寿泰。能诗,善画花卉,著有《椒花馆诗集》。

名艺传

明

江　绾,号春山,里村人。神于象棋,以帛蒙目,与客对敌百局,不失一道,堪舆亦称精妙。

江　炫,里村人。性机巧,少为周王府供事,得秘传烟火之法,人物故事,以及禽鱼飞跃,幻若天成,死后竟失其传。

江五老,里村人。智慧绝伦,谙西洋机法,以楮帛作人物,能令拍板行舞,禽兽之类,皆能飞走,曾入大内供奉。后遨游,不知所终。

国　朝

江承源,字旭水,号浚川[②],□□□[③],□[④]铨州佐。弈敌国手[⑤],尤[⑥]精洞箫,极尽微妙。尝于中秋设宴虎邱,集诸名流,奏技罕有能匹。其宫商嘹呖,音节苍凉,旅客、贞媛,无不闻声掩泪。

江嗣埙[⑦],字彩山,本富室。性慈善,精究外科。避家难,游武当山,遇异人指授治恶疽,虽濒死,立瘥。楚藩某素孝母,母患巨痈,百方靡验,虔祷武当。公见笑曰:"求神奚益,余能活之耳。"藩隆礼相延,曰无庸也,出刀圭付之,计日愈。藩馈千金不受,爰书楔以赠曰:"寿世仙医"。后东归,闭门习静。惟求医者辄应,应无弗效,至典裘治药,以应求者。年七十余卒。公在日,近境数十年无不治之病。后族侄嘉坦,字履吉,能得其传。见封赠。

艺而得名,名者仅矣。上所载,似少遗珠,顾有不偶于当时,而见称后世者,以人情忽

① 乾隆本无"江绣琼"条。
② 乾隆本无"号浚川"句。
③ "□□□",乾隆本"外村人"。
④ "□",乾隆本作"例"。
⑤ 乾隆本无"弈敌国手"句。
⑥ 乾隆本无"尤"字。
⑦ 乾隆本无"江嗣埙"条。

于所习也，则后之视今，或犹今视昔，苟具一才一艺者，恶可不纪之。如以占卜著者，外村有江峰运，字占泰。通奇壬之术者，外村有江嘉济，字东川。以堪舆著者，外村有江振藻，字华山；杏里有江大宗，字怀九。以画称者，外村有江元钊，字致远；江本孝，字理孚[①]；里村有江鸿治，字茂功；江□□，□□章誉增，并工琴；又外村江立柯，字贯时，□□□□铨，字鉴人；江士镳，字谨华，皆善画。其善弈□□□□江嘉谱，见封赠；里村有江纶，见明经，□□□□；外村有江苾，见殊恩。善指书者，里村有□□□□释堂，号海门，见文学。至若世以医名，而密理精□，则惟江长诚，郡邑咸倚重焉，见荐辟，其长均未可得，而没也。

① 乾隆本无“江本孝，字理孚”句。

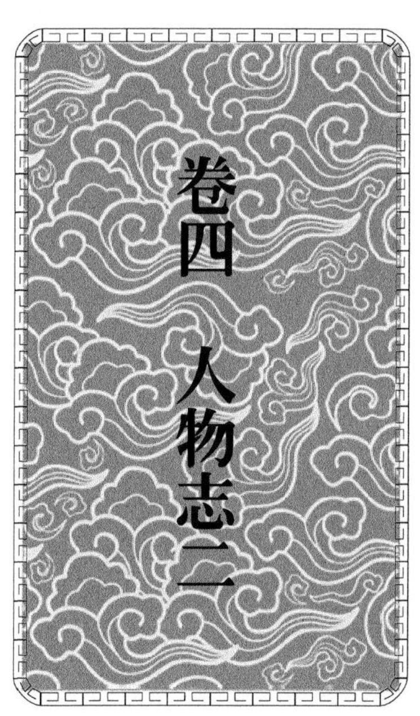

卷四　人物志二

列女传

元

江椿妻洪氏，夫年二十卒，抚孤守志，栽柏宅旁以自矢，建有柏亭，今成古迹。

明

江务本妻许氏，年二十四守节抚孤。洪武二十九年，差御史式间[①]旌表。

江清妻胡氏[②]，早岁居嫠，克敦内则，抚子瑞及二女琼、瑶，皆得成立，启族开祥，为闺门矜式。琼赘婿福德，为新屋下程氏祖。

江虬妻张氏，夫亡，清洁自持，抚孤子成立，苦节三十余载。子贞，力农养母，亦以称孝。

江元亮妻黄氏，家贫早寡，三子明、康、德俱幼，抚养成立，苦节四十九年，寿八十二岁。

江明妻郑氏，元亮媳，年二十七寡，抚遗腹子立佑，守节四十四年卒。

江立佑继妻宋氏，早寡，抚前室子岩龙成立，守节三十余年。上三名见《魏叔子文集》，皆成化、弘治时人，郡邑志载入国朝误。

江长庆女万贞，适向杲吴吉暹。吴与郡守某构难，逃匿京师，家遭罗织。万贞避居母家，为隶人侦得，誓不受辱，以幼子付弟抚育，自经死。

教谕江东望妻胡氏，天一祖母。姑病疯已绝，但有微息，胡割胸肉作汤以进，遂苏，有司旌之。

江盂蛟妻许氏，家贫早寡，纺绩以给二孤。父病来依，割股救治。苦节四十余年，守令旌其节孝。新邑志作汪盂蛟，误。

江枢妻汪氏，年二十夫亡，绝粒矢殉，嗣念有身，冀存夫后，越七月生子一阳，抚育成立，守节五十九年，年七十九卒。万历三十年，巡按督学御史宋焘奏闻旌表。

江岩龙妻方氏，继姑宋患痈，亲为吮濯。年三十，夫客死于楚。妾万氏年二十六，有遗娠，生子应全，同励志抚孤。崇祯三年，巡按何奏闻，奉诏旌

① "间"，乾隆本作"庐"。

② 乾隆本无"江清妻胡氏"条。

表，颜其门曰“恩褒双节”。

江岩老继妻张氏，岩龙弟妇，年二十一寡，抚前室子成立，苦节四十余年。

光禄署丞江应全妻杨氏，嫡姑方疾笃，与夫同割股和药，疾以得愈。

江大润妻许氏，天一母[①]，姑病目，亲为吮舔，得以复明，孝养备至，里闬称焉[②]。

江应泽妻黄氏，少寡，矢志守节[③]，事姑抚子，竭尽心力。子国学、国政赖以成立，国学早卒，妇汪氏亦以节孝称。

江可畏继妻汪氏，嫁逾年寡，年甫二十，抚孤守志，历尽艰苦，至老无间。

江宏[④]忠妻汪氏，生子襁褓而夫卒，抚孤守节，历艰苦四十余年。子文遂，亦以孝称，有司旌门曰：“母节子孝”。

江晁阳妻宋氏，禀性贤淑，通晓大义，夫亡殉烈死，里党称之。

江湛之妻许氏，夫[⑤]早卒，抚孤守志，邑令张涛旌其门曰“誓志抚孤”。

江朝宗妻王氏，早寡家贫[⑥]，矢志抚孤，苦节数十年无间。

江应昆女德娥，许字稠墅汪生，生游学卒外，讣闻不食，自经死。

江日彩继妻涂氏，应全媳早寡，抚遗腹子，守节数十年卒。

江嘉楠妻孙氏，湛然孙妇[⑦]，随夫侨寓徐州夏镇。明末，夫遭寇乱死，孙矢志殉烈，同瘗夏镇。

国　朝

赠县令江九万妻黄氏，应全孙妇。祖姑杨疾笃，与夫同日割股以疗，后复割股愈夫疾[⑧]。以子闿贵[⑨]封孺人。

监生江九皋妻程氏，九万弟妇。幼事继母以孝闻，年二十六寡，立志抚孤，太守佟国勋旌其门。康熙二十二年，巡抚慕天颜题请建坊旌表[⑩]。

---

① 乾隆本无“天一母”句。

② “焉”，乾隆本作“之”。

③ 乾隆本无“矢志守节”句。

④ “宏”，乾隆本作“弘”。

⑤ “夫”，乾隆本作“湛之”。

⑥ 乾隆本无“家贫”二字。

⑦ 乾隆本无“湛然孙妇”句。

⑧ “后复割股愈夫疾”，乾隆本作“夫疾复以割股获愈，人称至诚所感”。

⑨ 乾隆本无“贵”字。

⑩ 乾隆本无“旌表”二字。

江日升女，即岩老曾孙女，适休宁黄胜，割股救夫。夫殁，矢志守节，艰苦三十六年卒。

赠郡守[①]江澄妻汪氏，九万媳。年二十七寡，抚嗣子世栋，与叔姑程同居苦节，寒夜衣单，跨火笼坐子于怀，课以勤读，日节口食，留余饭中，夜温以食之，子用是奋发成立[②]，巡抚慕题旌建坊[③]。以孙恂官凤阳知府，贻赠恭人[④]。

赠州佐江衍庆妾钱氏，年二十八寡，佐嫡室勤修内职[⑤]，训子有方[⑥]，守志三十七年。乾隆元年，旌表建坊，以子人龙赠宜人。

江达先妻徐氏，年三十寡，女红度日，上事老姑，下抚孤子，苦节四十五年，年七十五卒。

江蕙生妻汪氏，年二十四，夫溺水死，汪纺绩养姑，殡葬如礼，抚二子成立，守节五十三年，年七十七卒。

江瑞龙妻黄氏，衍庆媳，年二十七寡，孝事翁姑，抚孤守节，寿终九十四岁。子慎言，字敏旃，能尽孝养。

江汝万妻孙氏，早寡，抚孤守志三十余年[⑦]，守令同旌其门。

江如骧妻胡氏，夫亡守节，艰苦备尝[⑧]，前后邑宰叠旌其门。

江文浩妻洪氏，年二十一寡，孝事老姑，抚侄邦铨为嗣，苦节四十九年，年六十九卒。

江开晖妻黄氏，年二十五寡，家徒四壁[⑨]，孝事翁姑，抚养继子，守节六十二年，太守李国相旌其门曰“黄鹄之贞”。

江能襄妻许氏，年二十八寡[⑩]，立志守贞，抚孤子承晟成立，清节六十余年，寿终八十九岁[⑪]。

江能宽妻汪氏，年二十四寡，割股疗继姑疾，守节五十余年。

---

① 乾隆本无“赠郡守”三字。

② 乾隆本无“寒夜衣单，跨火笼坐子于怀，课以勤读，日节口食，留余饭中，夜温以食之，子用是奋发成立”句。

③ “题旌建坊”，乾隆本作“同题旌”。

④ 乾隆本无“以孙恂官凤阳知府，贻赠恭人”句。

⑤ “职”，乾隆本作“治”。

⑥ 乾隆本无“训子有方”句。

⑦ 乾隆本无“三十余年”句。

⑧ 乾隆本无“艰苦备尝”句。

⑨ 乾隆本无“家徒四壁”句。

⑩ “年二十八寡”，乾隆本作“韶寡”。

⑪ 乾隆本无“寿终八十九岁”句。

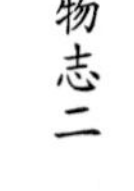

江日豫妻徐氏，年二十九寡，上事翁姑，下抚幼子，苦节三十九年。

江元勋妻王氏，年二十八寡，抚二孤成立，守节十五年卒。

江鼎祚妻汪氏，早寡无子，守节立嗣，历艰苦数十年而卒①。

赠州佐江元椿妻王氏②，抚孤守节，教诲诸孙，长斋绣佛三十余年。以孙永俅，赠宜人。

江承勋妻许氏③，年二十五寡，事翁姑，抚遗腹子本圻成立，苦节四十年。嘉庆十二年奏请，建坊旌表。

江承耀继妻汪氏，年二十七寡，事姑尽孝，立继④守节，历三十余年。

江五桂妻赵氏，蕙生媳。年三十寡，姑汪患足疾，委顿床褥，赵早夜扶持，五年不倦，疾以得愈，抚孤成立。守节五十六年，寿八十六岁。

江佑麟妻洪氏，年二十七寡，无子，绝粒矢殉，以翁老无托，勉供妇职，苦节数十年不怠。

江景堂妻梅氏，年二十八寡，养姑抚子，守节四十一年，雍正十一年旌表。

江醇和妾张氏，少寡，立志苦节，数十年不怠⑤。乾隆六年旌表。

赠员外⑥江以培妻洪氏，少寡遗孤，一甫三龄，一才九月，抚养成立，苦节二十余年卒。乾隆二十八年，旌表建坊，以孙湓贻赠恭人⑦。

江以垓妻程氏，年二十九寡，抚侄为嗣，守节三十余年。

江承均妻程氏，二十四岁夫亡，矢志苦节四十余年。乾隆二十八年奏请⑧建坊⑨旌表。

江积增妻许氏，年二十一寡，家贫守节，历数十年不怠。

江昺妻程氏，澄孙妇，太史梦星公胞妹，夫疾，割股以疗。夫亡，程年二

---

① “而卒”，乾隆本作“无间”。

② 乾隆本无“赠州佐江元椿妻王氏”条。

③ 乾隆本无“江承勋妻许氏”条。

④ “立继”，乾隆本作“依侄”。

⑤ 乾隆本无“数十年不怠”句。

⑥ “赠员外”，乾隆本作“赠州佐”。

⑦ “以孙湓贻赠恭人”，乾隆本作“以次子嘉珍赠宜人”。

⑧ 乾隆本无“奏请”二字。

⑨ 乾隆本无“建坊”二字。

十一岁[1]，矢志[2]殉烈，有司奏请[3]旌表。

庠生江煃妻许氏，妾景氏。夫亡，景年二十四岁[4]，同抚孤子庆增[5]，励志守节五十余年，清同冰雪。

江宗泽妻杨氏，适夫两月，翁病亳州，夫闻信省视[6]，相继客死。杨年二十二，励志守节，抚伯氏子为嗣，家贫茹苦，始终无间。

江学位妻凌氏[7]，二十五岁夫故，遗子女各一，茹苦抚育，子未弱冠而夭，母女相依，历艰苦五十余年无间。

江学瑞妻程氏[8]，夫亡，家徒壁立，励志守节，艰厄异常，卒得抚子成立。

江岐秀妻孙氏[9]，早寡，遗子女各一，矢志抚育子，复夭，甘贫守节数十年卒。

江忠德妻胡氏，中丞宝瑔公侄女。归数月，夫客死，孝事翁姑，抚养继子，四十余年足不逾户。乾隆三十七年旌表。

监生江绍彭妻许氏，性贞淑[10]。夫疾，割股和药以进，夫得愈。后二年夫故，孝事老亲，抚子桐灏、梦笔、楙泰[11]，得以成立。

江运华妻冯氏[12]，夫亡无子，悲泣失明已十载，值华弟夫妇相继殁，冯抱幼侄，仰天泣曰："抚孤，固盲人责，天如见怜，使开一线目，得有活计，庶得抚侄，以延一脉。"无何，目瞖竟去，乃为人磨豆度日，历二十年，抚孤成立。

江文谌妻程氏，年二十八寡，事老姑，抚子女[13]，解衣典粟以供，俯仰食缺，恒自饮水，以延一息，子女依以长成。乾隆五十七年，题请建坊旌表[14]。

江嘉瑀妻鲍氏[15]，年二十五寡，孝事翁姑，抚侄为嗣，守节历三十余年。

---

① 乾隆本无"程年二十一岁"句。

② 乾隆本无"矢志"二字。

③ "有司奏请"，乾隆本作"奏闻奉诏"。

④ 乾隆本无"景年二十四岁"句。

⑤ "孤子庆增"，乾隆本作"遗孤"。

⑥ "省视"，乾隆本作"往视"。

⑦ 乾隆本无"江学位妻凌氏"条。

⑧ 乾隆本无"江学瑞妻程氏"条。

⑨ 乾隆本无"江岐秀妻孙氏"条。

⑩ 乾隆本无"性贞淑"句。

⑪ 乾隆本无"桐灏、梦笔、楙泰"六字。

⑫ 乾隆本无"江运华妻冯氏"条。

⑬ "事老姑，抚子女"，乾隆本作"上事老姑，下抚子女"。

⑭ 乾隆本无"乾隆五十七年，题请建坊旌表"句。

⑮ 乾隆本无"江嘉瑀妻鲍氏"条。

乾隆四十八年，题请建坊旌表。

江熙祖妻凌氏，年二十八寡[①]，无子，甘贫守志，勤苦操作，奉养瞽姑，抚侄为嗣，苦节二十五年卒。乾隆五十年，题请建坊旌表[②]。

江亢祖妻郑氏，熙祖弟妇，年二十三寡，抚五月孤儿，与伯姒凌共养瞽姑，备尝艰苦，孤子得意成立。乾隆五十年，题请建坊，旌表双节[③]。

江方祖妻许氏[④]，亢祖弟妇，二十五岁夫故，苦节二十八年，年逾五十卒，邑令杨给额旌表之。

江兆璠妻黄氏，年十八于归，夫已抱沈疾，调治汤药，早夜靡宁[⑤]。逾年夫故，守节孝事[⑥]舅姑，四十[⑦]年无间。

江孺谟女，许字休宁戴雨田为继室。夫客死，闻讣告矢殉[⑧]，母劝谕[⑨]，强起请归戴氏。时戴家无人，前室一子，复客外，因即母家守志，历二十余年[⑩]，子归以礼迎之。

江永增妻汪氏[⑪]，年二十八寡，无出，抚侄如子，艰苦备尝，历数十年不怠。

江华勤妻程氏[⑫]，年二十八岁寡，孝事舅姑，抚侄义泰为嗣，苦节四十四年。嘉庆十二年，奏请建坊旌表。

江裕璟妻汪氏[⑬]，二十六岁夫故，苦志守贞，抚侄为嗣。璟弟裕瑶妻王氏，年二十二寡，偕伯姒守志，亦抚侄为嗣，人称一门双节。

江正铨妻程氏[⑭]，年二十四寡，矢志守节，历艰苦四十余年。

江士复妻萧氏，年二十四寡，苦志守节，抚孤子得以成立。

江桐灏妻许氏，绍彭媳，年二十嫁，未三月夫出，殁于历阳，许孝事孀姑，

---

① "寡"，乾隆本作"夫故"。

② 乾隆本无"乾隆五十年，题请建坊旌表"句。

③ 乾隆本无"乾隆五十年，题请建坊，旌表双节"句。

④ 乾隆本无"江方祖妻许氏"条。

⑤ 乾隆本无"早夜靡宁"句。

⑥ "事"，乾隆本作"养"。

⑦ "四十"，乾隆本作"数十"。

⑧ "闻讣告矢殉"，乾隆本作"女闻讣绝粒失殉"。

⑨ "母劝谕"，乾隆本作"以母劝谕"。

⑩ "历二十余年"，乾隆本作"女红自给二十余年"。

⑪ 乾隆本无"江永增妻汪氏"条。

⑫ 乾隆本无"江华勤妻程氏"条。

⑬ 乾隆本无"江裕璟妻汪氏"条。

⑭ 乾隆本无"江正铨妻程氏"条。

抚侄为嗣，侄复夭[1]，甘心荼蓼，历五十余年[2]，始终弗怠。

江士涛妻杨氏[3]，二十五岁夫故，立志守贞，抚侄为嗣，苦节二十余年。

江士涵妻徐氏[4]，江士潞妻吕氏，并青年守志，贞静自持，历二十余年不怠。

江孝镐继妻林氏[5]，十七岁适夫，甫逾年夫故，矢志守节，抚育继子，历二十余年卒。

江荣镗妻胡氏[6]，二十八岁夫故，矢志守节，抚侄为嗣，历数十年靡间。

以上里村

明

江余庆妻程氏，槐塘光禄寺监事程相公姐[7]，年二十九寡，抚侄童祖为嗣，守节六十六年，寿终九十四岁。

江潮继妻吴氏[8]，性慈和，明大体，勤苦操作，佐夫成家，抚前室子如己出，教育俱成名彦，寿八十六，无疾终。后嗣蕃盛，为茂荆堂支祖，子孙世钦淑范。

江珊妻洪氏，年十八寡，娠方二月，母怜其贫，将堕娠而嫁之，洪闻泣曰："焉有为人妇而忍绝夫之嗣者？"遂不见母，抚遗腹子守志，寿至九十余岁。子淇，亦以孝著。族中丞东之题曰"节孝之门"。

江尚和妻汪氏，早岁孀居，抚孤守志。子岩楚，后亦以孝称。

江希成妻杨氏，通晓大义，家贫早寡，三子世美、世煌、世炖，俱幼抚养成立。复念伯氏若蕙公乏后，命次子世煌承祧，以继大宗。苦节四十余年，年逾七十而卒。

江子缙妻程氏，年二十四寡，抚孤守志，孝养翁姑，清节六十余年，寿八十五岁。邑令戴东旻请于抚按，旌其门[9]。

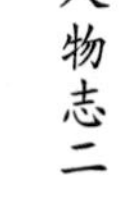

① 乾隆本无"侄复夭"句。

② 乾隆本无"历五十余年"句。

③ 乾隆本无"江士涛妻杨氏"条。

④ 乾隆本无"江士涵妻徐氏"条。

⑤ 乾隆本无"江孝镐继妻林氏"条。

⑥ 乾隆本无"江荣镗妻胡氏"条。

⑦ 乾隆本无"槐塘光禄寺监事程相公姐"句。

⑧ 乾隆本无"江潮继妻吴氏"条。

⑨ "门"，乾隆本作"庐"。

江子亨继妻汪氏，家贫早寡，苦节抚孤，守令同旌其门。

庠生江东尹妻汪氏，年三十寡，立志守节，教子尔极成立，荼苦五十年，国朝康熙三十四年诏旌之。

江世美妻许氏，希成媳，三十寡，抚孤守志，孝养孀姑，苦节四十三年，年七十三卒。

御史江世东继妻罗氏，贞静贤淑，年二十八孀居，偕寡媳抚继孙成立，贞节五十年。年七十七岁，曾以夫秩[①]封孺人。

光禄署丞江东会女，名良玉，许字丰南吴贞美。美卒，绝粒不食，坚请往奠，属纩甫毕，裂帛自经，为家人救护，旋复吞金死。事闻，旌表母族，并[②]为立祠于云岚山[③]，岁时祀焉。

江以达妻洪氏，家贫早寡，守节四十余年，年逾七十卒，国朝旌表。

江永卿妻方氏，抚孤守节，子志道复[④]早夭，妇[⑤]吴氏奉姑守志，人称姑媳双贞。

江世伯妻洪氏，夫业儒，纺绩佐读，夫以攻苦致疾卒。洪矢志抚孤，教育成立。子国茂，为时名诸生，孙曾并登仕籍。

别驾江世济女，名桂芳[⑥]，适松鸣山[⑦]儒生汪士熊。年二十一夫卒，抚继子，守节六十年，长斋绣佛[⑧]，以贞操著，邑令旌其门。

江志勋妻汪氏，夫亡无子，甘贫守节，以终其身，万历间题旌。

江自裕妻郑氏，家贫早寡[⑨]，苦节抚孤成立[⑩]，守令叠旌其门。

庠生江震绳妻方氏，保康令环山忠节方国儒公女，中丞东之孙妇。年二十三夫病笃[⑪]，割股以疗。夫卒，矢志抚孤，姑疾，又割股以疗，荼苦二十余年卒。

---

① 乾隆本无“秩”字。

② 乾隆本无“并”字。

③ “山”，乾隆本作“桥”。

④ “复”，乾隆本作“亦”。

⑤ “妇”，乾隆本作“媳”。

⑥ 乾隆本无“名桂芳”句。

⑦ 乾隆本无“松鸣山”三字。

⑧ 乾隆本无“长斋绣佛”句。

⑨ 乾隆本无“家贫早寡”句。

⑩ 乾隆本无“成立”二字。

⑪ 乾隆本无“笃”字。

国　朝

江国翰妻胡氏，家贫早寡，依侄孙承元守节，抚孤子懋良成立，茹苦三十余年卒。

江玉润妻夏氏，震绳媳，奉姑守节，教子读书，苦节四十余年。子致中请于守令，给额旌门。

江宏[1]敏妻张氏，夫亡无子，矢志守节，历艰苦三十余年，有司旌其门。

江奕积妻汪氏，年甫二十寡，苦节五十年，年登七十而卒。

江光锡妻黄氏，早寡，甘贫守志，抚孤成立，苦节五十余年，年逾七十卒。

江其远继妻吴氏，年二十寡，抚孤守节，历艰苦四十余年。

江思敬妻汪氏，夫客死，无子，守节立嗣，乾隆五年奏请旌表。

江时辰妻凌氏，家贫早寡，苦节抚孤，乾隆五年奏请旌表。

江自浩妻施氏，早寡，抚孤成立，守节五十余年，寿八十四岁，守令同旌其门。

江承增聘妻徐氏，徐村徐瓒公女，名美姬[2]，童养于江。未婚，夫客死维扬，徐年甫十九，闻讣矢殉，绝粒九日卒。衣裙先自缝缉，不令见体，卒时有异香盈室，本里社坛，夜间音乐声，数日不绝。雍正七年[3]，旌表建坊，族人为之立嗣[4]，置墓田祀焉。邑志作徐球女，误。

江瑀妻丁氏，家贫早寡，矢志抚孤，得以成立[5]，苦节数十年卒。

江璋妻汪氏，抚孤守节，子廷佩，复早夭，妇丁氏奉姑守节，共历艰苦，数十年不怠。

赠资政江承炳妻吴氏，承夫志，捐扬州赤岸湖田千余亩于支祠，为宗党祭祀、备荒之费，族人德之，以孙嘉铣晋夫人。

江华元妻汪氏，居杏里，年三十寡，励志勤苦，抚孤成立，守节五十四年。乾隆元年，受恩赐粟帛。

赠州牧江承琦妻许氏，许村赠兖州府通判许庭凤公女[6]。年二十二寡，守节抚孤，孝事堂上，子允玮赖以成立。凡诸善举，悉令举行，清节四十余

① “宏”，乾隆本作“弘”。

② 乾隆本无“名美姬”句。

③ “七年”，乾隆本作“间”。

④ 乾隆本无“之立嗣”三字。

⑤ 乾隆本无“得以成立”句。

⑥ 乾隆本无“许村赠兖州府通判许庭凤公女”句。

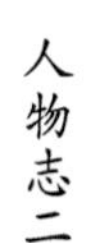

年。乾隆五年旌表建坊，以子贵封宜人。

江承均妻李氏，亡夫无子，甘贫守志，足不逾户，苦节四十余年，年七十卒。

江元生妻许氏，早岁夫亡，抚继子守节，历艰苦四十余年。

江时理妻孙氏，年二十八寡，家贫如洗，抚孤守志。子端澄赖以长成，娶妇汪氏。未几，澄复卒，汪竭力勤作，养姑抚子，奇苦历尝，无少变志。

江嗣钺妻潘氏，早寡，甘贫守节，继侄嘉霖，以承夫后[①]，乾隆二十一年奏请建坊旌表。

赠运同江学继妻许氏[②]，邑唐模人，禀性贞静，识大体，寿登百岁。嘉庆间，江苏巡抚汪志伊具题，奉旨赐“贞寿之门”字样，给银建坊旌表，以孙绍第封恭人。

赠协镇江嗣仑继妻许氏，唐模许联镳公女[③]。性至孝，鲜兄弟，父殁淮扬，依母黄氏纺绩，以佐衣食。及于归，请姑命奉母别室，脱钗易赀，觅归父骨，女代子职，四十余年。复以母节，赞夫代请旌。扬葬[④]许氏三世坟茔，置产供祀[⑤]，寿近八十[⑥]。子孙以百计，令善开祥，有先世潮太孺人风范[⑦]，以子登云贵封夫人。

江嗣格妻汪氏，夫亡无子，抚女守志，百苦备尝，历四十余年，年近七旬卒。

江秉湘妻汪氏，事姑尽孝，姑疾，割股以疗，家贫，恒脱簪珥供堂上，甘旨以佐夫之不逮。

江起鸾妻汪氏，华元媳，年二十六夫亡，上事孀姑，下抚幼子，冰雪之操，久而弥笃。

江通灏妻何氏，夫亡守志，奉舅姑，抚幼子，乾隆三十四年奏请建坊[⑧]旌表。

江恒生妻萧氏，年二十五寡，抚孤守节，历艰苦四十余年。

---

① 乾隆本无“继侄嘉霖，以承夫后”句。

② 乾隆本无“赠运同江学继妻许氏”条。

③ 乾隆本无“唐模许联镳公女”句。

④ “葬”，乾隆本作“并葬”。

⑤ “置产供祀”，乾隆本作“置产给许氏亲支承祀，里闬称焉”。

⑥ 乾隆本无“寿近八十”句。

⑦ 乾隆本无“子孙以百计，令善开祥，有先世潮太孺人风范”句。

⑧ 乾隆本无“奏请建坊”四字。

江长兆妻张氏，早岁夫亡[①]，矢志抚孤成立[②]，苦[③]节四十余年。

江秉汉妻胡氏，年二十六寡，抚孤守志，苦节三十余年。

候郡守江晟妾丁氏[④]，年二十六寡，矢志守节，历三十余年不怠。

候州牧江允玮妻程氏，岑山渡程渭侯公女[⑤]。明大义[⑥]，承夫志，资给孤贫[⑦]，捐修宗谱，将成而卒，嗣子振鹍踵成之。郡守族孙恂赠额曰“克竣盛举”[⑧]，曾以夫秩封宜人。

监生江嗣淑继妻余氏，年二十一寡，抚孤守志，孝事翁姑，姑疾，割股以疗，困劳致疾而卒，清节三十余年。

候理问江长遂继妻洪氏，年二十七寡，抚前室子启蕙守志，足不逾户[⑨]，清苦二十余年卒[⑩]，乾隆四十五年奏请旌表[⑪]。

方伯江春妾杨氏[⑫]，性贤淑，通晓大义。夫卒，抚嗣子成家。子振鸿，以慈母陈请，貤封恭人。

江嗣禄妻曹氏[⑬]，寄寓睢宁李家集，早寡，矢志抚子启人、启吉、启礼、启智，俱得成立，清节四十余年，卒年六十七岁。嘉庆六年，奏请建坊旌表。

赠州佐江长遇继妻胡氏[⑭]，年三十寡，抚育四子，勤俭持家，子皆克树立。乾隆五十五年，奏请建坊旌表，以孙貤封恭人。

江之仙妻汪氏[⑮]，年二十一寡，甘贫守节，继侄为嗣，历艰苦四十七年，年六十七卒。

江长庆妻李氏，年二十九夫故，抚孤守节，历三十余年。

---

① 乾隆本无“早岁夫亡”句。

② “矢志抚孤成立”，乾隆本作“抚故守志”。

③ “苦”，乾隆本作“守”。

④ 乾隆本无“候郡守江晟妾丁氏”条。

⑤ 乾隆本无“岑山渡程渭侯公女”句。

⑥ 乾隆本无“明大义”句。

⑦ 乾隆本无“资给孤贫”句。

⑧ 乾隆本无“郡守族孙恂赠额曰‘克竣盛举’”句。

⑨ 乾隆本无“足不逾户”句。

⑩ 乾隆本无“卒”字。

⑪ 乾隆本无“乾隆四十五年奏请旌表”句。

⑫ 乾隆本无“方伯江春妾杨氏”条。

⑬ 乾隆本无“江嗣禄妻曹氏”条。

⑭ 乾隆本无“赠州佐江长遇继妻胡氏”条。

⑮ 乾隆本无“江之仙妻汪氏”条。

江长迈继妻汪氏，夫亡无子，立志守节，乾隆四十年奏请建坊[①]旌表。

候州佐江元录妾李氏[②]，仅生二女，二十八岁，夫与嫡室皆故，子复早殁，抚孤孙绍甲成人授室，苦节三十余年卒。

江通淦妻王氏[③]，割股救夫，夫故年二十三岁，抚侄为嗣，守节四十余年。

候州佐江元镇妻吴氏[④]，早岁夫故，子女俱无，矢志守节，茹苦数十年无间。

江嘉祥妻王氏，年二十四寡，抚孤守节，乾隆二十年[⑤]奏请[⑥]旌表。

赠都司[⑦]江嘉谏妻洪氏，山昆洪炜光公女[⑧]。幼舔母目，去昏复明。年二十二夫疾，割股以疗。夫故，励志守节，敬事翁姑，兼侍八十余岁祖姑，教子绍芳、绍萱，得以[⑨]成名。卒年六十二岁[⑩]，临终[⑪]出簪珥遗赀，嘱二子助刻《济阳宗谱》。乾隆二十三年旌表建坊，以孙贻赠恭人[⑫]。

江嘉诚妾张氏，年二十六寡，抚孤子绍芑守志，苦节二十一年卒。

候州佐江嘉赞继妻姚氏，镇江姚宗虞公女[⑬]，年二十五寡，守节立嗣，乾隆二十六年奏请[⑭]建坊[⑮]旌表。

江嘉绶妻殷氏，年二十四寡，守节养姑，抚侄树勋[⑯]为嗣，教养成名[⑰]，历艰苦四十余年卒。族孙御史德量赠额表扬[⑱]。

县丞江淳女，适扬州阮方训。嫁甫五月而寡，矢志守节，贞操不移，年逾

---

① 乾隆本无“建坊”二字。

② 乾隆本无“候州佐江元录妾李氏”条。

③ 乾隆本无“江通淦妻王氏”条。

④ 乾隆本无“候州佐江元镇妻吴氏”条。

⑤ “二十年”，乾隆本作“间”。

⑥ “请”，乾隆本作“闻”。

⑦ 乾隆本无“赠都司”三字。

⑧ 乾隆本无“山昆洪炜光公女”句。

⑨ “得以”，乾隆本作“俱各”。

⑩ 乾隆本无“卒年六十二岁”句。

⑪ “终”，乾隆本作“卒”。

⑫ 乾隆本无“以孙贻赠恭人”句。

⑬ 乾隆本无“镇江姚宗虞公女”句。

⑭ “请”，乾隆本作“闻”。

⑮ 乾隆本无“建坊”二字。

⑯ 乾隆本无“树勋”二字。

⑰ 乾隆本无“教养成名”句。

⑱ 乾隆本无“族孙御史德量赠额表扬”句。

五十而卒，以侄浙江巡抚阮元封安人[①]。

江嘉敦妻吕氏，年二十三寡，守节立嗣，历艰苦二十余年卒。

候州佐江嘉谊妾金氏[②]，二十五岁夫故，奉姑抚子，子绍荀得以成立。守节三十八年，嘉庆五年奏请建坊旌表，卒年六十二岁。

江允玮女，适岑山渡福安令程志洛，年三十寡，抚六岁孤儿，矢志守节，子国镇[③]赖以成立。

候知府江嘉铣妻黄氏，潭渡[④]奉宸苑卿黄履暹公女。年十七于归，未逾岁寡，事翁尽孝，立嗣以续夫后[⑤]，守节二十余年卒[⑥]。曾以夫爵晋秩封夫人。

候州佐江嗣阶女[⑦]，许字唐模许春生，年十六未嫁夫死，矢志守节，历四十余年无间。

赠侍郎江进女[⑧]，适西溪汪绍愈。二十八夫故无子，矢志守贞，孝事老姑，抚养继子，得以成立，清节数十年不怠。

江启蔚妻吴氏[⑨]，年二十一，夫以读书攻苦致疾卒。矢志守贞，足不逾户，苦节四十余年。乾隆五十七年，奏请建坊旌表。

江启藻妻汪氏[⑩]，年二十八岁夫故，苦志守节，历数十年无间。

江宏裕妻郑氏[⑪]，早寡，抚子守节，子亡，无少变志，历艰苦数十年。

江绍仁妻吴氏，年二十五寡，孝事继姑，抚侄立诚为嗣，苦节三十七年卒，乾隆三十五年，奏请建坊[⑫]旌表。

江绍庄妻王氏，云雾塘王玉位女[⑬]。于归一载[⑭]，年二十二寡，奉姑守志，抚侄立栋为嗣，柔顺恭谨，人无间言[⑮]。苦节四十七年，年六十八岁卒。嘉庆

① 乾隆本无“年逾五十而卒，以侄浙江巡抚阮元封安人”句。

② 乾隆本无“候州佐江嘉谊妾金氏”条。

③ “子国镇”，乾隆本作“遗孤”。

④ 乾隆本无“潭渡”二字。

⑤ “立嗣以续夫”，乾隆本作“立嗣续夫”。

⑥ 乾隆本无“守节二十余年卒”句。

⑦ 乾隆本无“候州佐江嗣阶女”条。

⑧ 乾隆本无“赠侍郎江进女”条。

⑨ 乾隆本无“江启蔚妻吴氏”条。

⑩ 乾隆本无“江启藻妻汪氏”条。

⑪ 乾隆本无“江宏裕妻郑氏”条。

⑫ 乾隆本无“奏请建坊”四字。

⑬ 乾隆本无“云雾塘王玉位女”句。

⑭ 乾隆本无“于归一载”句。

⑮ “人无间言”，乾隆本作“数十年无间”。

十三年,奏请建坊旌表[①]。

庠生江绍菘妾刘氏[②],年二十夫故,励志守节立继,历三十余年无间。

江绍楷妻黄氏[③],年二十二寡,矢志守贞,苦节二十余年,年逾四十而卒。

江士榜妻汪氏[④],早岁孀居,家贫,事奉祖姑,守节历数十年无间。

江元美妻黄氏[⑤],二十九岁寡,力作养姑,姑怜其无依,命之嫁,涕泣不从,矢志抚孤,得以成立。

以上外村

国　朝

江能文妻王氏,少寡,家贫力作[⑥],抚孤守志,苦节四十余年。

江腾祥妻徐氏,居[⑦]威坪,夫亡矢节,抚子仕球、仕琇,俱得成立[⑧]。乾隆甲子,洪水为灾,命子煮粥赈饥,全活甚众[⑨]。年八十余卒,守令同旌其门。

江晋妻李氏,八岁吮母背疽,姑疾,割股以疗,皆获愈[⑩]。年二十九寡,矢志殉烈,坠楼不死,饿八日又不死[⑪]。遵父命[⑫],强起奉翁抚子[⑬],苦节数十年,子安世、安治得以成立[⑭],乾隆十四年旌表。

以上牌镇

国　朝

程嘉悌妻黄氏,年二十寡,孝事翁姑,抚孤守节,年七十卒,康熙五十一

---

① 乾隆本无"苦节四十七年,年六十八岁卒。嘉庆十三年,奏请建坊旌表"句。

② 乾隆本无"庠生江绍菘妾刘氏"条。

③ 乾隆本无"江绍楷妻黄氏"条。

④ 乾隆本无"江士榜妻汪氏"条。

⑤ 乾隆本无"江元美妻黄氏"条。

⑥ 乾隆本无"家贫力作"句。

⑦ "居",乾隆本作"旅寓"。

⑧ "抚子仕球、仕琇,俱得成立",乾隆本作"抚二子成立"。

⑨ 乾隆本无"全活甚众"句。

⑩ 乾隆本无"皆获愈"句。

⑪ 乾隆本无"矢志殉烈,坠楼不死,饿八日又不死"句。

⑫ 乾隆本无"遵父命"句。

⑬ "强起奉翁抚子",乾隆本作"抚孤守志"。

⑭ 乾隆本无"苦节数十年,子安世、安治得以成立"句。

年，有司旌其门。

程秉大妻洪氏，年二十寡，立志抚孤，苦节三十余年，守令叠旌其门。

程调斌妻汪氏，秉大媳，年二十二寡，养姑抚子，苦节三十余年。康熙五十七年，太守靳公表其门曰“姑媳清贞”。

候训导程乙生女，适桂林洪枚效，年二十夫亡，绝粒十余日死，奏闻旌表建坊。

程德凰妻黄氏，抚孤苦节，乾隆十二年，有司赠额旌扬。

程世璋妻吴氏，年二十四寡，奉姑抚子，女红自给，茹[①]苦三十余年。

程士光妻许氏，调斌孙妇，年二十寡，立志抚孤，母家素封，绝尽繁华，纺绩自给，年五十余卒。

程瑞端女[②]，适向杲吴鹏麟。割股救夫，夫殁无依，即母家守志。母病，复割股救母，苦节四十二年，年六十七卒。

程兆芝妻汪氏[③]，事姑极孝，姑疾，割股和糜以进，疾以得愈。

程士栋妻[④]，二十九岁夫故，家贫，矢志守节，历五十余年。

程社福妻[⑤]，二十七岁夫故，苦志守节，历尝艰厄四十余年。

程士楫妻赵氏[⑥]，二十四岁夫故，家贫苦节，历三十余年。

程圣源妻范氏[⑦]，二十三岁夫故，家贫，矢志守节三十余年。

以上介塘

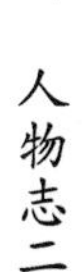

① “茹”，乾隆本作“荼”。

② 乾隆本无“程瑞端女”条。

③ 乾隆本无“程兆芝妻汪氏”条。

④ 乾隆本无“程士栋妻”条。

⑤ 乾隆本无“程社福妻”条。

⑥ 乾隆本无“程士楫妻赵氏”条。

⑦ 乾隆本无“程圣源妻范氏”条。

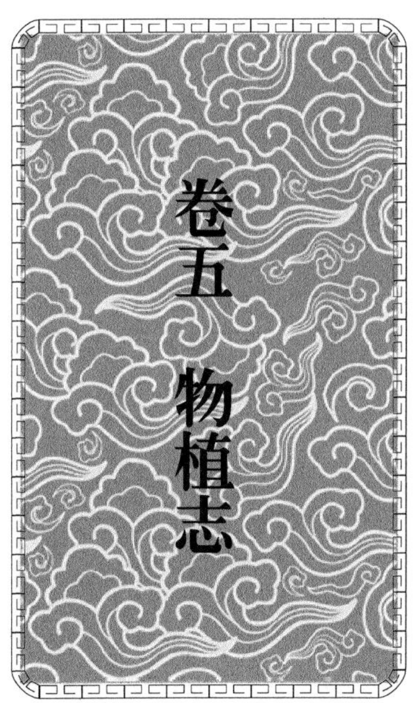

卷五　物植志

五 谷

稻，麦，粟，黍[①]（俗呼芦穄），包芦[②]（黍之别种，俗称玉芦穄，又称芦粟），荞麦，芝麻，绿豆（土坚，不宜黄豆），赤豆，黑豆，豌豆，蚕豆，豇豆[③]（俗称羊角豆），扁豆（俗呼匾荚[④]）。

瓜 菜

冬瓜，饭瓜（俗称北瓜[⑤]），菜瓜，丝瓜，王瓜，苦瓜[⑥]（即红瓤子），白菜，油菜，芥菜，菠菜，苋菜，韭菜，莴苣，苦荬，同蒿，芫荽，萝卜，茄子，葱蒜，芹菜，辣椒，茭笋，荠菜（野生），马齿苋（野生），马兰头（野生），黄泥穿（即蛾儿穿，野生），芋[⑦]（村产，较他处独佳），茨菇[⑧]。

果 木[⑨]

松，柏，槐，桑，梓，梧桐，椿，枫，杉，柞，冬青，榆，杨，柳，樟，楝，棕榈，楮，柏，黄[⑩]檀，凉茶，罗汉松，桂，玉兰，辛夷，紫薇，紫荆，海棠，腊梅，香橼，木瓜，山桃，绛桃，碧桃，李，梅，杏，枣，橙，橘，枇杷，石榴，棠梨，柿，葡萄，菱角，布针菱，荸荠（村产较他处独佳）。

① 乾隆本无“黍”条。
② 乾隆本无“包芦”条。
③ 乾隆本无“豇豆”条。
④ 乾隆本无小字。
⑤ 乾隆本无小字。
⑥ 乾隆本无“苦瓜”条。
⑦ “芋”，乾隆本作“芋苗”。
⑧ 乾隆本无“茨菇”条。
⑨ 乾隆本在“果木”后有“附水果”三字。
⑩ 乾隆本无“黄”字。

花卉

牡丹，木芙蓉，夹竹桃，木槿，栀子，金丝桃，瑞香，迎春，送春[①]（俗呼金茉莉），映山红[②]（即山鹃，亦有白者），蔷薇，酴醾，玫瑰，棣棠[③]（俗呼蔷蘼），芍药，莲，菊，万寿菊，六月菊，蓝菊，僧鞋菊，绣球，秋葵，蜀葵（俗呼一丈红，亦有白色者[④]），萱（俗呼红花菜[⑤]），山丹[⑥]，秋海棠，夜合[⑦]，罂粟，荷包牡丹[⑧]，玉簪[⑨]（有白、紫二种），龙爪[⑩]，鸡冠[⑪]，凤仙[⑫]，锦茉莉[⑬]，剪秋罗[⑭]（俗呼剪罗裙），汉宫秋[⑮]，千日红，石匾菊[⑯]（即射干），蝴蝶花[⑰]（似射干，色白较小），红瓜[⑱]（不可食），碧萝松，雁来红（俗呼老少年，有红、黄、锦三种[⑲]），竹（有四种[⑳]），天竹，芭蕉，万年青，吉祥草，菖蒲（有水、石、金钱、虎须四种[㉑]），翠云草，虎耳草[㉒]（一呼兔耳草）。

---

① 乾隆本无“送春”条。
② 乾隆本无“映山红”条。
③ 乾隆本无“棣棠”条。
④ 乾隆本无“亦有白色者”句。
⑤ 乾隆本无小字。
⑥ 乾隆本无“山丹”条。
⑦ 乾隆本无“夜合”条。
⑧ 乾隆本无“荷包牡丹”条。
⑨ 乾隆本无“玉簪”条。
⑩ 乾隆本无“龙爪”条。
⑪ 乾隆本无“鸡冠”条。
⑫ 乾隆本无“凤仙”条。
⑬ 乾隆本无“锦茉莉”条。
⑭ 乾隆本无“剪秋罗”条。
⑮ 乾隆本无“汉宫秋”条。
⑯ 乾隆本无“石匾菊”条。
⑰ 乾隆本无“蝴蝶花”条。
⑱ 乾隆本无“红瓜”条。
⑲ 乾隆本无小字。
⑳ 乾隆本无小字。
㉑ 乾隆本无小字。
㉒ 乾隆本无“虎耳草”条。

畜　养

牛，马，驴，骡，猪，羊，犬，猫，鹅，鸭，鸡。

禽　鱼

鹰，鹞，鸽，斑鸠，喜鹊，八哥，鸦，四喜鸟，百舌，麻雀，叫天，布谷，翡翠，燕，山喜鹊，啄木鸟，绿豆鸟。

鲤，鲩，鲭，鲢，鳊（较他处独佳），鲸，鲫，乌鱼，鲦，石斑鱼，黄颊鱼，金鱼，鳗，鳝，鳅，虾，龟，鳖，螺，蚌蛤，蟛蜞，四脚鱼（产飞布山甘泉），蛏[①]（产步云桥涧中，及长湖竭头，岁不多得），刺参[②]（较海参而小，产小堵竭头，岁不多得）。

古　树

古松四（枧头山一，椒山一，九芝山二，五针松一（来自蜀中，乾隆乙卯植宗祠，《树滋园记》载《艺文》），古柏八（树滋园二，祥里御史墓二，椒山一，听松楼一，介塘前后祠各一。后祠柏树，乾隆六十年，仆用为都天神像，并邑城孝子祠，有容公木主[③]），古槐四[④]（荫亭一[⑤]，展锡祠一，听松楼一，椒山一[⑥]），古梓一（介塘后），古凉茶五（祥里荫墩一，打鱼山一，上塘边一，社屋山一，听松楼一），古桂十（荫园五，远晴阁二，宿云楼一，梦笔轩二），古梅二（荫园一，绿猗堂一，此梅传为世济公手植，《记》载《艺文》[⑦]），古皂角树一[⑧]（祥里荫墩），古银杏一[⑨]（七间楼西）。

① 乾隆本无“蛏”条。

② 乾隆本无“刺参”条。

③ 乾隆本无“后祠柏树，乾隆六十年，仆用为都天神像，并邑城孝子祠，有容公木主”句。

④ “四”，乾隆本作“二”。

⑤ 乾隆本无“荫亭一”句。

⑥ 乾隆本无“椒山一”句。

⑦ 乾隆本无“此梅传为世济公手植，《记》载《艺文》”句。

⑧ 乾隆本无“古皂角树一”条。

⑨ 乾隆本无“古银杏一”条。

⑩ 乾隆本无“药材”目。

药　材[10]

香附，五加皮，牛膝，半夏，苡仁，桔梗，地黄，细辛，车前子，荆芥，稀莶草，何首乌，地骨皮，枸杞子，金樱子，益母草，花椒，金银花，藿香，薄荷，紫苏，山楂，女贞子，青箱子，苍耳子，牵牛，射干，夏枯草，旱莲草，青蒿，淡竹叶，桑黄，蒲公英，石菖蒲。以上官药。

半枝莲，血见愁，鱼腥草，白鸭花，八棱麻，水杨柳，细叶藏枝，大叶藏枝，死里逃生。以上草药。

颜　料[2]

石墨(出布练溪中，蘸胶磨写，与墨无异样)，赭石(出布练溪中)。

⑩ 乾隆本无“药材”目。

② 乾隆本无“颜料”目。

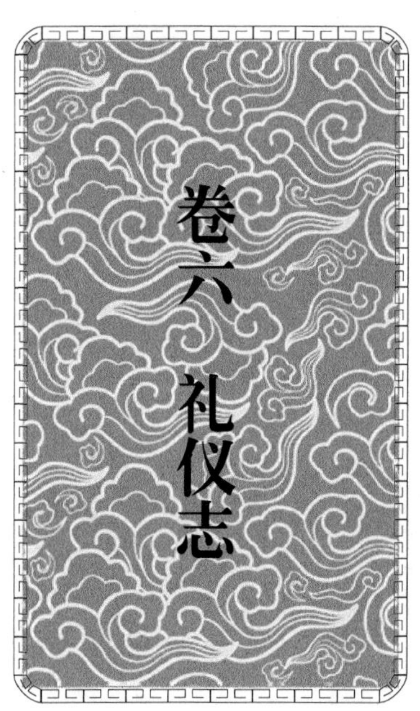

卷六 礼仪志

祭祀

祭祀，首重社事。元天历己巳创行之，旋止。明洪武三年，诏天下乡民立社，至嘉靖五年举行，里、外村、介塘分二十四股，后并为十六股，轮司祀事。岁于正月上元前三日，设祭演剧，陈列方物，广张灯彩，曰朝献。十六日，送神归坛，继事家复择日迎神祈祭，至来春上元报祭，仪节亦如之。并载舍宇志。

按朝献礼，歙东北乡村间亦行之，然一祭而已。江村则有备极丰腆，奇珍异玩，弗惮千里采购，以供飨祀，襄事之诚，为诸乡所不逮云。

合村建聚星会馆，以祀文帝，旁建绿漪堂祀乡贤。岁二月初三、九月重阳日，集绅士设祭。并载舍宇志。

举业士子立蟾扶文社，正月诹吉祀神，以后分期课艺。沁州牧江廷泰更名鹏扶文社，候郡守江蕃于云岚山建立会馆，增春秋祭，中丞江兰捐产，供祭祀之费[①]。并载舍宇志。

鹏扶文社[②]，春秋两祭，于祀文帝，后同日祭乡贤、节孝、烈女三祠。

荣养堂，每岁上元祭张七相公，为文明新社。二十一日设祭，为老社，并悬支祖汉公像，以次祭之。并载舍宇志。

冬至日，祭始祖于宗祠，春秋分日则有时祭，各支祠例不尽同。

清明墓祭，规例不一。惟始祖墓祭期，孟派定于三月初一，仲、季两派定于三月初二。虽值风雨，罔或易期。按三派分祭，于礼未协，今议合祀，行有日矣，余甚望之。

节愍[③]天一公墓，族人公置祀产，于清明时拜扫。十月初八殁忌日设祭，归入鹏扶文社管办[④]。

烈女承增公聘室徐孺人[⑤]墓，族人承珍公[⑥]捐置田产，供祀例附东皋堂管

① 乾隆本无“沁州牧江廷泰更名鹏扶文社，候郡守江蕃于云岚山建立会馆，增春秋祭，中丞江兰捐产，供祭祀之费”句。

② 乾隆本无“鹏扶文社”条。

③ “节愍”乾隆本作“文学”。

④ 乾隆本无“十月初八殁忌日设祭，归入鹏扶文社管办”句。

⑤ “孺人”，乾隆本作“氏”。

⑥ “承珍公”，乾隆本作“江承珍”。

办[①]。

岁　时

元旦，族姓各集支祠，谒祖贺岁始也。初二日，则诣宗祠。初三日，集聚星[②]会馆，瞻拜景房公像[③]，并[④]谒先达诸贤。乾隆癸未定例[⑤]，即日同谒始祖墓，司年治酒肴，就墓前饮福。族孙兰更增产设席[⑥]，以寓敦睦之意，殊为盛[⑦]举。

元旦，各支自行贺节礼，并诣各祠，互相谒祖。初二、三，里、外村[⑧]、介塘互行贺节礼，亦有诣祠谒拜者，例不尽同，敦本之义，尚宜一之。

冠　婚

冠礼未有行者，然各祠规例：或以十五岁，或十六岁谓之冠丁，始与祭祀公事，是冠之名尚存。冠礼之行，固甚易也。有志复古者，当急讲之。

婚嫁亲迎，歙俗行者绝少，村俗亦然。惟于满月迎女及婿过门，招亲邻设宴款洽，曰回门。贫俭家亦有不行者。

娶妇入门，参拜天地，并行夫妇交拜礼。三朝庙见后，乃谒翁姑、亲长，曰拜堂。翁姑为具酒食以宴之，亦有择日行者。

妇拜堂毕，即入厨，执炊爨[⑨]事一遍，然后就宴，以示中馈之始。富室皆然，其礼尚古。

---

① “供祀例附东皋堂管办”，乾隆本作“以供祀事”。

② “聚星”，乾隆本作“文”。

③ 乾隆本无“瞻拜景房公像”句。

④ 乾隆本无“并”字。

⑤ “定例”，乾隆本作“新例”。

⑥ 乾隆本无“族孙兰更增产设席”句。

⑦ “盛”，乾隆本作“善”。

⑧ 乾隆本无“村”字。

⑨ “爨”，乾隆本作“炊”。

丧 葬

丧事，徽俗率尊朱子《家礼》，惟殡殓用鼓吹，及七期设祭，皆非新丧所宜。更有延浮屠诵经，名曰超度，尤非正道，村俗亦然。虽由来有渐，有识者胥宜更正。

灵车出田后，即祔主于庙，较他处不尽设主及奉主私室者，为得古礼之正。

亲丧，借风水说，厝浅土以卜吉壤，有至数十年，或终子孙之身未葬，致暴露者，村俗亦然，殊违定制，仁孝者当及时举之。就吉避凶，原葬法所不废。然勤于审择，岂乏牛眠，乃浅土浮厝，即同了事，终年悠忽，漠不经心，反借觅地之难，以文其过，嗟呼！是真觅地之难哉？实本无葬亲之志耳？彼暴棺原野，岂尽堪舆风水家能误人哉！

葬日，广接亲朋，借行吉礼，曰贺坟，甚则设剧张灯，连旬浃日，律以过墟，生哀殊多未当。

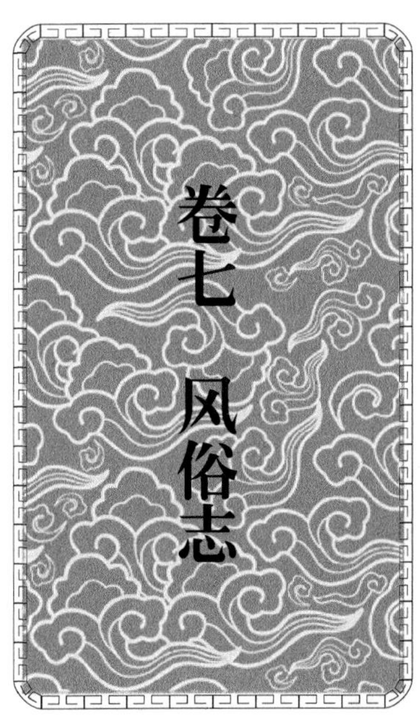

卷七 风俗志

灯　事

正月上元前后，各祠堂张灯设饮，好事者具锣鼓、音乐之属，曰贺灯。

十三四日，各祠送灯，张挂社坛，前后位置，各有定次，罔或移易。

十六夜，各祠设大烛二炬，重十余斤不等，以木驾烛于上下笼红纱，作六角灯状，内燃细烛舁之，以行各色。小灯前导，曰从灯。合村齐集，献入社坛，旧称游烛，环村而行，照耀数里，观者云集，雨则易期，胥听朝献首事酌定[①]。

祠烛外，有社公烛、汪公烛、夫人烛，所以奉各神者，悉殿各祠烛之后。更有献于痘神者，曰梅花烛，小儿未出痘者，俗忌见之。

俗忌龙灯，形家谓村地为鸡冠尖[②]，火星发脉故也，并宜多作水族、鱼虾诸灯，以镇之。

正月十三、十五及游烛夜，朝献首事家张灯演剧，以寿社稷之神，例必达旦，亦金吾驰禁意也。虽值风雨，罔或移易，否则众口集焉。近以夜戏滋事，公议正剧外，以二十杂出为规，亦酌中之道也[③]。

游　神

正月十五，奉社稷神出游，以汪越国副之。凡村内供奉诸神像从焉，各具彩旗、舆马，环村而行，曰游神，所所[④]驱厉疫也。

八月十六，奉温元帅像，巡行村内，村人设牲醴于各祠前祀焉。乾隆辛巳，建都天庙，始行之。

还　烛

朝献迎神入祠后，司事用鼓吹，送烛于新娶，以及未经举子之家。其家酬以果饵之属，得子者备大烛二炬，如祠烛式，曰儿烛、游烛，夜献入社坛，曰

① 乾隆本无“胥听朝献首事酌定”句。

② 乾隆本无“鸡冠尖”三字。

③ 乾隆本无小字。

④ “所”，乾隆本作“以”。

还烛。贫家则不尽行。

村内供奉诸神[①],司会者于朝献送烛后,亦各送烛于新娶之家。得子还烛日,亦各以绛蜡倍酬之。

还烛之[②]家,于十三日献灯于社,先至慈姑社坛,溯本始也,后至本里社坛,其灯曰幢灯,式如幢,而系灯于下。还烛之父兄自持之,献毕领归[③],悬诸家堂,邀神贶也。

还烛日,例[④]设押烛酒食,以款族邻,夜则设饮,以酬贺客。及从灯、火炮之属,费用多至百余金、数十金不等。近以费重难行,议准数家合办,则贫富胥克循例,亦善全古礼之一道也[⑤]。

保　安

五月,设坛延僧道斋醮,曰保人口与事家,各事斋戒极虔。

里、外村[⑥]、介塘各于六月广设旗旛伞,盖至潜口紫霞岩[⑦],迎观音大士神,演剧设醮,以保禾稼。旗用白楮,绘以朱绿,方广有至丈余者;旛用杂纸或纱绢,堆花不一,长者二丈许,短亦盈丈;伞用色纸作筒,穿制人物山水、花卉,各各不等。间有以柏枝花朵织成者,工巧绝伦,为村中秘技。

中秋夜,农民演傀儡于社坛,用报秋成,沿为乡例,近鲜习其技者,遂止。

十月间,各祠设坛净醮,禳解火灾,或则演剧,以示祛攘。

---

① 乾隆本无“村内供奉诸神”条。

② 乾隆本无“之”字。

③ 乾隆本无“领归”二字。

④ 乾隆本无“例”字。

⑤ 乾隆本无“近以费重难行,议准数家合办,则贫富胥克循例,亦善全古礼之一道也”句。

⑥ 乾隆本无“村”字。

⑦ 乾隆本无“紫霞岩”三字。

卷八　舍宇志

志为村志，舍宇营建，只及村中，其各处分建设坛、祠宇，及郡境内庵观、桥路，为村人修葺，并有关遗制者，则附录之。

飞布为村主山，其梵宇琳宫，关系名胜，例载之。

村人别墅有在他郡者，或系古迹，或关名胜，并为附载，以志梗概。其诸题咏，亦附艺文之后。

社 坛

礼祭法，王为群姓立社，曰大社；自为立社，曰王社；诸侯为百姓立社，曰国社；自为立社，曰侯社；大夫以下立社，曰置社。社之立，由来尚矣。三代以后，其制不一。民间多有废而不举者，迄元天历间诏行之。明洪武三年，复诏乡民，各立社坛。

江村旧与慈姑、片川二村，合号慈化祖社，即今慈姑社屋也。嘉靖时，独建于本村天黄山北，改称西社，岁久倾颓。康熙五十三年，里人江承联捐金倡修，江承元书其额。《记》载《艺文志》。

按《春秋左氏传》："共工有子曰句龙，佐颛顼平九土为后土，封以上公，祀为社。"则俗称社公，不为无据。但近时各乡社坛率多，塑像且为之配，似与典制未合。江村独设神牌，题奉社稷二神，其制较善。牌用香木嵌金为之，传先年被窃，偷儿迷路，终夕莫能逸，乃置之而去。后遂迎奉于家，惟朝献毕，一送归坛，夜必设卫。继事家于游烛之夕代之，旋亦迎归。计在坛仅数日耳，平时坛中供奉，则别设一位云。

附

牌镇社坛，号嘉兴义社，向奉神于祖祠之中楹，乾隆五十六年始，另建屋。

杏里社坛，亦号慈化西社，循祖制也。向与田干、茂坦二村合，在田干村前。乾隆二十六年，里人江大宗等于杏枝山口，辟地另建，以崇祀事[①]，名仍旧称，而每岁上元之夕，则兼献灯于田干老社焉[②]。

① 乾隆本无"以崇祀事"句。

② 乾隆本无"而每岁上元之夕，则兼献灯于田干老社焉"句。

公　所

申明亭，明时官建，为岁时申明乡约、赏善罚恶[①]之所。地赐免征[②]，在里村饭匙塘上，久圮[③]。嘉庆七年冬，里人江长诚请于邑令，即旧址捐资重建，仍为申明亭[④]。

按顾宁人《日知录》载：洪武十五年八月乙酉，礼部议凡十恶、奸盗、诈伪、干名犯义、有伤风俗及犯赃至徒者，书其名于申明亭，以示惩戒。十八年四月辛丑，命刑部录内外诸司官之犯法罪状明著者书之申明亭。又国朝《会典》载：顺治元年，定京府及直省府州县，每岁正月十五日、十月初一日，举行乡饮酒礼，以申明朝廷之法。乾隆十八年，令乡饮选举宾介，造具姓名籍贯清册，送部存案。后有过犯，详报褫革，咨部除名，并将原举各官议处，则设乡饮以申明乡约，甚巨典也，亭之重建，厥功伟哉[⑤]。

祠　堂

赍成堂，祀始祖歙州公，各门诸祖祔焉[⑥]。旧在村中坝上。万历十四年，支孙东之迁建于天黄山南东向，岁久颓败。乾隆二年重建，为南向，面三台山[⑦]，旁筑树滋园。三十年及嘉庆七年，两经节修[⑧]。《记》载《艺文志》。

伯固门，孟派正一公裔真公支祠，在朝山西，建于明初，后圮[⑨]，仅存墙垣。嘉庆元年，上下两门为建寝室三间，以奉主焉。族孙文彪书其额，曰伯固公祠[⑩]。

悠然堂，孟派正一公裔英公支祠，号上门，在朝山顶。洪武时建，同郡翰

---

① 乾隆本无“赏善罚恶”四字。

② 乾隆本无“地赐免征”句。

③ “圮”，乾隆本作“废”。

④ 乾隆本无“嘉庆七年冬，里人江长诚请于邑令，即旧址捐资重建，仍为申明亭”句。

⑤ 乾隆本无此段文字。

⑥ 乾隆本无“各门诸祖祔焉”句。

⑦ 乾隆本无“面三台山”句。

⑧ 乾隆本无“三十年及嘉庆七年，两经节修”句。

⑨ “后圮”，乾隆本作“今毁”。

⑩ 乾隆本无“嘉庆元年，上下两门为建寝室三间，以奉主焉。族孙文彪书其额，曰伯固公祠”句。

林春坊汪仲鲁为之记。乾隆初，支孙人龙及禹治等，屡经节修[①]。《记》载《艺文志》[②]。

惇叙堂，孟派正一公裔翼公支祠，号下门，在悠然堂右。明初建。乾隆四十年，支孙恂署本府知府，捐俸倡修，支众助成之。大时、学镗、学奎、绍秦、士铨共襄厥事，奎子裕瑸复捐田置器，祠祀益修[③]。

笃本堂，即州牧第孟派正二公裔祖公支祠，号希曾门。在伯固门右，支下居淮西[④]。

千里门，孟派正二公裔祺公支祠。在笃本堂右[⑤]，支下居淮西[⑥]。

东皋堂，仲派桂一公支祠，号祥里门，在前山东北。元时建，本名东皋草堂，为桂一公书舍。正德时，改建为祠。正德十五年庚辰六月二十八日子时起造，嘉靖三年甲申十一月二十四日辰时告成。康熙间，支孙演捐金重建，承元董其工。康熙三十二年癸酉三月二十五日巳时开工，十二月初三日辰时，享堂上梁；三十三年甲戌闰五月十二日丑时，大堂上梁；八月十六日丑时，告成进主。乾隆丁丑[⑦]，廷泰补作记。《记》载《艺文志》。旧时龛座凡三间，嘉庆六年辛酉，支孙振鸿增建左右各一间，为五间[⑧]。

居敬堂，仲派桂二公支祠，号上门，在椒山东北。本应昴公遗桂二公住宅。元时建，正德十一年毁于火。嘉靖七年重建，上为晬阳楼，婺邑大理评事余棐作记。乾隆十七年复毁，二十二年支孙时琏、时琮[⑨]再建。《记》载《艺文志》[⑩]。

安义堂，仲派桂三公支祠，号中门，在居敬堂右。洪武时建堂，后为崇恩楼，春坊汪仲鲁作记。康熙间，支孙光达重修。乾隆十七年，毁去寝室。三十九年，元毅输赀补建，支众助成之，仕伊躬董其事。《记》载《艺文志》[⑪]。

---

① 乾隆本无“乾隆初，支孙人龙及禹治等，屡经节修”句。

② 乾隆本无“《记》载《艺文志》”句。

③ 乾隆本无“大时、学镗、学奎、绍秦、士铨共襄厥事，奎子裕瑸复捐田置器，祠祀益修”句。

④ 乾隆本无“支下居淮西”句。

⑤ “笃本堂右”，乾隆本作“树林塘北”。

⑥ “支下居淮西”，乾隆本作“支下迁淮西，久圮”。

⑦ 乾隆本无“乾隆丁丑”句。

⑧ 乾隆本无“《记》载《艺文志》。旧时龛座凡三间，嘉庆六年辛酉，支孙振鸿增建左右各一间，为五间”句。

⑨ 乾隆本无“时琮”二字。

⑩ 乾隆本无“《记》载《艺文志》”句。

⑪ 乾隆本无“《记》载《艺文志》”句。

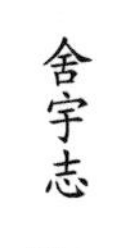

明善堂，仲派桂四公裔晋公支祠，号隔壁门，在安义堂右。弘治时建，本名乐善堂，衡阳王题其额，同邑参议洪汉记之。乾隆十八年，支孙有容捐修，改称今名。《记》载《艺文志》[1]。

贻庆堂，仲派桂四公裔嘉公支祠，号下门。在明善堂右。洪武二十五年建，本名南轩，即嘉公住宅，后名余庆堂。万历间，支孙东之复修，改称今名，东会、尔松、士元等添建寝室。上为奎光楼，岁久颓坏。康熙间，支众[2]重修。康熙二十五年丙寅八月十七日开工，二十三日寝室换梁，十二月初十日告成，进主。支孙源作有前后堂记。乾隆十六年[3]辛未，支孙涛修整寝室[4]，四十五年庚子，支孙进输金重建[5]。《记》载《艺文志》[6]。

敦善堂，介塘松公支祠，在九芝山东，明初建。乾隆五十九年甲寅，支孙道捐金倡修，重建头门寝室，支众共成之[7]。

德新堂，悠然堂支下懋公己祠，后复分建宝箴堂，俱在村中隔壁街。

滋德堂，又名本乎堂，悠然堂支下榕公己祠，在清塘北。正德时建，同郡侍郎胡富为之记。《记》载《艺文志》[8]。

荣养堂，悠然堂支下汉公己祠，在树林塘上。本公致仕养母而作，后供麻城土神张七相公。传公任麻城时，祈禳火灾极应，故祀之，称七相公厅。《序》载《艺文志》。

展锡祠，在惇叙堂后。万历时，翼公支孙湛然以本堂寝室褊窄增建[9]，以奉神主者[10]。康熙间，九锡、闾、桢先后修整，后注、滔、楠[11]等复捐金重建，国珍、鸿治、熽三人赞成之。《记》载《艺文志》[12]。

茂荆堂，东皋堂支下潮公己祠，本公住宅。在东皋堂右，嘉靖时建。《记》载《艺文志》[13]。

---

① 乾隆本无"《记》载《艺文志》"句。

② 乾隆本无"支众"二字。

③ 乾隆本无"十六年"三字。

④ "支孙涛修整寝室"，乾隆本作"支孙涛修整神龛，位置昭穆，庙貌益肃"。

⑤ 乾隆本无"四十五年庚子，支孙进输金重建"句。

⑥ 乾隆本无"《记》载《艺文志》"句。

⑦ 乾隆本无"乾隆五十九年甲寅，支孙道捐金倡修，重建头门寝室，支众共成之"句。

⑧ 乾隆本无"《记》载《艺文志》"句。

⑨ "以本堂寝室褊窄增建"，乾隆本作"倡建"。

⑩ 乾隆本无"以奉神主者"句。

⑪ "后注、滔、楠"，乾隆本作"滔与楠"。

⑫ 乾隆本无"《记》载《艺文志》"句。

⑬ 乾隆本无"《记》载《艺文志》"句。

聚顺堂，敦善堂支下分祠。在前介塘，万历时建。

太守昌公祠，在祥里东头，后为昌公墓。

都御史江公祠，祀赠御史汝楫公，在大井边。

忠功堂，在贻庆堂右，本东之公第，后裔奉公神主，春秋设祀，以为祠焉。

以舟公祠，名致道堂，在梅树底，本公读书处，旧号迎阳书舍。

御史祠，在祥里荷池西，祠后为御史世东公墓。

乐野翁祠，祀先达应斗公，在拗耳上。

桂林公祠，祀桂林太守湛然公，在郭姑山北。

烈女祠，祀光禄署丞东会公女，原在三台山西，后祠圮，移像供云岚桥旁舍[①]。嘉庆十年乙丑，候郡守江蕃子士相、士栻承遗命，复于旧址重建[②]。《记》载《艺文志》[③]。

程氏家祠，介塘分派镠公已祠，在杨山园前高坦头，今圮[④]。

乡贤祠[⑤]，在三台山西、鹏扶会馆之左，祀橙阳忠节、孝义诸乡贤。嘉庆七年壬戌，江蕃子士相、士栻承遗命创建。

节孝祠[⑥]，在乡贤祠左。嘉庆七年，与乡贤祠同建。

附

景房公祠堂[⑦]，在衢州常山县西北三十里谢源。宋太平兴国五年建，明洪武二十八年乙亥裔孙良佐、公铸等修葺。《记》载《艺文志》。

叙[⑧]伦堂，在邑东[⑨]牌镇，为季派岩公支下四门公祠。建于明初，乾隆五十六年节修[⑩]。

正二公分祠[⑪]，亦名笃本堂，在无为州南乡南圩头，希曾、千里两门建。

① “原在三台山西，后祠圮，移像供云岚桥旁舍”，乾隆本作“在云岚桥”。

② 乾隆本无“嘉庆十年乙丑，候郡守江蕃子士相、士栻承遗命，复于旧址重建”句。

③ 乾隆本无“《记》载《艺文志》”句。

④ 乾隆本无“今圮”句。

⑤ 乾隆本无“乡贤祠”条。

⑥ 乾隆本无“节孝祠”条。

⑦ 乾隆本无“景房公祠堂”条。

⑧ “叙”，乾隆本作“序”。

⑨ 乾隆本无“邑东”二字。

⑩ 乾隆本无“乾隆五十六年节修”句。

⑪ 乾隆本无“正二公分祠”条。

支下分处，共十一村：曰桥西，曰张三渡，曰清水凹，曰官田河，曰俞家渡，曰潘思滩，曰南圩头，曰东湖，曰前竹园，曰八里坂，曰鹤毛河，胥以此为总汇。每岁三月初一日春祭，冬至日冬祭，诸族毕集。祠建于顺治十七年，康熙三十九年增建祠廊，乾隆四十年间毁，四十五年重建。《记》载《艺文志》。

承本堂，在村西杏枝山，为仲派千七公支下两分支祠。万历己卯年建，乾隆间支孙大宗等[①]重修。

应昴公墓祠，在绩邑临溪应昴公墓前[②]。乾隆九年，支孙嗣仑倡建[③]，嗣义、嘉震董其工[④]。《记》载《艺文志》[⑤]。

书　院

聚星会馆，在前山岭东。万历间中丞江东之、太守程道东举兴文社，御史江世东、太守江湛然继襄其事，明经江尔松、唐令程士贤等捐建。会馆为士子诵读所，楼奉文帝，旁为绿猗堂，仿古乡社意，祀先达诸贤。门额“先春”二字，为庠生江可范书[⑥]。康熙六十一年[⑦]，州佐江承珍重新之，并捐田为祭祀、课士之费，举人江嗣仑赞其成，嗣仑子嘉谏复新文帝像，加塑仪。从乾隆三十一年、四十二年，两经节修，明经江本良、监生程天溉董其事[⑧]。《记序》载《艺文志》。

联云会馆[⑨]，在云川后，面对三台山。万历间署丞江东会建，久圮成墟。

鹏扶会馆[⑩]，在三台山西，中建文昌阁，奉祀文帝，下为丛桂堂，左为乡贤祠、节孝祠，右为烈女祠。嘉庆六年辛酉，江蕃子士相、士栻同建，旁筑书舍，为村人士诵读、课艺之所，贡生江士本董其工。《记》载《艺文志》。

---

① 乾隆本无“支孙大宗等”五字。

② “应昴公墓前”，乾隆本作“茅塘店应昴公墓前大路西”。

③ “乾隆九年，支孙嗣仑倡建”，乾隆本作“乾隆初年建”。

④ 乾隆本无“嗣义、嘉震董其工”句。

⑤ 乾隆本无“《记》载《艺文志》”句。

⑥ 乾隆本无“门额‘先春’二字，为庠生江可范书”句。

⑦ “六十一年”，乾隆本作“间”。

⑧ 乾隆本无“举人江嗣仑赞其成，嗣仑子嘉谏复新文帝像，加塑仪。从乾隆三十一年、四十二年，两经节修，明经江本良、监生程天溉董其事”句。

⑨ 乾隆本无“联云会馆”条。

⑩ 乾隆本无“鹏扶会馆”条。

附

飞布书院，在郡城新安卫右街。乾隆初，提举江允升捐置，为合村士子考试、肄业公所。正屋外余屋，招人居守，所有租赀，存为修理之费[①]。书院基，系履字一百四十六号，地税一亩二分，土名卫右街，其地东至街西，至翟光师屋，即今汪屋，南至翟光师墙，即今巴墙，北至江岷圃墙，此墙立有合同，存公两用，不准私拆。地税寄九都十六图五甲飞布书院户，输纳定议，毋许借端变置，原捐之家，亦不得收回[②]。

园　馆

东头园，在祥里草荚山南村前塘上[③]，宋庾台使江应昴筑，以地居室东故名。风亭、水榭、林树、池荷，备极清丽，久圮。后[④]改建住舍，今为稼书堂[⑤]。

荫园，在祥里东皋堂后。宋元时为环翠轩处士江桂一建。明耆儒江铎著书其中，久圮。康熙六十年[⑥]，赠君江岷、江嗣仑改筑，易以今名。倚山为园，中有环翠楼、五桂轩、心适斋，山径迂折，台榭参差，花竹亦极森茂。《记》载《艺文志》。

勤有楼，一名珍玉楼，在朝山东。洪武时处士江英建，乾隆时重修。

花坛，在椒山南。明岳州守江昌读书处，今改住舍。

望松楼，在社屋山北[⑦]。明中丞江东之、文学江东尹读书处，圮无存。

豹隐居[⑧]，在郭公山南。明紫阳令江敦归隐处，光禄丞江应全改建经畬堂，董文敏书其额，今改住舍。

悠然阁，在祥里前山塘西，阁凭堑里，南望见紫阳诸山故名[⑨]。明别驾江世济读书处，今圮。

① 乾隆本无“正屋外余屋，招人居守，所有租赀，存为修理之费”句。

② 乾隆本无此段小字。

③ 乾隆本无“村前塘上”四字。

④ “后”，乾隆本作“今”。

⑤ 乾隆本无“今为稼书堂”句。

⑥ “六十年”，乾隆本作“间”。

⑦ 乾隆本无“在社屋山北”句。

⑧ 乾隆本无“豹隐居”条。

⑨ 乾隆本无“阁凭堑里，南望见紫阳诸山故名”句。

杨紫山房，在社屋山东北[①]。明运倅江尔椿读书处，今圮无存。

杨山园，在天黄山西。明处士江会筑，今改住舍。

如兰馆，在郭姑山。明处士江应壁读书处，久圮。

分定居，在千里门祠后[②]。明文学江天一著书处，中有求己堂[③]，今[④]圮无存。

望仙楼，在饭匙塘西。明隐士江老莱修真处，旁有丹井，久圮。

白云楼，在幽兰荡山南。明桂林守江湛然读书处[⑤]，光禄丞江应全重[⑥]建，今为琪树堂[⑦]。

梦花斋，在郭姑山。江应全建，今圮。

回畅楼，在远晴阁后山，明文学江恒著书处。

梦笔轩，在椒山南。国朝明经江练如读书处，中植花木极盛，旁为域里书屋。

远晴阁，在幽兰荡山南。顺治初建，解州守江闾题其额，并联云："恐坏云根开地窄，爱看山色放墙低。"庭前有老桂二本，当秋可爱，其右为琪树堂。

听松楼，在郭姑山西小松山。康熙时建，即山为园。近带溪流，凭高眺望，空旷无际。明经江东涛读书其中。

半亩园[⑧]，在郭姑山北。国初，文学江藩东读书处。

宿云楼，在柏亭山下，康熙初建。地境幽邃，遥面飞布，如列画屏，庭有桂树一株，极古。

花山，在火炉尖右。康熙间，候州佐江承章建。亭台参错，竹树阴森，时有小兰亭之目，今圮。

核园[⑨]，在梅树底东。康熙间，候州佐江人龙建。

树滋园，在宗祠东，乾隆九年[⑩]建。中[⑪]有古柏二株，牡丹为村中第一。

---

① 乾隆本无"在社屋山东北"句。

② 乾隆本无"在千里门祠后"条。

③ 乾隆本无"中有求己堂"句。

④ "今"，乾隆本作"倾"。

⑤ 乾隆本无"桂林守江湛然读书处"句。

⑥ 乾隆本无"重"字。

⑦ "今为琪树堂"，乾隆本作"今圮"。

⑧ 乾隆本无"半亩园"条。

⑨ 乾隆本无"核园"条。

⑩ "九年"，乾隆本作"初"。

⑪ 乾隆本无"中"字。

《记》载《艺文志》。

因藉楼[1]，在天黄山东，新建庙之左。乾隆三十八年，候州佐江振鹍、司理江绍芳同建，江嗣珏题其额。

听月楼，在里村上塘南。乾隆初，江元昊建[2]。面瞰方池诸峰遥列，颇澄心目。

就芝轩，在九芝山麓。乾隆间[3]，赠州佐程锺恒建。中多梅桂诸卉木，其额为钟恒子天瀓书[4]。

南圃，在东里。乾隆时，赠君江进昆季建。后倚冈阜，面接平畴，小阁凌空，怡人心目。

九芝山房，在东皋山顶，以北障九芝山故名。乾隆乙未，赠君江国茂支裔建，后楹为石香墨绣之室，南为习隅亭，遥山四合[5]，旷览无际[6]。岁甲辰，赠君江绍芳重葺，江嗣珏更题其亭曰："舒啸联云，练水遥分；一带黄山，却见三峰[7]。"东皋下接支祠，园地为支祠，祖山不可深掘，筑为小轩，聊供眺望，正以资保护也，书之以训后来[8]。

积翠山房[9]，在东里之北。嘉庆三年，司理江启薰筑，疏泉为沼，叠石种松，亭榭亦极迂折，中有井泉涌出不竭，味极清冽。

云渚[10]，在梅树底东。嘉庆二年，司理江名稠筑。境地清旷，爽豁怡人。其地及毗近，税业为赉成堂，保护始祖墓地脉之产，不宜深掘，名稠僦筑浅圃，仍寓保护之意。

① 乾隆本无"因藉楼"条。

② "乾隆初，江元昊建"，乾隆本作"乾隆初建"。

③ "间"，乾隆本作"时"。

④ 乾隆本无"其额为钟恒子天瀓书"句。

⑤ "遥山四合"，乾隆本作"凭栏四望"。

⑥ "旷览无际"，乾隆本作"空旷无际"。

⑦ 乾隆本无"岁甲辰，赠君江绍芳重葺，江嗣珏更题其亭曰：舒啸联云，练水遥分；一带黄山，却见三峰"居。

⑧ "书之以训后来"，乾隆本作"此习隅主人意，书之以训后起"。

⑨ 乾隆本无"积翠山房"条。

⑩ 乾隆本无"云渚"条。

附

康山[1]，在扬州新城东南隅，明给谏姚思孝宅内。其上构堂，董文敏书其扁曰康山草堂，以武功康海落职后，曾来此与客宴饮、弹琵琶处也。登顶则北固云山，韩城烟树，罗列目前。乾隆庚子甲辰，供奉宸游，布政使江春增筑池馆，楼台绮丽，洞壑幽奇，奎翰标题，遂为广陵诸园林之冠。中有对山楼、清华堂、翠微堂、双泉阁、七子诗坛、莺花馆、秋声馆。岁丙辰，春子即用道振鸿更事整葺，逾胜。

西碛山庄[2]，在吴门邓尉之西，离城七十余里。古梅铺芬，芳树蓊蔚，曲涧巉岩，各极其妙。而腾啸台为尤奇，台袤夷亩，许山从背起，苍苍然面临太湖三万六千顷之烟波，浮涌台下，缥缈、莫厘二峰，朝夕拱揖，直若置身天际。山庄旧号逸园，中有清晖阁、九峰草庐、钓雪槎鸥、外春沙馆，本程氏产，候郡守江昉购为别业，春秋佳日，恒往居之。庚子，供奉宸游，奉为公所。

庵

瑞金庵，在飞布山顶。唐天宝时建，东向，久圮。明万历初，有何性定者，弃家焚修于此。值南海铁牛禅师游锡至歙，性定延请入山，愿投为弟子，遂募于各乡，即故址前建造寺宇，更为南向，为山麓八乡香火。中丞江东之题其额曰“古瑞金庵”。地占灵区，龙云周王有第一洞天之目。青溪童胤作题联句云：“迥矣云端，收拾两片闹乾坤，销归晓钟霜磬；翛然世外，安排一派闲风月，交付大地名山”，深领其妙。乾隆二十五年，庵僧源珍募新头门，易柱以石。三十九年，候选知府江昉、举人江嘉诂等，于山之右岩，辟地建屋，以奉真武之神，各乡踵而成之。摄郡守江恂题曰“祥云岩”，立碑纪事。各乡公举源珍司其讽诵。嘉庆八年，佛殿圮坏，僧本恕、昌转、隆鸿、隆盛募金重建，仍东向[3]。《记序》[4]载《艺文志》。

觉华禅林，旧号古佛庵，村南三里，创自隋唐间，传为西人宦歙者所建，

---

① 乾隆本无“康山”条。

② 乾隆本无“西碛山庄”条。

③ 乾隆本无“嘉庆八年，佛殿圮坏，僧本恕、昌转、隆鸿、隆盛募金重建，仍东向”句。

④ “《记序》”，乾隆本作“《碑记》”。

久废。天启四年，里人重建，殿宇甫辟地，得石鼎于土中，龙雷邃古，盖先年旧物也。庵成，延高僧涤凡居之，里人江国伟置饭僧田亩，遂为合村香火殿。后为准提阁，右为地藏殿，合里众建，左为方丈、为僧厨。乾隆时，庵僧圆成募建，前为灵官殿，文学江承琦建，庵产素丰。康熙间，为庵僧荡去，嗣经僧本月募于合村公赎，立碑永禁。《记》载《艺文志》。

香海禅林，在村南云岚山麓。初止数椽，曰闲云馆[①]，其创始无可考。康熙初，赠方伯江演为淮僧惟空重建。乾隆三十七年，吴僧梅坡以诗人归释赠公，后人倡新梵宇居之，中奉南海大士像，改题今名。同邑吴迂民篆额。殿[②]后为浣云轩，上建睛岚阁。村人士共襄善果，输产拓基，开池种树，遂成胜刹。嘉庆十三年，僧瑞祥更于庵右增建楼屋[③]。《记》载《艺文志》。

白衣阁[④]，在新亭西，濒河，邻贤程樌建。康熙癸巳，圮于水。

附

水渌寺，在城南宁仁乡。五代吴顺义中建寺，右为江村江氏祖墓，寺前后山地多江氏税业，因归其租利于寺，而责以守卫焉。康熙间赠方伯江演，雍正间两浙盐运使江承玠，先后捐修寺宇。乾隆九年，候郡守江昉再事修葺。十五年，协镇江登云捐甃山门石路。嘉庆八年，郎中江士相重治之[⑤]。

五明寺，在城南，为太平十寺之一。宋庾台使江千八公建寺，内向有精舍，塑公像于中，为江氏香火。院年久迹湮，寺宇亦多倾圮。乾隆丙戌，僧晓山募于村[⑥]，稍治之。

榨坑庵，在邑东北新路嵆公关。康熙三十五年，赠君江演建，置有田，供僧粮[⑦]，并施汤茗之费。

引道庵，在绩邑榆岭铺新路口。康熙三十五年，赠君江演建，并置田十余亩，以供僧粮，每岁捐施汤茗以济行旅。乾隆三十九年，公后裔方伯春等

① 乾隆本无“曰闲云馆”句。

② 乾隆本无“同邑吴迂民篆额。殿”句。

③ 乾隆本无“嘉庆十三年，僧瑞祥更于庵，右增建楼屋”句。

④ 乾隆本无“白衣阁”条。

⑤ 乾隆本无“乾隆九年，候郡守江昉再事修葺。十五年，协镇江登云捐甃山门石路。嘉庆八年，郎中江士相重治之”句。

⑥ 乾隆本无“募于村”三字。

⑦ “置有田，供僧粮”，乾隆本作“有田供僧粮”。

重修。《记》载《艺文志》[①]。

观

飞布庙，在飞布半山。晋时主簿葛显并县丞某，率邑人避乱于此，因立庙祀焉。唐天宝时，敕封明惠王、灵惠王，后刺史刘赞祈雨不验，焚之，是夜有暴风雨。司庙者闻人马声，继梦神告曰："吾将寄迹于灵山。"其庙遂废，后改为周王殿，今亦圮[②]。今岑山下庙山别有飞布庙，盖后时移建者，非当年旧迹矣。

新建庙，在天黄山东，万历时建。乾隆二十四年[③]，添建头门，五十七年，候郡守江蕃捐金重建，村众共成之[④]。庙祀越国汪王，屡著灵异，能捍厉疫。

三官殿，在练溪桥头，旧毁于火。乾隆二十六年，合村重建，迁殿于旧基之左，即其右为都天庙。

附

五显祠，在黟邑楠木岭。康熙间，候州佐江承珍捐建，为施舍汤茗之所。

周王庙[⑤]，在邑南二十五都黄坑寺，庙祀周宣灵王，神极显应。中有转轮殿，先年为江村里村助建。乾隆间，候州佐江日永等倡修。

① 乾隆本无"《记》载《艺文志》"句。

② 乾隆本无"后改为周王殿，今亦圮"句。

③ "二十四年"，乾隆本作"间"。

④ 乾隆本无"五十七年，候郡守江蕃捐金重建，村众共成之"句。

⑤ 乾隆本无"周王庙"条。

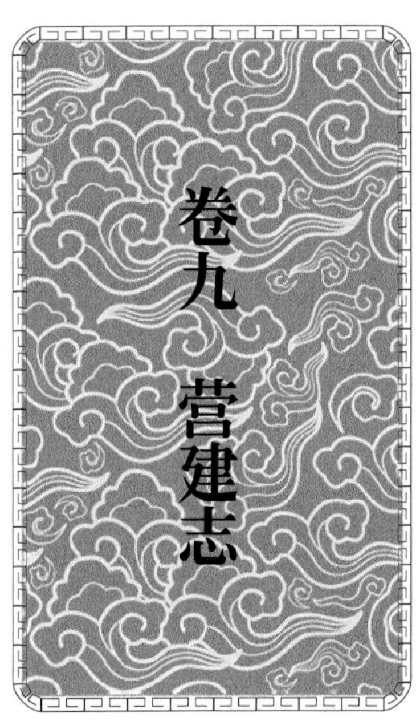

卷九　营建志

营建条例，同见舍宇志。

邱墓特载始祖，用志本源，且墓在村内，志所应及也，故字号、税亩均为详注。至宋元明，各派支祖及乡之名贤硕彦、烈士贞媛墓地，虽不尽隶村中，而其衍庆流芳有不可没者，悉附录于后。庶某垅、某邱，其人斯在，所以示劝也。余则限于尺幅，不及备书。

邱墓只载葬地权、殡浅土者，虽例所应载之人，亦阙，而有待非敢从略，盖未有定也。无考者，亦阙之。

子孙附葬祖墓者，概不另书，统于所尊也。间有重载，乃寓特书之意。

社　仓

慈化社仓，在村中程家坦。明时建，今废，仅存墙垣。□人赁地架屋，归其租利于朝献社会中[①]。

按：嘉靖五年，立社示碑，有建社仓语。今邑中共数十所，地皆免征[②]。疑即当时奉文所建，但冠以慈化之名，似出里党私项积贮备荒者，倘善举可复，亦敦睦乡里，一道也。有心者，其图之。

坊　表

古良臣坊，在宗祠前。万历时中丞东之建，乾隆四年改造。最上层题曰桂岩贻庆，溯先德也；次曰古良臣，唐宋江氏[③]诸名宦与焉。下分三额，中曰[④]青云，接武科第入仕者书，左纪[⑤]恩荣、舍选、仕宦及膺封秩者书，右表忠孝[⑥]节义，有其实者书，盖族中题名坊也。

登庸坊，在新建庙东。成化甲午科举人江昌建，乾隆二十四年修[⑦]。

巡抚坊，在三台山西北[⑧]。万历间贵州巡抚江东之建，今圮。

御史坊，在宗祠东北。万历间右佥都御史江东之建，今圮。

四世一品坊，在村南新亭前。乾隆三十八年，布政使晋光禄大夫江

① 乾隆本无“□人赁地架屋，归其租利于朝献社会中”句。

② 乾隆本无“地皆免征”句。

③ 乾隆本无“江氏”两字。

④ “曰”，乾隆本作“为”。

⑤ “纪”，隆本作“为”。

⑥ “表忠孝”，乾隆本作“为”。

⑦ 乾隆本无“乾隆二十四年修”句。

⑧ “西北”，乾隆本作山“脚”。

春建。

四世廷尉坊[①]，在云岚桥前。乾隆四十四年，兵部侍郎、云南巡抚江兰任大理寺卿时建。

旌善坊[②]，在里村杨家垟。乾隆十年，旌表赠兵马司指挥、乐善好施江承燧，六十年八月建坊。

烈女坊，在村东锦里亭烈女坟前[③]。雍正七年[④]，旌表江承增未婚妻徐氏建。

贞节坊，凡四，皆乾隆时建。一在杨家垟，旌表赠[⑤]州同江衍庆妾钱氏。一在佛堂山前，旌表赠知州庠生江承琦妻许氏。一在新建庙前，旌表赠都司[⑥]江嘉谏妻洪氏。一在村南大路，旌表赠州同江以培妻洪氏。

邱　墓

歙州公兆域，在里村，橙子培本公卜居处，子孙葬衣冠岁时奉祀，故村地称橙里云。地系原丈玉字号，计二千三百七十二号，地税二分八厘四毫六丝，土名橙子墓前；又，玉字号二千三百七十三号，地税一分一厘七毫一丝，土名橙子墓；又，玉字二千三百七十四号，地税四厘四毫四丝，土名橙子墓后。以上共计地税四分四厘六毫一丝，尽支下签业。

歙州公夫人苏氏合墓，在外村三台山北，古名云川。宋政和间葬，明隆庆初，重立碑记。地系原丈税字号，计六百七十号，田税一亩五分七厘，土名云川；后又六百七十一号，田税九分零九毫，土名同。又六百七十二号，田税七分五厘四毫，土名同；又六百七十四号，塘税四分八厘，土名菖蒲塘。又六百七十五号，地税六分零九毫，土名菖蒲塘上。以上共计田税三亩二分三厘三毫，塘税四分八厘，地税六分零九毫，田地塘三共税四亩三分二厘二毫，尽支下签业。

---

① 乾隆本无“四世廷尉坊”条。

② 乾隆本无“旌善坊”条。

③ 乾隆本无“烈女坟前”四字。

④ 乾隆本作“雍正间”。

⑤ 乾隆本无“赠”字。

⑥ “赠都司”，乾隆本作“故儒”。

附

孟　派

峄公墓，在十一都青山头，子孙附葬共六十余棺，不另载。四公墓，在本村前山坞。百五公墓，在本村中古池。千二公墓，在本村宋塘边。千六公墓，在橙子培。万一公墓，在本村纸培山。提领正一公墓，在茂坦辛源塘，真公附。椿公墓，在邑东杨村。亨公墓，在邑东赭坑。鲁公墓，在刘村。英公墓，在震坦。翼公墓，在郝村，雷公附。同祖公墓，在向果上园。清公墓，在律村田。福清令懋公墓，在四都，孔王庙。

仲　派

岌公墓，在片上村。泰和公墓，在问政山，白羊岭。悦公墓，在西关水渌寺右山。五公墓，在本村堑里塘。百四公墓，在本村青塘尾山，千八公附。千七公墓，在大塘边学堂园，子孙附葬，共六棺，不另载。庾台使六一公墓，即应昂公，在绩邑临溪茅塘店，建有墓祠，左山金字面，为世传公、国亮公墓。六三公墓，即德升公，在邑东圆塘。桂一公墓，在郝村对河。桂二公墓，在邑东羊高山。桂三公墓，在迳岭大桥头。桂四公墓，在本村社屋山。胜公墓，在杏里众家墓。惠公墓，在本村喜子坞。义公墓，在竦口胡家塘。俊公墓，在津村田。杰公墓，在马院山。仁公墓，在马院山，杰公墓右。景元公墓，在本村坟亭屋山。复公墓，在竦口庄前。亨公墓，在迳岭桂三公墓左，雷祖公润祖公附。晋公墓，在社屋山，桂四公墓右。嘉公墓，在社屋山，晋公墓右。司务善庆公墓，在郝村桂一公墓右，与余庆公合葬。鹏公墓，在四都汪村。泰公墓，在十都社屋里。康公墓，在菖蒲塘，始祖墓右。宏公墓，在本村喜子坞。柏公墓，在迳岭桂三公墓右，与林公合葬。杉公墓，在郝村。显祖公墓，在坟亭屋山。童祖公墓，在菖蒲塘始祖墓右，与康公合葬。回祖公墓，在青塘尾祖墓右。焕祖公墓，在水渌寺山。乡宾宁祖公墓，在本村吴家岭。艮祖公墓，在本村再心坞。礼祖公墓，在郝村。仁祖公墓，在本村社屋山。茂祖公墓，在本村社屋山。旺祖公墓，在萬苣坦。尧祖公墓，在萬苣坦。寿祖公墓，在马院山，杰公墓右。

季　派

岩公墓，在本村中古池，子孙附葬，共八棺，不另载。泰程公墓，在菖蒲塘西，子孙

附葬，共八棺，不另载。百二公墓，在牌镇，碓坪上，千四公附。宣议千三公墓，即允迪公，在牌镇良千桥。博士亿二公墓，即汉公，在牌镇牌楼下。士盛公墓，在牌镇楠漆树下。士旦公墓，在邑东张斗塘。复公墓，在良千桥，千三公墓右。

介　塘

松公墓，在方家落洪塘冲。

以上支祖之墓

孟　派

乡宾社公墓，在律村田。大名教授贤公墓，在凤凰村。麻城二尹汉公墓，在光珠庵。孝义祥公墓，在郝村。孝义赦公墓，在茂坦。赠祀正敩公墓，在月子山。紫阳县令敦公墓，在岩下寺。临清州佐之永公墓，在本村火炉尖。祀正以南公墓，在月子山。典宝禹注公墓，在岩下寺。宝庆教授道振公墓，在本村后山界。双节墓，岩龙公配方氏、万氏墓，同在茂坦辛源塘。赠光禄丞应箕公墓，在本村周家坞。孝义自成公墓，在绩溪胡乐坞。光禄署丞应全公墓，在辛源塘。赠泰安州牧一阳公墓，在百祥坞。儒士学海公墓，在本村郑家墓。光禄丞可继公墓，在丰口桂阳冲。孝义国政公墓，在本村远晴阁后山。尚宝司卿日照公墓，在仪征通兴集白洋山。赠守备日章公墓，在甘泉县七里墩。桂林太守湛然公墓，在万罗山。节愍天一公墓，在对河双子坞。溧阳教谕允元公墓，在本村株木坞。孝子文遂公墓，在本村火炉尖。赠益阳县令九万公墓，在甘泉县双墩后江家楼。太学九皋公墓，在甘泉县西陶家冲。儒硕恒公墓，在万罗山。赠浮梁县令鸣钊公墓，在本村云川后。候州佐人龙公墓[①]，在村西筲箕坞，子玉衡公附。赠凤阳太守澄公墓[②]，在天长县北乡雁落墩。平阳太守闿公墓[③]，在甘泉县双墩。赠安庆太守世栋公墓[④]，在雁落墩澄公墓左。旌善承燧公墓[⑤]，在村东吴客塘。孝义明生公墓[⑥]，在村北后马坟。太湖守备昕公墓，在雁落墩。孝廉旻公墓，在甘泉县西乡蒋家山。旌表烈妇程孺人

① 乾隆本无“候州佐人龙公墓”条。

② 乾隆本作“赠清泉县令世栋公墓”。

③ 乾隆本作“解州牧闿公墓”。

④ 乾隆本无“赠安庆太守世栋公墓”条。

⑤ 乾隆本无“旌善承燧公墓”条。

⑥ 乾隆本无“孝义明生公墓”条。

墓[①]，夙公配，在甘泉城北方家巷。孝子[②]山永公墓，在雁落墩。赠安庆太守昱公墓[③]，在雁落墩。赠编修德坚公墓[④]，在甘泉县西乡，黄竹坝。

仲　派

孝义宗汇公墓，在临溪茅塘店，钟形后山。岳州太守昌公墓，在本村东头园。孝义潮公墓，在郝村石埵头，父天才公墓内，左山为若蕙公墓。孝子兆科公墓，在东头园昌公墓内。儒硕铎公墓，在本村坟亭屋山。将仕郎镒公墓，在村东思棠庵右吉公塘。处士钦公墓，在石碣头金锁形。将仕郎钧公墓，在本村枫木塘。处州训导瀚公墓，在范村。孝子淇公墓，在茅坦岭。赠佥都御史汝楫公墓，在王宅村。旌节希成杨孺人墓，在本村天井山。赠蕲水县令若城公墓，在本村前山坞。贵州巡抚都御史东之公墓，在村东杨公塘。光禄署丞东会公墓，在承狮。惠州别驾世济公墓，在本村南冲山。监察御史世东公墓，在本村前山坞。儒□世伯公墓，在本村石道塘。淮南运倅尔椿公墓，在飞布山瑞阳阿南。乡宾万仁公墓，在本村大竹园。耆德国宪公墓，在本村松培山世煌公墓内。赠方伯国茂公墓，在仙姑山吴家坞。松江教授道远公墓[⑤]，在宿迁县白洋河。赠通议大夫国鉴公墓[⑥]，在朱家村塘坑坞口。鸿胪寺鸣赞必达公墓，在本村锦里坦。乡宾起升公墓，在本村青塘界。赠襄阳游击懋孳公墓，在邑东吴山铺进坞贝叶庵后。赠方伯演公墓，在本村登龙山。赠通议大夫懋佐公墓[⑦]，在甘泉县西乡，仙人掌山，孙嗣埙公附葬本山。嘉鱼县令仕俊公墓，在青阳县垅嘴头。赠兵部侍郎茂华公墓[⑧]，在慈姑阔山。赠袁临协镇[⑨]承元公墓，在大牛盘坞山顶[⑩]。旌表[⑪]烈女徐孺人墓，承增公聘室[⑫]，墓在本村锦里亭。雍正七年，建立坊表[⑬]。赠荆门州佐承绣公墓，在甘泉县城西。赠资政大夫[⑭]瑞公墓，

---

① “旌表烈妇程孺人墓”，乾隆本作“烈妇程氏墓”。

② “子”，乾隆本作“义”。

③ 乾隆本无“赠安庆太守昱公墓”条。

④ 乾隆本无“赠编修德坚公墓”条。

⑤ 乾隆本无“松江教授道远公墓”条。

⑥ 乾隆本无“赠通议大夫国鉴公墓”条。

⑦ 乾隆本无“赠通议大夫懋佐公墓”条。

⑧ 乾隆本无“赠兵部侍郎茂华公墓”条。

⑨ “赠袁临协镇”，乾隆本作“赠南安参将”。

⑩ 乾隆本无“顶”字。

⑪ 乾隆本无“旌表”两字。

⑫ “聘室”，乾隆本作“配”。

⑬ 乾隆本无“雍正七年，建立坊表”句。

⑭ “赠资政大夫”，乾隆本作“赠刑部郎中”。

在本村窑头，铜锣形[1]。两浙都转盐运使承玠公墓[2]，在邑东连瑞里对山。赠提举承珍公墓[3]，在登第桥后山。赠州牧承琦公[4]墓，在邑东杨村宝莲庵。观察承炳公墓，在纪大坑。赠竹溪县令承东公墓，在章塘庙村后。赠方伯承瑜公墓，在片上村，金狮形。赠兵部侍郎瑞霖公墓，在邑东赭坑，与仕侠公合葬。候县令岷公墓，在大塘边学堂园。旌表孝子有容公墓[5]，在本村锦里亭。明经湑公墓[6]，在本村菜园塘。赠袁临协镇[7]嗣仑公墓，在大塘边，与兄岷公合葬。西宁太守洪公墓[8]，在石竭头，金锁形。候训导允暹公墓[9]，在石竭头后山。候郡守晟公墓[10]，在对河二里亭西。赠兵部侍郎进公墓[11]，在片上村后山。沅陵县丞淳公墓[12]，在章塘庙村后。候州牧允昕公墓[13]，在本村梅仙坞。沁州牧廷泰公墓[14]，在甘泉县西百善乡施家冲。光禄大夫春公墓[15]，在邑东大金尖光明峰。处士嗣玨公墓[16]，在黄山丞相源。候郡守昉公墓[17]，在村东上宅。候主簿嘉霖公墓[18]，在片上村前山。封参镇嘉谟公墓[19]，在村北株木坞后山。赠都司嘉谏公墓[20]，在黄村大圣塘。候训导本良公墓[21]，在锦里亭前。赣南都督登云公墓[22]，在村西对河月子山。候州佐嘉闾公嘉谊公合墓[23]，在邑

① 乾隆本无“铜锣形”三字。
② 乾隆本无“两浙都转盐运使承玠公墓”条。
③ 乾隆本无“赠提举承珍公墓”条。
④ 乾隆本无“赠州牧承琦公墓”条。
⑤ 乾隆本无“旌表孝子有容公墓”条。
⑥ 乾隆本无“明经湑公墓”条。
⑦ “赠袁临协镇”，乾隆本作“赠南安参将”。
⑧ 乾隆本无“西宁太守洪公墓”条。
⑨ 乾隆本无“候训导允暹公墓”条。
⑩ 乾隆本无“候郡守晟公墓”条。
⑪ 乾隆本无“赠兵部侍郎进公墓”条。
⑫ 乾隆本无“沅陵县丞淳公墓”条。
⑬ 乾隆本无“候州牧允昕公墓”条。
⑭ 乾隆本无“沁州牧廷泰公墓”条。
⑮ 乾隆本无“光禄大夫春公墓”条。
⑯ 乾隆本无“处士嗣玨公墓”条。
⑰ 乾隆本无“候郡守昉公墓”条。
⑱ 乾隆本无“候主簿嘉霖公墓”条。
⑲ 乾隆本无“封参镇嘉谟公墓”条。
⑳ 乾隆本无“赠都司嘉谏公墓”条。
㉑ 乾隆本无“候训导本良公墓”条。
㉒ 乾隆本无“赣南都督登云公墓”条。

东中塘芳草坞。候守备嘉诂公墓[①]，在本村弹弓坞。赠游击绍萱公墓[②]，在盘坞山下。

季　派

孝子积高公墓，在泉水塘。河南经历若汇公墓，在牌镇后园。孝义若清公墓，在大程村仙姑洞前。儒士道文公墓，在牌镇三亩邱。文学浔公墓，在凤凰山。

介　塘

孝子萱公墓，在本村竹园山。闽县令瓒谟公墓，在片上村周回坦。儒硕璩公墓，在茂坦狮形。赠云南太守镰公墓，在西坡大原坟地。乡宾镐公墓，在片上村鲍路坦。云南太守道东公墓，在杨公塘石金山。叙州知事天启公墓，在牌镇铙钹坞。文学国宾公墓，在本村桐坞。唐县令士贤公墓[③]，在本村再心坞。孝义守身公墓[④]，在庙山鸡公坞。候训导乙生公墓[⑤]，在本村登龙山。孝义钟恒公墓[⑥]，在前庄横山，子翰登公附。候训导廷霖公墓[⑦]，在介塘前山后，父钟岱公墓内。

以上乡贤之墓

桥　梁

布练溪桥，在村西河口，旧为木桥。雍正间改建石垛，里、外村各建四垛桥，下深潭为放生池。桥东西岸建有石坝，以防冲决西坝。于[⑧]乾隆九[⑨]年，赠资政江承炳重修[⑩]。是年，大水圮坏[⑪]。十五年，赠君江演支下再[⑫]修，东坝

① 乾隆本无“候守备嘉诂公墓”条。
② 乾隆本无“赠游击绍萱公墓”条。
③ 乾隆本无“唐县令士贤公墓”条。
④ 乾隆本无“孝义守身公墓”条。
⑤ 乾隆本无“候训导乙生公墓”条。
⑥ 乾隆本无“孝义钟恒公墓”条。
⑦ 乾隆本无“候训导廷霖公墓”条。
⑧ “于”，乾隆本作“系”。
⑨ “九”，乾隆本作“初”。
⑩ “重修”，乾隆本作“修建”。
⑪ 乾隆本无此句。
⑫ “再”，乾隆本作“重”。

合村公修。《记》载《艺文志》[1]。

小溪桥，在村南磡溪[2]入城要津，地势空阔，浅而易涨，石工为难，木桥亦时治时圮。州佐[3]江承珍捐田十亩，为每岁修治之费，乡村佥受其利。

以上河桥

云岚桥，在三台山南鹤头山下[4]。上有亭，宋元时建，岁久渐圮。康熙四十五年丙戌[5]州佐[6]江承珍重造桥建亭[7]，观察江承玠额曰云朗岚光。里人江以埙书亭柱云："座上风生，涌起练江千浪白；亭前云散，放开黄海数峰青。"境地如画。嘉庆七年壬戌冬，郎中江士相重建桥亭[8]。《记》载《艺文志》。亭内供泗洲二菩萨石像，一系嘉靖二年癸未汪助捐造，一系嘉靖三年甲申汪暄捐造。乾隆十七年壬申仲冬，江允晖重为装饰；二十九年甲午季夏，江进室汪氏再修。嘉庆八年癸亥仲春，僧照泉募新之。[9]

步云桥，在云岚桥后。万历八年造，乾隆间重修[10]，右为凌云台。

听泉桥，在三台山东北[11]。乾隆三十六年，庠生江启芳重建，旁为釀云泉。

永济桥，俗称枧桥，在枧头山下村东王宅村，片川[12]、慈川及本村仁和亭、里外、介塘水皆由此出，以达于云岚桥。

村后桥[13]，一名青云桥，在周家坞。

接龙桥，桥跨方家堨上，万历时居民汪氏造。

迎路桥[14]，在香海林。

---

① 乾隆本无此小字。

② 乾隆本无"磡溪"两字。

③ "州佐"，乾隆本作"里人"。

④ 乾隆本无"鹤头山下"四字。

⑤ "康熙四十五年丙戌"，乾隆本作"康熙间"。

⑥ 乾隆本无"州佐"两字。

⑦ 乾隆本无"桥建亭"三字。

⑧ 乾隆本无"嘉庆七年壬戌冬，郎中江士相重建桥亭"两句。

⑨ 乾隆本无此段小字。

⑩ 乾隆本无"乾隆间重修"句。

⑪ "东北"，乾隆本作"北"。

⑫ 乾隆本无"片川"两字。

⑬ 乾隆本无"村后桥"条。

⑭ 乾隆本无"迎路桥"条。

上迎路桥[①],在佛堂山前。

以上溪涧之桥

道　路

村中大路,南自小溪河口,由祥里、介塘至村西练溪,桥头[②]长五里。康熙间,州佐江承珍捐金建甃石。

小溪河口由新亭至佛堂山前[③]石路,乾隆三十八年方伯江春重葺。

佛堂山前至云岚桥[④]石路,乾隆三十年里绅江长遇节修。嘉庆十二年,候知府江璠昆季重葺。[⑤]

云岚桥至小井边[⑥]石路,乾隆九年观察江承炳甃易横石[⑦]。

云岚桥至步云桥[⑧]石路,乾隆三十六年赠君江嗣仑支下重葺,嘉庆八年郎中江士相再修[⑨]。

步云桥入外村大路[⑩],向由云川后菖蒲塘之左,直至宗祠,嗣以路冲始祖墓,有妨风水,乾隆三十九年举人江嘉诂醵金改筑,沿三台山环绕入村。

宗祠后至荫亭石路[⑪],嘉庆元年赠游击江绍萱重葺,十一年其孙璠等复自宗祠后接修,由三台山以达步云桥,自荫亭后接修至小井边。

小溪南至郡城大路,乾隆十年里人江允照修治,赠都司江绍芳屡次节修。

村东大树下至大芝山大路,长七里。雍正间赠方伯江承瑜捐金甃石。

大树下由慈姑至黄村石路,长四里。乾隆二十九年赠君江嗣仑支下捐

① 乾隆本无“上迎路桥”条。

② 乾隆本无“头”字。

③ “小溪河口由新亭至佛堂山前”,乾隆本作“佛堂山前由新亭至小溪河口”。

④ “佛堂山前至云岚桥”,乾隆本作“云岚桥至佛堂山前”。

⑤ 乾隆本无“嘉庆十二年,候知府江璠昆季重葺”句。

⑥ “云岚桥至小井边”,乾隆本作“小井边至云岚桥”。

⑦ “甃易横石”,乾隆本作“捐金重葺”。

⑧ “云岚桥至步云桥”,乾隆本作“步云桥至云岚桥”。

⑨ 乾隆本无“嘉庆八年郎中江士相再修”句。

⑩ 乾隆本无“步云桥入外村大路”条。

⑪ 乾隆本无“宗祠后至荫亭石路”条。

葺，嘉庆八年里人江长诚倡首，江士相等捐金重葺，慈姑汪玉景董其工[①]。

祥里[②]草荚山后至慈姑社屋小路，为江村正月送灯祖社所由[③]，乾隆二十八年江嗣仑支下捐葺。

窑头由[④]石道塘至青塘界[⑤]石路，乾隆间赠侍郎[⑥]江进[⑦]捐葺。

枧头山前石路，乾隆间候州佐江嘉云节修。

步云桥至拗耳上石路，康熙间僧惟空募于合村甃石[⑧]，乾隆三十二年赠员外江嘉珍节修[⑨]。

里村[⑩]大梅头至练溪桥口[⑪]石路，乾隆三十七年贡[⑫]生江谟[⑬]、理问江名镇同修。

村西由练溪右至杏里左[⑭]至徐村沙溪大路，乾隆间村众经履修治。

附

渔梁坝马头沿水渌寺山脚一带，明大中丞江东之价买为江氏墓道，尽江氏产业，康熙初赠君江演复行清理。又万年桥上南北两岸号马厂地，亦为江氏产，两处船只起卸，惟江村不经埠头夫脚，听自起运，以地为江氏输税故也。

新路，自绩溪榆岭铺由新岭之北至孔灵村口[⑮]，凡四十里，康熙三十五年，赠君江演具呈郡县输金开辟，并请移嵇公洞塘汛于嵇公关要口，岁助汛兵工食，以察奸宄，建立路口榨坑、茶庵二处，以济行人。乾隆三十九年其后

① 乾隆本无“嘉庆八年里人江长诚倡首，江士相等捐金重葺，慈姑汪玉景董其工”句。

② 乾隆本无“祥里”两字。

③ 乾隆本无“为江村正月送灯祖社所由”句。

④ 乾隆本无“由”字。

⑤ 乾隆本无“至青塘界”四字。

⑥ “赠侍郎”，乾隆本作“封中宪”。

⑦ “江进”，乾隆本作“江长进”。

⑧ “甃石”，乾隆本作“募葺”。

⑨ 乾隆本无“乾隆三十二年赠员外江嘉珍节修”句。

⑩ 乾隆本无“里村”两字。

⑪ 乾隆本无“口”字。

⑫ “贡”，乾隆本作“监”。

⑬ “江谟”，乾隆本作“江谟、江永交”。

⑭ 乾隆本无“右至杏里左”五字。

⑮ 乾隆本无“村口”两字。

裔捐金重修。《记》载《艺文志》。按:榆岭,即翚岭。

路 亭

村内路亭凡十有三[①]所。东曰锦里亭,康熙间赠君江演建,乾隆十年[②]东皋堂重修。东南曰界上亭,南曰新亭,西为白衣阁,久圮成墟,东为闲云馆,即今香海林。亭建于明末,本施汤茗之所。乾隆九年改造,嘉庆八年八月重建,额曰橙阳古里,为里人江嘉谱手书[③]。曰饯亭,见古迹[④]。皆赉成堂建。西曰一里亭,曰二里亭,曰三里亭,有二:一往徐村,一往沙溪。曰长湖亭[⑤]。北曰丰和亭,曰且耽亭,皆合里众建[⑥]。东北曰仁和亭,介塘众建[⑦]。村中曰荫亭,乾隆二十五年[⑧]东里捐建。

① “三”,乾隆本作“二”。

② 乾隆本无“康熙间赠君江演建,乾隆十年”句。

③ 乾隆本无“西为白衣阁,久圮成墟,东为闲云馆,即今香海林。亭建于明末,本施汤茗之所。乾隆九年改造,嘉庆八年八月重建,额曰橙阳古里,为里人江嘉谱手书”句。

④ 乾隆本无“见古迹”三字。

⑤ 乾隆本无“曰长湖亭”句。

⑥ 乾隆本无“皆合里众建”句。

⑦ “介塘众建”,乾隆本作“皆合村众建”。

⑧ 乾隆本无“乾隆二十五年”句。

卷十　艺文志一

书籍详载其目，以征撰著，然必裒然成集者，乃有当焉，余不及录。

记、序、诗文有关村地者载，他则各有专集，无烦采及。惟黄山乃歙之主山，村人士题咏并载，至有村人别业在他郡者，迹关名胜，其诗附入。

志有艺文，所以考事非以传文，其中工拙似不必择。

碑文、记、序各以类列，不拘时代先后。

书 籍

《悠然小稿》，江英著。《游闽诗集》，江懋著。《东皋草堂文集》，江铎著。《环翠轩诗稿》，江铎著。《周易发蒙》，程璩著。《悔[1]庵诗集》，程璩著。《春秋纂要》，江敦著。《瑞阳阿集》，江东之著，江允昉重梓。《黔中五传集》，江东之著。《柏亭诗稿》，江瀚著。《笔花余唾》，江世济著。《三莪遗稿》，江世济著。《清政录》，江世东著。《实政录》，江世东著。《玄洲奏稿》，江世东著。《蛙鸣集》，江尔桢著。《清瘖堂集》，江学海著。《湖湘游草》[2]，江学海室胡氏著。《砚虹堂语录》，程国宾著。《汤剂指南》[3]，江应全著。《蝉声集》，江自成著。《圣湖诗集》，江一鹤著。《四书说意》，江天一著。《止庵遗[4]集》，江天一著。《求己堂集》[5]，江天一著。《弗告集》，江天一著。《惊天集》，江天一著。《六水集》，江天一辑。《东海集》，江天一辑。《感义扶丧记》，江天表著。《玲珑庵稿》，江念祖著。《缘萝馆稿》，江念祖著。《二妙堂稿》，江念祖著。《南屏山草》，江念祖著。《平山草》，江念祖著。《读书疑问》[6]，江日照著。《四书说约》，江九皋著。《春秋宗旨》，江九皋著。《史学珠玑》，江九皋著。《圣济总录》，江九皋著。《四书正义》，江恒著。《五声韵定》，江德震著。《黄白山樵文集》，江益著。《投湘草》，江益著。《梁园游草》，江益著。《梦笔轩明诗钞》，江练如辑。《半亩园集》[7]，江藩东著。《筠香集》，江宗涵著。《寄梅琴谱》，江南春著。《涤露集》[8]，江斌著。《清源镜集》，江国柱著。《引翼集》[9]，江源著。《信今录》，挽徐烈女诗。《地学》，望江沈镐著，江瑞参订。《蠖庵诗集》，江嘉树著。《理气集成》，江之源著。《辰六文集》，江阎著。《河汾集》，江阎

① “悔”，乾隆本作“晦”。

② 乾隆本无该书。

③ 乾隆本无该书。

④ 乾隆本无“遗”字。

⑤ 乾隆本无该书。

⑥ 乾隆本无该书

⑦ 乾隆本无该书。

⑧ 乾隆本无该书。

⑨ 乾隆本无该书。

著。《友声集》，江阊辑。《益阳县志》，江阊辑。《均州志补》，江阊辑。《郧阳志补》，江阊辑。《香台集》，江阊室吴氏著。《拙巢诗集》[1]，江剡著。《桐香书屋诗存》，江湑著。《蒿坪文集》，江湑著。《政在堂集》，江溰著。《二分斋诗集》，江湘著。《貊其堂集[2]》，江湘著。《宋金元诗永》，江湘辑。《双节赠言》，江湘辑。《胎产秘书》，江允晔辑。《痘证集验》，江允晔辑。《集古良方》[3]，江进辑。《虹桥诗草》，江嗣堦著。《随月读书楼诗集》，江春著。《黄海游录[4]》，江春著。《杜诗提要》，江春藏板。《龙峰剩稿》[5]，江嗣珏著。《黄海纪游诗》，江嗣珏著。[6]《丽田琴谱》[7]，江嗣珏著。《晴绮轩诗集》[8]，江昉著。《晴绮轩集词诗[9]》，江昉著。《练溪渔唱词集》[10]，江昉著。《山中白云词》[11]，江昉辑。《醴陵集》，江昉辑。《何水部集》，江昉辑。《十大家古文》，江昉辑。《耘石诗稿》，江元录著。《乐志轩稿》，江世栋著。《雁落山庄漫笔》，江世栋著。《环梓居诗存》，程起鹤著。《柏香诗钞》，江旻著。《真味集诗稿》，江山永著。《定斋文集》，江山永著。《雨亭小稿》，江嘉霖著。《渔山诗稿》，程廷霖著。《瓣香存诗稿》，江邦铨著。《尺循诗钞》[12]，江本良著。《江村即景诗》，程天徵著。《梧窗小咏》[13]，江以埙著。《尚书私学》，江昱著。《韵歧》，江昱著。《潇湘听雨录》，江昱著。《松泉诗集》，江昱著。《梅鹤词》，江昱著。《蘋洲渔笛谱疏证》，江昱著。《草窗集外词疏证》，江昱著。《山中白云词疏证》，江昱著。《药房杂志》，江昱著。《不可不知录》，江昱著。《唐律颔珠集》，江昱辑。《精粹词钞》，江昱辑。《闺房集》[14]，江昱室陈佩著。《通书志疑》，江恂著。《蔗畦诗稿》，江恂著。《楮叶集》，江恂著。《清泉县志》，江恂辑。《双蹲书院课艺》，江恂辑。《衡清风萍录》，江恂辑。《清泉试艺》，江恂选。《江公谳语》，江恂判语。《公饯录》，清泉士民赠江恂诗。《碧云诗集》[15]，江长铓著。《啸岩草》，江以

---

① 乾隆本无该书。

② “集”，乾隆本作“诗”。

③ 乾隆本无该书。

④ “录”，乾隆本作“草”。

⑤ 乾隆本无该书。

⑥ 乾隆本在该书后有“《砚农诗集》，江昉著”书目，而嘉庆本无此条目。

⑦ 乾隆本无该书。

⑧ 乾隆本无该书。

⑨ 乾隆本无“诗”字。

⑩ 乾隆本无该书。

⑪ 乾隆本无该书。

⑫ “《尺循诗钞》”，乾隆作“《爱日轩稿》”。

⑬ 乾隆本作“《梧斋诗稿》”。

⑭ 乾隆本无该书。

⑮ 乾隆本无该书。

堂著。《修本堂集》，江登云著。《素壶便录》，江登云著。《爱山诗草》，江登云著。《家政指归录》，江文著。《涵春堂试贴》，江兰著。《游笈集》，江兰著。《畹香吟选》，江兰著。《尔雅便读》[①]，江启芳辑。《读易管窥》[②]，江绍芳著。《筦然吟》，江文彪著。《核园诗钞》[③]，江毓英著。《瑞金杂咏》，江毓英著。《广雅注》[④]，江德量著。《古泉志》[⑤]，江德量著。《进斋诗钞》[⑥]，江梦笔著。《披芸漫笔》[⑦]，江绍莲著。《闻见闲言》，江绍莲著。《松窗述梦》[⑧]，江绍莲著。《梅宾诗钞[⑨]》，江绍莲著。[⑩]《梅宾半稿》，江绍莲著。《唐诗醇雅集》[⑪]，江绍莲著。《杜诗精义》[⑫]，江绍莲著。《蟾扶文萃》，江绍莲著。《十八种新书》[⑬]，江绍莲辑，同人分梓。《灼塘诗钞》[⑭]，江绍蓉著。《潇侣诗钞》[⑮]，江绍汾著。《芷芗诗钞》[⑯]，江立功著。《三十六峰纪游集》[⑰]，江璠著。《梅花百咏》[⑱]，江本璿著。

右载书籍，不尽流传，而冷牖寒毡、未经剞劂者，亦复参半。然标其书，即存其人，此诸子百家，所以尽列班志也。爰祖其义，俾后起者知所劝云。

---

① 乾隆本无该书。
② 乾隆本无该书。
③ 乾隆本无该书。
④ 乾隆本无该书。
⑤ 乾隆本无该书。
⑥ 乾隆本无该书。
⑦ 乾隆本无该书。
⑧ 乾隆本无该书。
⑨ “钞”，乾隆本作“草”。
⑩ 乾隆本有《黄山祼咏》一书。
⑪ 乾隆本无该书。
⑫ 乾隆本无该书。
⑬ 乾隆本无该书。
⑭ 乾隆本无该书。
⑮ 乾隆本无该书。
⑯ 乾隆本无该书。
⑰ 乾隆本无该书。
⑱ 乾隆本无该书。

碑

建立社坛示碑[1]

直隶徽州府歙县孟为申明乡约，以敦风化事，抄蒙巡差总理粮储兼巡按应天等处地方、都察院右都御史陈案验备，仰县遵照洪武礼制，每里建立里社坛场一所，就查本处淫祠、寺观，毁改为之，不必劳民伤财，仍行令各乡图遵行。

嘉靖五年二月起，每遇春秋二社，出力办猪羊祭品，依式书写祭文，率领一里人户致祭五行五献，设礼生、冠带几人，务在诚敬丰洁，用虔祈报。祭毕，就行会饮，并读抑强扶弱之词，成礼而退，仍于本里内推选年高矜式者一人为约正，有德行兼优者二人副之，照依乡约事宜，置立簿二扇，或善或恶者，各书一籍，每月一会，务在劝善惩恶，兴礼恤患，以厚风俗。

乡社既定，然后立社学，设教读以训童蒙，建社仓，积粟谷，以备凶荒，而古人教养之良法美意率于此乎寓焉。果能行之，则雨旸时，若五谷丰登，而赋税自充，礼让兴行，风俗淳美，而词讼自简，何待于催科，何劳于听断，而水旱盗贼亦何足虑乎？此敦本尚实之政良由此者，自当加意举行，不劳催督，各将领过乡约本数，建立过里社处所，选过约正、约副姓名，备造文册，各另径自申报，以凭查核。其兴之有迟速，行之有勤惰，而有司之贤否，于此见焉。定于分别劝惩，决不虚示等因。奉此除遵奉外，今将备蒙案验事理，刻石立于本社，永为遵守施行。

嘉靖五年四月日歙县知县孟镇、县丞刘逊、主簿梁永昌、典史沈云、耆宿江乾助、江思绍、江廷珍、江璀、江璨、程克文等立。

重建慈化西社记碑[2]

一代之制作，官与民奉行维谨，罔敢弛轶，而世远年湮，风流歇绝，恒赖后起者相与维持而振作之，而后良法美意垂诸无穷。呜呼！莫为之，后虽美，弗传有以也。夫如乡社之设，其来久远，姑弗深论，即其始于洪武，成于嘉靖者。社坛基地恩赐免征，备载邑志，班班可考，其意大率本祈报之文，寓

① 该碑文来源于《济阳江氏族谱》卷十《建立社坛示碑》，乾隆四十三年刻本。

② 该碑文来源于《济阳江氏族谱》卷十《重建慈化西社记碑》，乾隆四十三年刻本。

教养之法，棲神于坛，春秋祀之，而于里中择年高德茂者为约正、副，率一里之人咸聚焉。月有常会，会有常期，相与赏善罚恶，型仁讲义，立社学以训蒙，置社仓以贮谷，俾人自为教，家自为养。鸣呼！里尽如此，官斯土者，其乐何如也。

乃自有明以来，迄今二百余载，官吏邮传，老成凋绝，世事变迁，人心懈散，为问当年立社本意，所为致祭，讲约之常典，阒寂无闻。即坛壝遗规、郊圻旧址，昔共侈为轮奂之观，今则大都委于荒烟蔓草中，古今兴废之致，可胜叹息也欤。

余以菲才奉天子命来佐新安，甫下车，采风问俗，知此地人心尚朴，事多近古，即乡社之举至今独能行之，而江村则尤称最焉。其奉祀社稷，素有朝献之仪，每岁轮禋，无论家居，恪遵先典，即远游千里外者，亦莫不届期而至，其奉醴牵牲，诚敬丰洁，备极情文，可称盛举。惟社坛旧制规模狭隘，神位偏安，历年久远，渐次倾欹，里人之欲起而谋所以更新之。岁壬辰，东皋堂倡首举，一门所输已数十倍，嗣是而通村共襄力焉。不数月醵金千数，庀材鸠工，庙遂以成，琢石为坛，奉神正座，制度轩昂，规模宏敞，是岂徒壮观瞻哉。

盖里之人法前人建立之深意，欲其垂于久远以绍前徽，以昭继述，而所以赏善罚恶，型仁讲义者，即于是乎。寓将从此而设社学，置社仓，凶荒有备，诈伪无虞。礼乐兴行，风俗淳美，一社新而诸善备，古所谓仁里，其在斯与，其在斯与，余深善夫江村人之善于持久也，爰喜而为之记，使后世知前人重新之意，而油然兴起，是亦守斯土者之责也。

夫康熙五十三年甲午冬日江南徽州府同知署知府事张叔珽撰

歙州公祠堂记碑[①]

余先世由三衢来歙，盖自宋汝刚公官歙，后遂家于歙之橙子培。今余乡尤称橙里云。里故有祠，以时其祭，自世远人蕃，又各立小宗，而大宗祠则创以修祫者。余自晋宁获予告卧痾邱首时，二三宗老命余曰："祫宗[②]湫隘久，欲更诸旷衍而难，其时是在吾子，其亟图之乎。"余唯唯退而相厥攸宜，得川原环护之处，北距余里可四百武，西距歙州公墓道可三百武。因聚族而谋，辟其田若干亩以肇基焉。基为东向横十丈，纵一倍有奇。环堵厚皆二尺，余

① 此碑文来源于江东之所撰《瑞阳阿集》卷六《歙州公祠堂记》，见《四库全书存目丛书》集部第167册，齐鲁书社1997年版，第108–109页。

② "宗"，《瑞阳阿集》卷六《歙州公祠堂记》作"祠"。

乡僻在万山，无从得梗柟，惟是栋干皆合群木而成之两楹，为石坚白亭，亭极脊柱高四丈有六。难乎木，亦难乎石，则以砖循墙，支而砥之，不则道旁筑舍，待河清耳。中为赉成堂，志申锡也，阔五丈，深六丈，缘深奥处筑台以设主，高五尺，为五间，外罨簾栊，中奉歙州公暨苏氏夫人，其旁列世祖，以从其诸后死之有德、有名者，皆得以次而祔主焉。由堂左右分为夹室，各阔二丈五尺，深如堂，左为斋，曰孚先聚盥荐也，右曰绥后膺福胙也。左室以内为仓，曰礼成，以供祀也，右以内曰义给，以备荒也。堂前为露台，凡四丈，横十丈，环以石栏，中为甬道，由台四丈，而近为楼榜曰诰敕，承天宠也。楼跨甬道之中，凡十二柱，各以砖围之，四面疏通，不畏风雨，下墁砖为栏，以夹辅之，旁皆踞狮以犄角之，楼之上窗棂虚厂，榱桷翚飞，藻绘朱碧，登临四望，如在云间。由楼四丈而近为坊，题曰古良臣，昭世德也，旁署则曰龙兴独对，曰天宠褒嘉，曰青云接武，曰节孝相依，示旌异也。由坊四丈而近为门阑，横十丈，内分游廊，为八柱，外墙方广，亘直不攗，丽谯苐平，勒一石为颜，曰济阳家庙，卜新筑也。门前因涧为池，设梁潴水，萑苇披拂，夹岸垂杨，临河凝盼，秀峰隐约，颇豁心目。大都祠制不袭故常，盖量力仪图，斫雕为朴，积小为大，以故创始虑难，落成忻易人情乎。独楼制更荦而华，惟是九重之纶綍在焉，累朝之墨宝藏焉，曷敢从鄙野而忝名器？是役也，经始于丙戌之春，迄今十有三年，始得睹其成[①]，计损余族若富资若贫力已共千有余缗，而余岁括囊镂，并故人筐篚亲暱，赠贻罄以益之。余家无一卒之田，依然乞籴，而守先人敝庐有以也。第两仓有名无实，谓虚望人腹何。丁酉秋，余仲弟不幸中道弃捐，其生平好义，有田百几十亩，以食族之贫者，矢将没世不渝。而今始得以实祠廪，上而修礼于祫祭之日，下而平粜于升没之秋，不务博而务济，是亦善成仲志，可藉手以复二三宗老矣，故记之。

万历二十六年戊戌冬月裔孙东之拜记

赉成堂记碑[②]

中丞长信江公抚黔时，匆匆戎务中折简于余曰：东之身在黔南望家山，辄为陨涕，盖予江为三衢人宋汝刚公宦歙，遂为歙人，苗裔散处，颇庶各为小宗祠祀。公祠去寒舍不数武，湫隘甚不称典制。东之得罪柄臣，谪晋宁。归

---

① “始得睹其成”，《瑞阳阿集》卷六《歙州公祠堂记》作“仅得睹其概，余所笔记，半属乌有”。

② 乾隆本无该碑。此碑文来源于江东之所撰《瑞阳阿集》卷六《赉成堂记》，见《四库全书存目丛书》集部第167册，齐鲁书社1997年版，第110–111页。该碑文又见于《济阳江氏族谱》卷十《赉成堂记》，乾隆四十三年刻本。

家，父老日过而议祠事。东之思进之不能为国家暴白悃诚，退而使我始祖蒸尝不称不得比为人，于是捐俸饩，及诸亲友馈遗首倡，而吾宗财者、智者遂毕力襄祠之役。祠之中有赉成堂，前为诰敕楼，制极宏厂，东之虽无一亩之室、一勺之田，吾心甘焉。而祠故有备荒助祭田，名虽设，犹然有待，家仲弟以予生平所奉封母太恭人诸金，置稔田若干亩，予不忍弟之没也，即以其田入祠，以世世传吾弟，高谊不绝，诸祀田业有记，堂未有记，子无让。

元标念公年力方壮，为国家倚办甚巨，老与公言祠事未晚，不谓公未几为古人，元标闻之，辄伤心泪落，不忍执笔，盖公之亡，实忧播事云。播去蜀半月，而邻黔则朝发夕至，日持干戈，以戕我土地，屠刘我人民，为抚臣者不得不应，应而不胜，则以力诎，故议论之臣，辄持文墨，议其短长。公一腔血诚，无所控诉，惟有呕血死耳。嗟哉！所覆兵不多，人所安全者，全黔之赤子、土地、城池一无所损，播酋不敢加一矢，外疆者则以公为之角，不然岌岌乎，即无恙，吴楚亦骚动矣。此元标为公伤心泪落也，向使公安受诸酋重贿，则诸酋安，诸酋虽安，百万生灵无所控诉，播犹尔虎视中原，能动我圣天子提兵遣帅乎。今播酋授首，圣天子一怒，而安天下之民，则公之力也。公有功社稷矣，元标感天日重辉，特揭公心事而为公记，第不知公所以命名赉成，意欲彰君赐耶，亦有取于诗，赉我思成，不忘其先耶！天下大义二，人臣进则无之非君，退则无之非亲。不忘君者，即不忘亲；不忘亲者，而后能忠于君。其义固各相发登斯堂者，绎公命名之义可惕然思矣！公为御史为名御史，不减埋输风，为中丞为名中丞，惠泽几于子产遗爱，余期公为世津梁，乃今已下世矣。余执笔记之，公九原有灵，能监余言乎，敬系之铭以志余思。

铭曰：新安之江，夙称名宗。濬发长信，皎皎孤忠。孤忠维何，名著西台。排云折栏，张范风裁。所遇益奇，祀先特祠。罄橐授之，吾君所遗。堂曰赉成，顾义思名。凡百子孙，无忝所生。惟木有根，惟水有源。勿翦勿涸，其谊弥敦。琢词诏往，亿万千春。公神洋洋，鉴此不泯。

万历甲辰孟秋月，赐进士及第、奉政大夫、南京刑部郎中、前吏部员外郎、奉诏起用、授吏科给事中，吉水年弟邹元标拜撰。

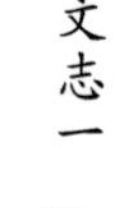

重建赉成堂记碑①

江村各立支祠，以时祭祀，而复合建宗祠，凡以追远报本也。先在社屋山东，今名老祠基，一名坝上，已成废址矣。明万历间大中丞公倡首，迁建于天黄山下，规模制度载诸《瑞阳阿集》中。惟是前明迄今又二百年，诰敕楼及廊庑久经倾圮，享堂复多损坏。吾宗人议重建者，历有年所，且青乌家谓旧祠，东向座空，朝满不若，改而南向，后承龙气，前列三台，尤为尽善。爰是众议佥同公举桂一公派支孙嗣仑董其事，经始于乾隆丁巳，落成于乾隆甲子。除旧祠木石陶冶外，共用费二万九千一百九十两零，堂为楹五，颜曰“赉成”，仍旧额也。堂之后为享堂，以妥先灵，上为诰敕楼，供奉国朝恩赐诰敕宸翰暨前代墨宝。堂之前为仪门，再前为大门，额标“济阳溯本始也”。祠旧有石坊，大书曰古良臣，今移大门之前。自石坊距享堂后壁，纵三十三丈六尺，横十一丈，堂之左为明巷，立甲门二，从形家言也。大门左为更衣盥荐之所，有亭、有阁、有榭、有花木竹石，颜以“树滋”，劝懋修也。再后为厅事，以膺福胙，为祀谷仓，为庖厨，为守祠人棲止处。于戏！莫为之前，虽美弗彰；莫为之后，虽盛弗传。

今吾宗人殚厥心力，仰承先大中丞之志，俾祠宇焕然一新，而复得支孙承珍所捐祀田、义田百数十亩，以供祀事，以周贫困，支孙允晞捐奉祀田，以供春秋二祭，所以恢先业，裕后，昆正未有，艾至如踊跃急公，有倾橐弗惜。及奉主入祠，复多赞襄成礼，非勒诸贞珉，何以奖劝后人，用垂不朽？且自今以往，吾宗人睹斯碣者，怦怦心动，益多善举，俾合族之人以养以教，庶几日新月盛，千百世而下，咸有所观法也。夫爰为之记。

裔孙廷泰拜撰。

江村义田记碑②

犉牯掉尾，一犁红雨，初勤穲稏齐腰，百顷黄云已熟，偶访玉屏，山路稻花香，入柴门，遥寻丹鼎人家，松影烟炊，草屋白沙，翠竹含哺，闻击壤之音，绿野青畦，观获听腰镰之响，试问鱼鳞比巷，俗朴风淳，良由凤羽，承家恩深，泽渥桑麻，无恙武陵，仙境长留，稌黍分餐，文正高风，宛在歙北，江君待占，深沉器量，藏济世之经纶，倜傥襟期笃居。乡之姻睦，贮冰壶于白玉醇修，最慕

---

① 该碑文来源于《济阳江氏族谱》卷十《重建赉成堂记碑》，乾隆四十三年刻本。

② 该碑文来源于《济阳江氏族谱》卷十《江村义田记碑》，乾隆四十三年刻本。

彦方，掷土块于黄金侠骨，思追剧孟，存广厦万间之志，愿庇孤寒，润河流百里之波，将苏枯槁。乃锦，帆箫鼓，乡云已隔于枌榆，而金竺梨锄，零露偏殷于稼穑。念山田之瘠薄，待爨居多；知族党之殷繁，推恩宜尽。爰购膏腴沃壤，年年欣雨笠烟蓑，更垂久远良规，处处喜霜秔雪，粒是故觚，稜金碧宗祠之宰，木郁葱钟，簴丹青支庙之斋坛，俨恪奉粢，盛于骍牡，登场则黍稷，维馨衔祭食于神鸦，入室则苹蘩，尽礼若乃伛偻、老病、待毙沟隍，角丱飘零，含悲孤露，叹菱花之，忽破竈冷，炊烟怜菰，米之谁供，灯昏冷雨，亦复分兹，脱粟无令，釜甑生尘，藉此余粮，得活斗升，残喘遂使，漫天风雪，闭门无僵卧之人，满地冰霜，化石励孤嫠之志。况渔梁洄洑，彩虹利涉，依然樵路崎岖，黄叶邮亭可息，补藤桥于野渡，有人荷耒吟回，供杏酪于征途，到处篝车祝去，盖里社之新畴，无尽征租，自化仁乡而家园之善举，多端取给，都从义产。此令嗣晴轩诸昆季所由敬宗收族，先畴之绍述，关心拯困扶危，故里之盈宁系念也。嗟乎！玉钩月冷缠头，只赠于歌儿，金带花销尘尾，徒欢于狎客，取尽鱼租雁税，修斋半佞琳宫，筑成鹤渚莺房，游宴徒夸别墅，笑錙铢之吝色，甘作悭奴，嗟桑梓之忘情，几如陌路，而君独睠怀宗国，吹回黍谷阳春，力辟菑畬，洒遍花村，膏雨声声，布谷催耕于春草池塘，历历提筐，馌饷在杏花墟落，最爱年丰人寿、华胥之境界，非遥定知，子燕孙贻光禄之，家风自振云尔。

同邑震亭曹学诗撰。

兴建鹏扶文会馆记碑①

歙县江氏，其始祖汝刚公以宋天圣间进士，出判歙州，爱其地，遂家焉。其后聚族而居，日益繁衍，今县北郭外五里，人呼为江村者是也。土地清沃，环以名山，前对云岚，后倚飞布，而布练溪水自北迤西，复绕而南，若篆折然。群峰倒影，纯浸寒绿，过其地者，望若仙居矣。其间坛庙、祠宇之建，园林、亭榭之增，亦既岭嶝嶙峋，邳张而缅属。惟文馆及名贤、节烈祠尚略，夫絃诵之勿讲，是委才于荆榛也。茂淑之勿旌，又释贤于桑梓也。明万历时，中丞长信公思有以励英才表畸行，购地兴筑，而中道殂谢，勿溃于成。至本朝，星源赠君鹤亭方伯追慕前轨，绘丛桂馆图，经营位置，总千栌百栱，而刻画之游目可了，乃图传而事尚未集，云烟过眼，粉墨飘萧，令人慨然于徒作画中观也。于是，春园太守起而任之，于嘉庆丁巳，谋诸宗人，输金营建，度其修广，相其阴阳，或损或增，按图而定方，欲架林裁宇，疏山辟隅，末疾俄婴，

① 乾隆本无该碑。

赍志而殁。哲嗣士相、士栻遵奉遗命，程巧致功，凡四阅暑寒，始竣乃事，丹楼焕若，以奉神明。旁建崇祠，祀族之显祖，迄忠义节烈者，又旁有别馆，有书舍，为村人士诵读所。外则为廊为栏，为桥为亭，以恣游观，以供憩息，而总名之曰鹏扶文馆。每春秋佳日，祀事既修，会族纠宗，登临谳集，览云物之胜，玩林淑之幽，竹柏交声，烟霞合色，而天都、云门、黄罗、天马、紫阳、问政诸山，悉皆麓缔巅连，奔赴襟舄，其足动人之乐，为何如者？夫至人能自动其乐，则推其乐之心，而妥神灵，而翘硕彦，其乐又何如哉！然且计其创议之日，以逮于落成之年，世经数传，岁逾二百，盖为之不易也。如此其始末，有不可不述者，因士相之请而记之，俾勒于石。《庄子》曰："风之积也不厚，则其负大翼也无力。"若夫艰难积累之功，一旦发之而长，扩之而大，吾知负青天、徙南冥，抟扶摇而上者，不至于九千里而不止也。

钱塘吴锡麒撰。

重修醴陵侯墓记碑①

盖闻事有异同，志气感生，平而自动，时无今古。文章历旷代以相知，爰览遗编，尚怀前哲，则醴陵侯江公其人也。公以彩笔知名，金貂应谶，赋诗沮逆，屡抑雄藩，建议匡时，豫知强敌，绛衣独立，朝纲宏振，于南司皂帽先归，物望特孚于北海。言其风采，既振一时，相彼天章，允符五色，斯固足以凤观昭代，虎视累朝者矣。尔乃建平之际，不无械击之虞。升明以还，屡遘鼎移之痛。运逢天监，爵拜醴陵，还思素宦之怀，遂为行乐之论，岂其才之果尽也耶，抑其遇有难言者也。夫士在当时，名垂后禩，才华既难以自抑运会，又欲以巧逢天宝，为之庸可易得哉！公墓至今千有余载，田桑屡变，不随泽水浮沈；陇树空存，尚有秋风萧瑟。陵名下马，已无酹酒之人；祠叹瞻乌，绝少题碑之客。今则裔孙世栋来兹土，而雅具永思，适其兄倩程埙佐斯邦，而颇多惠政，爰陈祭祀，采芳藻以登筵，共效勤劬，辟寒榛而开道，遂使龙门更矗，马鬣重封。康成元塚，莫者识为名儒；供奉青山，过而呼为才子。因立碑表，以告后人；用志斯文，是贻来者。

呜呼！一抔残土，犹染墨痕；三月飞花，疑分笔彩，寒山寂寞，夜台知向谁家；杯酒凄凉，词客还应识我。为之铭曰：德水逶迤，神嵩巘菓。肇诞鸿文，允襄骏烈。云卷霞舒，珠光玉洁。安石梦鸡，庄周化蝶。经千余年，历十二叶。大刦靡灰，洪流弗啮。世泽瀸如，孙谋贻厥。思起悲风，采从明月。

① 乾隆本无该碑。

宿莽披霜，荒榛断雪；鹤表重高，龟言永协。孝思无斁，视兹丰碣。

延陵吴绮园次撰。

开化小山祖墓碑[①]

嗟夫！此余鼻祖岁郧公之墓也。公为唐时一隐君子，伏处而名不彰。越十数传，有景房公者，会宋初兴，佐钱氏纳土，以沈籍一事，阴有德于吴越之民，语在王方贽传中，说者谓岁郧公实肇其灵云。景房公五世，曰汝刚公，以进士倅歙州，士民亲之，不忍去，遂为徙歙始祖。其移他州郡者，皆能亢宗章缝，缙绅蝉联，奕奕如万里。公节义为一代名臣，足为世表。今武林监司铎五世六登第，德业并著，域中无两，讵曰兹地之灵乎，则岁郧公以也，景房公以也。地广修四十余亩，山原嶙囷，松楸森蔚，由来旧矣。先是，县尝侵墓地，为丞舍宗人手康定。皇祐二牒争之，牒为太常钧尚书、郎钺二宗公所遗，于是，县即日撤舍归侵地，墓保无虞，及今四百余年，方勿替引之。亡何有形家惑诸生，欲更黉序于兹地，此意不止为丞舍已也。一时讼争，有死无惴，会郡伯廖公希元仁明，召诸生语曰：不可。景房江公阴德远矣，无故而圮，其先人窀穸，宜圣不为也。邑侯汪君亦谓然，事得寝。余自谢病还，二三宗老以是告余，不禁惕然于怀，思景房公为浙民减赋，实为方贽权舆，贽五子显孙珪相天实为之，则我公之后得如王氏显者亦天也，使兹地有灵，宜余宗之盛，百世相保，而何其多故也。究之宇内间气，贞元递运，时有荣瘁，独此古先民邱墓，历千载而岿存，固造物所留，亦一邦之大家耆旧所，不忍凌夷，而共保之耳。藉令余宗之后弗念厥祖，不封尺土，使牛羊践牧，必且为恻然，讵能为有力者，一旦陆沈，如沧桑之变，其谓仁人何？余待罪卿二，乌能如二牒之存，而所恃以无恐者，则以人心犹古，厚德常存，他时守是邦宰是邑者，未必不如廖、汪两公之仁恕，庶几斯地永保，脱有如丞舍学宫之议，余知其免矣。宗老既属余为言，勒诸丽牲之石，复请于监司公。公曰："善"。于是，亟使人竣其事，而以副墨藏于家，与二牒并传云。

裔孙东之拜记。

① 乾隆本无该碑。此碑虽为江东之所撰，但并非收录其撰写的《瑞阳阿集》。

水渌寺山祖墓碑[①]

郡之西南宁仁乡,古西关地也。五代吴顺义间,建有水渌寺,正面紫阳,灵秀所聚,余四世祖坦翁府君葬寺右。按鳞册,为三十七都力字等号,计田地山塘一十九亩有奇,尽江氏地业,宋元以来,世守罔异。正统间,寺僧盗卖与士人汪辛寿,于坟旁开穴。先时坟邻朱仲斌者,尝与僧争地,讼于官,僧强朱弱,未得直,世与僧仇。至是,仲斌孙某发其奸,余族祖彦直公偕众理于县,按册勘验得实,杖僧勒辛寿归侵地,祖墓得无损,犹恐后患之难杜也,于封内遍植松木,以表界限,俾一目瞭然。万历初年,奉旨丈地绘图,从兄济执旧册呈官,再行签业,税清产晰。岁甲午,族父中丞公复请钤印册首,谨藏于家,以副本俾东,命属文以志之东方授徒枞阳未遑,及阅五年,公卒,东悔未即承公命,怠事之愆,咎有难逭。因循又五年,东膺南宫选,归里展墓,则见邱陇无恙,而向植封树间,有遭砍伐者,骇询厥故,则以整理未善,巡视多疏也。不禁喟然曰:“曩日中丞命撰墓志,其虑及此与。”爰稽故牒,清理疆界,一一勒之于石,以传子孙,用保先墓,以副中丞遗意。更将通山租利,详注于册。除办祀外,拨给寺僧,以作守卫之犒,使责有攸归。他日侵占之虞,砍伐之患,庶可免矣。

嗟乎!余家自赵宋天圣间,鼻祖君毅府君以进士由三衢来倅歙,德政洽民,民不忍舍,任满遮留,不获去,卜筑于歙北之橙子培,厚德流光,云仍繁衍,以姓名地,曰江村,殁葬本里云川后。二世祖娶村东片川汪氏,遂葬其地。三世祖葬问政山之白杨岭,今呼白羊岭。永乐初,墓旁隙地亦尝遭田千江姓窃卖周如善谋买脱,非东关同宗江则民翁走告,讼理收回,则亦如汪辛寿之侵葬矣。此山为四世祖墓,与白杨岭同在三十七都,去余村较远,故易于见侵,而保护之宜勤也。二处赖先人之灵,今各宁谧,凡所以杜后患者,不得不详且尽也,合并志之。

大明万历三十三年岁在乙巳季春之吉,十六世孙世东百拜敬书

庚台使六一公墓祠记碑[②]

绩邑去临溪二里许,地曰茅塘,余族八世祖宋庚台使六一府君之墓在焉。明时诸世祖间亦附葬,于是迄今数百年世守之,第离村几四十里,稽察

① 乾隆本无该碑。

② 乾隆本无该碑。

匪易，墓祀外，惟征收地租，一再至焉。而界限之侵凌，松楸之荣悴，恒未易觉。比至患作，而后经理已无及矣。以故康熙初年，山后隙地多为土人占葬，幸得宗人在湄公自皖来歙，谊笃同源，一力维持，白诸当事，责令起迁，而故业克复，诚祖宗之灵也。嗣是，次义公继起，著望一时。凡祖茔之久未修治者，悉就整葺，建墓门，树碑碣，以表彰之，坐是数十年来，得无侵损微，公之力洵不及此。

今春宗祠告成，升主于座，邗上支裔咸归里襄事，会清明祭扫，群集墓前，兴言往事，冀保将来，谓非建祠守护，无以绝觊觎，而免侵削，宜作久长之计，乃相厥基址于近墓处，构材鸠工，自夏徂冬，祠工以竣，标其颜曰“江氏墓祠”。于是居守有人，外侮不作，而每岁墓祭后，即于此饮福。征租时，得于此栖止。且祠当孔道，举凡支下往来邗上者，均得于此卸征车憩行李，无烦更投逆旅，不既称便也哉。惟是祠既设主，祀事宜勤，久必兴修，费当有出，善后之仪，所宜急讲也。祠成为叙，厥缘由纪其岁月，俾后禩得有稽考焉，而督其事者，嗣义、嘉震力最勤云。

乾隆九年甲子季冬月，裔孙嗣仑拜记。

重建烈女祠记碑①

三台山西，故有烈女祠，万历时建，以祀光禄署丞聚所公女者。女讳良玉，生禀宿慧，知书明大义，幼字丰南吴贞美。贞美读书攻苦致疾，未冠殂。赴至，女矢不二，请父母，命往临其丧，止之，痛哭不可，既往成服，泣语人曰：“礼未嫁，不从死，今归吴氏家，则为吴氏妇，死有名矣。”众骇然，及夕入室扃户，家人疑，而抉其扉，已就经，急拯获苏，守伺之。乘间，复吞金死，年甫十七。吴以烈行闻于官，奏旌厥墓，吾江氏亦幸家有烈女，肖像以祀，祠所由来也。岁久圮，移像供云岚桥畔，楼舍一椽，地多未称，而楼且倾。嘉庆己未秋，侄士相兄弟将体其父志，请命于予，于三台山创建祠庙，祀乡贤节烈。予嘉乃志，更输俸钱，置祭田，以成其美，而相等亦遂即旧址重构专祠，新烈女像，而并祀焉，甚盛举也。

嗟乎！当烈女之殁也，江吴方鼎盛，中丞长信公女伯父也，声振南台，为名御史，父亦宦京僚，女之叔舅吴公某，则著望江淮，输军帑且数十万两，固素封家也。女苟耽富贵，即守志深闺，以毕其年，亦孰不谓之贞节妇，谁得以不死议之者？顾鄙夷一切，甘从良人于地下，殉义之笃，夫岂寻常女子所能

① 乾隆本无该碑。

几哉！祠成，敬为之记，系以歌曰：岚山崔巍兮静以宁，练水回环兮洁以清。钟灵淑兮闺阁之英，矢不二之节兮守坚贞。视死如饴兮志婉清冰，丛祠载启而崇祀兮彤管流馨。几筵秩秩兮妥神之灵，神其陟降兮亘千秋而于以式凭。

嘉庆乙丑冬日，族侄孙畹香兰拜记。

建布练溪石桥记碑[①]

江村之西布练溪口，右达北源之要津，左通邑西各村落，往昔支木为梁，暴涨辄圮。当洪水时，村人往往取道于岑山桥及东山桥以济，良未便也。待占江君于康熙间输田于公，即村南中道架桥，以达郡城，曰炮溪桥，入郡便矣。布练溪桥将以次，及置产以为费焉，而村人窃相与议曰：木桥时治时圮，支架费烦，不若叠石为梁，费虽剧而一劳永逸，众论佥同。待占遂捐金任筑，西手石坝村人之有田在溪东者，亦遂计亩输赀，于东手筑坝以卫田，于是东西两坝成矣。顾建梁费重，尚未就绪，雍正甲辰，乃克筮期，举事输金以倡者，霖公待占、钟伯、嶓友、英玉、东扶、豹文、佐佩、培青诸君，董厥事者路也、仲周、昇明、东垣、席儒诸君，而村众则量力之多寡零畸，输助以足之，里外村各建四垛。自甲辰冬迄丙午夏历两年，而石梁以成，计用费二千五百两有奇。于是过西北两乡，免洪水阻隔之患，无事假道于岑山、东山矣。梁成，夹提植桃柳，申禁放生，彩虹低跨，碧水渊澄，春秋佳日，游人挈榼提壶，相与嬉游于水光山色中，秦源风景无以过是。岁修之费，则东扶、培青将共肩之，而待占子晓青更体父志，拟于炮溪改建石垛，尤盛举也，当指日观成焉。尝考郭北万年桥，古亦架木为之。万历初，守令倡易石工，江君希文尝捐缗以助。及国朝重建，封君次义江公复输助居多，则江村人士之乐善不倦，其有功于济世利民者，固不一而足。至封君之开辟新路，其利泽所及，又不止于一乡一邑矣。古称仁里，惟江村其庶足当之欤。余不文承命作记，弗敢诿，谨疏其原委如右，用劝来兹并垂久远云。

雍正己酉秋月吉旦，大鄣周洪再白拜撰。

重开叶坝岭新路记碑[②]

余自木天简守濠梁，越甲戌复补新安路，由绩邑之镇头入，爰有二岭曰翚曰新，挺然对峙，高峰入云，崎岖欲坠，为征夫行旅骇目惊心，而不敢肆然

① 乾隆本无该碑。

② 该碑文来源于《济阳江氏族谱》卷十《重开叶坝岭新路记碑》，乾隆四十三年刻本。

措足者。思徽处万山，石多田少，地僻人稠，所仰给邻郡者，西之饶，南之浙，东之宁太，而斯岭适为郡东孔道，其间担运之苦辛，物力之耗减，货殖之踊贵，未必非斯岭之过也。无如新都人士明知其险峻，而别无康庄可达，民之苦于此，非一日矣。适有江君觅得叶坝岭故道，由孔灵外汪桥直达镇头，延绵三十余里，与新岭道里维均，筑成康庄，甃以青石，其中旅肆、邮亭、僧寮、村舍，无不星罗碁布，向之汗流息喘、裹足不前者，至此皆坦然，无所畏怖，谓非江君之功，不至此，余因之有感焉。

余涖徽日浅，虽于此邦无大裨益，而加意休养，颇尽苦心。今谢政归矣，安知不与冷烟荒草，转盼不可复追求如江君之铭钟镂鼎，立千年不朽之业，拯六邑跋涉之艰者，何能视其肩背耶？解组之日，江君路工告成，丐余记碑，以传来兹。余曰："治路者必相山水向背，有一定之坦途，何至劳民而涉险？犹治国者，当察民风厚薄，有会归之极理，何至厉民以峻法？是君子之平政与平路一而已矣。"路创于明万历丙午岁，歙人方伯程公讳寰立有碑，在大源桥。明末翰苑金公讳声，复立嵇公关于榨坑庙，因鼎革之际，颓圮闭塞五十年于兹矣。今得江君再辟蚕丛，夷成坦道，鼎而三焉，将前此之两先达，亦且并垂不朽矣。计路自孔灵外汪桥左行三里，为中奇村，四里为郎扉，田畴绣错，闾井相望。沿溪行又三里许，则为百步岭脚，地幽而厂，古松巨樟，森立参天，奇石数片，可为行者憩劳，亦足乐也。拾级而上不数武，便为榨坑庙，奉祀越国汪公像，金先生立关在焉。庙前有亭，山僧煮茶给客，由此出关，则右山左水，不异山阴道上。又六里，而大源至矣，石桥横亘，双溪合响，桥半有祠，祠侧有碑，岁久仆草间，即程公开路立桥记也。禾黍邱墟，古今同叹，信不谬矣。自是而八里，为茶柯埵，茶庵、路亭焕然改观。再五里即镇头之濠寨。司其工经始于康熙甲戌闰五月，告竣于丙子二月，共用钱数万缗。路成，而徽歙及西四县民，尤利赖无疆焉。

江君名演，字次义，号我拙，考秩州佐，封主政，歙江村人也。生平尚义好施，倜傥乐善，比闾族党亲戚宾朋，无论知与不知，必倾囊倒箧应所请，修祠宇，建桥梁，善迹半天下，性使然也。则德泽所及，又不止于此路矣。是为记。

康熙三十五年岁次丙子正月之吉，翰林院编修知徽州府事丁廷楗撰。

重开叶坝岭新路记碑[1]

秦渠蜀堰，历千古而不磨者，何哉？为其志切民物，利济无穷也。徽郡在万山中，无跬步平衍，而歙东翚岭、新岭遥遥对峙，限日争霄。由翚岭出者，道经绩溪县治，由新岭出者，则自孔灵取径，悬崖怪石，壁立嶙峋。按郡志只载翚岭，而新岭之名不见于书，盖其初原无所谓新岭也。二岭之北，昔有旧路，循山沿溪，由镇头抵叶坝岭，过嵇公关，达于孔灵，计程三十余里，与岭路相若，而宽广可通车辙，无陵高驾险之劳，固南省之康庄也。缘明季多故，郡议舍平陆而开崄巇，于是新岭之名始著，而下路塞矣，行人苦之。暑月则挥汗成雨，严冬则层雪封山，目眺心悸，盖五六十年所矣。于是，歙中士大夫议复故道，具其状于有司，以闻于督抚、两台，允行修复，而兢兢以不得借端扰为戒。会歙有州佐江君演者，慨为义举，捐赀独任其事，鸠工伐石，较旧径而加广焉，洼者培之，窄者拓之，曲突者平之，临深者为石栏以闲之。其迂回而不能直达者，不惜重价买田，以增益之。举凡邮递、汛防，皆还旧址，而吴文学菘为之审形度势，江处士承元暨廷英为之经营董率，与有力焉。

是役也，经始于甲戌年之闰五月，告成于丙子二月。于是，祁寒暑雨、戴月披星者，皆去险而就平，舍高而趋下，则新岭之途可废，而游康庄者受其利矣。余尝披览《歙志》，隋末汪越国公，奉阃制之命，于歙北箬岭凿山开道，旬日而成。元儒郑师山《横山记》亦云：歙南昱岭关，出入山谷间，无跬步夷坦，宋岳武穆王提兵过之，值溪水大涨，军不得前，王命伐山开道，一夕而成。迄今颂德不衰。二公皆天生英杰，故其成功迅速，若有神助如此。吾观古人利泽民物，工作以兴，而游览者不与焉。若郑国之渠，西门豹之陂，白乐天之于虎邱，苏子瞻之于西湖，皆以筑堤遏潴，疏源濬流，为民间谋灌溉之利也。若事不关民物，如百花洲、锦帆溪、雷塘、蜀冈之类，栽培花柳，建置亭榭，侈一日之观，而倾圮随之，亦何益哉！今江君见义勇决，不惜多金，而力成盛举，非希心于福田利益也，非有所劝之而然迫之而赴也，良以利济民物之心，极其真挚耳。虽未即希踪汪岳，较之白苏诸君子，不亦后先才美乎。余承乏守土，受事之次年，属吏以路功告，因嘉其利济无穷，特为勒石以志之。

康熙三十七年岁次戊寅夏月吉旦，知徽州府事、前刑部福建清吏司郎中加三级、关中范惟霖撰。

---

① 该碑文来源于《济阳江氏族谱》卷十《重开叶坝岭新路记碑》，乾隆四十三年刻本。

建新路引道庵记碑[①]

引道庵，在绩邑新路口茶柯坪。余从叔我拙公建为施舍汤茗所也。先是，新岭峻险崎岖，行旅艰阨。公访得岭北向有旧道，由榆岭铺直达孔林，较岭路坦而捷，请于当事，输金数万余两，伐石鸠工，葺成坦道，以免新岭跋涉之劳。而徽郡六邑之民，咸享其逸，爰即路口要道施汤茗，以济行者，招僧主其事，此庵所由建也。庵内初未置产，每岁给僧经费若干缗，而僧屡以窘告，多先时预领，领辄耗去，卒至罔济，乃置恒产，以为久远策。当开路时，凡山地形势，有迂曲不能径达者，多购田以取整焉。路成，因得余田十有余亩，至是遂以为庵产，供斋粮，给汤茗，胥取于是，而存其税契于家，僧不得更易，费不致短绌也。其田之近庵者，尽以归庵，有邻于稽公关者，则归于关上之榨坑庙。庙亦公建，以施汤茗者，从此道途夷旷，凡旅舍邮亭，悉就整理，行人络绎，喜就康庄。自茶柯坪以至孔林，其间山幽林密，村舍清佳，当春深树绿、秋老叶红之候，行者如游，山阴道上，洵可乐也。方路工成时，郡太守丁公廷楗、范公惟霖皆作记，以奖其事，而庵时尚未成，故未之及用是补勒庵壁，使后人识其由，而僧得世守之，不致废乃产怠乃事也。

康熙壬辰孟冬之吉，诚斋江承元记。

飞布山保龙禁碑

江南徽州府歙县唐为详禁飞布山盗矿开窑以保龙脉事，案奉江南徽州府正堂明，转奉分巡安徽宁池太等处地方兵备道、按察使司副使李，署理安徽等处提刑按察使司奉恩将军宗室，都江南江宁安徽等处、承宣布政使司陈，巡抚安徽等处地方、提督军务、都察院右副都御史潘，太子太保、兵部尚书、总督江南江西、都察院右都御史、协理河务尹批饬，勒碑严禁，取具遵依，报查等因，合行遵照，建立禁碑，保龙杜害。

照得飞布一山，为郡邑之屏藩，结营镇之基址，钟灵毓秀，实与黄山、紫阳遥相联络，不特东北两乡数十村落墓门、第宅，倚此山为来龙，即阖郡之学宫、神庙，以及先贤祠宇、文武官署，皆藉此为保障。凡兹官民人等，皆宜防护，不可使少有侵损者也。只缘山脉多出矿石，可以炼灰取利。由是附近山民，招集多凶，凿矿伤龙，殊属不法。查昔年郡邑诸先达，深谋远虑，将此山来龙自大尖下，以至白额厚山等处，蝉联二十余里，或用价契买，或将产易

① 乾隆本无该碑。

换，锱铢积累，集腋成裘，以永保护，其为益也甚深，而用心亦良苦矣。无如山僻凶顽，竟将公买之山，屡肆戕害。雍正年间，有匪徒郑时贵等盗矿开窑，业经前府责处严禁。乾隆九年，其子郑煌、郑求，以及江德、江贵、郑旺寿、王满生、程五生、郑万林、江社福、江六寿、程四保等，又伙招矿党、无赖之徒，藐违禁令，复肆凿烧，伤龙绝脉，祸延万姓，此绅衿士民所由，以聚凶盗矿，惨绝地脉，具控也。

再查，飞布后脉原系柴山，不输矿税，岂容恣意盗矿，况此山幽深僻远，结党成群，奸民不一，尤当为之防范。且歙邑出灰村坊八十余处，仅供农用，原不藉此数窑之灰。兹遵各宪檄饬，勒碑严禁。嗣后近山居民人等，各宜凛遵，自大尖下，以至白额厚山二十余里，不但公买龙脉要脊在所严禁，即凡与公业毗连有关来脉之处，亦不得开凿，仍仰该地保甲、巡山人等，每月稽巡取具并无烧凿甘结。倘有不法之徒，再敢违禁开凿，立即指名呈报，以凭严拿详究，并将受雇矿匠一同拿处。其有在该禁地方买灰者，即将灰价入官，尔等慎毋以身试法，致贻后悔。须至禁者。

乾隆十一年岁次丙寅十二月日立。

飞布山保龙禁碑

江南徽州府歙县李，奉江南徽州府正堂张，为遵宪勒石永禁，以保龙脉事，照得郡北镇飞布山相连鹰尖、王林、尖牙山、引岭、榔槌山、白额、龙厚山等处，峰峦叠峙，岫岭袤长，其龙脉起伏，实为郡城营基障护，且系东北两乡先贤祠墓，居人庐舍，风水攸关，志禁采伐，勿断山根，由来已久。只缘山产煤矿，附近山民每致违禁斫凿，先经郡邑绅士将飞布至厚山等处，契买归公，以永保护。乾隆九年，复奉督抚、藩臬各大宪檄饬，勒碑永禁，载明自大尖下，以至白额厚山二十余里，不但公买龙脉要脊在所严禁。即凡与公业毗连，有关龙脉之处，俱不得开凿，已极周详。乾隆三十四年，又有近地人民汪八福、叶昆山等，在山挖煤凿矿，开凿炼石。复据绅士公呈安徽巡宪批，府饬县审勘究详议，以乌梦坑出丰溪口溪河为界，溪东无关要脉，照旧烧灰，溪西概行禁止，批饬勒石永禁在案。讵汪八福等伙党汪汝三、汪君爵，因前所凿紫荆湾未曾注明碑记，遂以该处开凿，不在禁内，饰词上控，批府勘讯。本府亲诣，勘得紫荆湾、杨梅坞等处，皆与飞布龙脉相连，而现在汪汝三等挖煤凿矿之处，即在大尖之下，离飞布更近，从前碑记内未将紫荆湾一并叙入者。盖因正脉数十余里，沿山土名甚多，原难尽载，而所称公业毗连，有关龙脉，不得开凿，已属概括无遗。今以现勘之情形，合前人之成议，自飞布、大尖以至厚山一带，相连诸峰实皆龙脉，应禁断不可再任穿凿。议将汪汝三等重惩，并请如歙县所议，以溪河为界，溪以西概不得侵犯，将图一并镌勒碑旁，以垂永久。详奉分巡安徽宁池太等处地方兵备道刘、安徽等处提刑按察使司唐、安徽等处承宣布政使司杨批饬发落，并勒石永禁等因，合行勒石永禁。

嗣后，合郡人等，务遵宪禁。凡在乌梦坑，出丰溪口，溪河以西紫荆湾、杨梅坞、坦头山、寒木坞、天星坞、子和山、阳龙等处，无论离飞布正脉之远近，及山税之是否公业，一概不得挖煤、采石、烧灰。倘敢故违，该地保即指名禀报立拿，从重究拟，并追矿煤灰价入官。其招集之煤矿工匠，与在禁山挑取石灰者，一并言拿究治，断不轻贷，各宜凛遵毋违。特示。

乾隆三十七年岁次壬辰十月日立。

飞布山保龙禁碑

江南徽州府歙县杨为公吁赏禁等事，奉护理江南、分巡安徽宁池太广道、本府正堂张，署本府正堂、池州督粮分府江，牌奉兵部侍郎兼都察院右副都御史、巡抚安徽等处地方、提督军务裴宪批。据进士江廷泰等禀，禁飞布一案，批仰徽州府查明，照案饬禁，具报图碑摩并发等因，并奉发抄词内开具禀。进士江廷泰等禀，为公吁赏禁，保城保民事。

徽郡飞布一山，关系府县城池营基，及东北两乡亿万生灵命脉，历朝严禁挖凿山根，载在府县志书，由来已久。乾隆年间，又奉督抚、藩臬、道府各大宪屡次申禁，卷案、碑摩叠叠。无如山匪冥顽，贪心不熄，聚众藏匿深山，抗禁挖煤凿矿，以致石裂山崩，地脉铲断，人户凋零，似此愍不畏死，屡抗府县，非求宪恩赏禁，终难保全。为此，黏呈碑摩，恭录禁案，环叩恩宪大人俯念郡邑城池营基攸关，万姓生灵托命，为国为民，恩准勒石严禁，除害安良，留荫千秋，世感不朽。到府行县奉此卷，查飞布一山，关系府县城池营基，及东北两乡亿万生灵命脉，历朝严禁挖凿山根，载在府县志书，由来封禁已久。乾隆十一年，前任唐前府宪明，又将飞布来脉通详请禁，奉前藩臬二宪会详督抚二宪，严饬勒石，切实载明。自飞布、大尖下以至白额厚山蝉联二十余里，不独公家所买之山在所严禁，即凡己业与公业毗连，有关龙脉之处，亦不得开凿，勒碑永禁在案。

三十四年，矿匪汪八福、叶昆山等，招集外省群凶，抗禁烧凿，经前任张勘讯详，奉江南分巡安徽宁池太广道俞批，既据查明，飞布等山议以山溪为界，将溪西煤宕灰窑，概行拆毁，永禁挖凿私烧，照图立碑示禁，取各遵依，并取东北乡各地保，按季输巡，各结备案，均属妥协，仰即如详，转饬遵照，立碑永禁，以杜讼端。仍取碑摹送道，毋迟缴。三十七年，余党汪汝三等贪心不灭，复集多凶，在于溪西禁内违禁烧凿，又经绅士控禀，现奉府宪张亲勘讯明，绘图详禁。奉江南安徽等处提刑按察使司唐批，如详断结，勒石永禁，仍候藩司批示录报，缴图存等因。又奉江南安徽等处承宣布政使司杨批据详，甚属妥协，仰即如详，遵照缴等因，业奉府宪张出示，勒石永禁在案。今奉前因理合，查案严禁。为此，仰合属人等知悉，自示之后务遵宪禁，自飞布、大尖下至白额厚山，凡在乌梦坑，出丰溪口溪河以西，皆属禁内，无论离飞布正脉之远近，及山税是否公业，止许栽竹种树，一概不得挖煤凿矿，炼石烧灰。倘敢故违，许该轮巡地保指名禀报，从重究拟，并追矿煤灰价入官。其招聚之矿煤工匠，与在禁山挑取石灰者，一并严拿究治，断不轻贷，各宜凛遵毋违。特示。

乾隆四十年岁次乙未仲夏月日立。

飞布山保龙禁碑[①]

署江南徽州府歙县孟，为违禁盗凿事。据广西候补道洪锡豫等具呈词称云云：查飞布山为一郡屏障，地脉攸关，历经详明禁止，不许取石炼灰，案如鳞积。乃叶连富等胆敢在于溪西一带，锤凿渔利，控经前县拘究，业将叶芳若、汪君爵收禁，余犯管押详办，该犯等情愿平窑，取遵在案。今敢复蹈前辙，愍不畏法，殊堪痛恨。除批示外，合再出示严禁。为此，仰该图捕役、保甲人等知悉：嗣后，毋许该匪等仍于禁山穴界等处，挖煤凿矿，炼石烧灰，有伤地脉。倘敢故违禁令，复蹈前辙，一经该绅等告发，或访查得实，定即立拿详究，断不宽贷，各宜凛遵毋违。特示。

嘉庆八年九月十七日示

建飞布祥云岩真武殿记碑

山在郡北十五里，志载昔世乱，有主簿葛显率民避乱于此，因名主簿山。唐天宝六年，敕改飞布，又名瑞金，有瑞金庵，久废。明万历初，山麓八乡重建以居，南海铁牛禅师、先大中丞长信公题额犹存。庵左百余武，巨石层叠，面平如几，虬松修竹相次，曰般若台，为铁公说法处，庵右二道，经三佛

① 乾隆本无该碑。

石穿松谷,抵甘露洞,洞深不测,云出弥漫山椒则雨立至,土人呼为雾气洞。石室跨洞,祀甘露如来像。又百武及颠,俯视诸山,如长风鼓浪起伏万态,五溪环绕如带,各村落散布,若弈子在枰,历历可数。左迳扪绝壁,而西悬嶂千尺,下稍平,有石屋址为主簿砦,即葛公保聚处也。更进数十武,奇石拔地,可十丈,中裂如屋,曰丝罛幔,面耸平阜,飞岑左峙五老诸峰,拱列于右,布射水自西迤,东旋绕山,足山顶石脊,隆隆然直注岩后,盖兹山之灵秀有独钟焉。遥望白岳,隐跃云际,若相映带,向传为真武著灵处,或有然与。癸巳春,予署篆旌阳,归省先墓,游于兹,族子观涛为予指点神异,仿佛若有见。阅二载,摄守是邦,再谒灵境,殿宇翚飞,则吾家通议公昉、孝廉公嘉诂、州佐公振鹍等倡建,慈川汪君玉景董其工,而各乡士民共成之者。年来山民盗开窑矿,焚灼地脉,境多火灾,真武正位北极,兹山适当郡北以正阴抑骄阳,克副厥德宜焚顶,而祝者日万人,靡不响应,火患顿息。家总镇公登云额以"太和分荫",洵不诬也。考之祀典,能为民御大灾、捍大患者则祀之,矧武当金阙,历代明禋,罔有斁替。予虽暂守是邦,而民间灾患,皆守土之责,不以久暂异也。敢以怠神事者,怠民事耶。爰诹吉率同僚属告虔于神,永为民福,更丝罛幔之名曰祥云岩,广齐云之泽,而更为合郡祝嘉祥焉,遂书其事,以告后之守斯土者。

乾隆乙未仲夏月,署徽州府知府江恂撰。

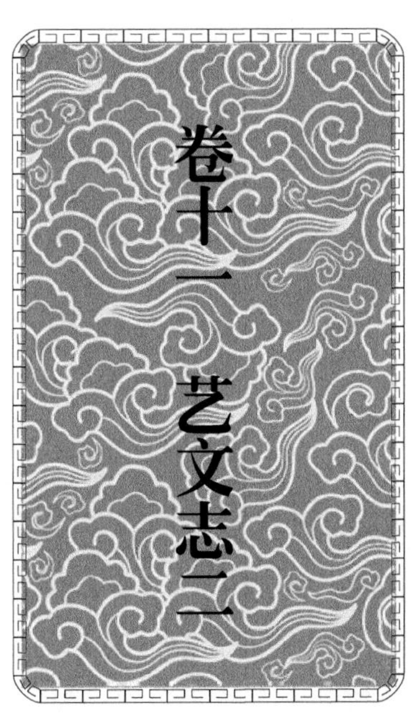
卷十一　艺文志二

记

景房公沈籍记[①]

江君名景房，字汉臣，衢州常山人，世仕吴越，官镇海、镇东两节度判官。吴越唐季建国，有浙东西十三州，地境狭而民庶，国俗奢靡僭逾。自武肃王时，好宫室苑囿池台盛丽之观，珠玉锦绣雕刻之饰。内以奉贽贡中国，外聘问四邻修邦交之好，崇浮图老子之宫，用既不足则益取于民，故其田赋市租、山林川泽陂障之税，视他国为尤重，吴越之民皆困苦不聊其生。宋太平兴国初，王俶朝京师，吴越国除景房以镇海军节度判官，奉其国图籍以归于有司。

初，太祖既平诸国，皆因其故籍以赋于民。当时在事群臣无能建请宽减者，由是定为令。景房素闻其事，欲去其籍以利于民，慨然叹曰："吴越民困久矣。使有司视其籍以悉其赋，是吴越之民重困无已时，吾其以身任之。"遂沈其图籍于河，诣银台自劾，所以失亡状。太宗怒将置之辟，而近臣多怜之，有为言者，帝意亦解，景房得不死。时吴越国官暨两浙官属皆得以名次铨序，独景房屏归田里以卒，坐失亡国籍故也。

朝廷既亡其籍，乃命王方贽为两浙转运使，差定其赋。钱氏田赋亩三斗，方贽至更定赋法，亩一斗，其余杂赋苛敛一切以便宜罢之。有吴越国计院吏诣方贽，自言其十三州图籍虽亡，其赋税杂科之目，历历可按而言之也，请传至京师言状，方贽心患之，然未有以制之也。居数日，吏无病一夕死，方贽毕使还朝奏计登对，帝以擅减赋税责让之。方贽顿首言曰："臣闻亩税一斗者，天下之通制也。其苛敛横赋，五代僭伪之乱制也。两浙之地今既为王土矣，岂得复循钱氏之乱制哉？昔周世宗既平淮南，欲劳来安辑其民，乃遣使行均田赋，亩不过四升，淮南之民得免重征就宽政，莫不歌舞周德，至今人能言之。今两浙甫归，版图未洽，德化宜昭，布惠利使，元元知德。"帝以其言著为令。两浙田亩一斗者，本方贽所建白，然去其苛籍，则自景房始。其后方贽五子皆为显官，孙珪遂为丞相，人以为王氏阴德之报。

景房既以罪废，其子孙继起入仕为大家，在宋时擢正科者七十八人，其由他科进与贡而不第者不在是数。自出身得官至纡金紫、曳银青者八十有

① 乾隆本无此记。该碑文来源于《济阳江氏族谱》卷十《景房公沈籍记》，乾隆四十三年刻本。

七人，其杂流钱谷者不在是数。而六世孙侍御跻，七世孙侍御溥尤显，十世孙丞相万里及弟万顷宋亡皆死节。然则天于江氏之报，无异王氏之报也。

宋自高宗之后，依吴越人以国者七世。方赀一言使国家省赋，宋氏得民而子孙赖之，信夫仁人之言，其利溥哉！方赀事具著宋国史会要，其高显闻于后，而景房独以微故不传。盖二人之事，实相为终始，法当牵连得书。延祐中，予尝至其家，江氏裔景元以其家牒视予，知其世系繁衍盛大，由镇海军判官始。比岁，予友太史王君溍与予言，所传闻景房事，与江氏家谱无异辞。盖王君方执笔东观，他日书宋事，愿一一存之，使后世君臣知与取而惠利及民者，天之所佑也。

元统三年春正月翰林修撰承务郎同知制诰兼国史院编修官东越张枢子长撰。

重整景房公祠堂记①

吴越侍御史江公祠堂在常山县西北三十里，地曰谢源，旧有浮屠宫、保安院。公尝游其中，爱其幽邃。时僧居狭隘，且无田以供斋粮，公购产以扩其居，以给其食，僧德之。因与僧谋，欲构堂于院侧，为他时偃息所。会宋兴，钱氏纳土，公去苛籍以德舒民，朝廷罪其亡失图籍，谪光州尉以去。太平兴国五年，移书院，僧用道曩意嘱，始终留心焉，僧因其志成之。公子孙增益田土，即祀公于堂，迄今四百余年。院与堂屡事修整，有记可按，而田土胥载在册。至洪武初，诏以寺院并入丛林，凡有田土置坫基道人掌之法，不许卖。嗣以掌是院者不一其人，一切产业尽为地邻所据。乙亥冬，公十二世孙良佐、十三世孙公铸率二县族人展谒祠下，睹其废询知其由，遂按宋咸淳四年故信安县给到江侍御保安院推排坫基产簿一十四幅，具载院内田士基址及谢源一境形势，悉图于上，界限显然，田士房屋若干，历历可据，以诉于官，依法申理，众乃愧服，尽归旧业。乃共议请之有司择原住持僧十四代徒孙则整者为坫基道人，掌其事，置立重整院宇、祠田、文簿二籍，俾二县子孙居长者各藏其一。每岁仲冬，诸族约日诣祠祭，毕考其实数，随就整理，庶几不改旧物，使侍御公存日之志，勿堕于后。事竟，良佐辱书道其缘由，属予为记。予闻侍御公以积德起家，故子孙之盛，历久绵长，世罕能及。《书》曰：七世之庙，可以观德。今江氏子孙能以公游适之地，存其祠宇，永久勿坏，非厚德之

① 乾隆本无此记。该碑文来源于《济阳江氏族谱》卷十《保安院景房公祠堂记》，乾隆四十三年刻本。

遗能若是哉。即是院田土之复，而知其遗泽之未有艾也。

大明洪武二十八年乙亥仲冬月傅霖山人金玉铉记。

赉成堂东厅题额记[①]

余乡自元季建立宗祠，地在村中坝上。万历初，大中丞东之公迁三台山北，轮奂备臻，经营尽善，凡所以妥先灵序昭穆者，较前为一新。历年既久，栋宇颓败，公之遗制渐多废弛。

仑自幼入祠襄事，心窃伤之，而限于力之不赡。丙辰春，长兄岷归自广陵，述诸宗人，有重建之志，因力为赞襄，以成盛举，复躬董其事，不惮劳瘁，九阅寒暑而成。今年春，乃克奉主入祠，凡所以妥先灵序昭穆者，一本先中丞之遗制。更于祠之东偏，筑屋数椽，榜曰："乐序天伦"，以为岁时聚集之所。

嗟乎！忆建祠之始，仑年方壮盛，会几何时，而须眉尽白，精力既竭，老可知矣。然祠工已成，仑复何憾，惟愿诸宗人相亲相爱，共相保守，庶天伦永序，世泽绵延，此则不肖仑一念之惓惓云。

乾隆甲子季春星源江嗣仑题。

修赉成堂记[②]

赉成堂自乾隆甲子鼎新以后，历今六十余年，缘规模宏廓，栋宇高昂，雨漏风侵，易于损坏，向未置有岁修之产，以致积渐费烦，整葺不易。计自乾隆三十年间，经寓居扬地支丁输赀，嘉诂董其事，凡头门大堂悉行修理，得以保固至今。今又三十余年，头门梁椽脊角又已崩颓，大堂上架倾陷，堂左间及两廊梁柱复多蛀伤，享堂后楼亦漏损。癸丑迄己未，两次兴修，皆嘉谱躬为董治。凡添换梁柱，并一切工料，共用二千数百余金，工程巩固，祠宇改观，输助之功，与襄赞之力，胥未可没，爰勒列于石，而为之记。

大清嘉庆七年岁次壬戌仲夏月公立。

悠然堂记[③]

江村去郡北七里，惟江氏世居焉。江君仲杰敦厚人也，务学能诗，邱园

① 该碑文来源于《济阳江氏族谱》卷十《赉成堂东厅题额记》，乾隆四十三年刻本。

② 乾隆本无此记。

③ 乾隆本无此记。该碑文来源于《济阳江氏族谱》卷十《悠然堂记》，乾隆四十三年刻本。

自娱，不乐仕进。兵燹后，即其故址东高爽之地，筑屋以居。前为四楹，窗户幽洁，读书哦诗，款接宾友，靡不在是。后倚重冈，厥面离阳，北轩莳菊，前俯清池，竹森柏茂，门垂翠柳，乡友俞都事仲祥题曰“悠然之堂”，驸马都尉王公书其匾，属余记，余诺之，未及为也。

岁在旃蒙单阏秋九月，余省忠烈王墓，忆江村山水之胜，遂往访焉，仲杰留邑未归。时雨新歇，云收天霁，凭高四望，峰三十六峙。其北曰黄山磅礴；而东为绩溪诸峻岭，龙骧马驰数十里；而南为问政，为乌聊，郡城在焉；西则休宁诸山，为黄罗、金紫，纡余而来，如万夫赴敌，剑戟森列，与东来合，势日南山，数溪之水迂回，萦带合流城西南，旋而东趋于海，盖吾郡溪山数百里之奇，举集于斯堂矣。目周意得回憩，中扃砌菊，方馥蒲生，覆石靡思，靡为怡然静默。日既暮，仲杰归，然灯布席盏，斝具陈，起而酢献，坐而论文，笑语甚适。酒三行，进而请曰：“先生不多饮而若甚乐者，亦有得于渊明悠然之趣者哉！”余乃却觞正席，坐而应曰：“岂惟渊明哉，吾心靡间乎天地，匪异乎先民，固甚乐也。”子即席，吾以告子，夫至自得者无乎不在也，子之未归也。余远极溪山，近观池城，还坐中堂斯乐也。子之既归也，揖让有仪，登降有节，诸孙序列劝酬，以礼饮不溺于酣，纵谈靡尚夫清虚，亦斯乐也。征诸古人，曾点之浴沂咏归也，颜渊之陋巷箪瓢也，吾夫子之疏水曲肱也，穷达一致也。伊周之为相，舜之事君，而尧之治民也，靡异乎。吾斯之乐也大，而天地之高厚也，远而海岳之崇深也，动而禽鱼之飞潜也，植而草木之荣茂也，化育之流行，物性之呈露于吾心乎，何间也。心也者所以位天地，而育万物者也，渊乎水之止也，澄乎鉴之空也，赫乎天之明命也，物来顺应，矩则不违，范天地以同流，形万物而自得。此吾悠然之真趣，无乎不在，又何暇于南山之见也哉。仲杰跃而起，拱而谢曰：“吾始惟陶之慕也，而未达其意，先生其命之矣，请书以为悠然堂记。”

洪武九年九月望日赐进士出身翰林院左春坊司直郎同郡汪仲觳撰。

本乎堂记[①]

本乎堂者，少尹江君文明奉先之所也。义取乎此，盖万物本乎天，人本乎祖也。是以君子将营宫室，先立祠堂而后报本，反始之义，笃情而近礼也。

君初以春秋学起家，丞湖广之麻城，绰有能声。久之，念母老违养，坚有归志。值今上嗣大宝，首隆孝治，诏臣工有亲归养者听，君遂投檄当道，不俟

① 乾隆本无此记。该碑文来源于《济阳江氏族谱》卷十《本乎堂记》，乾隆四十三年刻本。

报章而去，母胡寻卒。读礼之余，默计斋必有所祭不虚行，上下之分虽殊，报本追远之情则一，乃为堂三间，中设二龛，上以奉其祖宗，下以奉其考妣，两旁别为龛，以祔旁亲及三殇之主。堂前为井池，池为桥道，翼以回廊，门以拱室，大以棹楔，颜以“思孝”，固以陶甓，缭以周垣，列香炬以崇案，燎楮帛以瓮亭。有笾豆以实肴核，有罇俎以荐牲醴，有池塘以给鲜鳞，有田亩以经费出。岁时有享，朔望有谒，忌辰有奠，所以广其仁孝之情者，靡不周悉。

堂成，走书南都，求予记。予惟治道莫急于礼。礼有五经，莫重于祭。祭者所以追养继孝也。故尽物尽志，备具备官必于是，而后能反其本焉耳。且天者物所从出，而祖者人所从出者也。知其为所以从出，则怵惕之心生于雨露之濡，凄怆之心兴于霜露之降，有不能自已者矣。然则君之治堂，堂之命名，固其追养继孝之诚，抑亦锡类永则之意欤。江氏之子若孙，睇前人堂构之迹，推今日鼎建之心，茂其枝，益培其本，守其旧载图其新，使后之视今，亦犹今之视昔，而有光弗替焉，岂非君之望也哉。

正德四年岁次己巳冬十月吉日赐进士奉议大夫南京户部侍郎绩溪胡富撰。

展锡祠记[①]

君子将营宫室宗庙为先，盖万物本乎天，人本乎祖，苟非立祠宇以奉蒸尝，无以广仁孝之情也。歙北江村济阳江氏为新安巨族，先世自汝刚公以宋进士来倅歙州，遂家焉。子三：曰峄，曰岌，曰岩。岩公迁歙东牌镇，峄、岌二公居村之里外，代有伟人。明初，各建支祠，以笃水源木本。季翔公为峄公支孙，亦独力构造，不惮经营，棲主始有其地，即今之惇叙堂也。九传而至桂林太守湛然公，解组归里，情深建造，以惇叙堂前为子孙岁时聚会之所，后楼供祀家神，乃别倡建支祠以安神主。两庑初成，廊楹已立，神固有所凭依矣，但规模未能扩大，以待后贤之振兴。康熙间，支裔赠君九锡、解州牧闿自广陵先后来里，叩谒堂阶，增其式廓。州佐、桢梅二君复捐赀，先后修整。第历年久远，梁栋倾颓，兼之主龛重叠，昭穆参差，支下佥议修治，共思集腋成裘，而捐费未充，难于告竣。九锡嗣君、州佐注仁孝为心，成功念切，偕诸弟侄辈共捐二千余金，一力助成。而后轮奂增辉，神龛肃穆，较昔有加。

余为诸生时，曾馆于江君钟柏家，知村中旧事甚悉。支祠之建，君尝董其事，亦与有劳焉。其余一门中敦本好义者，实繁有徒，今复得注君诸人为

① 乾隆本无此记。该碑文来源于《济阳江氏族谱》卷十《展锡祠记》，乾隆四十三年刻本。

之继其后，可谓谊笃本源，情深仁孝者矣。祠成，诸交好邮书请额于余，因题“昭兹展锡”，以为之额。盖以人君宏孝治，而锡类犹首重展亲，乡大夫之家亦何可不笃其根本乎。惟愿江氏诸贤弗忘祖德，咸动仁人孝子之思，祭祀常新，群有春露秋霜之感，求诸阴而求诸阳，尽其物以尽其志，则悫著爱存，忾闻僾见，胥可于入庙时想见之矣，岂不盛哉！爰并书其创兴修建之原委，而为之记。

赐进士出身兵部侍郎都察院右副都御史巡抚安徽提督军务加五级秀水范灿撰。

淮西两门建祠记①

自吾支祖之迁淮西也，多历年所向，以淮为贸迁地，寄寓其间。每岁春秋，必归歙祭扫，婚嫁亦如之，固首邱之志，不敢忘本也。迨我高祖元鼎公以长君大学公占籍庐郡，既入郡庠，而各分支裔又已繁盛，其间贫富不齐，势难仆仆于道，于是集众合议，将创立家庙，以妥先灵，置田供祀，为久远计，乃志未成，而身不禄。旋以兵戈扰攘，颠沛流离，未遑于办。

我朝定鼎后，至顺治庚子年，鼎公孙泉龙公克继祖志，爰建祠堂，各分老幼，春秋偕至，祭奠一堂，欢欣鼓舞，免歙州千里之劳，节往返之费，于间岁一返故乡较昔良便。又得我祖聘龙及孔龙、胤龙诸公准诸体制，定以祠规，凡我支众，咸遵其教，无不啧啧称善。及诸祖谢世，一再传而不振，有颠覆先世典型者矣。噫！斯亦人存政举，人亡政息，盛衰不常，理固然也。

康熙庚辰，得相、浩二公纠众重修，添建祠廊，巩固完好，而其中装饰，则尚有待焉。支故有谱，自明末编辑，近今百载未修。值浩公子连山适八州庠，恐久而无征，与叔庠生维信公者勤事修订，将迁淮以后二百余年丁口数千余人，叙其世次，志其里居，汇为善本，藏之各分。俾世世子孙，保守勿失，与建祠置产，同称盛事。恶可以不纪之，因以为记。

大清雍正二年甲辰桥西分迁南圩东村支裔七十五岁家祚百拜谨撰。

东皋堂记②

江村江氏，新安望族也。先世汝刚公以有宋进士倅歙，因家焉。子三：长峄公，次岌公，幼岩公。岌公六传至千八公，再二传，至桂一公，是为祥里

① 乾隆本无此记。

② 乾隆本无此记。该碑文来源于《济阳江氏族谱》卷十《东皋堂记》，乾隆四十三年刻本。

门祖，于千八公派五门中为冢嗣。《易》曰：“长子主鬯奉蒸尝。”则建祠堂，以奉祀其最急也。顾祖宗以来，支派未蕃，一切礼文尚多未备。明初始建环翠轩于东皋，春坊汪公仲鲁曾为之记，然只为讲学诵习之所，此峄公环翠轩集所由著欤。正德庚辰季夏，乃于故址之北辟地为堂，楼主设祭。其地形家所谓迴龙，顾祖气聚水深处也，历久渐颓。

国朝懋演公出，慨然以重建为己任，而承元公董其工，经始于康熙癸酉之春，告成于甲戌之秋，仍其旧址而扩大之，使堂以外廓，其有容子姓之所萃聚也。堂之中式宏且丽，昭穆之所由序也；堂之奥幽，深而静肃，魂魄之所凭依也。承先业，启后昆，咸嘉赖之。故自前明迄今数百年，人文不坠，科第蝉联，卿月郎星，光荣史册。其根茂，其枝繁，理固然也。而名之以东皋，则因其地也。或曰王绩著书东皋，号东皋子，其以是为好学者劝耶；或曰文通公拟陶征君诗，种苗在东皋，苗生满阡陌，殆祝夫我黍与与，我稷翼翼也。或又曰：皋者，泽之高者也，《礼器》云：“大夫之堂五尺，以高为贵焉。”至东之义，于时为春，于卦为震。震，长子也，长子膺主鬯之责。《礼·大传》曰：“同姓从宗，合族属。”又曰：“尊祖故敬宗，敬宗故收族。”此义亦亘古维昭矣。然则吾东皋堂子若孙，尚其循名责实，益奋勉于敦诗说礼，孝弟力田，勿自小其身而促其泽，斯千八公之宗子，非即汝刚公之肖子也哉！是为记。

乾隆二十二年岁丁丑仲冬朔日裔孙廷泰百拜记。

茂荆堂记[①]

《记》有之“君子将营宫室宗庙为先，厩库为次，居室为后”。此言创建之序也。斯干之诗，竹苞松茂，式好无尤，则筑室既成，而颂祷之辞也。余八世祖茂荆堂之建，诚有合于古人而为后世子孙所当法者。九世祖潮公生子三：长镒公，次钦公，季钧公，天性孝友，乡里无间言。父没后，同心奋励，家道隆起。晚岁家居，奉母一堂，聚首欢如也。嘉靖中年，缘丁口繁衍，建屋三区，以二分处子孙兄弟，三公则同居一室，共奉慈闱。前为厅事，榜曰“茂荆”，盖景田氏之风，荆花茂盛耳。

先是，三公承父志，倡建东皋支祠，以妥祖灵，作庙翼翼，可谓知所重矣。后复创建斯堂，敦崇孝义，诸孺人亦素娴内则，妯娌雍和，良足媲美三田，垂法后祀。较世之药房兰室、绣户雕甍，侈壮丽之观，未几鞠为茂草，慷慨系之，有不可同年而语者，吾于是有感焉。自鸽原谊薄，雁序恩乖，阋墙启

① 乾隆本无此记。该碑文来源于《济阳江氏族谱》卷十《茂荆堂记》，乾隆四十三年刻本。

衅，埙篪莫和，叹息然箕之咏，伤心缝布之谣，在所不免。其能如三公之念天，显笃友恭者乎。昔晋文子成室，张老曰："美哉轮焉，美哉奂焉。"宋向戌聘鲁，见孟献子尤其室，曰："子有令闻，而美其室，非所望也。"若二公之同居奉母，堪与花萼并垂不朽，固足当张老之贺，何致向戌之讥耶。今三公后嗣寖炽寖昌，孝义辈出。雍正初，支下承珍公体三公志，捐产以奉潮公之祀。三派子孙输司祀事，岁于清明节及公殁忌日，两举行之。乾隆丁亥，支下复重绘潮公及诸太孺人容像，除夕新岁，即悬供于堂，子孙咸集，拜跪如仪，亦如三公在日所以奉潮公及太孺人者，于戏盛哉！尤愿后之登斯堂者，顾名思义，祖德弗忘，乐共姜肱之被，不争卜式之田，相爱相亲，无怨无恶，则天伦永序，世泽绵延，培其本根，蕃其枝叶，无失三公命名之意，当亦三公所甚乐也。爰盥手敬为之记。

乾隆三十七年岁次壬辰上元日八世孙登云百拜谨撰。

居敬堂记[①]

郡之北十里而近，为江村。江为著姓，其地宽而夷，其人刚劲好义，闻于他郡。先世有讳元简者，尤称克家，缔造贻谋，不遗余力。匾所居曰"居敬"，前有堂，后有楼，垂裕后昆，宏且远矣。正德丙子，毁于回禄，堂存而楼废已久。及是，江氏之彦曰璇、曰玥、曰珧，慨然相与协谋，鸠工庀材，复斯楼之旧，经始于戊子年九月九日，落成于十二月十有一日，凡用工费若干，来问记于予。

予江氏婿也，外父颐斋公尝与予语，欲新楼，未成而殁。今予适奉命南征，聿观厥成也，乃谂于众曰：《书》称若考作室，厥子乃弗肯堂矧肯构。诸君可谓肯构肯堂者，美哉轮焉，美哉奂焉。生于斯，长于斯，予窃效张老之祝焉。虽然，若知是堂所由名乎？思厥先祖父筑室于兹，用垂于后人，亦大艰难。而以居敬名之，岂其无意。夫敬，德之聚也；福，德之舆也。能敬必有德。凡厥庶民于其攸好德，汝则锡之福，感应之机，不毫发爽。若居是堂者，有弗只服厥父事，大伤厥考心者乎？有弗克念天显兄弟阋于墙者乎？有弗睦于宗弗姻于戚者乎？有弱孤有凌幼者乎？有弗若于政弗化于训干于有司者乎？有一于斯，其为不敬大矣，而又何居焉？诸君顾名思义，则居之安，庶有以副乎堂之称矣。诸君愕然相顾，应曰："璇等不佞，敢不敬共朝夕，以无忘祖父之训。"遂为之记。

---

① 乾隆本无此记。该碑文来源于《济阳江氏族谱》卷十《居敬堂记》，乾隆四十三年刻本。

时嘉靖戊子腊月吉旦丙辰进士大理寺评事婺源余棐拜记。

安义堂记[①]

吾徽郡城北不十里，曰江村，江氏世居之。江君仲礼举丈夫子二：长曰泰，字仕通；仲曰康，字仕安。早失怙，克自树立，敦尚友弟，同居共爨六十余年，其安于义，未尝一日异也。因匾其居曰“安义堂”，征予文以记之。

于乎林林总总交骛乎利，逞知巧之术，则并陷危机。倖爵禄之荣，则甘心浮兢。盖见利而遗义者比比矣，其孰能安于义耶？且夫义之时用大矣哉！吾夫子之训有曰：“君子喻于义。”又曰：“君子之于天下也，无适也，无莫也，义之与比。”孟子亦曰：“言不必信，行不必果，惟义所在。”义也者，心之制事之宜也。本诸上天赋异之重，具于人心是非之公。验其端，则羞恶之发也；措诸事，则中正之归也。然则兹堂独有取于安义者，正自有说。夫人自连气分形以来，术业不必尽同，性情不必尽合，此疆彼界，嫌隙乘之。于是，志惑于妻子，谊迁于友朋，衅生于谗人，交煽骍骍，角弓翩其反矣。况我朝定鼎甫二十有六载，前此三十余年，丁元之末，造天道乘除于上，人事改革于下，流离琐尾，岌岌乎不可终日，求其相尚以义，而安之若素者几人哉？乃吾观仕通兄弟，义笃友恭，井邑已更，埙篪如旧，以是而承事乎先，则奉先之孝得矣。以是而垂裕乎后，则燕翼之谋至矣。继继承承，延及于百千万祀，虽合族可也。婺之浦江义门，昆季友爱，累世弗渝，当事旌表其门，有曰“一门尚义，九世同居”，仕通兄弟，其亦可当此而无愧矣。予因记安义堂，乃胪其孝友之实，以昭示来许云。

洪武癸酉十一月左司直郎汪叡记。

明善堂记[②](原名乐善)

善者，天理之公，古今圣愚同禀，而为人心所具之理也。知者穷理修身，思其所善，行其所善，追迹前贤，心安理得，胸中有真乐而无外慕之私。愚者蝇营狗苟，言其不善，行其不善，甘心不善，故招尤取怨，终身迷惑。每遭刑戮之惨，讵知有可乐哉？夫乐善者，希圣希贤，浑然天理，而自得其乐也，非世俗之修斋佞佛而名之曰好善也。善人天资好善，如冰之寒，如火之热，性则然也。其行臧，其心直，而于人伦日用之间，不逆天理之正，是以天祐之，

---

① 乾隆本无此记。该碑文来源于《济阳江氏族谱》卷十《安义堂记》，乾隆四十三年刻本。

② 乾隆本无此记。该碑文来源于《济阳江氏族谱》卷十《明善堂记》，乾隆四十三年刻本。

人不厌之,外患从何至哉?昔人云:“为善最乐”,良有以也。

江公讳仁祖,字彦生,乃祖乃考,乡称善人。公及三子五孙,行同一心,其性质直而无矫诈,虽处丰裕之地,绝少奢侈骄傲,家庭无忿争之言,乡党无怨恶之人,或有非理相干,不与之校,不知天壤间复有何物。熙熙然安分田园,陶陶然适意壶觞,康宁寿考,其乐何如!是以有司内外咸知公积善之家,罔不敬礼。迄今以后,继志前人,善行不坠,绵绵葚葚,家日益兴,积善之征也。予忝公之孙婿,深知公家世,尝求衡阳贤王大书乐善堂遗之,并为之记,揭之于堂,上以称扬先德,下以昭训后来,予岂徒然哉!

弘治丙辰重九节旦赐进士出身户部郎中督储湖广副使云南布政使司参政桂林洪汉拜手敬书。

南轩记[①]

江村江氏原美者,尝构室庐,以诵书讲学、训迪子若孙,遭兵燹而圮。今者干戈甫定,乃命其子复即故址而新构之,名曰“南轩”,经始于壬申之冬十二月,落成于癸酉之秋八月。高宏虚敞,不异昔日,爰征记文,以昭不朽。

予思昔广汉张子筑室南山讲学,曰南轩,学者宗师焉,称曰南轩先生。揆诸其时,与朱子敦尚友谊,书翰往来,彰彰可考。今江子有志于此,而以名其居,诵书讲学,舍二先生其何法哉?将见诵其诗,读其书,循其言与行,实有益于身心性命之学。江子开之,贤子孙承之,后祀昌大可为之,必也。原美名嘉,三子:曰柏,曰宁,曰山,俱有志于学,故以张子之南轩属望而训励之。是为记。

洪武二十六年癸酉十一月同郡汪叡拜记。

贻庆堂记[②]

“贻庆堂”者,南轩之再更名也,而南轩何昉乎?世祖原美公积功累行,德泽及人,而年跻大耄,适筑室落成,素所交游酌金罍,而将明信者为之题其额曰“南轩”,盖取诗云:“如南山之寿也”。抑亦酒献南山,作寿杯意也。数传而后,更曰“余庆堂”。盖心乎原美公之积善,而子孙咸荷其庆之余也。八传而中丞公崛起,其勋业在朝廷,声名溢寰宇,赫然为一代名臣,创家庙,建古良臣坊,最上一层榜曰“江国贻庆”。因复易“余庆堂”而为“贻庆堂”,所谓

① 乾隆本无此记。该碑文来源于《济阳江氏族谱》卷十《南轩记》,乾隆四十三年刻本。

② 乾隆本无此记。该碑文来源于《济阳江氏族谱》卷十《贻庆堂记》,乾隆四十三年刻本。

南轩之再更名者也。第所取乎贻庆堂者，非欲爵赏之与延乎世，而次第相引不绝哉！凡我子孙尚祈积功累行，以承先德，庶几继继承承，贻庆不竭，以副中丞公建造之意，讵不盛哉！因作贻庆堂记。

康熙己亥夏日裔孙源百拜撰。

贻庆后堂记①

忆自南轩再更为贻庆堂，其间已历二百四十余年矣，乃犹域于前堂而止，后堂未之建也。夫以中丞公一时崛兴，何难并建后堂以妥先祀？缘宗祠湫隘，亟亟创新，而无余力兼及也，无何中丞公殁矣。后三年辛丑，曾王父东会公，膺选拔名居首入太学，授光禄寺丞，王父尔椿公复以国学受知尚书陈长祚公，荐修隆、万两朝实录，除淮南运倅。本祠向有输助之例，曾王父于是倡建堂之议，商之上舍尔松公曰："前堂为若父之功，后堂之建吾与汝责也。"尔松公以为然，捐西坡山木，命匠鸠工，维时诸父老闻之，欣欣然相谓曰："吾侪能漠然已乎?"因并力输助。文学士元公实为首倡，资虽无多，而急公好义之心，固不可没也。堂成，名其楼曰"奎光"。盖望后世之名贤辈出，如五星之聚云。斯举也，弟体兄志，子成父美，而群情欣治，又复如此，可谓一事而数善备焉。呜乎！

不志裔孙源谨撰。

树滋园记②

去村南三百步，江氏祖祠在焉，后倚天黄，巍峨葱郁，势如列障，前揖岚山，三峰峙然，青松数百株，空翠欲滴，西流六水，胥汇于是，洵川谷之美也。祠东多隙地，甚宏敞余，老柏二本，亭亭秀拔，为旧祠墀间物，先中丞所手植。先子当祠宇新成，运其余材，即地建园以收其胜焉。先子有言曰："吾为此岂侈游观哉！伏腊岁时，父老子弟于是乎萃。李太白云叙天伦之乐事，固有见也。且园有阁，窗棂虚旷，登临眺望，飞布、灵坛、盘坞峙西北天都三十六峰，隐跃云霄间，端严镇静，令人有乐山想东问政南紫阳高士名贤所建迹足以兴仰止，勤诵法。园之中有斋，颇幽邃，窗明几净，可供读书，有亭有榭，纡回曲折，可恣吟哦。其阴浓葱蔚者树也，枝叶畅茂，则知植之有根；天乔秀韵者花与卉也，春华秋实，则知培之有本；谽谺巑岏者石也，积篑为山，由小

① 乾隆本无此记。该碑文来源于《济阳江氏族谱》卷十《贻庆后堂记》，乾隆四十三年刻本。

② 该碑又见于《济阳江氏族谱》卷十《赉成堂树滋园记》，乾隆四十三年刻本。

成大，则知层累之有基，其有得于身心之助又如此。嗟夫！天地一化机，斯触处皆妙，绪沂水舞雩学功也，即圣功也。伏腊岁时，父老子弟萃于是者，其鉴此而懋修厥德哉！爰即树滋以名园。"此皆先子语也，备书之。

乾隆庚午季春爱山江登云记。

荫园环翠楼记[①]

先处士元直公宋季高才生，居东皋之麓，即山顶为小筑，额曰"环翠轩"。至明儒硕化行公读书其中，著述甚富，世传《环翠轩稿》，其遗书也。癸卯岁，余自广陵归，间访遗迹。从弟星源谓余曰："舍后一区，即其故址，向归他人，圮且废，青崧白萍，久成蔬圃。愚兄弟收而葺之，累石筑亭，凿池种树，历有年所，渐具邱壑，其往观之。"余喜甚，至则奇石玲珑，绿阴蒙密，若堂若轩若台榭，回斜纡曲，巧拘精绝。老梅一二本覆屋上，花发时想见高士山中，美人林下，不是过。其他安榴、牡丹，亦各极位置。时则新秋，金桂丛放，天香阵阵，每从云外来，余神怡久之。登最高处，列屋三楹，上耸岑楼，凭栏四望，飞布、灵金二山出左腋下，从山隙间窥天都、云门、莲花诸峰，隐约云际。右问政、紫阳，与飞布、灵金相对峙。远则大金、高嵋，历历可数，云峰缥缈，黛屏森列，烟光岚翠，变化万千，不禁喟然叹曰："美哉园也！可无以名之哉？"星源以荫园对，余曰："荫园者，志先泽也，名以义起也。若楼独当其胜，举园中珍树奇花，园外云山烟水，悉罗致案上，谓非大观也哉。地为环翠轩址，即以环翠名楼，抚景缘情，亦荫园意也。"昌黎有言："莫为之后，虽盛弗传。"脱非后起有人，则业属他人。青崧白萍，迄今一废圃耳。即或不然，使旧构犹存，五百年中风摧雨渐，败屋颓垣，有能如荫园之胜也耶。古迹不泯，是大有藉于星源昆季之贤也，爰作记以遗之。

雍正癸卯八月蒿坪江湑稿。

云岚桥旧亭记[②]

江村南去里许，曰云岚山，麓有小涧，旧累石为桥，建亭其上，广与桥称长。过其南四分之，一室之以奉泗洲二菩萨像，其制视今差小而朴，余三面不设墙垣，每风雨驰骤，栋柱汗然，桥石或有泐者，而亭未始倾圮。盖古迹，亦胜迹也。少时见旧额题曰"云岚桥"，旁注延祐元年里人汪桂重修。延祐

① 该碑文又见于《济阳江氏族谱》卷十《荫园环翠楼记》，乾隆四十三年刻本。

② 该碑文又见于《济阳江氏族谱》卷十《云岚桥旧亭记》，乾隆四十三年刻本。

在元中叶，距今江氏图新之岁已四百年。其曰重修，则前此始基之者，又不知何代人。且汪氏既以里称，当时必成村落，乃皆化为乌有。呜呼！盛衰之际，良可慨矣。余以亭为元先古迹，今额题他语，而恐失所自也，遂记之。

枧汀程起鹤书。

佛堂山记[①]

兹山也，距余乡不四里，中阿屏扆，冈峦夹辅，据甲挹辛，西方在望。昔有佛堂遗址，肇自隋唐，沧桑几变，仅一空名。岁癸亥，僧涤凡来自淮云寺，数过橙阳，默静寡言，与行脚者殊。予心异之，就与语，欲募金，作韦驮像。予曰："噫！子如不言，是待河清耳。"爰为书疏以劝善，缘逾年事竣，暂供闲云馆。已而将奉像以去，村人士发菩提心，谋创小庵，为后来嚆矢，遂于故山鸠工伐木，中为正座，塑如来像，左右为夹室，为客座，为香积厨。前为山门，后为楼，塑白衣大士、准提二菩萨像，至是护法尊者，遂得会聚于雁堂即止。涤公为捧诵，主一大事，因缘于兹，小构为少歇耳。

嗟乎！自大业以来千有余岁，一朝仍旧址而新之，亏成有数，时事相乘，信非偶然者。昔先达中丞、云南两公，皆读书山后陵庙。今庵距庙不百十武，登高凝睇，令人兴仰止之思，而二公之子，翩翩清拔，领袖胜缘，宁非不朽之盛事也哉！予尝倡议佐中丞公筑台云岚山麓，更欲建筑神皋以合予乡左右二水，亦建佛堂意也，不知何日成之，并记以俟后之贤者。

天启甲子冬日江学海书。

觉华庵香灯田记

觉华庵，古佛堂山也，山隶飞布之麓，诸水左汇为练溪，冈阜逶迤，林树葱郁，近之则平芜苍翠，村烟历落，宛然图画；远之则黄海、紫阳、灵金、问政、斗杓、乌聊诸峰，拱揖环抱，若屏翰焉。虽细柳河阳，隐然肩背，距郡邑治亦仅二三里而遥，而冠盖车马之喧，旌旗甲胄之色，则复迥焉辽绝，洵别有天地，非人间者。倘所云我佛青莲，涌不择地耶。粤自涤公卓锡昉剪荆榛，获觏石鼎龙雷邃古，疑涤公为再来人，一时里中惠州、允言、茂承、尚之、师尹、克生、士奇、叔度、嘉铭、宾梧、于常、无方诸君子，咸发欢喜心，共襄盛事，遂使庄严顿现，金碧重辉。又为置田饭僧，僧徒渐集，诸如方丈僧寮，池台亭榭，亦既次第观成。迨涤公西往，受衣钵者为知幻师，则又慧珠内炳，静气外

① 该碑文又见于《济阳江氏族谱》卷十《佛堂山记》，乾隆四十三年刻本。

凝,兼能博通诸藏大阐宗风。忆予丙戌丁亥间,从刀锋剑脊,脱离一切,来与幻师居,相昕夕五阅月,槁木死灰谥如也。及扣以西来大意,辄顶门透悟,立使顽石点头,而首座澄如,又朴遬克勤苦行,近更远谒五台、峨眉,行虎狼瘴疠中,无所怖畏,爰是诸君子益敬信之,为之丹雘益新,垣墉益拓,而师顾有歉然者,则以香灯一缘,虽有禹正、佽玉、夏玉、尔承诸君引其绪,而未之竟也。既予别去十余稔,复访虎溪,师则迎而笑曰:“前愿毕矣。竣此缘者,又有汪伯润与其子千一及诸信善也。道人余庵攒眉老友盍为余记之。”予乃肃然起曰:“谅哉!是不可无记也。”顷予鹿鹿有年,其阅历于天道人事之变迁多矣。若铜山金穴而幻等尘灰,若朱紫清华而殒同朝槿。悲夫!石火电光,曾不能一瞬尔,独此善果福田,为阴阳祸患之所不能争,罗刹鬼魔之所不能夺,自非具诸菩萨、罗汉,慧者未易证此功德。昔须达多长者,愿于祇陀太子园林,以黄金布地八十顷,为佛精舍,迄兹长者与佛并传。今以视诸君子俨然,现须达多长者,身为觉华布地,佛法无朽,觉华无朽。觉华无朽,而诸君子之善果福田,又乌可朽乎哉?爰盥手敬为之记。

星源慵道人篁峙曹鸣远撰。

觉华庵香灯田记

佛教入中国,昉于汉,盛于唐,历宋元明,环宇内外,丛林梵宇,齿骈鳞次,即穷山僻壤亦罔不构精庐,飞锡杖,其福田利益之说,固儒者所不道,而乐善好施,则荐绅先生多怂恿之,以是知佛教之盛大,入人之深且广也。然佛事之兴,其役成于众人,倡于一二人,此一二人未生,又必先有灵异之迹以劝众。而经始类造物者之位置,此又不可解也。

歙之江村,故有佛堂山,凭高瞰远,冈峦回互,为娄江僧涤凡驻锡处,始辟而庵之,石鼎岿然出地中,古色斑斓,人佥异之。于时江别驾程光禄,暨诸文学劼毖赞襄落成,颜曰“觉华禅院”。既而,江君士奇又置饭僧田若干亩,禹正、佽玉、夏玉辈,益以栴檀宝炬,昕夕无间。力不足者,则募万人,缘以补之。岂非役成于众人,倡于一二人哉。然凌君苍舒先生独谓禅人受十方供养,即盂饭勺水,皆当发如许惭愧心,毋乃顶门一针,使人食不下咽耶。夫乐善好施,崇事比邱者,居士之义也。勇修精进,不侈供养者,禅和子之行也。彰往劝来以明圣果者,文人之事也。是用因李子书卿之请,而为之记。

顺治丁酉嘉平月提督山东通省学政宛陵施闰章撰。

香海禅林记[①]

云岚山盘结数里，歙之胜区也。瞰溪一面，碧水回环，翠屏森列。远则天都、云门、莲花、莲蕊诸峰；近则灵金、高峤诸山，端拱云际。往昔时，仙客高僧若聂公绍、元赖公文俊，及涤凡知幻辈，胥止于此。康熙初，淮僧惟空游锡驻歙，赠方伯拙庵公即山麓构精舍居之，岁远颓败，兹其遗址也。清臞老人以吴下名士通元理，遍游胜地佳山，最后至歙，耽此名胜，弃俗逃禅。赠公后贤延为方丈，主重新梵刹，二三信善踵成之。中奉南海大士，先时赠公孙鹤亭大方伯奉敕赐大士像于广陵，建楼供奉，制府尹宫保题曰“香海慈云”，因祖其义，而“香海禅林”遂为此庵号焉。功成，里人邮书于余，道其事。余闻叹曰：“天下岂少棲禅地哉？两都宫观侈等珠施三竺，钟鱼功夸，金布其间，大善知识讵谓乏人，而静因亦每每为色相累。今清臞所向，不于彼而于此，其于云烟缥缈之乡，殆有深契。而所谓往昔仙客、高僧兹其嗣音耶。”为题其别室曰浣云，而并为之记云。

乾隆壬辰季冬江登云撰。

黄山丽田先生神堂记[②]

丽田先生，族之高士也。性幽静，工诗书，尤精于琴。周游名山水，后归歙，爱黄山秀异，担囊独往，挟一琴，遍踏三十六峰间，居云谷几三十年，始信峰巅及骊珠、石钓、月台，胥叠石为琴台，往还其间，而于龙峰尤恋恋，盖精神所注也，年七十七卒龙峰。兰若僧承遗言，窆庵左里许，曰金钟峰，将以其卧舍三楹，为先生神堂，设位于中，别于庵前旷地架屋棲禅，而力未逮也。嘉庆乙丑秋，村人游山，谒先生墓，便过龙峰。长老指问，举以告众，欣然诸醵金畀师，竟厥事，以妥先生之灵，以展邦族之谊。且以见指公之笃念故人，而他时吾村来游者亦得依莲社以憩劳倦焉，不既善哉。先生有知，其时控鹤以来游乎？爰为之记。

梅宾绍莲拜撰。

① 该碑文又见于《济阳江氏族谱》卷十《香海禅林记》，乾隆四十三年刻本。

② 乾隆本无此记。

瑞金山瑞阳阿记[①]

始余山陵议格，出知晋宁，疾作不能前，乞骸骨归。烟霞之癖益痼，日涉圹莽之区，得襄先侍御二母窀穸事。乌鸟私情，少慰矣。则思得近墓之所无劳陟，岵屺而可望飞云，营草庵为终老计焉。余先自歙州公卜筑橙里，开门见山，隆然踔绝，扶舆磅礴，为北镇山曰飞布，一名瑞金。歙故有七金山，瑞金其一也，发源黄山，蜿蜒百里，高者入青冥，低者嵌培塿，断而续者如削如线，走而飞者如凤如麟。渐近十五里曰厚山，一曰武山，高亚飞布巨半之。志谓：飞布去郭二十里，四封之内无如此雄镇者。绝顶而上，四望无际，山头突起如鸟卵贯，右则如蚕横卧背崭，直下深百余丈，俯而瞯，令人股栗。西迤百武余，为甘露洞，深窈窅冥，叵测底止，洞口仅一人蛇而入。东折下丈许，豂若斗室，可容数人，以下屈曲转深，不可驻足。冬月，白气喷滕滃霭自洞中蒸出，著壁如雨珠欲滴。夏月，凉风吞吐，与噫气相呼应。或曰别有地窍相通，理或然与。左司马伯玉捐甃石梁，跨之洞上，塑如来像，示有因也。殷大农养，实于外构三楹，供游客坐饮，题曰"江南第一洞天"。洞西首多崔嵬怪石，色碧而黝古不可言。循西崖而下，稍东折行三百步，划然夷旷，方十数亩，故有瑞金庵，东向圮废成墟，近有老僧号铁牛者，重新梵宇于故墟之前，为南向。余颜曰："古瑞金庵"，地形如釜，短松修竹，郁郁蓁蓁，居然一精舍也。由山门三折而下，盘纡茀郁，状如拖练，其曰飞布有以也。南突起冈峦，如威凤欲举，曰右弼岩，为瑞金中出。阳崖壁立，崖半长松一株，亭亭挺秀风，时作老龙吟。崖下土润可掬，其峡方广盈亩，取石延袤四旁，命曰瑞阳台，特为帐具，以供酒友班荆而坐，匪直情襟开涤，亦觉沙界空虚。东望大鄣，崆巃站宝，紫芝、万罗、玉屏、飞来、问政，葱翠苕荛，与西来诸山连巘叠崿。西望白岳、灵坛、黄罗、天马，石岣、龙王、五魁、紫阳，嶒崒峥嵘，与东来诸山骈罗竞秀。左登水，右练水，出瑞金两腋，交汇于南，又出昉溪为富资水，出曹溪为丰乐水。自西而南，与登水会，又西环为浙水，经率水会于歙浦，入新安江。吾台临五溪之会，若淫雨如注，长波浚湍，浮天无涯，寻常水落波静，涟漪萦抱，更觉增媚，台后青壁千寻。余勒曰："万嶂云屯，五溪襟带，新安第一山水。"陟斯台也，如大将登坛，褊裨胪列，羽队高纛，环设兰锜，此瑞金山一大奇观也。南行数百步，稍折而东，顿起阿阜，余辟为终老处，横

① 此碑文来源于江东之所撰《瑞阳阿集》卷七《瑞金山瑞阳阿记》，见《四库全书存目丛书》集部第167册，齐鲁书社1997年版，第123-127页。

阔三丈有奇，纵损一丈，连成三洞，两洞相对为壶门，以通中洞，各开南北。圜寮长夏纳凉风，冬可阖以凝温燠，题曰瑞阳洞。洞上为楼，八窗虚敞，命曰瑞阳楼，徙倚流观，会心在远，连甍飞堞，烟火万家，碁布于西，乌聊七星，夹辅百雉，与吾家橙里如弹丸黑子。高峰远岫，苍颜秀色，森列几席，平沙漫流，风樯烟艇，出没舄履间，此石楼一大奇观也。楼宜风飙，激曲棂响来石室，凭楼静听，绪音律畅；宜月阑夜，肃清皎皎，云崖山川，远映列宿，低垂据胡床，筦然独啸，不啻乘槎漾银河；宜雨，山色空蒙，溪声乍涌，瀑泉赴壑如决漕河，灵蛟怪蜃，浡砰而出。余居上乘，不有怀襄之虞；宜暑，洞门幽靓，层阿凝寒，赤日行天，午亦不识。手停羽扇，寄傲南疏，好风时来，亦复羲皇上人；宜雾，非烟非雨，暗漠四合，凡在平地，咫尺不辨，余山透露，觉举世混沌而我独清；宜雪，当长峦积素，松驾玉龙，竹栖瑶凤，无风触响，有月通晖，余方梦濯，冰壶孰惊，袁卧凡此得高之力居多。洞前因山势降一等为夹室，以居园丁。中为池，种红白莲花，有华峰十丈之意。下掘一池以畜水族，临池为亭，以观游鱼，庶几有濠濮间想也。四面垣墙，辑以枳棘，山花野卉，点缀缤纷。中植修篁数千干，二以银杏、朱樱、红梅、葡萄、柤梨、卢橘、黄橙之类。下池沿岸芙蓉、菱芡、萑苇，丛出水面，宛然小湖天也。南行二百武，巨石下有泉甘洌，可酿可烹，勒其石曰“瑞泉”。旁山扼出如悬磴，结草亭于上，命曰“且止”。

通计余山，不盈二十亩，水田六七亩，买山筑室，不盈二百缗，余力已绌，而余得此，不啻莺鸠之决枋榆，鲦鱼之纵大壑，喜可知矣。吾庐之中有炉香茶灶，拂尘笔床，有《列仙高士传》《黄庭经传》《镫录橐驼篇》，有蒲团数具，瓢一，如意一，焦桐一，主人不能琴，聊识趣耳。山泽之利，饶足供客，客至不迎、往不送，饾饤山肴，饆饠野具，饥而食，渴而饮，不分宾主，不作伛偻，不谈时事，相忘于各适之适，山固为主，我固为宾，视世之名园，雕镂藻绘，局为已有者，则槛柳瓶花、醯鸡井鲋而已。虽然苟扫空巢，窞踢倒须弥，游心于澹，合气于漠。栖神沈默之乡，又视此山为赘疣矣，奚烦记哉！

万历辛卯耽瑞山人江东之著。

瑞金山记

瑞金山直歙北十五里。《唐书》云：主簿山也，或曰飞布山，亦天宝时敕改云。山高七百仞(一作百七十仞，误。)，周二十七里，面正北，上崚嶒嵯峨，狖行凹凸间乃得达。若从左径入，纡回约十里许，而奇异似少不逮，将陟山顶。

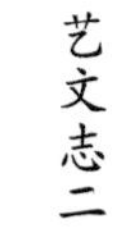

缘西崖有巨石立陡壁上,疑从天风而失势一落也。蹑其上,俯窥山脊,断削千尺,临虚恍瀁,为之目眴而心死。峰头石窟一色,积铁阴雨,辄宣气稍上,与云谷散垂,至麓雨必大作,寒月蒸郁,着壁间如珠。夏则风出,肃然有声,如太原风峪矣。初入甚隘,蛇而东折,下丈许乃窾若斗室。复下则委折益深,不可驻足,投以石,璆璆叵测所底。愚者捧土塞之,作石屋,列佛像其上,诡云:甘露如来修行处。然云气时从石屋中出也。北望黄山、箬岭,西白岳、黄罗、灵坛、天马;东南远则大鄣石耳,近万罗、城阳、玉屏、问政。其俯近小山,真儿孙矣。练溪水从山北折而东,南有小水介之,布射水也。又远水自昉溪、曹溪浮西,而南都一一可数。他山类瑞金者二:曰武山,曰厚山。余小山,如陁坡,烂漫堆众皱二山,特起轩翥,若率队以从者。韩昌黎所谓"离离鱼闯萍,落落月经宿"是已。循西下,为瑞金庵,深寂特甚,石脊三面崱屴,中坦五六亩,杂树松篠,掩映蔽亏。右则罔脊分垂,脊外无所睹,缥气空青而已。又右折七八十步,得石坎泉,僧庐所饮也,以试茗佳绝。望山麓峭壁直下,稍稍平地为主簿砦。昔世乱主簿葛君显率州民置砦处,山所由得名也。右垂一山,曰飞岑,前距练水,碧石如林,大如屋,珍树寻丈,无土自罅,出转视瑞金若天际矣。歙为群山囿,兹山特其一耳。《尔雅》释山:嵩者,岑者,峤者,属者,独者,如堂者,如房者,重甗者,左右有岸厜者,礅者,礐者,埒者,岫者,莫不备焉。又乐其与余舍近,而习游之也。聊书即目,以贻好事。

醉阳程国宾作记。

翾唐山记

翾唐山,去瑞金山左二里,与瑞金接冈,背伏牛峰,如堆绿云。由冈脊百十步,怪石穿空,内拥一石成碑,碣文墨色,形类蝌蚪。晴日从岭下视之,欲读不可识,攀崖逼视,则石棱参差,书状幻化。李太白诗其字,乃上古读之了不闲仙人道妙,洵不解世俗书也。转山凹中有庵,当石林之胜,援岭下得石坎三员,屈如釜形。昔人云:有金釜为波斯人所发,又有金色牛,昼杂群牛中,夜不见牧者,往往于其地得金云。

程国宾书。

游飞布山记

江子闲居,侄惟浚向予言曰:"秋色深矣,飞布去乡不数里,佳山不游,山灵窃笑。"予曰:"诺。"明日,偕惟浚遡溪而行至岑山,由潘许二先生墓道抵飞布之麓，麓有亭，少憩焉。惟浚曰："可啜茗矣，无佳泉奈何？"樵者曰："去此数十武，有泉味甚美。"令童子取之果然。亭后松二株，涛声嗖嗖，若引人入胜地，始就道平而隘，凡五折而石砌尽，上则凿石成路，左右旋转崎岖之状，石不留屐，计三十有四折，而山及半焉。抚膝坐，远近奇观，留人杖履。童子曰："及巅而上，佳不止此。"又行八九折，泥道广二尺许，屐有声，人谓打鼓架，山上僧庐隐隐在望矣。再五折至庵门，共五十有三折，而登庵之堂，家中丞公题额在焉。庵前后松竹茂密，怪石参错，胥有奇致，惜别斋倾圮，惟洪铨部留题可诵耳。闻山顶白云洞更高览，遂登焉。俯视众山，皆伏立山足，势如游龙奔海，村落若弈子在盘，数溪环绕，直疋练耳。四望空明，俨如身去人间世矣。风声谡谡，足难久立，回庵携酒具小饮，般若台酒半，日斜童子请行，乃辞庵僧而下。曳杖行，足不知倦，徐而山麓之亭及焉。时明月在野，恍如白昼，惟浚行且喜谓："今日之游，不减兰亭东山胜会也，公不可无记。"予忆戊午之冬，叔济仲兄容甫作《飞布游》。予以未与为恨，今日之记虽不文，必勉以成，不使山灵笑，人且得与名于记末。

是日也，崇祯庚午九月十四，同游者弟仲翔、侄公裕、声远、肃若、钟伯，惟浚作记者，必超文特也。

黄海游记[①]

吾郡黄海秀绝区宇，以地阻且幽，至者终鲜。予归屡矣，乾隆丁卯春始获一往，三月十三日从江村束装，忽为风雨阻。晨起朝曦，初暄晴山在望，乘笋舆取道丰口，过许村，午后复冒雨行数里，抵径岭宿焉。次日，阴晴未定，欲搜兹山闷蓄，不惮险绝，攀萝引葛，登箬岭。甫纵目，而烟岚迷漫，随雨势下，砂溜苔滑，几失足也。出天都保障关憩，继竺庵僧为导行，或折而度，或攀而跻，取次入胜地。予布袜青鞋，从此始矣。立天绅亭，望苦竹溪，上飞瀑百丈，潭水激涌。凡九叠如玉龙，掉头捽尾，盘旋跳喷，信通山烟雨，为九龙潭所摄。由致雨亭行一里，大石塞路，无隙罅可窥，扪石往，呀然洞豁，若灵掌辟开。人从罅入，过舍身崖，石勒"仙人榜"三大字，题名为苔藓所蚀。里许至步云亭，再进为丞相源，即掷钵禅院，邑侯傅严题曰"云谷"。是夕，住传钵堂，堂下灵锡泉东国神僧卓锡涌出，味美而清。晓来山乐，鸟鸣灌木，如宫商一部，为玩听久之。云谷与九龙峰相向，炼丹、青鸾、紫石、钵盂、桃花诸峰，黄如蒸栗，红如涂朱，碧如刷翠，皆得之睫中。其余沈古，如水墨横抹，在

① 乾隆本无此记。

虚无缥缈间，不可名状。去云谷三里，沿磬声入深岩中，为九龙庵。牵萝补壁，叠石为门，朗仙老衲习定处，客至沦山产茶，香清色白，不减已公茆斋风味，更乞得钓月台畔木莲山海棠数株，当携往邗上，列之水南花。墅中自观音岩度小百步云梯，上白砂矼少歇，雪庄师塔下，竹树交荫，仙葩灵草，罗生石隙，异香霏霏，来参鼻观。由鹦鹉石循指路峰，直造皮篷，主僧延客，饭香积厨，寻挟之出，共探幽奇，而层峦叠巘，已收入密雾中矣。

是夜，听雨云舫。旦晴，自皮篷陟朱陵坞，由坞越朱陵矼，由矼至狮子林，林莽深沈，残响犹滴水积砂，虚若无受足处，受之以手，约五里，假狮林息焉。晓来僧惊睡起，视山前非烟非雾，氤氲幂苈，乍合乍离，僧曰："此山中晓气，少焉开朗。"支策登狮子峰，上小清凉台，坐闻松涛涧水，鸟歌猿啸，杂以梵呗钟鱼，愈觉山幽而静也。向晚，仍反狮林与客坐月，纵饮达曙，乃登始信峰。一松横跨峰之南北崖，是名接引松，援其枝过仙渡桥，升峰绝顶，同游者不能从焉。即鼓兴至西海门，于时千仞之下，逢逢而起，弥弥而涨，一白万顷，信乎云海也。既复眺小清凉台，后有物如昌絮，缕缕英英，自深谭而出，净于铺练。其下合藏龙蜃、鱼蛟之族，其上尽露峰峦岩岫之巅，一巅冠以一松，如首之有笄，车之有盖，又若百千螺髻出没于银涛玉浪中，讵非山灵之元气，又生化一云海耶？俄日轮西仄反照，流光交映，十种琉璃，别开宝界，正不必瑶，岛沧溟然后飞举，闻散花坞中有巨石壁立，一松裂石出，高可四尺，广一弓有余，蟠结伸缩，奋鳞舞爪，所谓扰龙松也。图经尊为帝松，岁久化去，自为不空，三藏所役也。

凌晨过天海，坐光明顶，会天海与云海，下上如一，初日出其中，若胚胎之未分，至此而知太极构天之象也。旁达炼丹台，石紫而平旷，可容万人，传为浮邱公晒药处。客因指天都曰："居三十六峰中，巍然独尊者，此峰也。"上际下蟠中拥，云霞焕然，五彩环匝，皆玉室金堂，洵天中都会，真宰所往来轩皇之洞府也。盍觅丹药，调神鼎终焉于此？予笑曰：山灵其许之哉。自此经小一线天出鳌鱼洞，上百步云梯，或降或升，逾莲花沟，由喝石居诣文殊台，夹拥长松，如张翠盖。列侍二石，左若狮，右若象，玉屏一峰负于后，天都、莲花两峰对峙于前，映带万峰罗立，若屏藩之拱卫，是为文殊院，普门安公所荒度也。询知竭来，香火无缘，圮而不治者久矣。惟陈尘落日，弄影于古像，灵龛丛棘，短藤充塞于斜垠卧石间耳，拟亟鸠工重建以成胜。因下行文殊洞，譬诸汲绠，从井而入也。扪一线天，折而取路，山忽中断，以木架为脱凡桥，度桥看卧龙松，舍松摩壁，过小心坡，别迎送松，穿云巢洞，循老人峰麓，欲克其登，而雷雨骤至，乱水如沸汤激其趾足，皆浮动不啻，逐流随波也二十里，中济涉艰虞，游兴勃勃。雨止抵慈光寺，沙门相迎相慰曰："可谓涉爱水之昏波，同臻彼岸矣。"朝来雨气殊有春寒，绕遍香台，幽思无极，因诵先曾王父。雨后立慈光寺前，诗咀咏回环，追溯遗韵流风，几徘徊而不能自已。午晴，浴于汤泉，泉源出硃砂峰下，一清见底，温而且香，濯之可以伐皮易毛矣。大凡汤泉，乃阴火蒸于内，得天地太和之气，尝按方密之诸汤泉，考其述已备。而吴鹤孚云："惟滇中安宁碧玉泉，差可与并。"则黟之泉，可甲天下矣。诘朝，再浴汤泉，浴罢遂游祥符寺。正结清静缘，而禽言催归，动人乡思，因理装作歌，与黄山别。至山下，宿谢家祠，晓发暮抵江村。家英玉兄剪园中蔬、网鱼于溪，出芳酝于篘，相与聚饮于予之江村花房。酒酣偻指，计山中以还，恰判月矣，乃纪其梗概如此。

四月望前鹤亭江春记。

始信峰琴台记

志称：始信峰顶有定空室，开山僧一乘每日暮狮林课毕，即宿于中，风雨无间。吾族祖江天一先生来游，书"寒江子独坐"五字于扉，今室废迹湮，而犹啧啧人口，盖重其人也。

癸巳秋七月，余自云谷来探后海之胜，邂逅巴君雪坪，素称好事，由前海而来，多标异迹，文殊院则显阿难礼佛于玉屏峰，喝石居锡，九如松之嘉名，以补入大名松之缺。始信峰为余作琴台于孤松之巅，皆山林胜举，可咏而可传也。

丽田生江嗣珏摩崖记此。

酿云泉记[①]

乾隆己丑季春，余归自广陵，偶暇辄访村闾胜迹。人言三台山下有听泉桥，境地甚佳，余心讶焉。归里屡矣，桥亦数数往返，曩故无名，听泉之号奚昉耶。诘之，则族子信旃所甃治而标题之者。信旃谓山麓有泉，滃出涧底，夏为涧水，混不获见。余时水平乃出，方其出也，瀌瀌可听，缘以名桥云。余闻之，喜曰："山已佳矣，复有泉耶。"亟邀徐石沧、项小溪家枫原、族子楞山从孙梅宾偕游，而香林清公、太函汪山人适馈新茶至，爰命童子整竹炉，涤龚春壶，乘兴往。将及泉，兄丽田老人携琴穿山径出，相值乐甚。于时，幽花渗

① 乾隆本无此记。

径，嫩草如茵，相与席地坐，仰对三峰，耸峙于前，古松一二百本，苍翠若沐涧中，春水方生，回环山足，而清泉一勺，如喷珠，如漱玉，脉脉从石罅出，几叠入涧中，细响幽咽，玩听久之，卢同清兴勃发，汲而烹之，蟹眼初翻，松涛欲沸，瀹茗争尝，甘生舌本。丽田老人鼓琴相赏，清公和焉，琴韵茶香，七碗后觉释躁平，矜匪虚语矣。清公谓："惠山佳矣，逊此新鲜中泠奇矣，无此便易。"余然其说。诸客曰："泉美矣，宜有以名之。"余曰："山号云岚，泉出山麓，疑酿云根，名以酿云，其有当欤。"客咸唯唯，遂各为诗歌纪其胜。既归，属余就镫下书之，时谷雨前二日也。

里人江昉砚农漫记。

游白泉记

瑞金山南曰岑山，山右麓有白泉，用煮茗，味芳美。或云就泉饮更美甚，且邱壑大佳，可供游玩，愿往者数矣。乙丑十月，乃偕叶子霨村及诸友结侣行。是日也，日色晴旷，远峰逼天。路经岑山村，石梁夷坦，霜枫弄色，照人眼目，溪流鉴底，群相憩息，心神怡旷，赋诗咏歌，各随其趣。未饮白泉，心目所触，乐已如此。已乃缘溪行约里许，有水自山腹渗涌而出，则白泉也。注以器，顷刻盈满，以烹雀舌、龙团，香沁肺腑。既而相谓曰："非白泉无以助游兴，非游无以继余欢。"于是，披蒙茸，登岑山，山有二洞，曰金龙，曰蝙蝠，从俗呼也。中甚深广，前有石亭，可容十余人，怪石凸出，若玉笋林立，若罗汉横卧，若猛兽蹲踞。柳州所谓熊罴牛马，悉参差森列，无不傲岸奇特，俗所称乱石窠也。

嗟乎！今世贵介，每构别墅，必堆山凿池，殚无穷之力，费不赀之财，其能有如白泉之美，乱石之奇乎？天地奥区，人不之赏，而乃为吾辈不期而得也。客乃欢然即地平旷处，踞席进酒，山肴野簌，杂然前陈，觥筹交错，间以笙歌，作竟日欢酒阑。日昃，再烹白泉，觉酒后茶清，卢仝之破闷生风，不是过矣。游兴既毕，遂访夷途而归焉。余弟廖赓宇谓："斯游不多，得招同人赋诗纪事。"而属余为文以记之。

乾隆乙丑孟冬渔山程廷霖记。

九芝山纪胜

维山之英，厥以芝名，传闻自昔瑞产九茎，胚胎黄岳，源本瑞金故尔。琪花瑶草，馥郁阴森。嘉名独擅，美景堪寻。冈挺长松，虬龙蜿蜒。麓连介水，潭影空清。广不十寻,游览据橙阳之胜。高盈百尺,登临窥黄海之真。当夫青帝司辰,芳葩焕发,炎神布令,清荫低迎。遥瞻花屿,既艳丽以相宜;坐听松涛,觉熏烝之胥释。抚明媚之风光,揽清凉之标格。至若朱染高枫,玉盈曲径,则又秋冬之交,林皋之胜。匪特山园金粟,馥从风来,原隰黄花,色因霜劲。故夫人烟万户,登巅则洞见其全,古迹千奇,陟巘则周罗其景。风雨无明晦,鸡犬家家;缥缈有烟霞,桑麻井井。北瞻飞布,察晴雨于天时;南望云岚,聆鼓钟于陵寝尔。乃金尖起伏,而东盘灵坛,回环而远错。雉堞森然,山川隐约,听练溪之渔唱。月满前村,闻松坞之樵歌,风生幽壑,野火遥明,神皋晚照,到处传奇,无不入妙。是以携手赋诗,清颍之高风可仿;举杯邀月,平泉之盛会堪伦。觥筹交错,丝竹纷陈,游无虚日,笔有难形。爰标其略,用纪山灵。

程翰登撰。

黄山记①

黄山,自徽郡西北行三十里,抵潜口,有紫霞岩可游憩。五里佛子岭,境地清幽,树阴蒙密。又五里,为杨干,水色山光,已异尘境。再五里,曰容溪,地愈幽,竹木愈密,传为容成子游历处。二十里,登山口岭,则黄山在望矣。从此三越岭至杨村,渡溪入坞,抵汤口,自山口至是,计程四十里许,为黄山之趾。

黄山天都、莲花两峰,皆高九百仞,自趾至巅,实四千仞也。入山八里,经逍遥亭抵祥符寺,俗作汤寺,建造最久。负山面溪,古有穹音楼、狎浪阁,久圮。西进为桃花源,有鸣弦泉、观瀑亭、丹井,井上为莲花庵,由庵南折扪萝,踏蹬而上,峰脊坼裂石窍,人谓容成安炉之地,呼为药铫源。僧云从此更西数十里,为云门峰、白鹅峰。招隐洞中有洋湖,源出峰头,三叠委地,分上、中、下三湖,周可三十里。荻芦披拂,宿雁成群,宛似水乡,别有幽境。十余里为浮邱公种梅处。志称:“十里梅花。顾地阻绝壑,无路可通,唐以后绝少至者。”

自药铫源反,而东沿溪,为白龙潭,水作碧色,盛夏冷气透人心脾,中有龙,祷雨立应。渡溪而北,为紫云庵,一名茅篷,踞汤池上。池广盈丈,香汤从山麓涌地而出,有石厂覆之,浴者便焉。凡温泉下多硫磺,气味触鼻,此独

① 乾隆本无此记。此文为江绍莲摘录于江登云所撰《素壶便录》卷上,嘉庆四年刻本,第17–22页。

芳洁，以地脉通朱砂峰泉之温，缘下乃朱砂，故鲜气味。去茅篷，路经辨源亭、得心亭，皆行密箐中。达朱砂庵，即慈光寺也，为普门大师开创，明万历中敕建。有四面佛铜塔凡七级，高四丈许，缥碧鎏金，佛以万计。寺前木莲花，为宇内奇品，他处绝无。出寺由东迤北，过观音岩、朱砂洞，又数里登老人峰，东望佛手峰，青猿洞有千岁猿，不恒见。转而西进天门，过赵周庵，穿云巢洞，沿路有迎送松、黄龙出洞松、靠石松、卧龙松，悉奇石，不审何代物。复南行，蹑小心坡，过断凡桥，夹路峭石矗立，千尺如壁，人从中行，为一线天。过此则为小芙蓉峰，数折入文殊洞，陟木梯自洞顶出，凡数十折乃至文殊院，自茅篷抵此，又十有五里。院奉师利菩萨，夜静或放白光，照耀万壑，有因者得睹焉。屋以石代瓦，御罡风也。涩于粮，仅容一僧。院左为狮峰，远望青鸾峰、耕云峰、天都峰，峰顶有石屋，广数十亩。登峰径极险，有以腹摩而过者，曰阎王壁，以手抵而升者，曰悬空步。造巅，则左沧海，右彭蠡，皆在指顾间，非极僄捷鲜能到。院右为象峰，远望桃花峰、莲花峰、莲蕊峰，峰腰巨石横出，曰采莲船。云拦半山，船如泛水上，御风行也。院后为玉屏峰，有立雪台，视光明顶，如倚天半，后海群峰，历历可数。院前则文殊台也，有古松曲绕台畔，曰如意松，南视朱砂、老人两峰，真儿孙矣。

由院十五里，至狮子林，皆西北向，路经莲花沟，盘曲而上以达于莲花峰，峰势下削上迸，危磴缠茎，而升将及巅，屈曲穿石瓣中，探身外瞰，千仞无底，峰若倒悬，目眩股栗。登巅四望，天目匡庐，微茫可辨。九华、白岳，如罗襟带间，长江则近环足下矣。峰顶石窦出香泉，沙细碎，白洁如银，作莲花气息，研擦疥癣，罔不瘥。由峰西折，石壁陡绝，凿级通游屐，曰百步云梯。行者惴惴，复入大壑，行数里，奇峰拔地，状类巨鳌，横障半壁，疑若无路，谛视有口，曰鳌鱼洞。洞门老柏一本，蟠拿百折，若故障蔽日，蟠龙柏乃从口入，穿腮而上。

出小一线天，一望平野，烟云弥漫，则天海也。海右为炼丹台，遥对玉瓶峰，志谓：黄帝炼丹于此，山以得名。国初，有高僧自雁荡山来，结茅台畔，自号雁黄庵，今圮。海北，即光明顶，往往现佛光，盖前后海正中也。南望天都、莲花、鳌鱼诸峰，东望箬岭，回环拱列，俗称万笏朝天，颇肖。西望翠微、芙蓉、飞龙诸峰，北瞰深谷奇峰，怪石簇簇，从地底起，历落参错，为散花坞。从顶西下径颇夷，经西海门，观落日极奇。每从两峰中裂处直坠而下，夏须远望，冬则近峰，觑之无或左又西即狮子林，有小庵，后为青龙岭，陟而望奇峰，森列目不暇给，而狮子峰特奇。再二十里，为丞相源，路经始信峰，千仞插天，双岩中剖，危桥通焉。对崖有松，曳枝丈许，扶而过，曰接引松，匪是不达。峰头有一乘僧定空室，明寒江子独坐处，迹久泯。北下皆仄径，复数十折抵皮篷，即云舫雪庄，僧面壁之所。精舍数椽，树皮覆之，邱壑幽邃，松石离奇，不可名状。有黑虎恒出听经，又有迎送鸦，师坐化后不复见。过此，则丞相源矣，有掷钵禅院，明汤丞相宾尹读书于此，旁倚掷钵峰，飞泉不断。院亦明时敕建，旧号云谷寺。有藏经楼，藏旧画如来拈花图，仿道子笔，又有金银字经各一函，书法秀整，宫绣华丽，为慈圣太后赐寺。右别径达龙峰庵，对九龙峰，过溪石林如屋，清泉饶焉。有幽禽侣，常八九飞鸣而过，宛如鼓吹，名音乐鸟，为山独产，而龙峰、云谷为多。去此而西，经仙人榜，巨石壁立寻丈，面平如琢，石缝细草，萦结若篆，或云昔有人辨出数字，雷即削去。神仙幻迹，固不可测。又北转为步云亭、天绅亭，亭为余从叔鹤亭方伯修建。侧望九龙瀑布，争飞倒挂，自空而下，凡九叠，轰雷震壑，如泻银河，堪夺庐山之胜。自云谷又十里，至继竺庵，为黄山北界，乃出山焉。山中所产，有云雾茶，绝胜松萝。有云雾草，明目愈热疾。有鹿衔草，益虚寒。有光明石，具五色，燔之起痘。其他锦鳞鱼、音乐鸟、山海棠、木莲花俱绝品。

爱山江登云著。

飞布山记①

飞布山，歙北十五里，高七百余仞，徽郡之北障山也，旧名瑞金山。晋主簿葛显率州民避乱于此，上有主簿砦，故一名主簿山。唐天宝六年，敕改飞布。或曰李白游历至此，见山阴悬瀑殊胜，因题“飞布”二字于石壁，故以得名。金地藏亦尝驻锡兹山，迄今山门犹奉其像。

山凡五峰，左曰大牛山，势类展旗，高亚飞布山半，西向有石壁广亩余，土人呼为金字牌。传昔人见石上勒有金字，又时有金牛出没，罕得见。后脉为金锅岭，往时波斯人取去一金锅云。中峰曰鸡冠尖，顶石攒簇，如雄鸡冠，石白色，故又名白石山。高较大牛，又杀而耸拔胜之。右峰曰飞岑，昂然特立，高出鸡冠，峰顶巨石如屋，中有金龙洞、蝙蝠洞，石尽奇。古麓有泉，自沙中渗滃而出，其沙细洁如银，曰白沙。泉味甘洌，人谓中泠而外，此最佳者。春月游人结侣，品泉络绎不断。三峰之中别有一峰曰右弼岩，背倚飞布，东出为瑞阳阿，先大中丞长信公著书处。登岩而望，三峰皆在足下，远近群山，

① 乾隆本无此记。此文为江绍莲摘录于江登云所撰《素壶便录》卷上，嘉庆四年刻本，第26–28页。

骈罗拱卫。左登水，右布射水，出两腋下，稍远则扬之水自东迤西，富资、丰乐、渐江三水自西饶而东南，回环如带。

飞布则山之主峰也，将至巅，地忽夷旷，可二十亩，古有瑞金庵。明万历初，铁牛禅师自普陀来重建兰若，即今址也。四壁虬松千株，翠竹万竿，明龙云周王题曰“第一洞天”。庵左有般若台，巨石天成，平如琢，为铁公说法处。远眺村墟，如奕子在枰，历历可数。下瞰幽谷，令人股栗。庵右有二径，左径扪绝壁，而西有甘泉，烹茗作白汤极佳，中产异鱼，类蜥蜴，赤腹四足，捕而闭之瓮中，能祷雨，久自遯去，亦奇物也。再百余武，突起巨石，高十数丈，中裂如屋，藤萝下垂，名丝罛幔，遥对白岳，传为真武著灵处，屡显神异，因建庙祀焉。郡守家蔗畦更号“祥云岩”。余题其额曰“太和分荫”。岩脚有二山，作龟蛇状，极肖。后障右肩，巉岩拔起，为五老峰。右径北行，穿松谷有狮子林，三佛石极奇古。复转而南稍上，抵甘露洞，深窈窅冥，叵测底止。洞口一人蛇而入，东折下丈许，空若斗室，可容数十人。再折，愈险愈深，不可驻足。每云从洞出，弥漫山顶，则雨立降，形家谓之通天窾。由洞左而上百武及巅，四望空青，如置身天外矣。

里人江登云著。

云岚山记[①]

云岚山，飞布之支山也，唐越国汪王陵在焉。折而西，为佛堂，山有古佛庵。隋大业间建，明末江氏捐金重葺，更名“觉华庵”，王时敏书其额。再折而北，为鹤头山，产石可砥砚。下有石桥，创自元延祐间，号云岚桥，迹最古。康熙丙戌，余从祖待占公重建。东出为三台山，三峰并峙，老松数百株，苍翠欲滴，涧水一湾，环绕山足，境地幽绝，东北角有泉，出石罅间，杂入涧中，甃石阑之，则泓渟澄澈，与涧水迥殊，以烹茗味，埒中泠也。余从叔橙里公名之曰“酿云泉”，名流皆有诗纪其胜。

江登云素壶氏漫记。

绿猗堂古梅记[②]

梅何以记？志古也。奚谓古种？自天启间代更两朝，岁近二百，是以谓

① 乾隆本无此记。此文为江绍莲摘录于江登云所撰《素壶便录》卷上，嘉庆四年刻本，第28–29页。

② 乾隆本无此记。

之古也。先子为予言：梅有二，朱、绿两色。传别驾三莪公所植，花独早，文学叔度公以先春署之。康熙初，朱色者悴，明经若山先生补种之，不十年又悴。人谓幼植，不敢与老成并有谦道焉，理或然也，遂阙不种。今又百年，而绿者茂如初。乾隆壬寅，教授堂中，来春花放，二三子对酒花下，既酣，请予咏。予曰："堂有梅咏多矣，而梅之因由，卒未有道及之者，虽有咏梅，无取焉。"遂请记，许之。为纪其端委，如右尺循。

江本良，时年七十有一。一说梅为三莪公孙佽玉公植，则亦崇祯间物也。

树滋园五针松记①

李贺有《五粒小松歌》，陆龟蒙诗曰："霜外空闻五粒风"，考《酉阳杂俎》，粒当作鬣，五针松也，或云产括苍，或云产新罗、高丽，顾括苍松仅三鬣，则产新罗、高丽近是。然今华山及峨眉皆有之。乾隆庚子春，客有好奇者，从蜀中载松十本，来广陵，从祖鹤亭公购植御圃，以供宸玩。余二本，橙里公乞树别栽，三年不茂。余见爱之，公慨以赠，携归亦树之别栽，历十余年仍不茂且悴。其一人言："此异产植，非其土宜苑郁，犹高人逸士，不当以尘市居，山麋野鹤，不可以樊笼畜也。"余唯唯思所位置。弟灼塘曰："审若是，则惟树滋园宜，前接云岚山，老松几百本，可与为邻。近倚茂林古柏二株，矗寻丈，滴翠浮岚，与数晨夕，松如有知，其快意也欤。"余然其说，灼塘遂移之。时乙卯秋也。逾年，翠色侵檐，亭亭者出墙外，果大茂。爰喜而书其事，且以识松之由来也。

嘉庆戊午夏日江绍莲记。

① 乾隆本无此记。

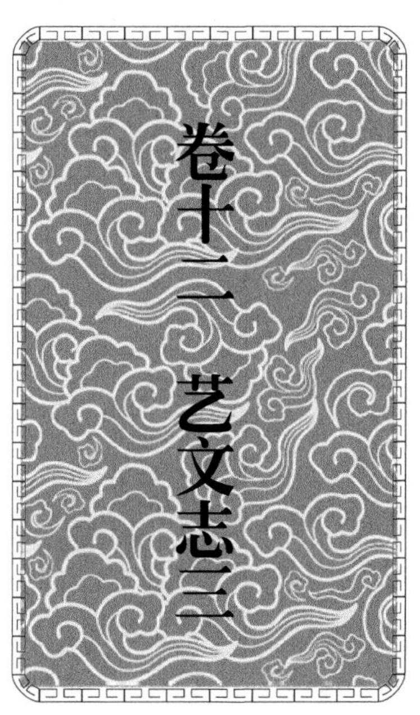

卷十二　艺文志三

序　文

凌云台序[①]

余自山陵议格乞骸骨归，家居数载，惟以奉先睦族为急，盖在国思益于国，在乡思益于乡，其理一也。余乡族分里外，谊本同源。所未尝合者，余姑从其分。所不必分者，余特为其合。如歙州公庙，前人分创，由来已久，余惟从而开拓之。至若三台山而外，为阖族水口，相其形势，于里村尤关，形家往往谓此水势荡轶，致素封者少，而甲第寥寥，宜筑台作印，浮水面观，庶几不无稍补云。余苟循里外之见，而拘形势之多寡，不为经营而创建焉。

所称在乡思益于乡者谓何？又岂得为睦族之道哉？故不吝己赀，购田为基，鸠工畚筑，周围砌以石，高四尺五寸，纵横二十丈余，计其所费，不过二百缗，而余囊已竭。台成，阖族诸父老咸欣然喜，谓余不作，人我相而为斯举，是真有益余乡也。既而，谓余曰："台成矣，而无以名之，其可乎？"余思前对云岚山，左连步云桥，而台介乎其间，因名之曰"凌云"。诸父老咸唯唯焉。余尤愿后之陟斯台者，顾名而思义，超然有凌云之志而可哉！爰为序，而并赞之曰：

余家橙里，发源瑞金。崔巍护南北，浩翰缠西东。爰筑凌云，抑其奔冲。流而能舒，积贮丰腴。印而上浮，甲第连珠。滔滔不竭，震世勋业。意气凌霄，兴朝赞烈，咸兆于斯，百千万叠台乎。谓余益于乡，而为人力，抑造化于今为备。

耽瑞山人江东之撰。

议建瑞金文会保龙序[①]

郡东北有山曰飞布，一名瑞金，巍然独峙，前后冈阜伏。其下扬之水、布射水，出其左右，紫阳、问政诸山，列如门户，诚新安一大奇观也。居其麓者几万家，族姓聚焉。葬其地者几万冢，封树植焉。前朝敕封越国汪公、歙州倅江公，昭代谕葬相国许文穆公及潘侍郎、黄都宪墓胥在。是而，郡邑治营署，复倚为屏障，载之郡邑志可考也，所系亦大矣哉！

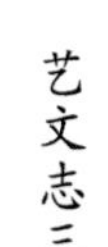

① 该碑文来源于《济阳江氏族谱》卷十《凌云台序》，乾隆四十三年刻本。

① 该碑文来源于《济阳江氏族谱》卷十《议建瑞金文会保龙序》，乾隆四十三年刻本。

顾山脉多产矿，破其块而付之煅，腻如粉，能备一切用。左右复产煤，以煅石甚便也。奸民虎踞，以为利薮，日剥月削，陷若阱坑，地脉不断者一线耳。山麓居民阴受其祸，生齿凋残，乡先辈抱切肤之痛，廑未雨之思，举于当事，得贤邑宰如张公涛、戴公东旻先后示禁，锄其奸顽，平其缺陷，价购其余山隙地，严巡缉以保卫之。近年以来，生齿蕃盛，群颂贤父母之德，其事载《保龙集》中。第山民奸顽，罔知法度，巡缉偶疏，不无见猎之喜，诚未善也。

余以钟毓人才者，山之灵；保护山脉者，人之力。举两事而一之，亦一良法也。其说择山后幽旷处，建立会馆，选八乡之俊彦，肄业其中，置田以为膏火。春秋佳日，乡先达群集于此，评其文艺之工拙，为之督课而讲学焉，则此中有人庶几奸顽者，闻而裹足，有不较巡缉之役，无疏虞而多裨益哉！且也穷则蓬荜攻其业，达则廊庙壮其猷，于名山愈有光矣。爰创议以质八乡之贤者。

天启乙丑冬东皋佚老江世济序。

聚星文社序①

夫会文于友，求同也。同类相求，同明相照，同业相励，同美相成，胥会焉是赖。故会者，萃也。非萃则离，离则孤甚矣。学不可以孤也，德星聚鲁，言氏北辕，苟藉观摩，讵远千里，矧其在迩，宁甘孤学。

吾乡居郡东北，其人任质，农什九，儒什一。客言兹土也，不宜儒种而鲜获。既道东释褐，江伯子亦以进士起家，济济逢掖，咸志上农，藨蓘待获，客言何为者？曩伯子语诸同俦，益莫如会，取友四方，由吾乡为嚆矢，诸同俦谓然。申约著诫，若执左契，期共守之，以视道东请序，道东谢不敏，诸同俦固以请，且告成事于伯子，并征勖辞。道东受而卒业，而深叹此会之嘉也。会何以嘉？必虚必诚，必敦必文，以礼乐而成仁也。语云："虚其心，实其腹。"海惟虚，故翕圣惟虚，故受两贤相，拒则善不入。去矜去吝，虚往实归，是立会之本也。豚鱼可孚，细腰可化，物以诚格，人亦宜然。意纯念笃，己输其忠，精融神应，人委其悃，故未言而信，言斯莫逆。语云益友在谅，不在便辟，大块滋生，山薮藏疾。以人所能忌人，忮矣；以人所不能愧人，隘矣。不忮不隘，以善养人，是敦德也。语云我处其敦，则人不偷。敦以维义，义以联情，故亲不昵比，不伤欢有，庆虞有恤，人休我休，人戚我戚，荡乎孪如，嘉兹会也。嘉会则礼合，礼合则乐兴。合礼教让，兴乐教和。和让之极，浑然同德，

① 该碑文来源于《济阳江氏族谱》卷十《聚星文社序》，乾隆四十三年刻本。

仁道成矣。语云:以文会友,以友辅仁。里仁为美,可风四方。如有用我,执此以往。伯子以名柱史,陟在朝省,乃犹不忘乡,会真锡类之仁哉。会肇于癸未孟陬。越岁,适奎聚五星,卜兆文明,遂名聚星文社。异日者诸同俦协卜显仁,则有伯子前茅在。

万历甲申仲冬程道东序。

重兴聚星文社序[①]

余里聚星社,肇自云南、贵抚。二公为族党诸子偕攻制义,爰立规条,兼储会饩。每岁,按季六举行之,一时人心鼓舞,争自淬磨。乙酉之役,社中荐贤书者两人,廪学宫者若而人,入胶庠者若而人,文社之益彰彰矣。频年来,士之获俊者,稍不及昔,则以文社玩愒,徒修故事也。有夙抱者辄幡然思奋,相与寻盟旧坫,倡厥英锐,每岁更益六会,浸浸乎意气冯如勃如,将见拔茅连茹。乙酉之盛,可复睹也。其不负二老属望初心,在此举矣。

夫易隆丽泽,学记观摩。逢年之幸,基于力田。国宝之章,始于追琢。君子未有不如此,而早有誉于乡国者,诸君其勖之。是役也,问谁执耳?挥尘则有别驾、广文二公。问谁主席?刑鸡则有司丞。从事问谁?执铎镇喧,则区区鄙吝,愿奉周旋所不辞焉。

天启元年辛酉十月之望江学海书于橙里玄览楼。

建聚星文社馆序[②]

吾乡人文鼎盛,簪缨代出,先世若昌公、若贤公,功业彪炳,闻誉辉煌,历历可溯。余所及见者,滇南守程公、抚黔大中丞公,雄文积学,首重士林,劲节丰功,流传朝野,实吾侪文学宗。万历癸未冬,爰立聚星文社,一时英才辈出,佥宗二老,为斯文主。二老慨然以造就来学为己任,命题秉笔,寒燠靡倦,吾侪欣欣,乐就正焉。乙酉宾兴,及辛丑应南宫选,先群英而崛起者,故云南道御史伯达、今守粤西桂林清臣二君,是已为文,皆卓荦不群,实二老造就之力居多。而嘉惠后学,其心未已,各捐田资二十缗为倡,伯达、清臣亦各捐十缗为助,会膳攸赖,自此始矣。第社无定所,虽乐群不废业,而萃涣无常居。嗟乎!国家立成均,则才可育;郡邑设学校,则士可造;闾里创家塾,则蒙可养。其地均重也,奈何以聚星名文社,可无定所,以壮今日之观美乎?

---

① 该碑文来源于《济阳江氏族谱》卷十《重兴聚星文社序》,乾隆四十三年刻本。

② 该碑文来源于《济阳江氏族谱》卷十《建聚星文社馆序》,乾隆四十三年刻本。

余僭叨马齿之长，雁行玄水先生，其他若师尹、若允言、若茂承、若大生者，皆畏友也。议及此，咸咨嗟而扼腕焉。谓卜筑无吉壤也，乃师尹程仲子，起而言曰："予有前山一区，坦然平夷，旷然闲雅，祖山后峙，群峰前列，美哉山谷之壮丽也，愿公诸众以基文社，不亦可乎。"余因顾茂承曰："有基固无坏，惟是鼎建不易。庶几，蠲赀以为倡首。"茂承曰："唯唯！是诚足为乐输者前茅矣。"余不佞耄矣，无能为也，与玄水老人乐观厥成耳。卜吉经营，得智能之士，任之大工，奚难告竣哉？将见梗楠杞梓，得丰林而植之，千章葱郁矣。骐骕騄駬，得牧野而豢之，空群而腾矣。至于充拓膳田，以供肄业，尸祝其先达，以隆祀事，又在后贤踵事增华矣。同志者，其勖诸。

天启癸亥长至东皋江世济序。

建聚星文社馆序[①]

万历癸未，吾乡程宇和、江念所两先生立社捐租，嘉惠后学，历年于兹矣。而会馆未建，姑有待焉。天启癸亥，程仲子师尹、江伯子茂承，皆翩翩佳公子也。慨然思成先德，择地于前山之阳，辟址助赀，以为倡首。二君奇才，必当同籍，凡木石黝垩之费，实同任之。里之俊彦，有并辔联镳，与二君平分石头紫气者，亦共肩之。虽工作未兴，而规模已宏远矣。

余惟馆以会设，会以文名，士之绩文者宁独鞶帨已耶？士善一乡，又进而一国，进而天下，士不负学，必不负天子，不负生民，立德上矣，立功次焉。二先生人伦冠冕，士品璠玙，一则握兰粉署，泽润河淮；一则执简乌台，芒寒星斗，滇南携两袖清风，黔中舒一天化日，德与功实两兼之，真吾徒师表也。取法于中，不若取法于上，士之会兹馆也，其有所穆然而深思乎？今日做真秀才，他年作贤宰相，宁恬无竞，宁拙无华，宁戆无阿，宁坚无脆，庖丁之解也，轮扁之斫也，痀瘘之承也，纪渻之养也，其硎新，其数存，其神凝，其德全，是所望于会之制艺者，调羹之梅也，东征之斧也，高冈之鸣也，衮衣之惠也。其猷裕，其功茂，其诚格，其泽厚，是所望于会之从政者。

嗟夫，高山可仰，良法宜思，文章德行，二先生型范如存堂构，箕裘两贤，侑绍述不朽，练川漾秀，既环萃橙里之文明，虚谷效灵，将尽收扶舆之清淑，会馆所系不亦巨乎。若其弄笔墨以徼利，达踞尊朊，而忘寒酸，岂徒减山灵之色，抑亦增二老之忧也夫。

天启癸亥长至玄水江东望序。

---

① 该碑文来源于《济阳江氏族谱》卷十《建聚星文社馆序》，乾隆四十三年刻本。

聚星会馆告成序①

明兴，沿赵宋贡举法，以文取士，士生斯世，匪藉制义为羔雁，即欲颉颃青云，道无由也。吾乡先哲应运而起者，代不乏人，文章经济，彪炳宇内，至今犹可考见。然学多独证，嘉隆以上，萃一乡之彦，而课制举艺者未之。前闻聚星文社，肇自万历癸未，则程中宪、江大中丞二公共创之，以兴起斯文者也。越三年乙酉，石钟、乾庵两先生，同举于乡，石钟先生继成进士。此立会之初，称最盛也。嗣此，以岁荐登仕籍者为三莪公同辈一二人，虽簪缨不乏，而甲第无闻，求其所以，缘会馆未建。而会事，萃涣无常也。

先是，别驾三莪公尝倡议建馆，程师尹公许捐前山，以为基地。三莪、玄水二公曾序之，于今一纪，而公倏已捐馆矣。岁甲戌，师尹公出地，以践前盟。其山负乙面辛，六秀环拱，人谓得地之胜。且当一乡之中，彼此往来，道路适均，诚佳址也。独片瓦寸椽，必资泉布，爰不惮烦纠，诸同社得若干缗，鸠工庀材，会计盈缩，出入经纪，晓作夜息。年余而馆舍以成，直计之得九丈有奇，横计之得二十丈，中恢梁楹，为“绿猗堂”，南建“奎楼”，下为书舍，前张绰楔为门额，题曰“聚星会馆”。

嗟夫！昔范文正公偶获吉壤，形家谓筑室居之，出青紫无算。公乃让为学宫，分泽同郡，真百代人物也，师尹公其殆有见于此乎。同社诸公，从此共相琢磨，联翩皇路，庶几不负二老立社初心与三莪、玄水二公属望，则捐地者，亦甚愉快也。为序数言，以为诸君勖。

崇祯乙亥春太冲山人江道振书。

重修聚星会馆序②

歙城市乡镇，各立文会馆，其间华丽者居多。惟吾乡规制从朴，盖先年资斧未充，草创成之也。历年既久，倾圮因之，幸乡贤勤于修葺，赖以不废者亦几矣。今则奂然一新，伊谁之功欤？家待占见楼阁欹邪，堂庑破碎，垣颓蹬敝，恻然心伤，思集众输赀，终难举事。因慨然自任，捐赀三百余缗，以供修费。斯年也，复值英玉司社事，经营赞襄，共成盛举。于是，同社诸君新文帝像，而加塑仪从，以光文教。祀诸先达于堂，以隆典礼。一切措置，井然有条。自程中宪、中丞立社以来，未有如此之备也。且也昔惟造就人才，今则

① 该碑文来源于《济阳江氏族谱》卷十《聚星会馆告成序》，乾隆四十三年刻本。

② 该碑文来源于《济阳江氏族谱》卷十《重修聚星会馆序》，乾隆四十三年刻本。

并崇祀典，而礼文于以植其基。昔仅课举业于艺林，今则萃一乡之俊彦，讲信修睦，教让敦仁，而风化于以端其本。先人有知，能无快慰也哉。则凡吾乡之切观摩而勤攻错者，其所就又讵可量哉。待占之功，真不在立社诸君子下也。余喜而为之序。

时康熙壬寅夏日江永治书。

江村文会义田序[①]

峰影过蟾扶之社，沿溪多柳暗花明，书香腾鹊起之，家比屋尽，云蒸霞蔚，梦传彩管，声华最羡，文通铭勒，鼎钟世泽，尤推光禄，遂使吐胸中之白凤人人响彻雍喈，探颔下之骊珠，处处光生，掌握文心，化月同吟，万柳经堂，绣口吹云，欲夺五花仙笔。然而鹤粮未足，何由负耒横经？萤焰犹微，安得读书烧叶？叹孤寒之有志编蒲，则大泽飘零；嗟劝勉之无资，拾橡则空山偃蹇。假若家空，担石忍饥，频嚼梅花，安能室聚图书，啸咏长吟香草。是以江君待占愿同乡之杰士，竞奋风云；分负郭之腴田，爰供膏火。春菘秋韭，无烦饮露；餐英夏扇，冬釭不待。裁云镂月，从此分笺落墨；玳瑁装函，授简联吟蔷薇。盥露气比摩空，后俊鹘饱可飞，腾文，如食叶春蚕，酣能健旺，蟾蜍夜馆，聚首弦歌，蝴蝶秋斋，同心鼓舞。试倚碧云之阁，西风禾黍，初登同垂，红雨之帘，初日芙蓉，自秀云尔。

震亭曹学诗撰。

维礼议序[②]

先世有礼，后人宜守之勿替也。顾族系繁则贤否别，贤否别则习俗变。匪有以持之，无以挽颓风而复于礼。此厘正之法，宜亟讲也。盖礼以正俗，法以维礼。礼之体严，人恶束缚，易生废弛；礼之用和，人乐简便，易就颓放。先人制礼未始，不于和中存严，而后渐隳也。后人行礼未始，不于严中用和，而后渐乖也。此晚近气运递降，人心浸薄，礼制之坏，由此而极，如水之流不可止也。

余族先世多贤哲，礼之所在，酌事宜而裁之，悉得其当。如婚姻所以正始，成婚之夕，家具果酌，为合卺之礼。聚族小饮，合欢而罢。今则群相歔谑，曰闹房。鄙俚之词，罔顾伦序，纵饮酣歌，甚至达旦，因而忿争者有之。

① 该碑文来源于《济阳江氏族谱》卷十《江村文会义田序》，乾隆四十三年刻本。

② 乾隆本无此序。

诞育所以延嗣，悬弧之日，人举汤饼之会，生子者酬之，亦聚族小饮，合欢而罢。今则携肴索饮，狼藉壶觞，以豪其兴，不至酗闹不止。二者虽事之常，实礼之大，守古礼则得正名重嗣之意，纵俗习则蹈渎伦逾闲之非，得失较然矣。

嗟乎！既弗克追古风以敦醇朴，奈何徇俗习以启厉阶乎？兹与族人约：复古礼，革时俗；有复蹈者，以法惩之。又如嫁女重卜，族娶妇贵相，女义均重也。一有不慎，涎金帛之聘，惑媒妁之言，与污浊之族俯缔姻盟，厮贩之流轻谐伉俪，为门风之玷，亦世讲之羞也。辱祖孰甚？往者无论，自今伊始，族中婚嫁，贫富勿计，必准门户。问名之初，向诸族尊同酌可否，众可而后行焉。苟有违议，公集祠堂，事可止者止之，仍予薄责；事已成者，视其咎之轻重，严以治之。彼既得罪于祖宗，自不得复认为孙子也。以杜乱萌，以肃家法，谅亦先灵所阴鉴，而不以为非者，父老子姓咸在。佥曰："善"。命余列其条目，而著为议。

天启六年丙寅上元日八十老人世济撰。

仁里社序

先王疆理，区域川谷，异制风气，异宜民生，其间异俗，自非一道德而同之，何能家喻户说以渐于仁，故宣圣因之兴慨，智士慎于卜居，垂训远矣。姬辙既东嬴秦，取以诈力，惟是民间风气薄恶，即汉文之世，贾生未免太息。甚哉，仁里之难也。今天下罢侯置守，惟邑长为亲民上之人，树之风声，彰之物采，有起敝维新之责，亦惟乐只君子叔季难之，故以身教者从，以言教者讼，善自为范，不若善自为祥。凡民是耻，豪杰犹兴，人顾自期待何如耳。

余乡自鼻祖歙州公来宦此都，寻即家于橙里，惟兹一祖三宗，居则不远，姓虽有二(谓松公继程氏后)，本实维一。今编齿日蕃，岂无分割由来，同籍世代，仍沿故事，择一里之长者，十年轮转，出应有司征赋，如汉时有分讼亭埠，为民解纷，不能而后听邑长绳之以法，只今亦犹古道也。嗟乎！里甲尚矣。顾是中有强凌弱，众暴寡，一膜之外分胡越者，此争讼所由基，为民父母，或听之不得其平，遂转相报复，而怨毒弥纠，此刻薄之风所日甚，而天理人心之梏亡久矣。迩者，凡我同籍之人，更相磨濯，思返厥初，著为条例，俾世守勿替，命之曰仁里社。美哉！名矣。顾名思义，是在吾侪，由今以往，一以奉公好义为心，解纷和光。为事悉捐私臆，尽撤藩篱，长者以是风于前，少者以是承于后，行之既久，庶几克己复礼，礼至而义亦至，义至而仁不远矣。语曰"国之本在家，家之本在身。"我有此身，又必有生身之本。彼不孝不友，多行不义者，皆起于不让，不让则争甚，至阋于墙而伤厥考心。盖未有家之不正，而能正人者。故一家仁，一国兴仁；一家让，一国兴让。人人亲其亲，长其长，而天下平。孝弟也者，其为人之本与。故有志于仁，而以仁吾里，无忝于祖。而思以风他里，以还先王之旧观，举于是乎？在道岂远，术岂多耶？

天启辛酉春江学海序。

禳灾引[①]

年来灾谴甚，其人事作于下乎，诚各悔过修省，日如有神焉在吾前后左右，焉用祈禳为然？今天子躬行焚燎，即我郡邑诸大夫，莫不精白乃心，为民请命，则昭告明忱，先事而祓除也。邦国用之，盖有其举之矣。先父老循而行焉，鸠泉协力，敬蠲帛牲，从俗从宜，卒获嘉答，比于四远，应报不诬。今我里人更修前绪，量力征输，对越以临，与斋明尔室，并行不悖，神岂其不我据乎？愿与里人约，各励厥志，富贵者宽厚施禄，贫贱者食力自强，长幼各安其分，尊卑勿乱其行，则溪毛行潦，可荐上帝。苟或不孝不忠，不仁不义，谓神可恃乎？虽钟鼓喤喤，徒惑听睹，吾闻驱疫之神，甚刚而直，古圣贤恒重礼之，必不以我外勤繁数，遂鉴此一缕篆烟耳。吾里人共勉哉！

止庵江天一著。

荣养堂文明新社序[②]

张七相公逸其名，楚黄麻城人，能御火灾。麻城人祀之，奉诏封顺天王。予高祖文明公任麻城，摹像归奉家庙，百余年于兹矣。天启丙寅，诸父辈感神灵异，集支众捐赀立社，曰“文明”。盖神依祖归，故号以祖字，志所自也。立社之初，规条严而不烦，仪品周而有数，历岁设祀，毋敢或斁，骎骎乎比隆于朝献之殷矣。迨至甲申，虽国事告变，人力稍微，而此社仍前未改，讵非王神之灵爽，有以翼之欤。第前规祀于正月念一日，而元宵灯烛，独不一设，一二后辈以为缺典，爰集八人，输资获息。岁之上元，及游烛夜，薄奠将忱，张挂灯烛，以补前人未逮。予嘉乃意从旧名，而增之曰“文明新社”。虽然，予有嘱焉，凡社之立，不难于创始，难于继述；不难于继述，难于协和。能和则虽百千年可继，将见新社与旧社并传，岂惟于神有光，于文明公愈有

① 乾隆本无此文。该文为江绍莲摘录于江天一所撰《止庵遗集》，《四库未收书丛刊》第六辑第二十八册。

② 该序文来源于《济阳江氏族谱》卷十《江村文会义田序》，乾隆四十三年刻本。

光也。

江必超序。

征辑橙里人文志启[①]

盖闻地以人传，行由文著。佳山丽水，无闻人托迹其间，则形胜荒凉。茂德隆功，鲜佳文播传于后，斯风流歇绝。郑门缘通德而彰东里，以斯文乃著。凡风俗、人物诸编，古迹、名贤、杂记，穷乡僻壤，藉以传流。巨姓名宗，用标纪载。予乡飞峦耸翠，练渚环清，往哲标题，诗成八景，形家作记，地聚五星。松坞柏亭，显寒岁凌云之概；紫金白石，现遥空列宿之奇。丹灶有遗墟，洵是仙灵窟宅；钟镛无细响，应思保障勋猷。槐里呈祥，芝山应瑞，幽兰宕里，不绝芬芳。橙子培前弥钦振，蛰粤自腓鱼倅郡，克缵沈籍之功，逮至绣豸登朝，聿显埋轮之节。循良著闽海之疆，风节播楚滇之域。佐麻城而神明斯格，令紫阳而治化维新。江清底澈，颂满蕲黄，花灿梦余，光腾罗粤。烈女砥奇行于中闺，潜儒寄孤标于清寤。砚虹与岚浦争辉，寒江并文山竞烈。地灵人杰，管不胜书，行表言扬，指难数屈。敢冀老成先达，俊彦时流，博采遗踪，遐稽往牒，寸长堪录，有美必登，则集腋可以成裘，而散茧偏能制锦。卧游览胜，倍增梓里之光；开卷益人，共羡橙阳之盛矣。里人江肇登谨启。

此启于族人处得之，即先子辑《散志》意也。亟补入志中，以见古今，人有同志云。绍莲识

布溪开田说[②]

布射溪水冲沙涨之田，不下千百亩，皆村人产也。清其疆界而辟之，可复业，而税不致空输。余叔祖东明公，尝勉我为之。余以无其人非其时对，公言屡矣，而对之如初，儿侄辈咸莫喻其意。后待占弟归里，忽以此事见商。余大喜曰：“善哉。余欲待人，吾弟其人也。余欲待时，今其时也。”待占讶然诘其说，余曰：“田非难开，而旋开旋废，无济于事，盖有为之害者，渔梁坝是也。”昔里族文学允武兄者，有经济人也。归自钱塘，时值坝成，尝试余曰：“渔梁成矣，为损为益？”余以坝为合邑蓄水对。兄曰：“固也。尔知其益，未详其害。坝能蓄水，亦能阻沙。沙积则河身日浅，水无漕道，陡逢暴涨，势必旁啮，濒河之田，其能免乎？”余曰：“然则废坝乎？”曰：“坝于形势，不为无

① 乾隆本无此文。

② 乾隆本无此文。

裨，亦奚可废，须立法以泻沙耳。”窥兄意非设水门不可。今欲开田，必重建坝，非有力者而能之乎？待占然其说，而慨任其事。方拟白诸当道，捐金举事，而倏然捐馆。嗟乎！作事之难也，无其人非其时，不可以有为，得其人当其时，而事忽中变，岂非数欤？余不禁太息无已也。虽然，后起讵无贤者？坝可改，水门可设，而田亦可开矣。至于开田，则又有法焉。不虚耗籽粒，不空费工本而后可。黄梅水过，乘土地潮湿，遍行耕耜，捡去砂石，种以芦穄、油麻之属，收后又种大麦。麦收矣，梅水过，复如前法，则种植非泛涨之时，而籽粒不虚矣。二三年后，形势低昂，水土浅深，已得其概，可田者田之，可地者地之。然后筑埂浚渠，一劳永逸，而工本不空矣。十年之内，田可尽复，若不修坝设闸，以泻滞沙，而遽云开田，犹搬雪实井，而且河身日高，水无归束，将有害及村闾者矣。允武兄之言，待占弟之志，殊未可没。爰为之说，以告来者。

雍正庚戌夏月江永治著。

祠基论①

江氏祖祠原基坝上，障水口耳。万历间，众议陋之，咸拟迁建。中丞公主其事，徙于三台山北，作东向，祠成，札其楣曰“济阳家庙”。巍峨巩固，克垂久远，甚盛举也。顾其基善矣，而坐与向，均未得宜，有须改造者。夫前人阙略，后人补之，殊不为过。亦犹昔在坝上，今移斯地也。盖祠横建于始祖墓之上游，天门闭塞，于祖墓罔利，况后无龙气，以祖墓左障砂角，误作上水，逆龙致辅，无下砂堂，不聚水。若郑家塘中古池石道塘，油榨坞中龙逆来之水，胥不入甽，挨山旁流以去，今甽虽改易，而无堂可蓄，何暇论生养旺之走漏哉！抑且仰面张潮，北风吹劫，四壁空虚，形如上水艨艟，实一大水口庙也。故祠成后，甲第无闻，素封渐少，顷则诰敕楼倾，享堂孤露，颓败堪虞。

噫！人未杰耶，抑地之不灵耶？孝子仁孙，萌改作之意，良有以夫。然所卜基地，或欲于喜子坞之麓，或欲就新建庙基，是殆以聋易痖耳，乌乎可哉？族伯父次羲公，昔由扬归里，输金三百，整饬家庙，嘱予曰：“姑小为之，仍图再举。”予已测其有改建之志矣，留心有年，未形诸口。今改建之举，有成议矣。盖气运至矣，地灵人杰，在此时矣。爰指其形势，以示诸众，佥谓善焉。其形势维何易东向而南向，一转移间，诸善得矣，无庸更卜地矣。夫是龙也，乃阳基之尽脉，至天黄起顶，障列平冈，摆动而下，耸背开胸，大张钳

① 乾隆本无此文。

口，平铺至田，皆亥龙也。基广袤与旧祠等，近后右支为始祖墓，墓右一护砂环抱至麻园，一护砂至方干竭，祖墓之余气，复湾转祠基之前，其形如倒笏、如铺毡。移去，小屋自见，若非水甽一断，直接水门干田，盖逆水平砂也。前案则走马三台，自汪王墓后逆转回龙，特作朝拱，非假借也。而油榨坞外巽方，水口复有方印石墩，形家谓走马上御街，又谓印浮水面，理或然欤。案外上水之砂，山山列面，敛爪藏牙，让开天门，集众水以归堂，不冲不激，不泛不滥，形家所谓收尽源头水也。语云：亥龙一丈能致贵，巽水一勺能救贫。夫龙水非可以丈勺论，是乃语其贵重耳。至若随龙峡左，西来之水，自青塘尾过介塘，渟东皋，合堑里，出社塘，会北来之水，自黄土山，由慈川之右，过罗里蛇虎形山，培后冲后井坑，直至貤庆堂前，又会东来之水。自王宅村，经慈姑亭，合前山塘、人情塘诸水，共出村口坝，合社屋塘水。至新建庙前，又会南来之水，如中古池、石道塘、油榨坞，计中龙之右，边龙之左，共六水汇于一堂，湾环曲折，尽转西流，至三台山脚未方出口，与亥龙合局，宁不谓水之善乎。虽然近局佳而远势散漫，非全美也。今则飞布祖山，天潢百里，祠乘亥气，子不离母也。祖山列障，鸡冠、岑山，天乙、太乙也。左辅右弼，大牛峤山也。再左为大金，右为灵金诸山环列，屏障重重，紫阳、问政为捍门华表，天马临前，南山远拱。东西北河，如罗襟带，护卫周密。山水有情，登天黄山顶，一大观也。虽云飞布，大势共此，罗城要知，居中合局，即为我用。祖脉与远朝，关系后代，愈远愈妙，我能收之，乃见奇耳。

至于立向则天然、亥巳、壬丙也。内库辰巽，外口丁未，合向合龙也。左开甲门，砂水齐到，不期而合于府基，而祠更得近案，收尽诸水，且下手砂紧，发祥速也。或曰：边龙受边水，而右砂以外，水不上堂，是未详大势耳。村基右边随龙之水，何尝不上堂哉？第堂有近远，有内外耳。溯八仙亭，分边而来，其水经前庄庆安桥，即归小堵竭，合幽兰宕，并青塘尾右峡之水，皆由上塘边山脚环流，过杨山园，同出步云桥，实与左边随龙诸水会。中丞公筑凌云台镇之，尤为紧密。然后转归未库，而云岚桥复拦之，此随龙左右两水，同归一口也。蓄聚一团，毫无散漫，而练溪大河之水，则由北而来，交会于东山之校场此，一大明堂也。对河长培一带，平冈环如玉带，抵毛家园，沙坝复逆拦而上，与东山相对为门户，是练溪大河之水，亦且尽归外堂，何谓右边之水，有不收者哉？合而论之，左水紧而密，右水宽而圆，参伍错综，灵变不测，造化之妙，岂浅学所知哉。但造作之法，是在能者，后登天黄之顶，前据三台之案，顾盼审详，低昂广狭，量度如式，所谓相体裁衣耳。特堂气勿逼，则胸襟开阔，不受来水冲胁，且愈进愈得气，而前面愈宽，于始祖墓不致如旧，向有横拦来水之患，斯得之矣。审若是，祖墓祠基均受厥庇，获福不止于仲派五门也。因论以质董事之贤者，共赞成之。予日望之。

乾隆丙辰之春七十叟永治功万氏著。

蟾扶文会序[①]（今更名鹏扶）

半钩渐满，谁寻腹里丹书；双杵犹悬，愿觅臼边灵药。乞云英而换骨，无梯已上青冥；依月姊以成胎，有路能登碧汉。桂花初放，窥玉斧之香浓；晓露方冷，听霓裳之声静。况聚林塘之幽胜，比屋弦歌；尤宜党塾之雍容，同堂鼓舞。从来福地，每多雅管风琴；自昔人才，最爱珠联璧合。则有花能化梦，玲珑彩管之家；鹤可迎宾，缥缈碧云之阁。溯簪缨之累世，代有伟人；铭钟鼎于先朝，弥多杰士。勋名经济，曾传风采于丹青；节义文章，尚守家声之清白。粤自衣冠南渡，远宦玉屏，因而云树东征，移家金竺。鸣驺沅沣，恩流麋子，荒城拥纛，泮泂化遍。罗施旧域。问滇南之惠政，犹存碑碣，于碧鸡留，济北之威名已靖，烽烟于铜马桂林，月冷鲛宫，歌循吏之名，桐柏云寒，马革裹孤臣之血，仰清风于绣豸，吟回香草，遗墟流化雨于飞鳣，梦到梅花仙国，天光云影。延道脉于紫阳，谷变陵迁，吊忠魂于黄土。然而名垂霄汉，虽夸家乘之增荣，气贯霓虹，尤望贻谋之济，美贮丙丁之金，薙风徽愿，继于先贤，评甲乙于丹铅月旦，宜严于后进。爰乃渊源家学，同怀鹊起之思，绍述前盟聿创蟾扶之社，奋磨砻于尔室，锦割邱迟，资攻错于他山，珠探象网，锐志而秉经，酌雅群知，学海无涯，束躬而崇实黜浮，岂独文坛有主斯时也。临池涤墨，晚霞归鸟之山，倚树分笺，深柳乱蝉之馆，烟峦稠密，地远尘嚣，云物空苍，人怀清旷，辨荒陵之，石马挥毫，则气自沈雄。闻远寺之金钟握管，而音多清越，樵歌出坞，松鳞之翠影参差，渔唱沈溪，疋[②]练之波声淡远。望高寒之境界，雪骨崚嶒，知变化之文心，岚光叆叇，奇能拔地，一峰云起于香炉峭，可摩天片月光生于丹鼎，汲古则心源活泼，泉香可漱，银瓶修辞，则色泽澄鲜，云彩旋移，石岭唤莺，雏之出谷，吟情生柏，叶阴边吹，鱼沫于游濠，乐意在藕，花风里宜，其聚精华于笔墨飘飘，修月无瑕，钟灵秀于溪山，落落凌云自壮也。嗟夫士先器识，非徒标榜虚名，人砥廉隅，乃可濯磨大雅，务使倾膏沥液揣摩，不比于空言，还期佩芷，餐兰恬澹，共修夫真品仆也。论交弱岁，同听笙

---

① 该序文来源于《济阳江氏族谱》卷十《蟾扶文会序》，乾隆四十三年刻本。

② "疋"，同"匹"。

磬于宫墙，谢政乡山，偶话诗书于经塾，网鱼龙于碧海，星轺曾历仙霞，吟鸡犬于丹台，云屋欣逢旧雨，横经负耒，知四邻之俗美风淳，沽酒论文，喜一路之花明柳暗，况文通旧族，墨彩常留，而轩后故宫，瑶花不远，伴兔毫而睡月飞身，直到寒宫，乘羊角以培风，放眼遥凌倒影云尔。

震亭曹学诗撰。

蟾扶文会序

大凡山水秀绝之区，即为人文渊薮，以其灵之所毓有独厚也。而天下山水之奇，莫过新安。予莅兹土，甫下车，旷览名胜，即愿与其文人学士游，以资他山之助。及邑试得程生翰登文，清腴邃畅，予固谓攻错之有自也。越明年，生兄延霖以蟾扶会事，索序于予。会为江村盛举，每课文不下数十人，十日一举，行之无间寒暑，其淬励者深矣。予喜前言非妄，而益叹磨砻之不可缺也。虽于斯会未能遍识其人，而其互相砥砺，竞爽争鸣，将见连茹拔茅，扶摇直上，自可于此卜之。惜予将谂乌情，不克久藉他山于兹会也。爰述数言，为之序。

乾隆九年孟夏朔知歙县事王见川撰。

中丞公请给印保坟呈文①

具呈歙县九都江村现任大理寺左少卿江东之抱呈弟东尹呈，为请立案给印，保祖守业事。东之因游宦都门，家有坟茔产土，久未经理。幸蒙圣恩赐归，瞻扫之余，躬自查阅，或遭侵占者有之，或遭盗卖者有之，甚至荫木被伐，坟墓遭戕，种种不法，目击心伤。揆厥所由，皆缘住居窎远，典守无责耳。第思既往者不可追究，将来者犹可弭防。所有祖墓最远者，今特创屋近于墓侧，命仆住居看守，俾其世代相承。其有各处坟山、田地，关系国课、祭祀，恐年远弊生，亦特造具清册一本传流，轮次经管，庶典守有人，稽查有据，既不为豪强所觊觎，又可杜不肖侵卖，而盗荫戕坟之患可免矣。为此具呈，并将呈词抄录册首，恳乞大祖台俯鉴，诚忱呈赐存房立案，册赐给印领归，俾世世子孙奉为铁据，共保祖业。倘有前项不法，以便经管支丁呈究，殁存均感，投光上呈。

万历二十二年八月二十五日具呈府批准立案并给印册领据。

① 乾隆本无此文。该序文为江绍莲摘录于《济阳江氏族谱》卷十《请给印保坟合文》，乾隆四十三年刻本。

文石先生墓碑序

文石先生天下非常人也，少有大志，以天下为己任。当明季国乱民愁之际，读书谈道，与海阳金太史互相倡和，卒成知己，文章节义，独高千古。惜其后无传，其冢亦没于荒烟蔓草中，后之人其孰从而求之。初春，予与伯子绍基论及之，往往悼叹此事为缺典，欲为建立墓碑，恢宏旧址。俾樵夫牧竖，咸知为文石先生墓，不敢践踏之、砍伐之。于以植纲常，扶节义，正人心，厚风俗，莫非此增修之力，有以兴起之也。予愧不能终事，仲秋即有吴门之役，伯子首任其劳，襄事者则从侄云松，殚力告成。置祀田，为永久之计。约诸同志于踏青之辰，同为扫墓，凛凛如先生在焉。先生精英在宇宙，其刚大之气，必有所自，始庶乎其有以鉴之也。

康熙甲申冬日江东涛书。

存志户墓祀序①

水有源，木有根，人之于祖亦然。吾徽敦本追远，视他郡较盛，聚族而居，一姓相传，历数百载，衍千万丁，祠宇坟茔世守勿替，间有贸迁远地者，一旦归来，邱垅无恙，庐舍依然。语云歙俗千年归故土，谅哉言也。

余家自北宋时州倅公居歙，历七百载，传二十余世，罔有更易。迨先祖兄弟业鹾扬州，挈属寓居，而首邱之志，遗训殷拳，未尝一日忘故乡，无一槥瘗外地也。置有祭田，立户存志，子孙岁必一归，虔修墓祀。今秋余返里治葬，敬谒先墓毕，检阅祀簿，遗规具在，典礼无愆，乃即旧章而更定之，节其繁文，酌归实际，以为悠久计。溯自始祖州倅公以下，凡七代之墓，五门支裔公同奉祀。八世祖之墓，东皋、居敬两门支裔奉祀。九世门祖，以迄十六世祖，凡八代之墓，则我东皋堂支裔奉祀。而我房承祀之祖，自十七世本衡太府君始，至二十二世先考兄弟辈，共六代，计坟山一十二所，照鳞册字号，税亩土名，登载于簿。其一切祀田税号，行祭仪文，详具簿内，以为世世法守。凡我两房后世子孙，毋怠毋愆，永承先泽。此余所切望者也。

乾隆四十四年岁在己亥季冬之朔裔孙昉敬书簿首。

① 乾隆本无此文。

觉华庵香灯疏跋①

觉华庵，予族三莪公辟基倡建也。题疏募缘于大檀居士，供佛献者令孙攸玉公，与社中诸君也。予族一脉联居，齿聚万计，祖辈有雁行、东望祖者，庚相若业同游，出处相类，子若孙庚，亦相若业亦同游，出处亦相类。迄今事业，一为义为忠，一成隐成孝，则末途势异矣。两祖食饩郡邑，万历戊申，宾贡同荐于朝，东望祖司训松江，终德化教谕；祖司训宣城，晋惠州别驾；祖学贯天人，未陟台鼎，无能一展调燮，以拔俗之标具出尘之想，一宰官身啖惠州饭，究儒释异同之旨，泛慈航宝筏，听飓韵潮音，涉历苦海，猛省回头，登岸逾浙跻严，参智龙禅师于淳境上，道同意合，琴鹤相随，结方外缘。后师卓锡家山，遂建庵居之。山从瑞金衍派，形势飞泻，宛若瀑布，蝘蜓十余里，秀钟祠谷，山村午爨，万灶绀烟，予族聚焉。庵居前麓，襟带城郭，溪水曲环，遥峰罗列。祖不惜买山钱金玉其相，丹垩其阙，真祇林长者金沙布地，种舍利子，长菩提树也。飞布支山左绕，则山色乃清。净身岚桥，流泉右汇，则溪声即广。长舌紫阳，秀气万仞，华屏黄海，晴岚半空，莲萼色相，声闻胥归，彻悟觉华，所以名庵欤。虽然禅修得觉，不混于魔，电光泡影，觉反乎空。儒行得觉，不流于妄生寄死，归觉任乎运，此可以觇祖之学问矣。迨国家鼎建，时乘运迁，两祖子孙适际其会，东望祖冢孙文石公，为义为忠，祖冢孙攸玉公，成隐成孝，偕盟篁墩，曹鸣远先生遁迹山庵。昔于鼎镬刀锯中表忠义，今于石火劫灰中勘性情，遂以儒者逃禅，皈依礼谶。题疏募缘，宝炬燃灯，沈檀爇鼎，以供佛天，是奚啻极乐国中种舍利子，长菩提树耶。顾吾儒辟佛，谓僧人以福田利益之说惑世，此第惑于僧，而知佛之浅者尔。夫佛何尝言福田利益哉？云功德则有之，兹香灯之缘，非供佛求福田利益也，实功德也。真言云：大地山河，万千世界，有明则明矣，无明则明尽矣，故传灯以五蕴皆空固无明尽，燃灯继明。又谓无无明尽，则目既触于明矣，鼻亦当触于臭也。明从火出，火自薪传，此所以觉众也，即功德也。昔如来弟子金蝉舍利子转生东土，以广大光明，超度众生，号栴檀功德佛。今人以栴檀，供佛觉众，亦一功德佛也。公绳武前人，证此功德，殆从石火劫灰中，勘透禅关，大生觉悟耶。今春登归，省先茔，参谒佛堂，妙相庄严，十方供养，灯光焕灿，星月同辉，檀气氤氲，云霞竞彩，猗欤休哉。承示疏序，属跋芳尘，云山雪窟，解贯真诠，水月空花，文臻妙境，搦管神惊，舌伸不下，何从而跋耶。辱承尊命，胪谱其由，不文

①乾隆本无此文。

之言,增公之羞,亦重渎佛之罪尔。

顺治丙申冬日祠谷鄙人江肇登撰。

募新香海禅林序[①]

粤自祇园金布摩耶托檀樾之阴,净海珠成,迦叶覆菩提之室,名传两塔,夙重罽宾。功建五重,还夸罗越。念一灯之不灭,赖三利之长持。释子梅坡,姑苏人也。家传利济,本万间覆庇之,遗性禀空,明悟三乘源流之蕴,掀眉揽胜,铁鞋穿楚地吴天。剃发除烦,锡杖拄黟山歙浦,墨名儒行。源溯尼邱,佛骨仙风,旁通灵宝,蒲团半叶,将依鹤子峰边茅屋,一椽孰建狮王国里,坐禅床而鲜脚,炊饭钵以无粮,村南茶庵,建造先年,肇新近代,一溪烟水,岚光深染,萝薷万仞,华屏翠色,遥侵缟衲,喜西方之,在望灵金,衍甘露心,传兼南海之分,踪紫玉簇,莲花胜界,堪止摩腾之驾,不等飘零,用燃弥勒之灯,重新结构。既喜一门,作福梵刹,增辉还期,众善同心,波罗证道,珠施顶盖,敢希入海之功粟,比河沙直,似拔毛之助,俾迦维佛子,禅安慧室慈门,将必钵林花,香透露山金海,祇林改色,净土生光,八宝庄严,一方吉庆。谨序。

乾隆三十七年岁在壬辰孟冬月爱山江登云撰。

募新飞布瑞金庵序[②]

盖闻龙宫象塔,匪自天成,白马青鸳,胥资人力。是以给孤捐布地之金,大士舍双林之宝。遍考招提之建,端缘信善之功。飞布瑞金庵,为隋唐梵刹,作徽歙屏藩,溯葛公保民,设砦会,传主簿之名,迄铁师卓锡安禅,爰留般若之迹。阅年既久,鹿苑倾欹,题额虽存,珠林黯淡。脱不亟为修葺,重事经营,将见鱼鳞碎裂,夕阳无扫塔之僧;鸱吻飘零,春雨少闻钟之客。僧等聚石有心,点金无术,慨将倾之厦,非一木所能支构;再造之缘,匪众擎其曷济。伏惟诸檀樾扩挥金之洪度,结种玉之良因,共发慈心,同修善果,托灵仙而转世,宜为山水主盟,成净土之清修。长作烟霞领袖,伫见琳宫焕彩,梵宇增辉。福田种就,超彼岸以齐登;宝篆镌成,附名山而不朽。谨序。

嘉庆八年季夏月橙阳江梦笔撰庵僧本恕昌转隆鸿隆盛敬募。

---

① 乾隆本无此文。

② 乾隆本无此文。

建黄山汤池石梁募簿序①

秦少游言天下温泉十有三处，苏长公言所闻温泉七处。又诸书载三卫之地，温泉有四，杭州灵隐冷泉亭畔复有温泉，荆州新阳惠泽中亦有温泉。今惟骊山著称，他多湮没。其近在江左，为幽人韵士所称道者，则滁阳之香泉、黄山之朱砂泉最著。顾香泉胚胎礐石，气息触鼻，惟朱砂泉温情洁冽，为诸泉冠。且地占灵区三十六峰之烟云，泓涵酝酿，灵气独钟。又得怪石虬松，奇葩异鸟，以佐其胜。宜乎伐毛洗髓，尘壒都消，而凡胎欲换也。

志云：黄帝与浮邱公容成子浴罢，跨白龙而去，殆有由欤疏浚之，始无考。自前明万历间，普门安公开山以还，则泉名艳海内矣。乾隆丁巳，蛟水为灾，石防沙崩，泉以淤塞，凡历年所。慈光悟公发愿疏剔，邑潭渡黄君输千金，佽其成，使玉女临沅，克复本来面目，殊胜缘也。迩以溪潭屡涨，河高泉注，砂确随流而下，势等建瓴，须建石梁，扼其冲泉，外更间以隄堰，翼以轩楹，庶永杜暴涨之患。而浴者得以蔽风霜，憩劳倦，亦且称便焉。第山僧术乏点金，志焉未逮。予自己卯游山茅篷，野云大师具以告予曰："谅哉！此善果也，宜共图之。"今几五十年，罔有以应，顷再登香界，重沐舒姑，睹磈磥横溪，嵚崎碍径，所未及泉者仅耳，因为蹙然。野公法嗣法周上人，迄首座澡雪师遂以募简倩予制序。予曰："唯唯，固予志也。"爰书以付其，以此请助于莲社中之有缘者，将见金沙巩岸，毒龙安入钵之禅；玉液流丹，野鹭得升蕖之慧矣，讵不韪哉！

嘉庆十年仲冬上浣邑人江绍莲梅宾谨序。

① 乾隆本无此文。

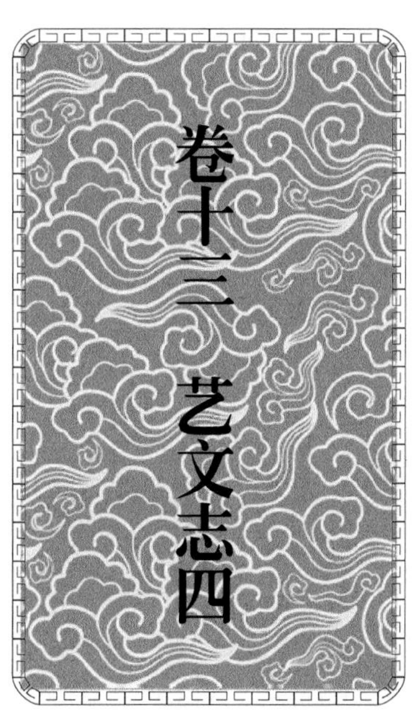
卷十三 艺文志四

诗　歌

明

东皋晚眺

江铎振之

极目苍烟起暮山，千林红树抱乡关。
南连古堞开青障，北望天都锁翠环。
问政有心成皓首，炼丹无术换童颜。
诗瓢洒笠谁堪伴，赢得东皋自往还。

游黄山

江东之长信

高峰矗拔回仙城，山色巃嵸映日明。
丹鼎不随人世换，青岚常共海潮平。
思穷地轴岩阿转，啸彻天关处豹惊。
一介孤臣心未了，白云多处气纵横。

悠然阁①

江世济元美

小构托平冈，窗开纳晚凉。南山当几席，东阁集壶觞。
树色滴空翠，花光淡夕阳。闲来凭槛立，风送芰荷香。面瞰方塘。

山斋闲咏

江世济

前岭栖迟竹苑凉，巢云深处剩甘棠。
自从解组归来后，消受山光与水光。
避暑山斋任倘徉，莲开十丈艳新妆。
只因爱结耆英社，曲槛临风乐醉乡。

① 乾隆本无此诗。

黄山炼丹台

江世东伯达

轩皇曾此驻灵扉，药灶丹炉隐翠微。
绝顶鹤寻云壁上，遥空龙忆鼎湖归。
人传山有霞千色，我爱身逢玉四围。
何日莲峰容结屋，浮邱相对静忘机。

绿猗堂咏梅[①]

江国茂承甫

不信瑶台种，江南一样栽。香含花半发，影动月初来。
入笛声添韵，开尊句自裁。清标原尔尔，岂为占春魁。

忆新安故乡

江国茂

负郭田芜生业微，乱离何处掩柴扉。
正怜家计萧条甚，况值朝纲日夕非。
逆旅无邻身似寄，乡关有梦愿终违。
几时得免兵戈扰，遥向黄山拂袖归。

慈光寺阻雨[②]

江国茂

日日看山兴愈浓，无聊春雨阻游踪。
若非屐齿愁苔滑，此际扪萝第几峰。

九日游瑞金山

程国宾尚之

最爱兹山秀，欣从此日游。依辰征胜事，纵饮得名流。
危磴青松覆，遥空宿雾收。挥觞当绝顶，极目一消愁。

---

① 乾隆本无此诗。

② 乾隆本无此诗。

佛堂山

程国宾

招提曾建自隋唐，精舍重开续妙香。
槛外清溪浮练影，门前碧沼漾岚光。
鸟啼若与经声和，松吹偏同梵呗长。
胜概已知堪驻锡，来游此地意俱凉。

登凌云台忆中丞公

江湛然清臣

纵步高台意黯然，青山城郭绕云烟。
临风把酒成虚话，景物空教似昔年。

游黄山

江天一文石

曲磴千盘尽，何曾任凿穿。本来超色相，不假幻因缘。
翠滴松梢雨，岚开嶂外天。此中饶静解，何事问栖禅。

其　二

古刹犹金碧，乾坤等劫灰。息机原在悟，彼岸本无媒。
转梵猿常下，传经鸟自来。他年返初服，结屋向丹台。

南郭操七阕之一

江必大容甫

余将终兮郭山之原，惟兹郭山飞布。其源乔林深覆，庶草茂繁，松涛昼韵，溪流夜喧，鸟啼花馥，鱼跃春暄。爰堂爰构，乃室乃垣，名琴在榻。素编横轩庐于人境，车马无烦，曳杖其址，啸歌其门，桑麻道长，野老杂言，风雨明晦，有酒盈尊。

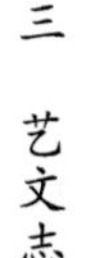

秋日过佛堂山

江必名德甫

兴余徐步扣柴关，竹翠松阴掩碧山。
野鹤多情迎客屐，疏花无语笑人闲。
烟岚乍起寒林外，钟磬时闻古寺间。
佳境自来饶胜概，归途明月已团团。

村　居

江念祖遥企

门径俯清溪，绿树重阴霭。一卷自吟哦，时与青山对。
日出鸟声徐，雨霁云叆叇。瀹茗或衔杯，适意无期待。
老作山中人，幽闲大自在。

国　朝

飞布禅灯[①]

江德坤子厚

众山森列似重城，飞布禅踪自古名。
入夜珠光浮海峤，迷途须认一灯明。

芝山积雪

江懋简公在

寒窗不耐朔风骄，拥褐倾觞赋寂寥。
几日冰花春有信，芝山浮玉洵堪描。

游黄山

江益无方

人间何处觅仙踪，望入寒空翠几重。
访瀑穿云过绝壁，扪萝辨路出层峰。
名传异代留丹灶，客到真源任短筇。

① 乾隆本无此诗。

思向天门生八翼，凭凌三十六芙蓉。
凭虚直向万峰前，岸帻临风思欲仙。
日照玉隆天十四，人疑金色界三千。
丹梯藓积无樵径，碧海云生见钓船。
笑拍洪崖肩暂息，幽栖从此度年年。

黄山白龙潭

江九皋鹤程

白日骑龙事有无，当年芳躅半模糊。
祇余终古澄潭在，留与人间记鼎湖。

读书黄山咏怀

江嘉梅晚柯

蹑屐簦云入万山，直从天际恣跻攀。
峰高雨势飞筇底，峡静泉声出树间。
待劚药苗医俗骨，难将丹粒驻颓颜。
但能有补吾名教，舌吐莲花只等闲。

望黄山

程乙生东木

千峰顶上见黄山，草阁遥迎翠嶂环。
丹灶恍看停鹤驾，莲花时见珥云鬟。
扶筇几度探无尽，极目终朝兴自闲。
梦寐未能忘此境，神飞六六碧峦间。

练溪即景[1]

江斌全子

夏木千章合，沿溪一径通。乱峰云树外，疏雨夕阳中。
高兴赊邻酒，乘凉就谷风。少焉山月出，相对白朦朦。

① 乾隆本无此诗。

黄山松

江东涛若山

离奇最是此山松，曲蝘盘虬处处逢。
萧瑟有声通帝座，幽潜无意就秦封。
根铺苔藓鞋难破，顶织蒲团衲可容。
风雨沓来惟偃卧，莫将桢干说功庸。

芝山叠翠

江天期二乾

闲来缓步出荆扉，曳杖寻幽入翠微。
一抹岚光铺黛色，老松枝上白云飞。

飞布山

程钟岱青岳

拔地浑如削，青峰欲际天。云生幽处石，树隔远村烟。
翠雨当檐落，松风入暮传。葛君遗迹在，名胜足千年。

中秋宿飞布山

程钟岱

醉月同山衲，闲行出密林。千山明昼色，万里净天心。
透树银花碎，凭台玉露侵。夜深留小阁，松操冷遥岑。

黄山云海

江有容公望

雨洗丹砂晓色鲜，弥漫云气涌山前。
银涛鼓日风回合，雪浪侵天雾转旋。
海马奋蹄骧鸟道，莲舟停棹倚峰巅。
轩皇煮鼎余烟沸，时向灵区幻万千。

归新安道中口占[①]

江滑佩水

茅店犹残月，归途趣晓装。山深晴积雪，草短昼凝霜。
老马冲寒稳，饥鸦趁食忙。十年仍故我，惭愧说还乡。

绿猗堂梅花

江　滑

绿野堂前树，枯槎老愈妍。尝从风雪里，开向百花先。
和鼎寻常事，争春不计年。若逢何水部，官阁有新篇。

荫　园[②]

江嗣仑英玉

地幽尘事少，树密鸟声喧。嘉客日夕至，坐对思悠然。
弹琴发清响，雅志在高山。衔杯更瀹茗，适意时往环。
即此见真趣，欲白已忘言。

游黄山[③]

江洪苍舒

嵯峨山势当空矗，拾级而登途起伏。
循崖蹑足几徘徊，九道飞泉浴心目。
须臾直上步云亭，环亭竹柏何青青。
卓锡泉深花雨现，栴檀香馥炉烟冥。
龙峰石古门阒禅，室木莲花下僧延。
客泠然瀑煮摸山，茶四壁松杉如列。
戟山容变换无定，形烟迷雾锁重岩。
封石狮踞地忽欲，吼松涛万派驰蛟。
龙穹天低盖地接，轸混沌一气嘘万蜃。
云霞弥漫诧奇观，幻海浮澜攒玉笋。

① 乾隆本无此诗。

② 乾隆本无此诗。

③ 乾隆本无此诗。

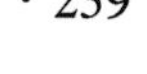

拨雾经过一线天，莲花峰顶啼哀猿。
汤池浴罢客归去，黄山终古常娟然。

霁后望黄山

程起鹤羽亭

雨霁山容净，凉天插远峰。离离三十六，郁郁万千重。
变幻形无类，灵奇气有钟。何年云海内，杖履访仙踪。

九芝山晚眺

程起鹤

薄暮凭高望，松门云未关。遥天数点鸟，落日几重山。
古塔林梢见，澄溪足下环。临风一舒啸，物外寄幽闲。

云岗桥旧亭

程起鹤

石泐桥仍隐，村迁亭独传。重修已隔代，始建自何年。
风雨当三面，乾坤底一椽。致余闲草木，名伴古山川。
旧迹事堪忆，新题字别镌。昔人如可作，叹息水潺湲。

秋日饮就芝轩

邑人泰州籍叶雯蔚村

幽旷如轩少，秋来引兴长。瓜藤撑老树，柳线挂寒螿。
云薄山深碧，星稀月淡黄。夜清人欲醉，义手意徜徉。

绿猗堂赏牡丹[①]

里上塘人汪元治体三

地暖春光好，名葩炫彩霞。从来夸富贵，即此见繁华。
莫羡无双种，应推第一花。酒酣新月上，清影满棂纱。

① 乾隆本无此诗。

拟游黄山访丽田弟[1]

江廷泰阶平

灵奇表天外，有此神明境。无石不离奇，无松不秀挺。
寒光漏夹壁，飞泉落云影。耸身学猿猱，侧足胜蛇蚓。
盘空通一线，窅然入眢井。振衣上阳阿，云海荡胸顶。
须臾忽变灭，但觉千峰静。吾弟脱尘鞅，心空要俱领。
抚弦每动操，令我俗虑屏。所愿从之游，烟霞朝夕永。

岚桥春望[2]

江嗣阶晋昌

依约仙源路，岚桥缓步行。落花飘曲涧，啼鸟报新晴。
云破奇峰出，溪澄翠浪生。故乡风景里，十载慰离情。

游瑞阳阿

江春颖长

层峦拔青云，遥山面面匝。烟景何苍茫，点点村墟杂。
周遭百里间，跃足疑可踏。磐石净无尘，趺坐开樽榼。
松风起暮涛，竹翠侵衣衲。卓哉耽瑞翁，当年此悬榻。

新安抵广陵述里门山水之胜[3]

江　春

缅昔丁卯春，曾揽黄山胜。及今十七载，欲往期莫定。
得归自初夏，寻源溯旧境。练水游空如，飞布插天称。
露花覆汀洲，风泉鸣石磴。朝岚景光幻，遥岑奇秀孕。
佛宇霞拥城，村炊云出甑。惆怅回轻桡，魂梦恋清磬。
揭来值新秋，凉思动遐兴。群彦聚西堂，芳樽佐盘饤。
历数山水佳，四座无倦听。请君当卧游，予言可取证。

---

① 乾隆本无此诗。

② 乾隆本无此诗。

③ 乾隆本无此诗。

云海歌[1]

江　春

晓登始信峰，俯视众壑，俱巉巉直下百千仞，四面攒集同积苏。白云缕缕忽焉起，空中变化千万殊，有若金鼓骇，万马奔腾，排轧争危途；又若曲江潮，飞山卷雪回狂飚，白地倒海忽平铺，三十六峰遭吞屠，云帆烟柁虽不见，点点立髻时有无，乘吸太虚入缥缈，俯仰色界难画图，平生奇观要第一，山灵此叚真娱吾。一笑尘中局缩辕下驹，曷不来此登斯须？垣规瓦压胡为乎。

九龙飞瀑[2]

江　春

天绅亭对九道泉，飞空直下青山巅。
银河奋出争倒挂，鳞鬣鼓动声雷填。
之而攫拿众山却，跳珠溅玉闻锵然。
安能身置苦竹间，仰面落雪水底眠。
酒酣歔作五里雾，乘风啸雨空中旋。

始信峰[3]

江　春

侵晓试攀跻，幽寻意已迷。松欹横跨谷，岭峻直乘梯。
桥信仙人渡，身看飞鸟低。如何才一瞬，大海白云齐。

天都峰[4]

江　春

中天积翠划然开，直上遥遥目可晐。
呼吸九霄通帝阙，巑岏万笏簇丹台。
神游海面穷三岛，望极峰头聚八垓。
何必崆峒远相访，定知飙驭有时来。

---

① 乾隆本无此诗。
② 乾隆本无此诗。
③ 乾隆本无此诗。
④ 乾隆本无此诗。

雨过箬岭[1]

江　春

攀萝扪葛到山才，一片岚阴拨不开。
匪是山行刚遇雨，实因自入雨中来。

早度新岭[2]

江嗣珏兼如

巍峨翠嶂矗天关，曲曲羊肠入望环。
险径能令心倍窄，野云恰与意俱闲。
闻钟始识深林寺，破雾旋看渐晓山。
为问故乡何处是，行人遥指万峰间。

因藉楼[3]

江嗣珏

藉水因山写一楼，我来凭眺恰逢秋。
烟笼远岫迷青眼，霜洗寒芦变白头。
纵饮不辞千盏醉，闲吟忘却百年忧。
江村处处留图画，此地真诚绝胜游。

莲花峰[4]

江嗣珏

万仞凌空绝点埃，侧身踽步眼难开。
拌将一死偿奇险，偷得莲花几瓣来。

始信峰[5]

江嗣珏

灵鹫多应集上仙，尘心到此已全捐。

① 乾隆本无此诗。
② 乾隆本无此诗。
③ 乾隆本无此诗。
④ 乾隆本无此诗。
⑤ 乾隆本无此诗。

我来惟有低头拜，不惜旁人笑米颠。

文殊院阻雨[①]

江嗣珏

梯山航海礼文殊，八日勾留坐画图。
风雨声中弹古调，万峰顶上一僧孤。

狮峰返云谷

江嗣珏

草鞋打结杖高悬，检点奚囊得意篇。
大小僧雏来问讯，挑灯细细话云烟。
依然一榻卧云边，两耳知音未绝弦。
除却焚香兼洗砚，又烦茶灶煮灵泉。

归新安展墓[②]

江昉旭东

揖别邗城路，新安我有家。支筇穿岭树，展墓拜山花。
里父多垂老，园蔬渐茁芽。十年归始得，应感鬓须华。

树滋园赏牡丹

江　昉

更翻花信到清轩，朵朵轻红绽石根。
槛外微风扶醉影，帘边嫩日护香痕。
好春已是逢三月，闲赏应教饮百尊。
试数芳辰过谷雨，恣游未负此晴暄。

古仪宾第看牡丹[③]

江　昉

主家池馆碧溪滨，饶有名花迹未湮。

① 乾隆本无此诗。
② 乾隆本无此诗。
③ 乾隆本无此诗。

富贵但余闲草木，秾华犹见旧精神。
休言弄玉遗芳躅，且向啼鹃叙往因。
缅想当年歌管盛，长檠珠翠艳三春。

岚桥野望

江长铠鳞次

凭栏竟日欲忘归，雨过郊原绿正肥。
麦秀每因风作浪，秧青又带水成围。
万家春树连芳甸，一抹山烟点翠微。
兴至更沽村社酒，桑麻莫使素心违。

晓起望飞布山①

江元录御良

梓里风光好，开门便见山。烟凝千树晓，鸟哢一林闲。
野老荷锄出，新禾带露删。遥遥望飞布，高下耸云鬟。

东里观梅

江长镗泽光

绝世风流金谷园，藐姑仙子静无言。
喜从东阁添诗思，且向南枝问酒尊。
清水一池留玉影，画栏几曲度冰魂。
芳菲占尽春光早，始信罗浮别有村。

三台山

江嘉霖沛川

极目疑铺翠，周遭曲水流。云深山有色，林密夏成秋。
谷鸟声声应，松风处处幽。闲来征胜事，相对可淹留。

树滋园古柏

江嘉霖

祖荫存双柏，年深绿霭生。临窗藏鸟语，覆屋护书声。

① 乾隆本无此诗。

露重枝添翠，风回叶向荣。抚柯频缱绻，不尽岁寒情。

登枧头山

邑瑞里江云锦行九

曳杖山椒去，村庄四望收。寒松陈古色，红树绚高秋。
扫石纹枰设，开尊竹叶浮。不孤吟眺兴，强自试冥搜。

游荫园

江云锦

名贤行乐地，别筑景偏奇。叠石成幽径，疏泉凿小池。
秀峰穿户牖，灌木荫阶墀。更爱中庭桂，婆娑历岁时。

远晴阁双桂[①]

江光达沂扬

小径登幽阁，天香槛外稠。遗来双树古，酿作一庭秋。
远水苍茫见，遥山次第收。清谈同坐月，觞咏自优游。

雪后登九芝山

程廷霖新雨

雪后人行少，探奇上短峰。冰花铺曲涧，琼树列重墉。
竹讶栖瑶凤，松疑驾玉龙。凭高一远望，处处白云封。

荫园赏牡丹[②]

程廷霖

魏紫姚黄自昔珍，名园香色独超尘。春花开尽谁能比，富贵丰神忆主人。
异样风流剧可亲，多情合与酒为邻。云霞一院荣华遍，使我郊寒气象新。
千镫焰里矜浓艳，百宝栏中见异姿。与客对来清兴满，夜阑犹自捧瑶卮。
楼台遮映最相宜，五十年来共赏奇。常得主人能爱客，无须囊蛱买胭脂。

---

① 乾隆本无此诗。

② 乾隆本无此诗。

游黄山

江邦鉴静波

烟海苍茫认洞庭，拔云三十六峰青。
瓢囊重到经行处，柏翠松虬倚玉屏。

飞布山

江本良赤存

莽苍大地献奇工，上界飞来势欲空。
气压犀峰翔凤峡，灵开海窍鼓天风。
钟声夜静松涛壮，贝叶朝翻树色蒙。
乌免往还机不息，山岚时起绕长虹。

东皋宴集[①]

江本良

园开屋后便登临，雨霁春融暖气侵。
香透梅花生几树，烟笼山色矗千寻。
诗从醉里添幽意，景为乡关惬素心。
共上高亭看落照，兴来握管一豪吟。

雨后萌园赏牡丹

江本良

雨过长空日影微，玉楼春色满园菲。
翠凝新叶迎人媚，香带朝云挹露肥。
几度洛阳消羯鼓，更来江左斗金围。
清歌一阕酬花约，散作红霞欲补衣。

就芝轩赏牡丹

江本良

春色看盈十二楼，高低分占短墙头。
绿云簇处凭雕槛，紫蝶寻时趁玉钩。

① 乾隆本无此诗。

花自有情倾国媚，客宁无意胜园游。
珠筵几度频留恋，吩咐封姨莫浪仇。

过香林清公禅房[1]

邑夏坑徐柱桐立

山伴云岚构草庵，飘零破衲共清谈。
禅心不解维摩病，画意惭如子久酣。
村酒赊来凭客醉，庭花咏罢笑侬贪。
寻诗两度经初地，凉月西风冷佛龛。

白沙泉

程翰登□宇

瑞金山水总堪思，岭半涓涓好护持。
一脉源泉夸粉色，千屯怪石恣奇姿。
允教把酒双眸豁，尤合烹茶七椀宜。
不藉篇章传胜概，此中风味有谁知。

练溪春兴

江邦铨序衡

如画溪山绕翠烟，天心道趣两悠然。
一隄芳草绿堪爱，夹岸桃花春可怜。
沙畔白鸥初弄浴，汀边黄犊正酣眠。
静观万象生幽兴，坐拂和风诵太玄。

芝山叠翠

程天潋映渟

桃李春风罢远寻，九芝踏遍翠微深。
苍茫石虎成蹲踞，夭矫松龙解啸吟。
塔影乍分云漠漠，溪光初动绿沈沈。
介塘十亩传名久，近映青山小瑞金。

① 乾隆本无此诗。

暑夜练溪步月

江世杰廷英

为恶炎蒸当九夏，乍临烟水似三秋。
更逢月上增诗境，肯惜更阑费酒筹。
上下空明静里会，高低光景望中收。
忙人莫失闲时趣，好把芳尊共唱酬。

望黄山

江承言念绳

黄山千古秀，天外露遥岑。缥缈云峰列，幽奇翠壑深。
鼎墟留异迹，棋局敞空林。欲访丹砂窟，宁辞屐齿临。

饮东皋荫园次韵[①]

江以埙乐昆

园中多佳荫，座客晨夕喧。相对一壶酒，促膝常欢然。
登楼放远目，白云起前山。红树千万林，飞鸟时往还。
高隐比陶公，谁与参微言。

夜饮觉华庵

江以埙

登临虽日暮，停步慢言还。且喜岩生月，无虑身在山。
寒光披树静，清影照人闲。良友同敲句，欢然对醉颜。

游黄山

江以埙

瞻彼天都出紫霄，寻游不问道途遥。
踏云已度悬崖岭，涉水犹经古木桥。
渐觉深林鸣鹤鹿，喜逢幽谷有渔樵。
殷勤指与汤泉路，万壑松涛早见招。
寄迹烟霞半月余，登临啸傲乐何如。

① 乾隆本无此诗。

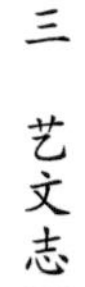

纵观大地三千界，胜读寒毡十载书。
松柏有情留杖履，藤萝著意系衣裾。
吟诗暂别山灵去，清梦依依在太虚。
云海归来话旧情，蛮笺小字记分明。
峰峦六六撑天秀，潭水三三彻底清。
峭壁悬崖题不尽，苍松怪石画难成。
风晴雨露千般态，变幻奇观顷刻生。

秋日饮就芝轩

江亢宗根孝

秋至剩芳容，幽情旷我胸。瓜藤撑老树，萝壁列遥峰。
琴冷歌声缓，花香露气浓。风烟携不尽，归去月溶溶。

树滋园牡丹[①]

邑城江上锦绣川

胜地偕童冠(及门芳国依濂辈)，名葩入望奢。更无花比色，惟有月当衙。
邱壑思前哲，栽培属旧家。衔杯吟兴动，不惜手频义。

过橙阳古里[②]

怀宁鲁琢南庄

沙明水净橙阳路，夹隄榆柳青无数。
钟声遥递白云间，古刹阴连最深处。
隔岸云峰地渐幽，云岚桥畔绿云稠。
渔樵出入烟村里，舍宇参差耸画楼。
东皋直上双眸豁，布飞岚光穿户闼。
临风把盏相欢呼，东山月上湮波阔。

① 乾隆本无此诗。
② 乾隆本无此诗。

布水石墨歌[①]

郡城吴熊建周

飞布石骨最奇恣，太白更名象形势。
洞开绝顶出云气，欲晴欲雨识天意。
随山清流为布射，潭中滩上产奇石。
色分红黄黑与白，择取此种磨灵液。
著纸恍染松烟迹，谁知搜者江梅宾。
濡毫写诗赠远人，雄词逸句夸奇珍。
有用何惜磨而磷。

秋夜过香海林[②]

吴　熊

看山不觉远，归路随星光。秋林暗中辨，来叩朧公房。
箫弄竹风爽，茶烹荷露香。夜深忘就枕，衣袂生新凉。

酿云泉

邑篁南江百谷耕礼

山上起云岚，下泉何云酿。由来此泉平，涧水出其上。
行潦障清流，村人莫知向。达哉砚农翁，游览摅佳况。
时当己丑春，偶来山麓望。水涸露云根，觱沸从中漾。
因知山气醇，磅唐思欲放。奈兹石隙微，蜿蜒无能畅。
所以酝作云，昏旦多情状。援笔赠以名，泽润村墟壮。

忆橙阳山水[③]

邑人仪征籍蒋良平瑞木

昔予老兄返乡里，归来称道橙阳美。
清溪一曲抱村流，飞布灵峦作屏倚。
岚桥烟柳万绿攒，沿溪寻入桃源里。

① 乾隆本无此诗。
② 乾隆本无此诗。
③ 乾隆本无此诗。

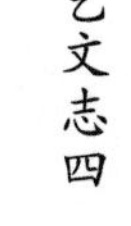

衣冠古茂风俗醇，鸡犬桑麻户栉比。
榻借陈蕃托一枝，小楼窗开封烟水。
天都云门洵可攀，紫阳问政兴仰止。
策杖何用远探奇，当户青山揖棐几。
名园花月助清吟，主客情深浮绿蚁。
冬来春去恨匆匆，如此佳游无许几。
渔郎返棹津复迷，梦里烟云空倚徙。
我闻悔未亲追随，急倩毛锥虚比拟。
他时若还归黄山，先向此中整游履。

过江村荫园[①]

怀宁鲁璸星村

为赴山村约，来从古佛家。江郎诗句好，果见笔生花。
树色著衣静，林芳绕槛斜。主宾随所适，煮酒更烹茶。

聂真人宅[②]

绩溪汪国拔连茹

屋老空山别一天，几回登眺独留连。
只余药粒名池水，应叹炉峰冷灶烟。
草咽寒蛩临落照，庭栖白鹤想当年。
由来志乘标仙迹，况复遗踪有数椽。

① 乾隆本无此诗。
② 乾隆本无此诗。

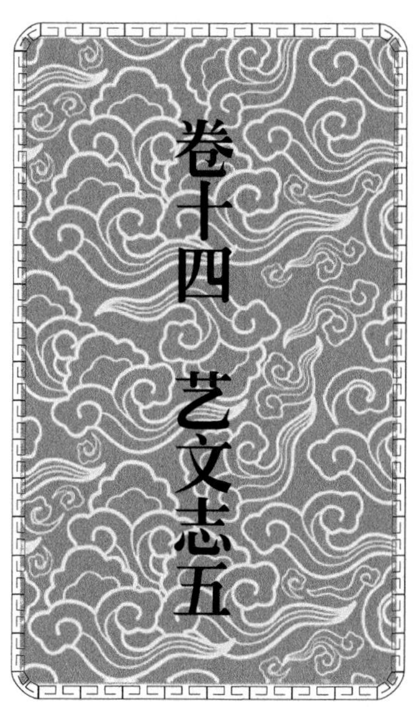

卷十四 艺文志五

诗　歌

登天黄山

江登云舒青

橙里佳山水，天黄势蝘蜓。一溪横疋练，群峭列遥青。
瑞霭连华屋，岚光彻野垧。坐来忘日晡，带月倒银瓶。

凌云台

江登云

台自何年筑，风光信可人。树深山郭外，云净练江滨。
路折桥双跨，溪澄月满轮。登临寻胜迹，最忆古良臣。

觉华禅林

江文明上

隋唐留古刹，第一觉华林。翠条穿幽径，虬松蔽远岑。
齐时驯鸟集，月上野猿吟。坐对心情定，禅门俯碧浔。

练溪秋月[①]

长洲徐泰汝宗

山影团重碧，溪桥秋气清。华屏新月上，练浦淡烟横。
喜共同人兴，还宜载酒行。夜深凉露下，嘹亮一鸿鸣。

瑞阳阿怀古

江肇栋隆山

瑞阳遗址北山头，被适中丞尝息陬。
当年宰执嫉公直，公视轩冕如云浮。
不爱广厦爱茅屋，随意栽花与种竹。
山楼结构三五楹，诸峰罗列堪娱目。
累石更筑瑞阳台，四壁清风拂面来。

① 乾隆本无此诗文。

松涛隐隐出林杪，时有猿鹤共徘徊。
不入城郭有八载，长官无从挹风采。
惟知夙宿严四知，凛凛清操洁如水。
叹息楼倾台亦虚，闲寻往迹已丘墟。
同人指点犹记忆，几回留恋山之隅。
君不见道旁犹有参天树，昔时风景如可遇。
石头草色自青青，俯仰因之生远慕。

飞布五老峰[①]

休宁人仪征籍汪元长敬堂

五峰五丈人，参错遥相对。如揖复如让，各具龙钟态。
白岳与黄山，诸峰尽朋辈。苍松供拄杖，流云绕襟带。
我欲从之游，飘然出尘外。公兮如我许，应得身常在。

三佛石[②]

汪元长

瑞金三石峰，庄严状如来。文殊并普贤，错立同追陪。
但具菩提性，无须宝殿开。山花受供养，松子胜清斋。
是佛还是石，频首费疑猜。安得此结庐，顶礼日几回。

江村十景

江兰芳国

洪相晓钟

洪相山初晓，疏钟树杪来。烟云千片动，帘幕一时开。
远数鲸音递，清惊鹤梦回。年华容易尽，端为此声催。

王陵暮鼓

山腹王陵在，灵鼍吼夕阳。林峦驰响疾，村落讶声长。
士坐戍楼起，人归溪路忙。三挝余韵歇，枫树晚苍苍。

---

① 乾隆本无此诗文。

② 乾隆本无此诗文。

松坞樵歌

松聚湾环坞，峰围来往樵。寒风吹不断，野曲听难调。
韵转穿云石，声齐应海潮。贫时生活计，无笑买臣挑。

练溪渔唱

练浦周遭在，渔歌次第听。月来连水白，云过见山青。
断续遥相答，悠扬正未停。曲终收网处，沽酒向林坰。

云朗岚光

长虹低跨处，杳霭绕烟岚。水皱三分缘，山拖一面蓝。
跃波鱼泼泼，飞絮柳毵毵。向晚云容淡，疏钟认古庵。

飞蓬月色

独立飞蓬顶，秋蟾万里明。人间怜月色，天际送歌声。
影射鱼龙冷，光浮鸟鹊惊。下方灯火尽，皎皎正三更。

白石晴云

白石山如玉，云生望恰迷。乍从高顶幂，不见一峰低。
缥缈崖飞瀑，朦胧月在溪。将军思着色，何处觅端倪。

紫金霁雪

何事心逾洁，山从雪后看。水流千涧涩，鸟踏一林寒。
疏落梅初绽，欹斜月未残。朝阳烦几度，放出碧巑岏。

荫亭春雨

亭孤春寂寂，树暗雨蒙蒙。烟火一村里，犁锄千亩中。
花飞山涧水，人冷酒旗风。最是垂柳下，披蓑把钓翁。

觉华松涛

兰若清幽处，松涛日夜生。骤疑雷共战，还觉水齐鸣。
煮茗喧千沸，敲棋响一枰。风幡参已得，无着此中声。

习隅亭[①]

江鸿治茂功

为抱超尘志，凭高构小亭。心同秋月净，目断晚山青。
幽意云中鹤，闲情水上萍。劳劳吾自愧，可许伴林坰。

练溪初晴即景[②]

江以堂锦宜

溪桥缓步散春愁，极目郊原景物幽。
万顷黄云凭地卷，一江白浪接天浮。
桃花雨润杨妃色，柳叶风斜西子眸。
四壁林峦新浴出，烟云都向望中收。

就芝轩赏牡丹[③]

程景梅领英

春到人间景物华，幽斋高下列名花。
衔杯不负花前坐，咏罢刚逢夕照斜。

布水石墨[④]

江恂于九

突见松烟怪，相猜未必真。立香同拜爵，乌玦自称珍。
巧合文房样，求从布水滨。豹囊何用贮，仗尔写频频。

飞布祥云岩[⑤]

江　恂

万仞凌空势独尊，九宵飞瀑落冰痕。
天开古洞烟岚合，地辟玄关竹树繁。
据险昔年传避乱，探奇此日得寻源。

---

① 乾隆本无此诗文。
② 乾隆本无此诗文。
③ 乾隆本无此诗文。
④ 乾隆本无此诗文。
⑤ 乾隆本无此诗文。

低头足下祥光绕，许我乘云谒帝阁。

香海林赠清臞上人①

邑雄村曹凤元至坤

古刹净尘缘，乾坤小洞天。更无多屋宇，自有一山川。
香钵胡麻饭，水壶玉槛泉。我来残暑退，池内放青莲。

东皋荫园②

邑澄塘吴云秋南

昔贤行乐地，高阁矗云烟。远岫当窗立，名花隔树鲜。
图书留古泽，樽酒续前缘。耽赏忘归去，林梢月正圆。

淮西郡主旧第③

（前明高庙宗女）吴云

清溪门径绿阴遮，共说淮西郡主家。
对户青山窥窈窕，夹隄芳草自横斜。
楼台大半嗟禾黍，花竹依然斗绮霞。
试看鼠姑开满树，春风不改旧繁华。

椒山对雪④

江启蔚炳文

朔风无计踏郊垧，屋近林皋暮色冥。
拥褐提壶高处望，最宜飞布敞银屏。

东　皋⑤

江都张钟英寿宾

楼题环翠旧时名，天外诸峰落槛平。
想见登临足舒啸，东皋不祗属泉明。

① 乾隆本无此诗文。
② 乾隆本无此诗文。
③ 乾隆本无此诗文。
④ 乾隆本无此诗文。
⑤ 乾隆本无此诗文。

酿云泉[1]

张钟英

云岚山色散晴郊，山下泉渟水一坳。
忆自诗人辨泾渭，至今清浊莫能淆。泉出涧畔，清浑各判。

香海林[2]

张钟英

翠华南幸普慈缘，制府题分两字悬。本扬州香海慈云题额。
香海别开莲世界，晴岚阁绕绿杨烟。

饯　亭[3]

张钟英

不是长亭与短亭，居然夹岸柳条青。
临歧更进一杯酒，乡梦迢迢何日醒。

瑞金山飞瀑崖[4]

邑岩镇方正澍子云

天河争赴地，晴壑半含阴。太白曾题品，佳名擅古今。
游踪谁复继，往迹我重寻。激石珠玑落，分明韶濩音。

祥云岩[5]

方正澍

秀拔扶舆辟五丁，由来绝顶闷岩扃。
千寻石广诸天接，一幔烟萝亘古青。
闻有名流曾志异，擅斯胜地合栖灵。
下看村落疑仙境，日日门开对画屏。

---

① 乾隆本无此诗文。
② 乾隆本无此诗文。
③ 乾隆本无此诗文。
④ 乾隆本无此诗文。
⑤ 乾隆本无此诗文。

瑞金山甘露洞[1]

邑人太仓籍叶长春芳林

山头云作雨，一滴如甘露。
石室跨深崖，飞落千丈布。
九天恩泽多，匪是蛟龙怒。

般若台[2]

叶长春

南海铁牛僧，傍此巨石卧。
一庵临崩崖，白云自回护。
故山千里遥，骧首有余慕。

九日同方云瓢过香海林[3]

郡城巴慰祖子藉

黄菊未经霜，登高九日忙。共携高士屐，同叩老僧堂。
酒渍山如醉，花漂水亦香。从来招隐处，多在白云乡。

绿绮堂古梅[4]

溧阳史丰照半袁

轩窗开绿野，老树影层层。骨冷千山雪，皮皱万古水。
文心香欲透，花气暖于蒸。春梦应难醒，罗浮到可能。

酿云泉[5]

史丰照

云本不根石，名泉惯吐吞。龙堂蒸午暑，螭窟郁春温。
液暖满瓷瓮，浆浓汲玉罇。氤氲抒一气，霖雨遍江村。

① 乾隆本无此诗文。
② 乾隆本无此诗文。
③ 乾隆本无此诗文。
④ 乾隆本无此诗文。
⑤ 乾隆本无此诗文。

云岚桥[①]

史丰照

欲览天都胜，飞桥架彩虹。水声舂石碎，山影拔云空。
疋练长拖白，残霞乱吐红。举头峰突兀，佳气郁葱葱。

练溪石墨[②]

史丰照

漫信松烟好，天生石更奇。润含才子舌，秀入美人眉。
碧涧神长往，明砂手自披。良朋胜胶漆，一笏远相遗。

香林听清公鼓琴[③]

邑绍村张节心在

秋暴蒸余暑，忽闻风雨喧。何人凭石几，移我到山村。
妙契七弦旨，皈依两足尊。养生惟养性，中散祇虚论。

赖公井[④]

吴县袁廷寿寿阶

凿井浚泉源，端在识地脉。赖公宋地仙，指地得云液。
亢旱胃肠涸，一乡被其泽。至今井上人，万口扬公德。
此道晦已久，如镜尘霾积。安得井中水，洗出眼光碧。

练溪石墨[⑤]

袁廷寿

有客贻我墨二丸，非煤非漆仔细看。
磨以铁砚试健笔，神采奕奕浮轻纨。
云是新安练溪出，取之不禁用不竭。
溪山不毓玉与珠，产此石墨真无匹。

---

① 乾隆本无此诗文。
② 乾隆本无此诗文。
③ 乾隆本无此诗文。
④ 乾隆本无此诗文。
⑤ 乾隆本无此诗文。

相传此石能画眉，六宫翠黛人争奇。
吴姬楚女竞呈媚，重之往往轻隃縻。
物之显晦固时有，今人只识松烟黝。
一朝物色采水涯，毛颖万石常为友。

打鼓墩[①]

袁廷寿

打鼓墩近山郭，年年打鼓催东作，东作兴农事仍，一鼓麦浪碧，再鼓秧针青，冬冬鼓声声不绝。耘耔正当三伏日，勤农闻鼓趋，惰农闻鼓出，到得秋成收获时，还怨鼓声打尚迟。

聂真人宅[②]

袁廷寿

真人遗宅面清溪，远近山峰绕屋齐。
庭树婆娑忘甲子，檐云来去任东西。
昔年异术凭传说，此地仙踪自可稽。
留得丹池常济世，任教饮水胜刀圭。

主簿砦[③]

邑人仪征籍汪光爔晋藩

孤悬石砦翠压边，遗爱人思主簿贤。
西晋云山余旧址，南朝壁垒认残砖。
六州保障功堪匹(余远祖越国公事)，
千载英灵迹尚传(居民立庙以祀)。
却笑君家句漏令，萦情丹灶事神仙。

① 乾隆本无此诗文。
② 乾隆本无此诗文。
③ 乾隆本无此诗文。

因藉楼[①]

邑潭渡黄晋锡之

江村最好小楼春，水色山光逼近人。
千顷绿波连绣陌，一蹊红雾结芳邻。
何年高卧同凭藉，有梦能游亦宿因。
闻说珠帘七十二，卷来面面对嶙峋。

香林晴岚阁[②]

黄　晋

晓钟敲破碧玲珑，阁外烟岚望几重。
晴霭有情趋几榻，乱云无次荡心胸。
光分佛顶青螺拥，色映莲峰翠雨浓。
供养诸天张障子，插空三十六芙蓉。

树滋园双柏[③]

仪征寿尔康宁之

最好双株柏，常垂万古青。后凋原矫矫，卓立本亭亭。
正直出天性，坚贞得地灵。前朝名御史，乔木溯余馨。

古仪宾第[④]

寿尔康

琐闼雕甍认主家，邓堪凭吊夕阳斜。
蒿莱满地春风黯，萧鼓当年午夜哗。
过眼云烟余古树，骄人富贵只名花（园有牡丹二丛，极茂）。
女萝漫道依松柏，建业宫庭噪暮雅。

---

① 乾隆本无此诗文。
② 乾隆本无此诗文。
③ 乾隆本无此诗文。
④ 乾隆本无此诗文。

聂真人宅[①]

江振鹭起堂

尚有神仙宅，深深护竹篱。鹤盘红树坞，犬吠白云陂。
何处寻丹灶，于今剩药池（有药粒塘，为真人汲水炼丹处）。
清风自来往，料得少人知。

赖公井[②]

江振鹭

闻说泉三穴，仙人疏凿开。源源信有本，汩汩乎其来。
大旱不愁魃（旱时涌泉愈盛），空林岂望梅。一乡供汲取，
担石几千回。

云岚桥[③]

江振鹭

天外飞虹落，苍黄夕照斜。没云山露髻，触石水翻花。
白涧洗秋两，红亭醉晚霞。先公曾爱此（先都转公额曰云朗岚光），
几度手频叉。

酿云泉[④]

江振鹭

剧爱灵泉好，醰醰味最醇。冷凝千斛酒，暖浸一潭春。
汲月铜瓶古，炊风石火新。劖岩余手泽（泉名为先君所题，今勒于壁），名著练溪滨。

荫园心适斋咏牡丹[⑤]

江启芳春甸

芳园缔造溯前规，心适斋头春日迟。

---

① 乾隆本无此诗文。

② 乾隆本无此诗文。

③ 乾隆本无此诗文。

④ 乾隆本无此诗文。

⑤ 乾隆本无此诗文。

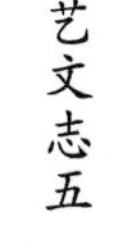

最喜色香超俗艳，何妨姚魏不同时。
当筵能使群花避，属句惟宜樽酒持。
五百年来风雅地（园本东皋旧址，宋季元直公遗迹），
荆枝棠萼共怡怡（主人先世有怡怡图）。

东里梅花[①]

江启芳

当年锄月倚云栽，瘦影横斜带雪开。
坐久不辞寒料峭，好风频透暗香来。
索笑咸凭白玉杯，闲拈小豆共猜枚。
谁家莫吹江城笛，留伴春台醉几回。

香海禅林

江振鹍岷高

烟岚浣尽万缘空，禅室何殊大隐风。
柳色淡开千嶂绿，花光深映一池红。
钟敲别院穿云出，鸟语前村隔树通。
此地清幽尘事少，高僧吟赏与谁同。

饯　亭[②]

江振鹍

清溪几曲板桥南，水色山光带远岚。
一个离亭好风景，销魂情绪柳毵毵。

经畲堂[③]

江振鹍

老屋三间对紫阳，前人文酒旧坛场。
只今尚有余风在，一曲清琴续妙香（堂为董思白、陈仲醇二公旧舍，馆后丽田公亦尝栖此）。

---

① 乾隆本诗名作“东里赏梅”。
② 乾隆本无此诗文。
③ 乾隆本无此诗文。

古佛庵[①]

江振鹍

绕林梅竹间青松，门对莲花第一峰。
最古招提名士地（乡先辈多于此结社），眼前三十六芙蓉。

荫园夜饮[②]

仁和周汾蓉衣

荫园地主佳公子，招我来游暮雨时。
竹屋梅花兄弟酒，疏灯小屐客人诗。
一千里外新吟瘦，五百年余世泽垂。
读遍君家诸旧集（梅宾出《醴陵止庵》诸集见视），
留恋忘却夜归迟。

净香池白莲次清臞师韵[③]

周　汾

碧池澄澈了无尘，风递荷香悟净因。
自是白衣标逸格，不教红粉乱天真。
月明何处箫声静，句好还同酒味醇。
爱煞清公清澈骨，蒲团坐对两忘神。

过瑞阳阿[④]

江启薰善甫

文章经济总堪师，地比甘棠迹尚垂。
天外孤峰真人画，云边古屋但留碑。
八年栖隐耽泉石，一集流传重鼎彝。
几度登临倍惆怅，茫茫高躅杳难追。

① 乾隆本无此诗文。
② 乾隆本无此诗文。
③ 乾隆本无此诗文。
④ 乾隆本无此诗文。

游黄山次丽田叔韵[①]

江苾芬扬

黄山程百里,挈我快登临。险绝翻成趣,奇多不易吟。
奔泉飞九叠,片石矗千寻。最是蓬壶好,褒斜一径深(一线天有小蓬壶)。

聂真人宅[②]

邑人居江都张镠子贞

药粒塘前望,真人宅尚存。林泉余道气,岁月自柴门。
野鹤归难识,青山淡不言。可怜堂下竹,依旧长儿孙。

饯　亭[③]

张　镠

夹岸垂杨绿,依稀认灞桥。当年留别恨,过客每魂销。
春色翻无赖,乡风自不浇。君看大河水,呜咽到今朝。

绿绮堂古梅[④]

张　镠

一树寒梅好,花开月满林。雪添诗境冷,香积草堂深。
暮雀自来去,春风无古今。何时一樽酒,拂石坐弹琴。

酿云泉[⑤]

张　镠

一泓清不改,风蹴亦生澜。水气沈山影,溪声过石阑。
日斜幽草绿,林老白云寒。可比中泠美,真源得最难。

---

① 乾隆本无此诗文。
② 乾隆本无此诗文。
③ 乾隆本无此诗文。
④ 乾隆本无此诗文。
⑤ 乾隆本无此诗文。

社山秋叶[1]

江启莲有仪

小径碧云合，环林古木苍。红因霜信染，疏透晚风凉。
远岫浮岚气，晴空度雁行。秋成看报赛，鸡犬总仙乡。

离家日过西干太白楼[2]

江振鸿吉云

空溪水带山云流，两岸青山竹树幽。
太白之星天上去，千年留得一空楼。
楼上仙人溪上客，当时泉煮山溪石。
飞仙即是谪仙心，万里浮云同一色。
浮云今古更无心，今日还同昔日深。
一任松风与溪水，声声相应成知音。
不求传入俗人耳，重来竟有鹖冠子。
草衣葛屦匪游仙，明珠一颗心似水。
无言独立西溪干，山水之间眼界宽。
杯酒难消愁万古，云中回首见家山。

过香海林和梅坡师韵[3]

江绍景陟山

老树沙堤外，禅扉竹里开。钟声喧涧水，鸟语噪庭槐。
却病凭诗兴，烹茶供客来。夕阳花影静，幽意共低徊。

古里埵晚眺

江绍高引棠

秋澄山入画，薄暮爱登临。海月托霞出，渔镫绕渡沈。
荻花迷旅雁，蝉操冷瑶琴。眺望情无尽，欷歔不绝吟。

---

① 乾隆本无此诗文。
② 乾隆本无此诗文。
③ 乾隆本无此诗文。

闲踏步云桥[1]

江绍高

绝胜山阴道上游，夹堤疏柳漾清秋。
云开黄海千峰现，高下芙蓉一望收。
步云桥外翠烟稠，竹径松阴次第搜。
一曲清溪随路转，行吟惟与白云俦。

远晴阁晚眺

江文彪虎文

轩窗喜伴翠微岑，薄暮凭高望远林。
红叶脱残秋树老，白云遮尽晚山深。
岚桥寺古钟声静，练水沙寒雁影沈。
几度霜风传冷信，斜阳落处数归禽。

九日游白沙泉

江文彪

满城风雨惜当年，佳节刚逢九月天。
载酒欲题红叶句，提壶且酌白沙泉。
轻烟拂鹤冲云度，曲磴留人扫石眠。
莫说龙山传胜事，一瓯清味已仙仙。

秋日[2]饮九芝山

江金榜云甍

同携尊[3]酒最高巅，不尽[4]寒林景物[5]妍。
红到疏枫霜染树[6]，黄生晚菊月当筵[7]。

---

① 乾隆本无此诗文。
② 乾隆本无“秋日”二字。
③ “尊”，乾隆本作“杯”。
④ “不尽”，乾隆本作“四望”。
⑤ “物”，乾隆本作“色”。
⑥ 此句诗文，乾隆本作“泛泛枫枝丹绕树”。
⑦ 此句诗文，乾隆本作“纷纷柿叶锦铺阡”。

群峰远出村烟外，一水遥环古渡边。
暮霭乍迷山下路，句留醉与石俱眠。

九芝山远望[1]

程梾官虞九

芝山好景留题久，此日登临兴倍长。
远近林峦环翠嶂，参差楼阁认仙乡。
松声乍听来秋雨，塔影遥分破夕阳。
最是联吟饶素侣，风生一座共飞觞。

绿猗堂古梅[2]

程牧斯耽咏

逋仙何日去，幽意满苍苔。月上客初至，雪深花正开。
无须怜阒寂，只此足徘徊。多谢罗浮守，移来砌下栽（明惠州别驾公手植）。

飞布山[3]

和州谭世忠昌时

峭拔真难拟，支分散浪花。幽崖藏蛰穴，叠嶂走龙沙。
俯瞰千村屋，遥明一片霞。青莲标榜后，灵秀正无涯。

九芝晚眺[4]

程梾弟友棠

步屧斜阳外，秋光到眼明。一村红树老，半塔淡烟横。
载酒祝诗兴，怀人听雁声。就芝新卜筑，寄咏有余清。

① 乾隆本无此诗文。
② 乾隆本无此诗文。
③ 乾隆本无此诗文。
④ 乾隆本无此诗文。

瑞金山看铺海[1]

程椒功敏周

有客黄海来，为言铺海胜。形容无乃奇，但得耳中听。
不谓瑞金山，我亦逢其境。雨后湿云蒸，弥漫远相映。
忽然天风吹，荒白平如镜。高低青芙蓉，一一露钗鬓。
俯首走洪涛，到底几千仞。金牛现鞍脊，鸡峰失其峻。
恍疑乘长风，仿佛三山近。奚必黄山游，贪奇临险径。
此来不觉劳，此景足酣咏。初日破洪蒙，敲开一声磬。

黄山云谷[2]

江毓英鄂唐

入谷千盘折，寻幽到梵宫。门悬九龙瀑，檐拂万竿风。
地已无山并，天犹有路通。奇峰三十六，大半在云中。

聂真人旧居[3]

江毓英

聂公茅屋白云重，路上天黄识旧踪。
半壁绿萝牵夜月，满堦凉雨叫秋蛩。
药炉灰冷丹难转，匣创尘埋气尚冲。
欲问长生仙已去，笠塘终古水溶溶。

秋日过东皋荫园[4]

江毓英

悠然高致慕渊明，五百年来地未更。
堂构重兴前哲业，风流深见主人情。
篱边细雨黄花绽，楼外遥山翠浪生。
我爱登临丝竹静，隔窗惟有读书声。

---

① 乾隆本无此诗文。

② 乾隆本无此诗文。

③ 乾隆本无此诗文。

④ 乾隆本无此诗文。

主簿砦[1]

江毓英

荒砦名从乱后传，保民端赖葛公贤。
只今幽壑无人迹，一任松枫绾暮烟。

瑞阳阿[2]

江毓英

山陵议格乞休归，耿耿孤忠隐翠微。
一卧岩阿经八载，赐环终与柄臣违。

瑞金庵[3]

江毓英

四周松竹绿阴陪，回矣云端古寺开。
霜磬晓钟闲岁月，老僧真个住蓬莱。

般若台[4]

江毓英

高台面面总无遮，般若经翻贝叶华。
当日铁公曾说法，乱花飞舞上袈裟。

祥云岩[5]

江毓英

缥缈祥云拥殿头，八分题爱寇君留(额为郡守家蔗畦公书)。
岩间应有仙人住，一派溪山几上收。

① 乾隆本无此诗文。
② 乾隆本无此诗文。
③ 乾隆本无此诗文。
④ 乾隆本无此诗文。
⑤ 乾隆本无此诗文。

树滋园赏桂

江绍绎驷思

秋风几度上瑶枝，赢得天香面面吹。
馥郁早疑分贵岭，扶疏祇合种须弥。
露凝杯底浮甘液，月淡梢头写素眉。
一自桂岩归隐后，遗来清荫有谁知。

炉峰远眺

江观涛绎堂

胜地闲凭眺，郊原四望青。黟山环翠障，飞布列云屏。
水碧天光合，风高玉露零。丹成人去后，谁为纪碑铭。

秋日游飞布山

江楫文舟

郡障巍然耸翠鬟，闲携樽酒共跻攀。
遥环脉络千条水，俯视高低万点山。
北帝新祠开石室，葛君遗砦锁烟关。
秋高极目天寥阔，直上峰巅力不孱。

秋夜过香海林[①]

江纶舒海

清夜叩禅扉，孤灯掩薄帏。幽花侵露冷，淡月透光微。
寂静宜琴韵，空明悟佛机。联吟同老衲，耽赏竟忘归。

题黄山始信峰丽田公琴台[②]

江德量量殊

世间怪事乃有此，始信峰巅大于趾。
一削千仞中忽分，隔断尘踪三万里。
奥府天开净土门，危桥支石惊心魂。

---

① 乾隆本无此诗文。

② 乾隆本无此诗文。

是中止可着仙佛，云对雾锁愁猱猿。
奇松虬蟠石屏护，翠微深处清音聚。
空山无人云乱飞，到此弹琴几朝暮。
君不见一乘僧瘦筇日日来，登临又不见寒江子。
断墨何年蚀风雨，定空室与独坐处，输与琴台共千古。

石　墨[①]

江德量

片片如钱小，元英出绿泉。书翻分石翠，灰岂借镫然。
数里寒江独，千年异迹传。我家花管在，借尔一题笺。

荫园即席[②]

江德量

千里暂归客，家园共对山。花光迎席媚，竹翠映帘环。
南宋余芳躅，东皋隔市阛。他时反初服，重醉草堂间。

游飞布山[③]

江德量

十里篮舆破晓行，孤亭才过入云程。
峰团四面看回合，屋现千村辨暗明。
般若台荒松韵细，瑞阳阿冷竹阴清。
闲来漫写登高句，敢向名山试品评。

炉峰晚眺

江梦笔星泉

昔日真人炼丹处，七百年来名尚著。
支节闲步上炉峰，俯仰低徊不忍去。
北望黄山峰六六，天都云门俱在目。
曾闻皇帝共浮邱，尝将炉鼎炼幽谷。

① 乾隆本无此诗文。
② 乾隆本无此诗文。
③ 乾隆本无此诗文。

仙山正对幽人室，两地风流名则一。
白云漠漠草凄凄，梅福王乔何日出。
村烟四起牛羊下，樵歌渔唱声盈野。
痴情欲拍洪崖肩，那羡人间有广厦。
试看练水向南流，枫柏丹黄叶已秋。
为访遗踪思渺渺，夕阳衰草不胜愁。

柏亭怀古

江梦笔

柏古留先迹，亭空忆昔时。常存金石志，不改雪霜姿。
清节邻巴妇，幽贞并楚姬。登临余仰止，手泽剧堪追。

聂真人旧居[①]

江梦笔

咫尺烟霞别有村，登高闲过聂公门。
也知鹤驭人难返，须悟丹炉火尚温。
宅伴云岚风可仰，名垂志乘道常尊。
绕篱竹树绕余韵，谁更诛茅葺短垣。

花山遗址[②]

江梦笔

胜概由来不久存，花山犹记谢家墩。
漫嗟台榭沦荒草，饶有松筠护短垣。
此日夕阳鸦满树，当年高会酒盈尊。
兰亭梓泽原同辄，抚景频教客断魂。

秋日过橙阳觉华庵[③]

仪征樊文锐鼎臣

此地初经过，登临眼界明。四围山色静，一树桂香生。

① 乾隆本无此诗文。
② 乾隆本无此诗文。
③ 乾隆本无此诗文。

佛座金容古，僧寮法语清。到来真有幸，不负咏觞情。

聂真人宅[①]

邑富堨汪宗炜右枢

风景依然鼎灶虚，当年采药竟何如。
华屏万仞曾留迹，茅屋三间别结庐。
剩有烟霞飞破壁，空教萝薜冷幽居。
竹林伫看开仙境(村人拟建竹林仙境)，
假我余闲共著书。

过江村香海林[②]

邑人仪征籍江安定甫

山翠浑如滴，精蓝傍水开。疏钟能破梦，静院欲祛埃。
客馔伊蒲具，经喧龙象来。残碑扪藓读，拂拭古墙隈。

三台山[③]

邑篁南江铭名九

地占一村秀，峰高六水回。脉疑分两戒，形直拟三台。
练浦苍烟合，黄山翠嶂开。伊谁工点缀，高下好楼台。

游飞布山[④]

江　铭

巍然北镇涌灵鳌，位占坤舆托地高。
万室烟云开聚落，千峰起伏走波涛。
坐凭怪石题诗好，步倩枯筇纵目劳。
保障尚传贤主簿，当年曾此拥旌旄。

① 乾隆本无此诗文。
② 乾隆本无此诗文。
③ 乾隆本无此诗文。
④ 乾隆本无此诗文。

桃花坝[1]

江　铭

板桥行尽接沙堤，堤上桃花夹路齐。
水映流霞春涨阔，香飘红雨夕阳低。
繁英似锦迎人面，芳草如茵送马蹄。
欲放扁舟寻谷口，武陵仙境未曾迷。

练溪石墨[2]

邑人仪征籍方震应条

歙州佳墨甲千古，江村文瑞天下奇。
龙宾十二跃溪水，云根吐出光淋漓。
盛世天不爱其道，川岳呈灵地献宝。
金铅玉瓮集嘉祥，总为人文扬丽藻。
江氏才华百代扬，文章积厚香流光。
松烟不爇色如漆，石鳞水府蟠苍苍。
物情自古重天真，鄜延石油徒夸新。
临池染翰亦潇洒，今日文通得古津。

布水石墨[3]

江康坦衢

惯爱澄溪秀，元霜弄眼鲜。丹砂形尽洗，碧砚色同娟。
石稼宜毛颖，龙香透粉笺。挥毫真快绝，冷艳足生莲。

橙里舒啸亭[4]

邑富堨汪裕光奕芳

高亭舒啸得天真，最好风光九十春。
四面佳山环翠黛，一园芳树郁清淳。

---

① 乾隆本无此诗文。
② 乾隆本无此诗文。
③ 乾隆本无此诗文。
④ 乾隆本无此诗文。

鸣声上下听啼鸩，花气氤氲透隔邻。
奚必深居乐幽寂，当前景物倍怡人。

火炉尖吊聂真人[①]

江士相得六

兹山特峻秀，四望皆芙蓉。昔有瀛海客，采药临高峰。
丹灶虽已冷，至今留仙迹。我来一振衣，飒飒凌天风。
长揖对明月，把酒问苍穹。飞鸟从西来，飘然落云中。
悠悠千载下，青空飞白龙。

古饯亭[②]

江士相

古饯亭饯行处，离人到此行迟迟，别泪洒向东西路。
我今暂喜能还家，那勘送客天之涯。
天涯送客一挥手，欲别难别倾樽酒。
春来无地不伤心，渡头芳草桥边柳。

打鼓墩[③]

江士相

东打鼓，西打鼓，饭熟鸡啼日将午。
朝催耕，暮催耕，好雨时晴布谷鸣。
农事重三春，田间最苦辛。
郑家遗址今犹在（本郑氏村落，墩其所筑也），
不见当年插稻人。

望黄山歌[④]

江士相

企予望兮望黄山，山有洞府超尘寰。丹崖翠巘不可以周览，但见数峰直

① 乾隆本无此诗文。

② 乾隆本无此诗文。

③ 乾隆本无此诗文。

④ 乾隆本无此诗文。

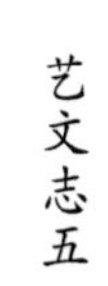

插青冥间。眺天都兮何巍哉，怅云门兮相对开。邈石笋之罗列兮，仿佛蓬莱阆苑之中来，奇峰三十六，一一如在目。举手嗟莫扪，排空竞连属。昔闻有熊氏驾鸿访真菉，又闻容成子采药结茅屋。山灵笑我谈神洲，烟霞杳渺将焉求。寄身天地此廖阔，谁为奋袂褰浮邱。日悠悠兮欲落，风飘飘兮远游。梦光明之绝顶，倚祥符之高楼。前有谷口，后有莲舟，莲花之峰那得见，远与千岩万壑相沈浮。我家近兹山，相去只百里。终朝户外看，景行余仰止。夕阳明灭轩辕宫，青鸾白鸟安能从。指点云车碧宵里，茫茫削出金芙蓉。何当大叫出门去，独向苍旻跨赤龙。

游瑞金山歌[①]

江士相

天下名山那有此，斗然一峰从地起。
俨若恒岳居北方，天乙太乙东西峙。
黄海如龙赴建康，奔腾形势何飞扬。
蜿蜒逆折走百里，芙蓉壁立凌苍苍。
主簿当年尝避兵，邑人纪德留佳名(原名主簿山)。
飞布更自唐天宝，状如拖练溪光明。
吾乡之山有七金，此惟其一盘崎嵚。
七百余仞不可上，五老三佛扪辰参。
我家住其下，人人事耕稼。
何日得归来，徜徉独休暇。
甘露洞口云濛濛，高台倒插连苍穹。
朝来望晴暮占雨，风光变幻将毋同。
我行登眺乘秋爽，到此超然绝尘网。
向平五岳自兹游，长啸一声山谷响。

瑞阳阿忆中丞公[②]

汪士相

我公昔解组，高步山之阿。
当前罗诸峰，四面皆嵯峨。

① 乾隆本无此诗文。

② 乾隆本无此诗文。

徘徊择地耽幽居，徜徉泉石编虫鱼。
八年足不到城市，啸歌偃仰何晏如。
首发奸珰直声露，尽忠言事邀隆遇。
杀人媚人意凄惨，行边掘地血流注。
建白能伸九地冤，神明定合群僚怖。
臣职欣逢不讳朝，臣心敢绝能言路。
寿宫疏上归去来，暂依邱墓临高台。
谢安久作东山卧，望重不起苍生哀。
禄食那复营私第，家庙及时更寝祭。
义田之制至今存，君子宁徒泽五世。
辰沅荐自忠毅公，还朝开府行黔中。
高寨斩首百余级，金帛下赉旌殊功。
播州敢玩门庭寇，官军死战连昏昼。
竟以考绩坐遭谗，大星忽落惊中厩。
我来蹢躅空山隅，风云黯惨神灵趋。
一拳尚表回澜石，千古忍见归田芜。
呜呼我公真大儒，心悬日月身龃龉。
肤功峻节天壤俱，讵惟后嗣钦鸿图。

赖公井[①]

江士本树滋

原泉流混混，昼夜无停机。
俯察理自得，掘地相因依。
昔年来寓公，赖氏称布衣。
村人苦用汲，凿井为指挥。
蕴隆事绠修，辘轳临路歧。
灵根不终秘，洊至遂有时。
于焉斡元化，水鉴当在兹。

① 乾隆本无此诗文。

听泉桥[①]

江士本

曲涧环山麓，桥平水一湾。风萦松浪细，泉沸石根潺。
煮茗香频透，弹琴韵自娴。乘闲同曳屐，静听足舒颜。

浴黄山汤泉[②]

江士本擢英

不信阴火然，酷类探汤热。出地酝丹砂，清芬调玉屑。
我愧俗尘棼，浊衷多郁结。借以涤毛髓，身心净如雪。
明晨登天都，临风真快绝。

雪渚种梅[③]

江名秩晋阶

近屋圈芳圃，疏梅趁雨栽。料知春信早，时有暗香来。
载酒客常至，巡檐日几回。月明吟兴动，随意坐莓苔。

九日舒啸亭登高[④]

江锡曾省三

亭开屋后快频登，佳节翻教兴概增。
正值晚香飘画槛，何当新月上山棱。
樽前落帽追余韵，醉里题糕见异能。
珍重芳筵须畅饮，莫辞酩酊倦难胜。

步云桥[⑤]

江卿云健修

为爱江村路，闲吟过小桥。青鞋云气绕，曲径柳花飘。
两水鸣寒玉，三台耸碧霄。遥看黄海里，仿佛有仙招。

---

① 乾隆本无此诗文。

② 乾隆本无此诗文。

③ 乾隆本无此诗文。

④ 乾隆本无此诗文。

⑤ 乾隆本无此诗文。

登九芝山[①]

程华国慎修

举步得奇景，山高更见山。群峰云外出，一水望中环。
雁影何萧瑟，樵歌自往还。地幽尘事少，拟筑屋三间。

火炉尖[②]

江腾晖恺堂

往昔真人避俗嚣，炼丹曾此伴林皋。
峰余五色娲皇石，树种千年露井桃。
药粒池清流泽远，华屏山矗仰风高。
仙踪缥缈长留迹，几度登临短发搔。

春日过东里积翠山房[③]

江汉濯之

佳园窈窕快初经，小透晴光入画棂。
石点玲珑三径曲，树浮高下一庭青。
联吟却喜花才放，握盏谁夸酒独醒。
待得宵深清月上，几声怜笛隔墙听。

听松楼赏雪[④]

江信虚舟

槛外同云布，帘开气倍严。石寒疑化玉，梅冷欲调盐。
古木鸦难集，高楼客共瞻。画图何处好，白遍远峰尖。

文殊院题壁[⑤]

江士栻兆詹

俯首万峰小，僧庐十笏宽。石围云作障，松积翠成团。

---

① 乾隆本无此诗文。

② 乾隆本无此诗文。

③ 乾隆本无此诗文。

④ 乾隆本无此诗文。

⑤ 乾隆本无此诗文。

客到心俱静，山空夏亦寒。拈毫书绝壁，宇宙此奇观。

香林晚眺[①]

长洲释福基梅坡

薄暮行人少，微风暑气清。断云裁远树，斜日画双城。
荷静香逾透，林幽蝉自鸣。萧条隔尘市，不使俗情生。

香海禅林

释福基

一片平桥贴涧斜，数椽精舍即禅家。
门前山色开青障，槛外江声走白沙。
壁满高吟皆雪调，庭无杂树只梅花。
命名不愧称香海，爱此琼林绝点瑕。

晴岚阁[②]

释福基

岚气初收断续间，翛然杰阁俯花湾。
月明风写轩前竹，雨过云堆屋后山。
槛走溪流三曲绕，窗传鸟语四围环。
宵深孤坐闲凝睇，星斗垂垂尽可攀。

晓踏练溪[③]

杭州释禅一心舟

翠烟浮水次，溪树望来平。古刹炊初动，山村鸡尚鸣。
盈眸环远岫，回首辨双城。湖上夸图画，今真画里行。

---

① 乾隆本无此诗文。
② 乾隆本无此诗文。
③ 乾隆本无此诗文。

游瑞金山[①]

江绍莲依濂

歙有七金山，瑞金居其一。胚胎六六峰，龙蛇看出没。
蜿蜒向南来，千霄而蔽日。崇峦耸苍翠，邃谷互蟠屈。
陡然挺奇秀，堂隍开秘域。金牛与飞岑，辅弼双羽翼。
白石介其间，三峰撑崱屴。松影交蔽亏，泉流送凄咽。
磴路极天尽，忽觉双眸裂。坡陀纷细碎，烟村远明灭。
梵宇迥嵯峨，钟磬响幽寂。真武此著灵，拜祷向金阙。
行从五老峰，还经三佛石。山泽储灵气，异鳞潜丙穴。
人言是龙子，致雨能顷刻(鱼赤腹四足，捕而闭之瓮中，能祷雨)。
甘泉拔地底，嵌窦不盈尺。寺僧煮山茗，一盏嗽灵液。
风生舄足异，蟹眼翻白色(甘泉窟小如瓮，频汲不竭，烹茗作白汤)。
乘兴陟绝顶，俯瞰惟一碧。五溪缭如环，万峰相拱揖。
浮图云外见，仿佛凌霄笔(见西南诸塔)。冥搜胜未穷，幽赏心已折。
虚籁振寒空，蹑险频战栗。天风冷衣袂，石窍闻欻翕。
喷薄起肤寸，弥漫失林樾。阴晴判俄顷，怪险洵叵测。
我闻晋主簿，世乱勤抚辑。石砦宛然在，州人颂明德。
又闻李太白，流览传芳迹。飞布锡嘉名，健笔阴崖勒。
俯仰已千年，伊谁踵余烈。吾家耽瑞翁，直谏逢贬谪。
结庐此山中，八载户不出。迄今瑞阳阿，高躅众称说(族祖长信公，谪后居此，著有《瑞阳阿集》)。
古木含葱茏，遗踪浸迷失。临眺托咏吟，欷歔增菀郁。

布水石墨歌次吴梅颠韵[②]

江绍莲

扬之异派水经传，搜剔物产推昔贤。
水中有石黝而洁，濡毫不待煎桐烟。
冰井台井珍厥品，或谓可书亦可燃。
此石独不供煤室，曹公自应储万千。

① 乾隆本无此诗文。
② 乾隆本无此诗文。

彩色正如烟入漆，捣之奚翅千搥坚。

吁嗟造化超人力，古今制墨畴比肩。

我闻南塘新安李氏称独步，父子作述标陈编。君房、于鲁相接踵，岁久岂得坚且鲜。惟兹天生美材，终古罔变易文房，棐几分太玄，从来良物定有耦，产近歙浦，好与澄心、佳楮、龙尾、肉石同爱怜。自今不宝筑阳共，怀化喷纸直令思。葛仙右军北海宜，物色临池试筑屋。数椽学书伫见池，水黑寄舫香斋何间焉（皆村中制墨名家）。我友梅颠爱墨有奇癖，闻之当更喜欲颠，试赠二螺供挥洒，鹅群雪羽看丽天，请为布水发歌咏，亦如浦珠田璧，钟毓夸独专。

游黄山歌①

江绍莲

世上不信有此理，插天之峰竟无底。

倒挂虬松仰面看，飞泉迸落青霄里。

云头突起万壑藏，雷雨都从脚跟起。

人说黄帝当年此炼丹，容成浮邱共往还。只今胜有丹台在，因人名地曰黄山。黄山高四千仞，天都云门欲上无路径，莲花绝顶渺八荒，天目、匡庐相掩映，仍有天外一峰峰，最奇我得过来今。始信峰头一削划，然开倾欹片石通。来回手攀接引松，股栗而心灰，奇从险得人怕来，我闻胸臆频溯洄。时当己卯春，得识黄山面。一宿浴汤泉，汤泉香且洁。再宿礼文殊，万峰尽罗列。三宿四宿后海游，千奇百俿凭搜求。有时白云幻沧海，三十六峰缥缈如浮舟。有时落日群峰昂首，恣吞啖恍惚火珠坠入苍龙口中收。大叫一声九龙现，飞下晴空势震叠，神惊目眩走且僵，珠屑玉尘纷溅面，绝胜庐山瀑布泉，鞭辟烟云生狡变。石离奇兮肖形，松蟠结兮铺翠，禽睍睆兮能言，花偏反兮似醉，人游山兮浑如仙，挟羽翼兮凌峰巅。餐烟霞兮侣鹤鹿，愿终隐兮年复年，奈山灵其不我许。嗟扰攘之无缘，游兴粗毕俗虑未泯于焉，出山忽堕尘坋，如之何哉，譬诸梦醒。

① 乾隆本无此诗文。

浴黄山朱砂泉歌[1]

江绍莲

黄帝丹成跨龙去，抛残炉火留余炷。
熏灼地轴地常温，源泉汩汩阴崖注。
伐毛洗髓未足奇，炙手可热疗沈痼。
从古及今几千年，脱换凡胎不知数。
地不爱宝天秘之，灵奇不让神仙据。
溪潭老龙奋然起，鞭辟雷霆施震怒。
掀翻地底驱洪涛，沙崩石防灵泉淤(尝沦于蛟水)。
海上瞿昙飞锡来，界画溪流归故处(僧悟千重浚)。
玉女重开惠泽中，骊山面目还如故。
我浴温泉温且清，四十七年经两度。
乍焉涉历若探汤，滃地不容双足驻。
浸润渐觉心神怡，适意真同狎鸥鹭。
胸尘万斛尽销融，下有丹砂莫轻觑。
或云仙人汤沐区，洗头盆有山神护。
或云造物厌寒酸，为遣舒姑增暖趣(舒姑亦温泉名)。
要知水热心自凉，我对此泉生妙悟。

江村八景

江绍莲

洪相晓钟

曙色开洪相，疏钟递远声。春容回旅梦，断续杂残更。
林树烟初淡，晨鸡唱渐清。遥遥村落里，乍见万山晴。

王陵暮鼓

霸迹瞻遗庙，逢逢振法堂。催将遥嶂夕，触动旅人忙。
画角连荒戍，炊烟起暮庄。灵鼍争吼处，霭霭望余光。

① 乾隆本无此诗文。

松坞樵歌

深谷松排坞，樵歌见古心。穿林风递响，度壑鸟賡音。
篝笠行斜径，牛羊下远岑。夕阳人影乱，苍翠拂衣襟。

练溪渔唱

澄碧环如练，渔歌散古溪。寻腔流水阔，结响暮云迷。
雨过声初歇，风生韵乍低。曲停沽酒处，林树霭萋萋。

云朗岚光

野墅临郊麓，轻烟拂槛开。山青浮远秀，天回绝纤埃。
翠竹夹萝径，苍松覆石台。路迂行不尽，缥缈近三台。

飞蓬月色

散步当秋夜，飞蓬玩月明。千峰清气爽，半阁淡烟横。
到处蛩吟细，谁家笛弄轻。低回无限思，不复计残更。

白石晴云

石白浮光远，晴云出岫闲。卷舒曾散彩，叵匝自成山。
乍见堆文縠，还看露翠鬟。乘风飘逸过，流水共潺潺。

紫金霁雪

雪后山逾净，云开见紫金。轻风摇玉树，霁日见珠簪。
梅冷幽香远，松寒翠浪深。相看何皎洁，未许半尘侵。

秀水池上赏木芙蓉①

江绍蓉锦城

秋气浮郊野，柔葩独拒霜。霞烘花吐艳，水静镜含光。
夹岸攒宫锦，沿堤认蜀冈。曼卿豪兴在，定欲探诗囊。

① 乾隆本无此诗文。

荫园赏桂[①]

江绍苞如九

小山遗泽远，丛桂酝奇香。时际深秋候，觞倾绿野堂。
清吟调玉律，冷露漾银光。忽现丹霞色(时开丹桂一枝)，芳园兆吉祥。

重过觉华禅院[②]

江绍莘耕野

还家将一月，才得叩松关。每到心俱静，重来鬓已斑。
云深僧意古，花淡客情闲。魂梦难忘处，幽栖定此山。

九日集舒啸亭[③]

江绍莘

老去偏惊节序忙，刚逢九日聚家乡。
筵开秋社生真趣，酒泛清樽有异香。
往事空过同逝水，今年才觉是重阳。
东皋舒啸添豪兴，枫正经霜菊正黄。

登飞布山[④]

江绍汾涟南

曲磴攀跻上，云深露翠鬟。松排山路回，泉漱石根潺。
远眺千家小，闲游百虑删。兴来吟短句，偃仰欲忘还。

云岚桥[⑤]

江绍汾

山麓长虹跨，晴光接远天。云开三面嶂，柳绾一溪烟。
好鸟鸣松顶，游鳞跃槛前。乘闲扶竹杖，风景足留连。

① 乾隆本无此诗文。
② 乾隆本无此诗文。
③ 乾隆本无此诗文。
④ 乾隆本无此诗文。
⑤ 乾隆本无此诗文。

东里咏梅①

江绍汾

清标合占百花先，东里春光倍灿然。
玉骨惯将残雪傲，冰肌应共美人怜。
罗浮梦破香魂返，艳曲歌成翠幕连。
胜地自来多好会，题诗还喜众宾贤。

觉华庵晓钟②

江绍苑侣绚

最爱禅关僻，疏钟隔树幽。春容来上院，断续递遐陬。
梦醒霜晨幻，音传梵呗悠。香林新卜筑，清韵互相酬。

黄山闻音乐鸟③

江秉钺殿擎

何处宫商叶律轻，随风吹落管弦声。
人言缑岭仙音好，争敌鸣禽到耳清。

奎光楼送兄归里因忆故乡④

江绍荀汾西

饯别过僧扉，江乡绿正肥。送兄今独返，恨我不同归。
啼鸩催行骑，山花染客衣。家园情切处，梦与白云飞。

秋日集觉华庵⑤

江绍蕴宝珊

拾级到禅林，晴岚列远岑。恰无尘事扰，得共雅人吟。
秋净云归岫，花幽香满襟。不嫌村酒淡，一慰故园心。

---

① 乾隆本无此诗文。
② 乾隆本无此诗文。
③ 乾隆本无此诗文。
④ 乾隆本无此诗文。
⑤ 乾隆本无此诗文。

舒啸亭雨中迎夏[1]

江绍蕴

兀坐高亭日渐长，轻烟细雨趱流光。
青添草色三春老，翠染山容万木苍。
绝少莺声穿弱柳，早闻蝉噪咽斜阳。
一年值此清和好，检点吟怀人醉乡。

练溪观鱼[2]

江立功志崇

闲步踏沙堤，最好练溪景。四望敞晴空，岧峣峙鹫岭。
溪水曲于带，波流瞰清影。活泼见天机，游鳞依翠荇。
唼影逐落花，无须避修颈。遗碑劝卫生，俗淳多佳境。
临渊敢羡鱼，坐对生真静。呼童折树枝，活火烹香茗。
兴阑问归途，水月遥相引。

游白沙泉[3]

江立柯贯时

磴路依山折，清泉味最殊。寻诗闲曳屐，试茗且提壶。
阳谷春犹浅，阴厓雪尚铺。卢仝情不减，七椀胜醍醐。

读书觉华庵[4]

江立楷光绎

静业分禅榻，山深竹木幽。读书参佛慧，得句与僧谋。
林绕溪如带，斋虚月满楼。最宜澄霁候，黄海望中秋。

① 乾隆本无此诗文。

② 乾隆本无此诗文。

③ 乾隆本无此诗文。

④ 乾隆本无此诗文。

游平邱即事[①]

江德里蔼庭

飞岑何昂昂，陡落敞幽谷。竹树闷青葱，石林屼如屋。
野鸟鸣春光，岩花散馚馥。山好水复佳，灵泉满山腹。
沙洁白于银，泉清月堪掬。竹炉时一试，泊泊翻鱼目。
倾向龚春壶，七椀得清福。习习雨腋风，香气袭巾服。
归来兴未央，高吟写游牍。

浴黄山朱砂泉[②]

江德里

黄山多名泉，第一在雷壑。氤氲滃地底，烟云交绾钥。
炙手讶探汤，火然泉乃若，恣虐遘毒龙，掀腾波浪恶。
灵源几淤塞，浴者嗟辙涸。名胜岂终埋，金仙力能瀹。
快令临渊人，狂喜试一濯。荡胸胸尘清，疗痼类熏灼。
虚灵翕然复，渣滓净无着。从兹蹑天都，清心契冥漠。

天都出云歌[③]

江德里

我闻黄山铺海奇，我来翻怨秋晴时。
白衣苍狗渺何许，曈曈照射纷骄曦。
倏忽障蔽日影失，云师争向天门驰。
乍看一缕香篆细，吞吐错认分金猊。
仙人岂亦食烟火，仿佛喷薄同朝炊。
少焉波翻浪卷布，冥漠仰面直作铺。
海窥又如鸾翔如，凤翥纷纷玉叶垂。
金枝山鸟弄声音，乐作想见重霄仙。
仗齐几次摄衣欲，上不敢上恐触真。
宰举步生迟疑，云兮云兮善解意，随风消灭，依旧青霄低。

① 乾隆本无此诗文。
② 乾隆本无此诗文。
③ 乾隆本无此诗文。

鸡冠犬[1]

江德里

拔地一何峻，雄飞势宛然。奇峰攒赤帻，逸翮振苍烟。
迹并金牛古，名因白石传。几时翀举去，云鹤共蹁跹。

饯别亭[2]

江德里

东风得得马蹄骄，亭外征尘暮复朝。
听彻骊驹河畔曲，折残杨柳灞边桥。
一尊剧爱乡情厚，千里应牵客梦遥。
莫怪临歧增别思，天涯芳草路迢迢。

登莲花峰[3]

江立栋隆吉

欲穷黄山秘，直上青莲花。先身出飞鸟，曲磴等盘蛇。
白日见列宿，晴天凌紫霞。微茫千里外，吴楚望中赊。

登始信峰[4]

江播奂如

人说黄山奇，奇绝翻难信。每向游山人，殷勤相诘问。
疑信半相参，卅载阻尘坋。策杖一来过，到此心相印。
一峰削为两，矗拔千百仞。片石架虚空，松枝援手进。
始信山之奇，奇到不可训。始信峰之奇，称名未过分。
后海秘群奇，指顾得识认。前有寒江子，独坐成高隐。
后有丽田翁，弹琴余古韵。文章太守来（家蔗畦公），摩崖追汉晋。
高躅羡吾宗，后起者谁奋。

① 乾隆本无此诗文。

② 乾隆本无此诗文。

③ 乾隆本无此诗文。

④ 乾隆本无此诗文。

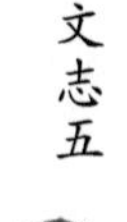

天都出云歌①

江　播

晓望天都横霁色，千仞万仞青且碧。
秋澄气爽无翳云，乌桕丹枫看历历。
歘然一缕飞苍穹，才如雪片腾虚空。
起自肤寸倏弥漫，浩灏直与天门通。
峰头点点如露髻，俯视下界尽蒙翳。
登巅应作铺海观，恨不飞身出云际。
波翻浪卷旋杳然，顷间消散窥青天。
放脚曳杖上前去，十日无雨真天缘。

赖公井②

江　播

浚井得泉流，谁将姓字留。但凭修绠汲，岂待叩门求。
地脉通三穴，仙风被一州。不穷占易象，遗爱孰能酬。

秋日过佛堂山③

江　播

梵刹依山结，秋寻共此游。径纡循级上，树密到门幽。
云破莲峰现，波澄练水流。遐情寄樽酒，对景一句留。

舒啸亭④

江本玿俪原

到此一舒啸，亭高面面幽。三峰云外见，六水槛边流。
梅古香侵榻，山空月满楼。衔杯吟兴动，偃仰总优游。

① 乾隆本无此诗文。
② 乾隆本无此诗文。
③ 乾隆本无此诗文。
④ 乾隆本无此诗文。

宿文殊院[1]

江本球配河

猿鹤悄无声，苍寒欲二更。人疑天上宿，月异下方明。
夜静松添韵，居高梦亦清。来朝云海里，看我御风行。

荫墩紫荆[2]

江本璿在虞

三月群芳恣秾郁，紫荆翻爱藏林麓。
懒向名园斗芳菲，王谢墩边伴幽躅。
胭脂一片无杂妆，欲并流霞光可掬。
此花在昔罕知名，著书未免有遗牍。
田真逸事绰足传，作诗敢向陈编续。
我家堂构榜茂荆，墩上花枝迹未更。
不借绿叶相扶掖，簇簇枝头开纵横。
因为告曰紫荆，紫荆尔其，无与桃李争春荣。
年年相对此墩上，尊酒狂歌坐月明。

因藉楼[3]

江本璿

藉水因山构小楼，无边光景望中收。
绿畴一片犁春雨，红树千层绘暮秋。
晓雾乍开禽语细，夕阳催动寺钟幽。
凭栏怅触高人迹，壁上题笺往日留（有丽田公诗）。

---

① 乾隆本无此诗文。

② 乾隆本无此诗文。

③ 乾隆本无此诗文。

附　录

游扬州康山赠江鹤亭方伯[1]

袁枚简斋

青山如高士，不肯居城中。难得邗江城，中藏一华峰。
相传栖息者，昔为康武功。于今属江淹，规址增穹隆。
绮寮花历历，月榭烟重重。我来逢日暮，海棠开深红。
高登九层台，恍入凌霄宫。近览一郡尽，远极诸天空。
指掌月欲堕，乘云仙可逢。凛乎难久留，此身非孤鸿。
竹坨曾题诗，有约江春到。主人姓名同，巧合如天造。
在昔杨凭园，香山来凭眺。萧复旧楼台，王缙领其妙。
江山怕寂寥，罗绮须炫耀。君今继前徽，风雅有同调。
宜乎海内人，争买邗江棹。上迎丞相车，下招居士屩。
分领邱壑情，合参仁智乐。镫红花不落，酒满月常照。
康山如有知，凌云应一笑。

康山宴集酬江鹤亭主人[2]

蒋士铨清容

腰鼓琵琶驻此间，借他明月照酡颜。
城低不碍登高眼，亭迥全收隔郡山。
旧宰官身留十笏，小秦王曲付双鬟。
就中鸿爪分明在，雪磴岚梯仔细攀。
当时吾自爱吾庐，异代还教庾信居。
胜地原凭人管领，宦情须藉酒销除。
放来青眼高于顶，开遍黄花淡似予。
主客图中老兄弟，慈恩宴后又联裾。
更烦弦管一吹将，海镜初升到草堂。
供养云烟如有待，担持泉石岂寻常。

① 乾隆本无此诗文。

② 乾隆本无此诗文。

衣冠入画今犹昔，王谢争墩两不忘。
重立淮南耆旧社，万钱真个买沧浪。

题康山秋声馆[①]

蒋士铨

八九月间成室，二三更后读书。不用玉萧金管，清商萧瑟自如。
阑干卍字亚字，帘幌波纹篆纹。妙悟不留色相，观空得自闲闻。
幽花静若诗老，修竹疏于酒人。双荷不通不蔽，三籁孰假孰真。
野客牵萝作幔，幽人集荔为裳。不若江淹竹帐，笔花梦入潇湘。
秋心何处可遣，文字之友数来。绝胜笙歌院落，夜深灯火楼台。

游康山赠主人鹤亭方伯[②]

沈初云椒

高兴眉公一起予，名园驻跸度行除。
振衣直上康山顶，十里扬州画不如。
风流故事说当年，地志新收御府编。
试听松涛声入细，为曾吹上琵琶弦。
几层瘦石间疏棂，点缀秋英胜画屏。
怪底主人清似鹤，日看双鹤对梳翎。
射堂歌席一相娱，深夜留宾买玉壶。
今夕灯光人影里，重教旧梦落西湖。

康山即席[③]

金兆燕棕亭

坐对名山敞绮筵，篱花争艳暮秋天。
百年传得诗人宅，合把黄金铸浪仙。
郭外遥峰左右当，帆樯历历远天长。
女墙低处疏林隔，漏出残霞衬夕阳。
山腰奇石最伶俜，矮作阑干曲作屏。

① 乾隆本无此诗文。
② 乾隆本无此诗文。
③ 乾隆本无此诗文。

随意云根坐吹笛，新声分与万家听。
惠郎中酒眼皮斜，一曲清歌遏众哗。
安得将身作么凤，香丛长伴刺桐花。

秋日鹤亭方伯招集康山①

徐柱石沧

螺髻青山屋后连，秋空人在翠微巅。
潮生淮海千樯月，霜冷江城万户烟。
秀水清吟成往事，武功丰度忆当年。
招游恰遇晴光好，染出疏林又一天。
盘纡一径剪蒿莱，杰阁凌空面面开。
补砌黄花当路发，卷帘青嶂过江来。
长筵莫负登高节，短发惭非作赋才。
露冷不辞中夜坐，好凭弦管促深杯。

康山杂咏②

顾麟瑞芝山

桐叶青青竹叶香，芭蕉叶大绿阴长。
无风无雨人高卧，便不游仙梦亦凉。
画楼东去假山西，夏木阴阴万绿齐。
镇日云深人不见，黄莺何事尽情啼。
山阁玲珑面面虚，清风拂拂树扶疏。
前山透出斜阳影，好读朝来未了书。
浓阴堆里掩双镮，江口峰峦一望间。
山外人思山上住，山中人看隔江山。
昨夜新开稨豆花，客来棚下话桑麻。
爱他凉绿含生意，晓起携锄学种瓜。
避暑夜听芦叶雨，放船早趁藕花风。
如今更觉山居好，人在松云竹露中。
昨宵隐隐走轻雷，雨后山花开未开。

① 乾隆本无此诗文。

② 乾隆本无此诗文。

傍晚扶筇穿石径，扑衣岚翠下山来。
蝉声渐老草虫愁，几日新凉到树头。
客意已同池上水，任他风露不惊秋。

康山宴集赠成叔弟①

江兰畹香

名园留往迹，城市胜居山。石瘦穿林出，花幽映水环。
闲游增兴致，剧饮博欢颜。怀古情无尽，新诗对酒删。
南北离家久，归来春未残。论功虚报绩，说剑愧登坛。
事过觉心静，花开着意看。还期练溪上，杯酒弟兄欢。

寄江橙里先生借西碛山庄②

袁　枚

当年曾被梅花引，得到蓬莱最上巅。
今日将身栖下界，不禁清梦绕诸天。
幸喜刘卢仙籍通，旧相知是主人翁。
数行代勒娜嬛妃，也算摩崖第一功。
三年闻说无人住，绿满空庭草未除。
我与闲鸥谋拜赐，水边林下各分居。
平生踪迹等抟沙，料理云烟颇自夸。
豫办青溪茗叶帚，为君石下扫残花。
腾啸台高万岭低，独眠人住怕孤凄。
未知紫府清岩地，可许刘纲挈小妻。
伯通庑下暂栖迟，敢效鹪鹩占一枝。
几朵云生几花落，定书蕉叶报君知。
不借荆州借太湖，买山有券借山无。
遥知三万六千顷，一笑公然付老夫。

① 乾隆本无此诗文。

② 乾隆本无此诗文。

暮春游西碛山庄[1]

徐　柱

幽壑甲江南，春深草木含。烟迷松际鹤，水绕竹边庵。
一别苦相忆，重来喜共探。风尘真碌碌，对此早生惭。
地偏山愈静，客至惬清吟。风弄竹间笛，泉鸣石上琴。
逢人多古朴，揽胜在幽深。剧爱溪边路，悠然契素襟。
茫茫烟水阔，一览藐江河。渚泛菰蒲浅，林储橘柄多。
云深迷客屐，日暮起渔歌。莫畏风涛险，相将挂席过。
路转陟高岭，林亭正夕阳。松风吹水月，石壁冷云堂。
景入山入句，灯然古佛光。烟波三万六，极目任相羊。
兴倦倚虚阁，临流感落花。湖山春澹沱，林树晚杈丫。
远岫穿云出，新诗对酒夸。主人能隐逸，相与老烟霞。
尘氛看已远，疑是隔人间。不为参支遁，还教挟小蛮。
孤云将出岫，幽梦未离山。卜筑惟宜早，休凋镜里颜。

再过橙里弟西碛别墅[2]

江嗣珏

重解尘襟衣薜萝，瘦筇扶我复经过。
春深带雨看青嶂，径窄穿云踏绿莎。
五亩幽居人迹少，一窗清梦鸟声多。
登临更上高台去，日暮烟波起浩歌。

---

① 乾隆本无此诗文。

② 乾隆本无此诗文。

卷十五　别志

村 考

村地故橙子培也，字之以姓，实自宋始。或谓宋以前，即称寒江村，别有江氏栖此。今后山界乃其苗裔，以世族寒微，故名。或谓布射水，亦名寒江，地以水得名，故止庵先生取以自号，然考程尚书敏政所为《济阳江氏族谱序》有云：“江村在歙之北，江氏世居之，故因以姓其地，则村名非缘后山界可知。至水名寒江或有之，村名固无寒字也。”后山界江氏不审所自来，稽其先年谱牒，及转徙他处者，亦不乏衣冠，而其居吾村者，则大都托庇宇下，臧获自甘矣。一行作吏，遂不得齿于辈流君子，宁不耻为人役也哉！

村名亦号祠谷，以谷口有汪王墓祠也，故旧称祠谷江村，或作慈姑江村，以为地毗慈姑，不知实因祠谷而误。考元天历间，社簿祗称祠谷，尚未有江村之名，盖其时江氏里、外二族，生丁不上数十人，故虽以姓名村，殆犹未著，迄明初乃盛耳。国初儒硕岸先先生自号祠谷，鄙人固有所本。[①]

氏 族

村以江名，江氏实世居之，然上塘聂氏，来自宋初，汪氏肇居元季，新屋下程氏来自有明，此外曰萧、曰黄，皆旧族也，顾聂与萧、黄仅延一脉，汪则宗于慈川，程则宗于槐塘，其居吾村若寄籍，然故志中一切未敢扳及。新屋下程氏祖系孟派清公赘婿，名福德，字士宁，生二子庆、相，遂居江村，后嗣蕃衍建祠，曰致和堂，与江氏世联姻娅。[②]

三台山北曰云岚村，一曰云川。明初别有江氏居之，左右坟山，多其税业，自称亦歙州公后天有公裔，然谱多疑窦，无信可征。今尽迁江北老洲头，惟数岁一归省其先墓云。乾隆五十六年，其族因坟山输粮不便，将所有云川后祖遗横楼等屋，并附近地亩，尽卖与赉成堂为业，所得价银，即归入赉成堂，托为代输每年坟山钱粮，并来徽时寓居新建庙房租之项，立有合同为据。[③]

云岚桥外古名戳鳖，郑村有郑氏居此，盖农民而业捕鱼鳖者，今打鼓墩，即其遗址。见古迹。

---

① 乾隆本无此段文字。

② 乾隆本无此段小字。

③ 乾隆本无此段小字。

里村有郭公山、郭姑山，当有郭氏居此，且其人必著名者。又外村有吴家岭、周家巷，巷前井为周家井，当亦巨族，今皆乌有矣。盛衰之故，可胜道哉！

邻　贤

里贵处仁，重德邻也。吾村钟飞布、练溪之秀，通儒硕彦，未易仆数，江氏而外称贤邻者，上塘有汪天，字彦良，洪武时举人材，授兖州府同知，多善政。国朝有汪元治，字体三，郡诸生，品诣端谨，通《春秋经传》。新屋下有程寰，字伯辅，万历乙未进士，历官浙江布政使，有军功，尝创开郡北新路，以利行旅。其子廷桢，亦以孝著。又程槚，字宾梧，候铨署丞，有声誉，任侠好施，恒多善行。子起善，邑庠生，性至孝，年十四从父自浙归，夜泊严滩，父舟火发，起善卧别舟，跃起推篷救父，力尽堕水死，奉诏旌表，崇祀孝子祠。其妻郑氏，扬州郑侠如女，幼字起善，未嫁闻夫死，悲号成疾，父母问所愿，以愿入程门守节对，父母许之，以白程迎归，为夫立嗣，逾岁卒，年才十八。国朝有程篪，字方阳，国子生，江氏婿也，正直敦本，倡新祖祠而助其成，众共贤之，此皆名载志乘，并传播人口者。至两姓之建绩，外郡与夫逸士贞媛，幽光潜德，则不及备载云。

旅　客

士君子行游人国，其人贤即斯地之光也。橙阳歙之胜区，名贤才士多税驾焉。在明时则有董其昌，诸生时尝游新安，里人江一鹤迎馆于家，课其子必名，居年余去，所遗书画真迹最多。陈继儒与一鹤友善，往来新安多主于此，所题诸园亭联额，传为珍玩。程俊，号长湖，绩邑人，以左臂握笔画人物、山水，各臻其妙，时称长湖左笔。尝寓郭姑山，所遗真迹多藏惇叙堂中。沈周画为明代巨手，里人江念祖师事之，延诸村中，作有瑞金秋霁、长湖烟雨诸图，今皆散失。赵宧光，号凡夫，精篆隶，与觉华庵僧涤凡善，寓居庵中，所题迦耶室联额，皆其手迹。①

曹鸣远，字文季，号靖庵，婺源人，进士。与里人江国茂、江天一为莫逆

① 乾隆本无“赵宧光”条文字。

交，鼎革后，居村南觉华庵。诗文遗迹多藏庵中，后遁去，不知所终。洪澜，字远生，邑洪坑人。年二十余始力学，不悦俗儒语，闻里人天一名，负笈来村，请为弟子。天一殉难，妻子例入官，国朝宽仁，得从赎典，顾赎金无出，澜触热走烈日中，凡数百里，以义劝助，汗汙中衣无可易，辄浣于溪，伏身水中，以俟其燥，卒得百金，赎天一妻子，而以其余给饔飧焉。又，洪祚永，字卜公，澜同族，亦天一门人，敦弟子谊，至老不忘辑其师古文八卷，以无力梓行，嘱其子毓健藏之四十余年，郡邑名流感其义，醵金付梓。国朝，则有萧风元，工诗善画，闻里人江必名得倪黄真诀，师事焉，后能尽得其妙。程机，字枢一，邑城人，赠君江懋孳外孙，幼依母党，寓居于村，多智略，由武进士入仕。康熙三十四年亲征厄鲁特，随振武将军孙思克西路兵，出平罗口，至召磨多大战，机为前锋，累次取胜，独追贼至特勒尔济口，论功一等，世袭拖沙喇哈番，官至淮安副将。凌尔良，淳安人，得杨曾秘术，宦游村中，为人卜葬吉征屡验，时人敬信如神。里人江振藻师之，能得其传。沈镐，字新周，号六圃，望江进士，学识渊博，精究地理，与里人中翰江瑞友善，主于其家，同著地学诸书。刘铁笔，逸其名，邑城人，精镂刻，能以径寸木石作种种奇器，技多不售，贫不聊生，赠君江嗣仑延致之，坐卧一楼，恒有所作，人至辄匿，其具不令见，居三年辞去，濒行出白石牌楼一具以赠，方广七寸中，镂山水、树木、桥梁、楼阁，其间窗户修不盈黍，尽能启闭，下犄狮兽，外环石栏，玲珑洞彻，细极毫发，实三载成之，去后不知所终。

范灿，秀水名诸生，里人江廷祥迎馆于家，居村最久，后联捷庶常，官至安徽巡抚。周洪，字再白，绩邑诸生，敦古道，励操修，精于书法，赠君江嗣仑隆礼延之，设帐四十余年，里中英俊，半出其门。黄伯杰，江右人。曹君仪，婺源人，并精地学，曹尤以卜日著，皆与周善同馆荫园中，气谊相投，久而靡间。[①]汪桂，字庭芳，邑坦头人，善写真，后师蔡松原，工山水人物，直擅出蓝之誉，本江氏婿，往来甥馆，手迹最多，尝为候县令江岷作有怡怡图，传为珍物。[②]吴冠星，江宁人，工诗善琴，为当时国手。与西宁守江洪善，偕游黄山，携小金雷古琴，登莲花峰顶，操平沙一曲，天风鼓荡，逸韵凌虚，见者目为仙侣。[③]

洪馥，字丹山，号箴堂，邑洪坑人。江都籍诸生，性谨饬，有文才，以母党

① 乾隆本无“黄伯杰”“曹君仪”条文字。

② 乾隆无“汪桂”条文字。

③ 乾隆本无“吴冠星”条文字。

亲时相过从，与族舅江允玮相处善，主于其家五十余年，恒多匡赞，《江氏宗谱》之辑，经营编订，与有力焉，人称贤宅相云。叶雯，字霨村，号钝夫，邑蓝田人，泰州籍，以诸生与优选，敦厚儒雅，书法得董思白神髓，观者莫能识辨。里人江迪、江嘉霖迎馆于家，后协镇江登云延之襄阳宦舍，子绍莲受经焉。同时孙元珧，字玉尺，凤阳名诸生，设帐村中，并以文名。张耀，字光炎，河南怀庆人，精于数学，吉凶响应。又鲍松岩，婺源诸生，善制砚，并精堪舆，封参镇江嘉谟同设榻居之。程三禄，字位卿，邑岩镇人，以母党亲依处村中椒山，精奇壬星之学。汪元麟，字毓仁，休宁进士，任南昌令，工诗文，精地学、医术，方伯江春迎馆于村。

江云锦，字行九，号枫原，一号默道人，邻村丰瑞里人，以诸生肄业国学，工诗善书，尤以画著，得宋元人三昧，京洛名公争客之，馆阿文成公家最久，文成公礼为上宾。顾性刚执直，耻于媚俗，卒以不遇，归老林泉，寓村中荫园，二年而去。枫原临卒，自作輓额云："啸傲一生"。联云：所好在吾，岂作执鞭之事；不平于俗，常存按剑之心。呜呼！可以知枫原矣。汪玉景，字仰山，邻村慈川人，质直好义，以亲谊来村，详悉村中旧事，所亲咸信任之，历六十余年，绝无欺隐，至老始辞去，人共称焉，寿八十三，无疾卒。①

徐泰，字汝宗，长洲廪生，品诣醇笃，有文名，里人江嘉誾馆于家，尝代村人辑《蟾扶文萃》。②徐柱，字桐立，号石沧，一号南山樵人，邑夏坑人，与小溪项佩鱼，字孔庭，并以画著，徐复工诗文。又，吴仕，字学安，号竹如，邑岩镇人，寄居江都，风韵工诗，通议江昉胥延致之。③汪凤起，字正阳，邑河坑人，诸生。精地理并奇门遁甲、河洛理气之学，尝客村中，人谓文俊，而外当与凌沈二公并传云。江百谷，字耕礼，号情田，一号厈亭，邑篁南人，全椒籍诸生，工诗词善画，尤精翎毛，尝画鸡作七雄图，人称神妙。封君江嘉谟延教子弟，遂携家寓焉。子铭，字名九，嘉庆甲子举人，能继父业。汪国拔，字连茹，绩邑增生，性醇厚，能诗善画，设帐村中最久。同时有吴尧夫，淳安诸生，馆于村中介塘，精堪舆，著有地学诸篇，皆老始归去。

吴云，字秋南，号野马，邑澄塘人，事母孝，有逸才，尝游塞外及楚越诸郡，所至多名士与交，以母党亲居村中，没后无子，同人举其殡，葬邑北雨粟庵南。里人江斗山访求其侄，以为之嗣。宋宏城，字辰斗，号云停，庐江诸

① 乾隆本无"汪玉景"条文字。

② 乾隆本无"徐泰"条文字。

③ 乾隆本无"吴仕"条文字。

生，嵩南学士从孙也，敦厚能诗，以戚谊来村，通议江昉款居之。[1]吴迂民，邑岩镇人，能诗，习太素脉决，人休咎多验，里人江振鹍尝延之村中。[2]陈大可，字余庭，无锡贡生，工楷法，精于鉴别，资政江蕃延居东里草堂。[3]蒋良为，字立常，号篁村，仪征布衣，本邑之蒋村人，品诣高洁，工小楷，慕故乡山水，与里人江绍莘偕来新安，居村两月而去。[4]曹景纯，字葆元，绩邑孝廉，工文翰诗词，司理江启薰尝师之。[5]周汾，字秋雪，号蓉衣，仁和诸生，多才任侠，放情诗酒，遍游名山水，多所著述，尝寓香海禅林。[6]

胡元交，字泰初，号海渔，泾县人，工书，尤精篆隶，于秦汉碑帖，考核精详，摩古印章极肖。时江浙名公书碑，非海渔篆额不可。侍御江德量与善，招游橙阳，居听松楼中，书有各园亭联额，及飞布摩崖诸大字。[7]施朝干，字叔培，号铁如，仪征人，进士，官宗人府丞历，湖北学政高文典则推重士林；弟孝廉朝启，字信符，号杏湖，有文名，皆馆于东里，江士相受业焉。[8]谭世忠，字昌时，号恕亭，和州诸生，同族赐举人江清婿，才识敏达，精地理克择之学，尝主东里草堂。[9]张惠言，字皋文，武进人，官编修；赵蕙芬，字兰生，秀水人，孝廉，并以文著，里人江毓英、江立桢、江锦辈延课子弟，先后设帐村中。[10]周治平，号朴斋，临海诸生，博览典坟，究天文地学，候观察江振鸿卜地葬父，延致之。[11]上计五十人[12]。

附　居

邻贤旅客而外，则为附居，盖里人而家世不著者也。然勋爵优隆，并宜

---

① 乾隆本无“宋宏城”条文字。

② 乾隆本无“吴迂民”条文字。

③ 乾隆本无“陈大可”条文字。

④ 乾隆本无“蒋良为”条文字。

⑤ 乾隆本无“曹景纯”条文字。

⑥ 乾隆本无“周汾”条文字。

⑦ 乾隆本无“胡元交”条文字。

⑧ 乾隆本无“施朝干”条文字。

⑨ 乾隆本无“谭世忠”条文字。

⑩ 乾隆本无“张惠言”“赵蕙芬”条文字。

⑪ 乾隆本无“周治平”条文字。

⑫ 乾隆本为“二十六人”。

登载。明[①]永乐时有汪某，占南京匠籍，尚淮西郡主，后归歙，治第于村南方家堨，园亭之盛，夸美一时。顾逸其名，所筑池馆，亦复没灭，剩有仪宾第[②]，仅[③]存古树颓垣，惟牡丹二丛极茂，花开不下千朵，相传犹当年旧植。见古迹[④]。

国朝有江起龙，字跃渊，一字为霖，世居外村。本汪氏子，名瑞仪[⑤]，改从江姓，具材干[⑥]，强膂力。明末由行伍入仕，旋依永历，授总兵封伯，后隐去。国初王师平福建，招募义勇，应募入芜采营，随征多立战功，尝建策独拔仙霞关。顺治十三年官广东白鸽营参将，康熙元年升高雷廉三府水师副将，驻扎海安所，建城御寇，平定海疆。[⑦]五年[⑧]丙午六月，海寇大至，起龙率舟师十四艘出洋剿捕。七月二十二夜，至北墩洋，飓风大作，舟覆没，起龙与中军都司王爱国同死于海。或云龙过举炮，误击龙目，以致沉溺，距生万历辛亥[⑨]，年五十六岁[⑩]，后屡著灵异。雍正九年，广东藩司王仕俊奏请褒封[⑪]，诏封英佑骁骑神威[⑫]将军之神，立庙崇祀，世给奉祀生员一名。子文朴、文桂、文权[⑬]，后裔皆居雷州[⑭]。闻之故老云：起龙初名百子，起自微末，然国家官人以材，鱼盐版筑，亦顾其人何如耳。诚如公者，丰功伟烈，辉耀祀典，讵可以常格论哉。又其母毕氏，当子官显赫时，迎养不赴，依恋山村，晚年奉佛于觉华庵，曾捐塑佛像一尊，事载本庵旧册。其他周贫济困，善举尤多，盖亦贤母也。故当时村人直尊之曰毕夫人云。

又里村某姓，或云姓鲍，父为剃工，母为兵宪王某乳子，子殇，王妇阴取某以代之。后袭职，官至广东总兵。上计三人。

---

① 乾隆本无“明”字。

② 乾隆本无“剩有仪宾第”五字。

③ “仅”，乾隆本作“今仅”。

④ 乾隆本无“见古迹”三字。

⑤ 乾隆本无“名瑞仪”三字。

⑥ 乾隆本无“具材干”三字。

⑦ 乾隆本作“历官广东白鸽营参将，升高雷廉三府水师副将，驻扎海安。”

⑧ “五年”，乾隆本作“康熙五年”。

⑨ 乾隆本无“距生万历辛亥”文字。

⑩ 乾隆本无“年五十六岁”文字。

⑪ 乾隆本无“广东藩司王仕俊奏请褒封”文字。

⑫ 乾隆本无“神威”两字。

⑬ 乾隆本无“子文朴、文桂、文权”文字。

⑭ “后裔皆居雷州”，乾隆本作“子孙遂居岭南”。

仙 释

容成采药，迹著天都。希运谈经，山开黄蘗。新安大好山水中，每为仙客高僧所栖息，矧云岚山为飞布灵区，固幽人所深契，宜载笔之特详也。宋时则有聂绍元，问政先生[①]师道从孙，初寓村南上塘，得异人指授，炼丹村北火炉尖，出药治人疾病，投剂立愈。卜晴雨靡不验，后得仙去。今上塘聂氏，即其后焉。赖文俊，一名大有[②]，自号布衣，世以地仙称之。尝游村中，村人议凿井，赖为扦定，得泉三穴，大旱不涸，即今大井，邑志称赖公井云。

明时则有涤凡，太仓淮云寺僧，住还淳某寺，别驾三莪公参访之后，来歙主教觉华禅林[③]，通禅理，默静寡言，间语人休咎多验，尝升坛说偈[④]，地涌灵泉，一时名宿赋诗纪瑞，事载《三莪遗集》[⑤]。其胞弟曰浣凡，并归释氏，能诗文，当时亦称善。知识、知幻，浙人，涤凡弟子，本诸生，弃儒逃禅，工诗善画。文学江念祖最与投契，题其室曰老闲。国朝则有澄如、引年，并知幻弟子，澄如性朴，邀勤苦行，周游参访，遍历岷莪巫峡诸胜，晚证上乘，引年定心炼性，枯坐蒲团，具慧眼，能洞烛鬼神休咎，皆克继涤凡衣钵。后有德辉者，号本月，为涤凡六代徒孙，力勤苦行，重整禅林。[⑥]其徒圆成，号松岩，继之于庵中，多所兴建，并能坚持戒律，大众重之，推举僧会，未赴。[⑦]再七传，得照泉，号明远，亦具禅行。[⑧]

又[⑨]，惟空，淮上高僧，赠方伯江演相与为方外友，于云岚山麓闲云馆旧址[⑩]建庵居之。范德咸，字乐真，号清臞，长洲人[⑪]，工琴诗，精洞萧[⑫]，尤以地

---

① 乾隆本无“问政先生”四字。

② 乾隆本无“一名大有”四字。

③ 乾隆无“住还淳某寺，别驾三莪公参访之后，来歙主教觉华禅林”文字。

④ 乾隆本作“主教觉华禅林，升坛说偈”。

⑤ 乾隆本作“别驾《三莪公集》”。

⑥ 乾隆本无“德辉”条文字。

⑦ 乾隆本无“圆成”条文字。

⑧ 乾隆本无“照泉”条文字。

⑨ 乾隆本无“又”字。

⑩ 乾隆本无“闲云馆旧址”五字。

⑪ 乾隆本作“苏州人”。

⑫ 乾隆本作“精究元理”。

学著[①]，晚究元功，周身骨节珊珊，然作碎玉声[②]，遍游名区，最后至歙，爱山水之秀，弃俗归释，更名福基，号梅坡。里人延居香海禅林，即惟空栖禅地也。郡守江恂颜其室曰“禅隐”[③]，所[④]著有《清臞吟草》《香林小录》。

吴宇清，号海阳道人，休宁人，精内养之术，善啸好吟古诗辞[⑤]，音节可听[⑥]，弃绝尘事，独居齐云山之桃源。里人江绍芳延致之，居二年去。禅一，字心舟，号小颠，西湖南屏山僧。本秀水宦裔，年十三入释，为让山弟子，精通内典，而不域于禅，寄兴诗酒，著有《南屏吟草》，多寓空灵洞达之旨。通议江昉、侍郎江兰皆与往还，尝游新安，寄榻香海林中。[⑦]上计十四人[⑧]。

---

① 乾隆本作“尤善地学”。

② 乾隆本无“晚究元功，周身骨节珊珊，然作碎玉声”句。

③ 乾隆本无“即惟空栖禅地也。郡守江恂颜其室曰禅隐”句。

④ 乾隆本无“所”字。

⑤ 乾隆本无“ 好吟古诗辞”五字。

⑥ 乾隆本无“音节可听”四字。

⑦ 乾隆本无“禅一”条文字。

⑧ 乾隆本作“十人”。

卷末 备志

歙疆圉形势考

歙为徽首邑，居安省东南边幅。古时其地甚广，回环千里。郡之休、婺、绩溪，浙之淳安、遂安皆歙境也。其分合详载沿革，而时下仅一隅矣。四境环山，一水沿洄流入于浙东，东西一百五十七里，南北二百四十里。东抵浙之昌化县界金竺岭一百二十里，由岭至昌化县七十里；西抵本府休宁县界长充铺三十七里，由铺至休宁县二十里；南抵浙之淳安县界街口一百里，由街口至淳安县八十里；北抵宁国府太平县界箬岭关八十里，由箬岭至太平县六十里；西北抵太平县界汤岭一百二十里，由汤岭至太平县六十里；东北抵本府绩溪县界界牌岭三十五里，由岭至绩溪县二十五里；西南抵浙之遂安县界危峰岭九十里，由岭至遂安县八十里；又西南抵休宁县界相湖岭三十里，由岭取道休东，至本府婺源县二百四十里。县治居府东，两城接比，府东门县城之西也。县治至府二里，达安省六百里，达京师四千里。

县治踞万山中，近倚华屏山，一名问政山，遥以黄山作镇。东南限昱岭，西北障飞布及箬岭，其大金、高眉诸山自东而西为郡邑城。地脉灵金、金竺、黄罗、天马诸山拱卫于西，直至将军山，为镇歙浦水口，诚奥区也。考唐白云序谓：歙之为邑，东有昱岭之固，西有黄牢之塞，南有陔口之险(即街口)，北有箬岭之厄。而大河东注山峰曲抱悬滩，兀石塞厄中流，滩谭相间，澄澈渊渟，舒而不泻，故地多富商大贾。至山矗奇峰，石森灵岫，黄山秀气，则又才人伟士所由钟毓欤。地灵之助，讵不伟哉！

附

赵黄门《郡志略》：徽之为郡，在山岭川谷崎岖之中。王荆公碑孙抗墓。东有大鄣之固，西有浙岭之塞，南有江滩之险，北有黄山之厄。即山为城，因溪为隍。罗府教记徽城。百城襟带。宋晏殊《类要》。三面拒江。太宰倪岳记渔梁坝。地势斗绝，山川雄深。学士程敏政序《新安文献志》。自睦至歙，皆鸟道萦纡，两旁峭壁仅通单车。方腊之乱，两崖驻兵，下瞰平路，虽蜉蝣可数，贼亦不敢犯焉。方勺泊宅编。乃山多涧水，脉络如织，断崖绝壑，间出通道。吴文肃公记相公桥。王雄诞之侵歙州，汪华栅新安洞口以守。《唐书·高祖纪》。黄巢之寇歙州，州人设鹿角于山中以御。郑玉书家传。水之东，入浙江者三百六十滩；水

之西，入鄱阳者亦三百六十滩；石之林，立势之斗下。钱融堂记石梁。厥山峭厉，厥水激清。朱子记清安道院。厥地险狭，厥土骍刚。学士钱浦记庙学。厥州之阳以渐乎水，厥水之阴以攒乎山。高视则众山块如，遐观乃百川杯分，笼吴楚之封境，领江湖之气象。张正甫记披云亭。山高水清，峙者，支发江左浙右之名山，故有黄山、灵岭、花屏、问政之奇。流者，派入浙江彭蠡之江，故有汤泉、白水、练川、绣川之异。江逊记徽风亭。船经危石以止，路向乱山攸行。刘长卿序。是新安之地最高。钱融堂记石梁。天目之山与齐。《蒋市监传》。以此守固，孰能逾之？若黄山向晚，盈翠黟水，含春绕流。伍乔诗。新安据浙江上游，水云深处。李以申序《新安志》。天都诸峰高插北霄，紫阳余麓横绝南港，为达人之大观。方恪庵记问政山。中峰耸绝，灵气纷郁，岳峙九层，云峨百里，果天下之绝境。张正甫记披云亭。梁武帝谓徐摛曰：新安大好山水，可以卧治。《梁书·徐摛传》。权德舆序陆歙州曰：新安有佳山水，以资胜饯。《唐文萃》。山水幽遐，满目奇胜。范文正《与晏公书》。风烟迷于郡郭，浦溆带乎人家。崔鸥诗。澄江拖练顿清门外之溪，喜色映人，更好城头之柳。程端明书启。不其然欤？夫气烦则虑乱，视壅则志滞，故君子为政，必有游息之物，高明之具，使之清宁平夷，然后理达事成，此柳子有见于山川之胜，详记于三亭，而裨谌之为命必乘车之野也云尔。

歙山脉水源考

歙踞万山中，浙江中亘，自西迤东，山区南北两派。南派始于严岭，其脉出休宁白际山。原于婺源石耳山，以其界于严州，故称严岭。明太祖征张士诚尝逾此岭，徐中山等九人从，故一名九公坞。其近而矗起者曰危峰岭，次曰方坞岭，曰沙子岭，号为莲花三簇缠连。而东北曰连岭，连岭之西曰栈山，左旋者曰九龙山，右旋者曰五行山，曰南天马山，曰派唐山，曰石林山。连岭之东曰歙岭，曰长陔岭，曰孤岭，曰三姑岭。起而巍然高大者曰石耳山（非婺源石耳），为邑南屏障。歙岭之歧支曰苦竹岭，曰黄茅岭，曰藻山，曰卉山。长陔之东曰万紫山，北曰钟洪山，一名天堂山。钟洪之西曰观音岩，曰金鸡岭。石耳之中支曰鸡公尖，曰登仙峰，曰霸王山，曰龙角山，曰石岣山，中有仙姑洞，曰铁釜山。石耳左支曰巽风山，曰夫子山。晋孔愉避地于此，建有孔子享堂，故名曰孔灵山，山下旧有孔贞子祠。石耳右支曰仙姑山，有仙姑岩，曰洋湖山，曰盘塞山，距新安江右，绵亘十余里，极于深渡而止。

北派始黄山，一名黟山，由南派穿南脉岭(俗称楠木岭)，经黟县而来，顿起奇峰，高千一百八十仞。自歙城入山，皆仰面而行，比至天都之顶，实则高四千仞也。考周书异记，黄帝与容成子、浮邱公合丹于此，唐天宝六年因改今名。南属徽之歙县，西蜀休宁，各百二十里，东北属宁国之太平八十里，有峰三十六，而以天都、云门、莲花三峰为最胜。其近支曰汤岭，曰乌义岭，曰柘木岭。东出曰黄蘗山，南出曰箬岭，西出曰双岭。双岭左出曰葛山，曰小武夷山，曰长青山，曰溧水峰。双岭西出曰金竺山，其左支曰澄潭山，曰色荫山，中支曰天马山，曰黄罗山，相近曰黄牢山，为歙之西镇。天马之支曰长翰山，曰天井山，曰鱼袋山，曰幔亭山，曰南山，曰古岩，曰环山，曰尖山。

其南折而临渐水者曰复周山(俗作覆舟山)，曰李田山，曰豸山。峙渐水中者曰岑山，一称小焦山。其北折而临丰乐水者曰潜虬山，曰凤山，有凤山台建塔其上，曰师山，曰圣僧山，曰龙王山，曰五魁山，一名小齐云。上有西云岩曰城阳山，一名翠微山，唐许宣平隐居处。上有披云峰曰紫阳山，为朱子读书处，建有紫阳书院，曰龙井山，曰石鼓山，曰霞山，建有霞山塔，曰将军山，隋蔺亮屯兵处，故名。

黄罗之支曰篁墩，曰富仑山，下为程朱阙里，乃程子、朱子祖居之地，有三夫子祠，曰相湖山，曰黄茅山。箬岭之西，其大支曰武山，曰箬茶山，曰灵金山。《文献通考》作灵山，夏秋青磷起山谷，人呼为金镫，故称灵金。其近支曰青山，曰仑山。西出曰丰山，曰佛子岭，曰浮邱山，曰紫霞山，有紫霞岩，下为潜溪，传渊明曾栖此，故以潜为名，曰轩皇山，曰松鸣山。东支曰岩山，曰窍山，俗称仙姑山，曰龙山，曰屯边山，一名太守山，为明太守陈公彦回祖母葬处，曰古关岭，曰葛塘山。箬岭之右小支曰上砠，南出曰芙山。箬岭之偏左小支曰鸡公尖，曰白羊尖，曰凤凰山，曰峤山，曰尹山，其麓为新九华。

黄蘗之东支曰桃岭，南出曰天堂砠，一名穴降岭，陡起曰厚山，一称武山，折落曰殿子岭，循岭而出，峰峦叠递，曰榔槌山，曰江形坞，曰引领，曰牙山，曰大片山，曰王林尖，曰逑子岭，曰鹰尖，曰大尖，诸山为飞布顶脉。歙东北两乡宅墓攸关，郡邑治营署，复藉为护障，自明迄今，奉部永禁盗矿炼灰，凿伤地脉。由大尖南向巍起而特尊者曰飞布山，旧名主簿山，一名瑞金山，唐金地藏曾栖此，为郡邑北镇。其左支曰大牛山，旧名骏唐山，一名峻唐山(俗作棕塘，误)，再出曰盘坞山，曰蝦蟆宕。中支曰鸡冠尖，旧名白石山，再出曰黄土山，曰东山，为徽营驻所。逆转而北曰云岚山，一作云郎山，有越国汪王墓，唐建寝殿于此。再北曰佛堂山，即云岚支山，有觉华禅院。山麓为香

海林，曰鹤头山，下为云岚桥，曰三台山，山麓有酿云泉。鸡冠右出曰松培山，曰栗树山，西曰火炉尖，宋真人聂绍元炼丹处。栗树中出曰古里埵，曰天黄山，有聂真人旧居。

飞布右支曰飞岑山，再出曰庙山，曰乱石窠，有金龙洞、蝙蝠洞，山麓有白沙泉，介于鸡冠、飞岑间。南落曰右弼岩，稍西折曰瑞阳阿，明御史江东之读书处，有记。见《艺文志》。桃岭之东北曰木坑尖，一名木岭，曰平坦岭，曰钟山，一名采薇谷。天堂矼之东支，曰落蓝山，曰贵金山，有石佛洞，曰富金山，曰玉屏山。黄蘗之东入绩溪境，南折曰嵸巃山，逆西而上曰老竹岭，迤东而并出曰昱岭，曰横山，左行曰柳亭山，曰飞来峰，曰二姑岭，上有孝女庙，右行曰伏龙岭(俗作佛论非)，曰万罗山，曰紫金山，有小金尖、大金尖，顶建白莲禅院，折落曰石镜山，今呼光明峰。

紫金南起，曰站宝山，今呼牛脑尖，曰榻子山，今呼十亩尖，曰高眉尖，曰问政山，旧名华屏山，为邑治屏障，五代时聂真人师道居此，曰吕公山。顶左出曰太函山，有汪司马伯玉别业，曰圭山，歙学宫向之建有文峰塔，右折曰飞笙山，下有庄为朱子外祖祝氏故居，朱子闽归复栖此，题曰旧时山月，曰紫芝山，曰驻跸山，曰石壁山，曰白瑜山，曰马鞍山，曰斗山，顶为斗杓亭，建有书院，曰万山，曰乌聊山，一名富山，今呼汪王，山有落星石，上有毛甘故城，隋末汪越国保聚于此。义宁中，乃迁州治于山下，即今府城。由绩之嵸巃折新岭，又折支入歙，曰叶坝岭，有嵇公关，为入郡要口。明休宁翰林金公声建岭，路乃万历时歙绅程寰开辟。康熙间，封中翰江演修治。有记，见十卷《艺文志》。再折曰荆山。

邑以歙浦得名，则浦固邑中诸水总汇也。自浦口至桐庐，凡四百里，咸谓之新安江，以六朝新安郡治始新县，乃今之淳安，江在郡境故也。而隶歙者，仅至陔口止，故曰江口，称街口，误也。浦西接浙江，北会练江。考《方舆胜览》云：浦源有四，自歙来者出黟山，即黄山；自休宁来者出率山；自绩溪来者出大鄣山；自婺源来者出浙源。《山水经》云：浙水出三天子都。郦道元注云：浙江盖以浙为浙之源也，故曰浙源。山以大支言之，分南北二条，南条自浙源山、率山汇为浙江，北条自黄山、丰乐水及富资水、布射水，与绩溪扬之水汇于郡南为练江，二江会于歙浦，以下为新安江。

率山、浙源山二水，会于休宁之黎阳桥，至九龙山，始隶歙，东流五十里入于歙浦，以上皆为浙江。

丰乐水，出黄山汤溪，而浮溪、曹溪、阮溪、容溪之水入焉，经溪南岩市合颍溪，以下曰富溪(今称傅溪)，曰贵溪。而北岸大小母埸之水出灵金者会焉，循此逾西沙□、古城关，与扬之水合。

富资水，出箬岭，至许村，曰昉溪，右纳昇溪，左纳丰溪，并双溪合流，至葛塘入扬之水。

布射水，即布练溪，出黄蘗山，由石门、松关合飞布右峡水，环江村至东山，入扬之水。

扬之水，或谓即扬溪之讹，一名徽溪。出绩溪之北大鄣山，西流至临溪，合绩邑北源新岭、丛山关、嵷巃山之水入歙，又纳竦川，并飞布左峡及布射、富资诸水，与丰乐水会于太平桥上，是为练江。

附

吴瞻泰《黄山非黟山考》：黄山者，故北黟山也。宋《太平寰宇记》云：北黟山，在宣、歙二州界，南属歙州，丰乐水出焉，旧名黄山。天宝六年，敕改为北黟山。又云：汤泉在北黟山东峰下香溪中。《方舆胜览》云：山旧名黟山。又，汉陈业遁迹黟山，则山之以黟名，由来久矣。其曰北黟山，谓在黟县之北，非谓山为黟之山也，而名胜志乃妄谓北字，疑误亦已疏矣。家叔子谓《图经》，唐末无稽之言，不知《寰宇记》乃宋□[太]平中奉敕所撰，而《方舆胜览》为先贤祝氏之所亲历也，其言抑似可采矣。奈何以列仙传为征，而反以《图经》为妄乎？《水经注》云：浙江水出黟县南蛮□[中]，今浙水出婺源县浙源山，盖当北魏时婺尚属黟，未析，故山皆以黟名。犹适楚者，概言楚水，适越者，概言越山，不得引浙江水，不历黄山为证也。

赵黄门《郡志略》：飞布山为歙北镇，传云府治后障山后石骨，宜严禁采伐，勿使斫削山根。旧名主簿山，晋主簿葛显偕县丞某，率邑人避乱于此，故名，后人立庙祀之。唐刺史刘赞祈雨不验，焚之。夜暴风雨，有人闻人马声，继梦神告曰："吾将寄迹于灵山。"距飞布二十里曰桃岭，较新岭稍平，由此径达三溪，经鸣弦里，幽林平皐，颇便行旅，若从此岭疏通，可免新岭之险峻。

郡守江公恂《蔗畦外集》：浙江，《山海经》云：出三天子都，一曰三天子鄣，而其所以称三天子都、三天子鄣者，为说不一。惟《黄山志》所载，吴时宪云黄山有最高峰曰三天子都，东西南皆有鄣，休宁率山□镌天子鄣，南鄣也；匡庐亦称天子鄣，西鄣也，绩溪大鄣山，东北鄣也。天都为天子都，率山匡庐大鄣，为天子鄣，其说为允。第黄山称天都固也，而曰天子都、曰三天子都，

则以黄帝曾驻此，即称黄山之意，且合莲花、云门两大峰而称之耳，故有黄海三山之说。

先子《素壶便录》:《山海经》浙江出三天子都。《水经》渐江出三天子都，三天子都，即黄山也。渐江，即浙江，发源于徽郡之黟县。盖黄山，一名黟山，水自休及歙皆称渐江，自歙城南扬之水、富资水、丰乐水三水会，共为练江，以入渐水，是为新安江。至严州境，会横港水为桐江。至富阳境，为富春江，以下凡三折东流入于海，故曰浙江，又称三折江，亦曰钱塘江，以江塘为钱王建也。故《史记》虽有钱唐之名，而以塘易唐，固本此乃或以《禹贡》三江之南江为浙江，缘未详玩说文也。许慎谓江水至会稽山阴为浙江。夫江水不独南江得称也，滇之金沙，楚之汨罗，及潇湘支流皆称江。此江水即指渐江以下□[桐]江、富春江诸水而言。如范文正所谓江水泱泱是也。若以为即南江，则中隔杭州，何得复取道于会稽山阴哉？按郦道元谓，南江分支，至乌程、余杭，□[与]浙江合。阚骃谓：江水至会稽，与浙江合。此会稽虽浑举郡地，未必专主会稽山，然曰合是明有两水矣。今杭州东北且百里地皆平沙，是即古时南江与浙两水合处，故谓南江合浙，则可谓南江之委为浙江，断不可也。且从古至今称宁、绍诸郡地为浙东，杭、嘉诸郡地为浙西，若以南江之由余杭入海者为浙，则杭宜称浙东矣，不应方位倒置。如此详考《山海经》，浙江出三天子都，《水经》渐江出三天子都。郦注谓渐乃浙之误，而其实渐即浙之源，《水经》溯其源，《山海经》综其流耳。唐元和间，地志于渐水始出称浙源山，其山在今婺源，古隶黟歙间。故汉志谓渐水出丹阳黟县南蛮中，郭注谓浙江出新安黟县南蛮中，皆指此，而顾谓之三天子都，盖以黄山一名北黟山，在黟歙境内，故以之统群山尔。此现在形势，合之《山海经》《水经》《说文》而不爽，□如必舍此，而旁引群书，谓得确据，则证以《孟子》所言治水，而今时所指为济、漯、汝、汉、淮、泗者，岂亦尽误也哉？不然何以注江注海之不侔也。

歙建置沿革考

歙在禹贡扬州域内，秦汉旧县也。《史记》秦始皇二十五年定荆南地，始置会稽郡。明年罢侯置守，分天下三十六郡，以会稽西北为鄣郡，治在今湖州长兴县，领县五，曰故鄣，曰歙，曰黟，曰秣陵，曰溧阳，歙为次县。汉武帝元封二年，以故鄣为丹阳郡，缘赭山得名也，隶扬州刺史部。郡治宛陵，在今宁国之宣城，领县十七，曰宛陵，曰于潜，曰江乘，曰春穀，曰秣陵，曰故鄣，曰句容，曰泾，曰丹阳，曰石城，曰湖熟，曰陵阳，曰芜湖，曰黟，曰溧阳，曰歙，曰宣城，歙为第十六县，都尉分治所也。后汉初，郡治如故，惟并宣城入宛陵，领县十六，歙升为第七县。献帝建安十三年，割黟歙于丹阳，置新都郡。先是黟歙寇乱，孙权遣中郎将贺齐讨平之，遂从齐请，分歙东乡为始新，南乡为新定，西乡为黎阳、休阳，并黟歙以立郡，使齐守之，郡治始新，在今严州之淳安，领县六，歙为第六县，休阳后改为海阳。

晋武帝太康元年平吴，改新都为新安郡，以新定为遂安，海阳为海宁，仍隶扬州，郡治如故，领县六，始新、遂安、黟、歙、海宁、黎阳，歙为第四县。宋武帝建孝元年，分扬州为东扬州，以会稽、东阳、新安、永嘉、临海五郡属焉。大明三年，东扬州仍为扬州。八年，复分东扬州，并黎阳入海宁，郡治如故，领县五，歙为第三县。前废帝永光元年，即明帝泰始元年，仍为扬州。顺帝升明三年，改扬州刺史曰牧，齐仍新安郡，郡治领县如故。梁武帝普通三年，割吴郡寿昌，属新安，郡治如故，领县六，歙为第五县。五年，复分置东扬州。大同元年，析歙置良安县，郡治如故，领县七，歙仍第五县，旋废良安。元帝承圣二年，置新宁郡，分海宁、黟、歙于新安，复黎阳，凡四县属之，歙为第四县，郡治海宁，在今休宁，而始新、遂安、寿昌为新安郡如故。敬帝太平元年，复为扬州。陈文帝天嘉三年，复置东扬州，以会稽、东阳、临海、永嘉、新安、新宁、晋安、建安八郡属焉。旋并新宁入新安郡，省黎阳入海宁，领县六，始新、遂安、歙、海宁、黟、寿昌，歙为第三县。

隋文帝开皇九年，置歙州，改新安为县，省歙、黟入海宁，省遂安、寿昌入新安，于是州领县二，仍治海宁。十一年，复县歙、黟，割海宁篁墩地入于歙，徙州治于黟，领县四，歙为第三县。十八年，改海宁为休宁。仁寿三年，割新安县，置睦州，复县遂安，并桐庐以属之，于是歙州领县三，歙为次县。炀帝大业三年，复郡诸州，歙州还为新安郡，郡治黟，领县三：休宁、黟、歙，歙仍次县。十二年郡乱，歙人汪华起兵保郡，行太守事，并有宣、杭、睦、婺、饶六州，称吴王，迁郡治于休宁之万岁山，即今万安山。恭帝义宁元年，徙郡治于歙之乌聊山。

唐高祖武德元年，复罢郡置州，改太守为刺史。秋九月，汪华以郡入款，封越国公。四年，置歙州总管。七年，改总管为都督。太宗贞观九年，分天下为十道，罢歙州都督，而以隶江南西道，州治领县如故，歙为紧县。高宗永徽五年，析歙东北二乡，置北野县，于是州领县四，歙为第一县。玄宗开元二

十二年,分天下为十五道,置采访处置使,歙州隶江南东道采访使。二十八年,析休宁置婺源县,于是州领县五。天宝元年,复改州为郡,刺史为太守,而歙州仍为新安郡。肃宗乾元元年,复改新安郡为歙州,置宣歙饶道观察使,未几罢,而以属浙江道观察使。代宗大历元年,复置宣歙道观察使,析歙与休宁地,置归德县,析黟及饶之浮梁地,置祁门县,又改北野为绩溪县,移其治于华阳镇,即良安故址也,其北野地仍还诸歙,于是州领县七,歙为第一县。五年,省归德还休宁,于是州领县六:歙、休宁、黟、绩溪、婺源、祁门,升歙为紧县。昭宗龙纪元年,淮南留后杨行密据宣州,自称宣歙观察使。大顺元年,改宣歙道为宁国军。景福元年,以杨行密镇淮南。二年,杨行密取歙州。天复二年,封杨行密为吴王,据有淮南,歙州属淮南,复改宁国军为宣歙道。昭宣帝天祐二年,行密卒,子渥嗣立。天祐三年,淮南宣歙观察使王茂章叛,以州附吴越。天祐四年,唐亡,歙州还属淮南。

后梁太祖开平三年,淮南杨渥卒,弟隆演立,仍天祐年号。末帝贞明五年,淮南始建国,曰吴,改元武义,歙州属吴。末帝龙德元年,吴王隆演卒,子浦嗣立,改元顺义。后唐明宗天成二年,吴王杨溥僭称帝,改元乾贞。天成四年,吴改元太和。废帝清泰二年,吴改元天祚。后晋高祖天福二年,吴王杨溥禅国于徐知诰,国号齐,僭称帝,改元升元。明年,改国号曰唐,复姓李,更名昪,是为南唐,歙州属南唐。天福八年,南唐主李昪子璟立,改元保大。后周太祖显德五年、南唐中兴元年,改元交泰,寻去帝号,称臣于周,奉周正朔。

宋太祖建隆二年,南唐主李璟子煜立,是为后主。太祖开宝四年,南唐后主贬国号曰江南。开宝八年,宋平江南,歙州入于宋,领县六:歙、休宁、婺源、祁门、黟、绩溪。太宗至道三年,分天下为十五路,仁宗天圣中,复析为十八路,神宗元丰中,又析为二十三路,歙州皆属江南东路,州治领县如故,歙皆为望县。徽宗宣和二年十二月,方腊陷歙州。三年四月,方腊平,始改歙州为徽州,迁州治于溪北,称新州。明年,因民不便,仍还故治。高宗建炎四年,并东西路为江南路,置帅府于建康,以池、饶、宣、徽、太平及广德军属焉。绍兴元年,复分江南为东西路,徽还属东路。

恭宗德祐二年,元取临安,徽州入元。端宗景炎二年,即元世祖至元十四年,改州为路,升徽州为上路,更州守为总管,徽州路治领县如故,歙为上县。至元二十七年,以徽州路隶江浙行中书省江东建康道肃政廉访司。顺帝至正十七年,明太祖以吴公遣邓愈、胡大海取徽州路,更为兴安府,升婺源为州,奉龙凤三年正朔。至正十七年秋七月,明太祖命邓愈、胡大海将兵取徽州,先下绩溪、休宁,乘胜进攻徽州。元守将元帅八尔思不花及万户吴纳等拒战,明师击败之,遂克徽州路。纳与阿鲁恢、李克膺等退守遂安县,大海引兵追击于白鹤岭,纳等自杀,改徽州路为兴安府,命愈守之。九月,元苗帅杨完者自杭州率众数万来攻徽州,时大海方将兵攻婺源,城中兵少。苗军奄至,愈激厉将士大开四门以待之,苗军疑之不敢入。大海闻之,自婺兼程而来,与愈奋力夹击。十一月朔,大破苗军于城下,杀其镇抚吕才,擒其部将吴辛、董旺、吕昇等,完者遁去。愈遣裨将王弼、孙虎攻婺源,斩元将帖木不花,婺源元帅汪同降。十八年三月,李文忠会邓愈、胡大海兵,由徽州昱岭关进攻建德路。五月,杨完者复率众,屯徽之乌龙岭,文忠、愈合兵击走之。十一月,明太祖自率常遇春等兵十万,往征婺州,由宁国取道徽州,召前学士朱升及儒士唐仲实、姚连咨时事,访治道,问民疾苦,徽州平。

至正二十四年,明太祖为吴王,改兴安府为徽州府,领州一县五,又二年置中书省,以府隶焉。洪武元年,以应天为京师,徽州府属京畿。二年,改婺源仍为县,府领县六,歙为首县,立府县学,设新安卫。八年,罢中书省,分天下为十三布政司,京畿府州直隶六部。成祖永乐十九年北迁,改京师为南京,徽州府隶南直,以都御史兼巡抚南直。世宗嘉靖三十四年十月,知县史桂芳始筑歙城,明年十月城成。怀宗崇祯十七年三月,李自成陷京城。五月,福王立于南京,改元弘光。我世祖章皇帝定鼎京师,为顺治元年。二年五月,大兵定江南,改南直隶为江南省,设督抚司道官,而徽州府隶之,府治领县如故,歙仍首县。

附

赵黄门《郡志略》:徽州府在《禹贡》扬州之地,春秋属吴,吴亡属越,越亡属楚。秦并天下,置黟、歙二县,属之鄣郡。汉属丹阳郡,献帝时始建新都郡,增休阳县。晋太康时,改名新安郡。唐开元年间,乃析婺源县。大历元年,遂分祁门、绩溪。前后分割、附属不一,而名之曰徽州,则自宋宣和三年也。宋为望郡、为上州,元为上路,明为畿内,国朝属江南省。歙县建于秦,地广大,后割为休宁、婺源、绩溪、淳安、遂安,古今无异名,故曰古歙。唐为紧县,宋望县,元上县,明附郭为大县。国朝因之,治在问政山下。休宁县建于孙吴,为休阳,后改海阳,晋改海宁,隋始名休宁,唐为上县,宋望县,元中县,明大县,国朝因之。初治灵乌山,复治万安山,后徙今治,在松萝山之阳。婺源县建于唐,为上县,宋望县,元末为下州,明复为大县,国朝因之。

初治清华街，复治弦高，后徙今治。祁门县建于唐，为中下县，宋望县，元明中县，国朝因之。黟县建于秦，地广大，后析为祁门，又分地为石埭，今则狭矣。一名古黟，唐为上县，宋紧县，元下县，明中县，国朝因之。绩溪县，萧梁初建良安县，旋废，唐即其地建绩溪，为中下县，宋望县，元明中县，国朝因之。

吴度《歙故城考》：歙之有城旧矣。罗鄂州《新安志》谓：隋义宁中始有城。今郡志因之，失于不详考耳。按《水经注》云：浙江水，又北径歙县，东与一小溪合，溪水出县东北翁山，西径故城南，又西南入浙江。所谓小溪者，即今绩溪县流至城之溪水，在汉本歙地，故云出县东北也。翁山，今称大鄣山，西径故城南，今其水犹自北门流过西门、南门，而后至浦口入浙江，与古无异，因是知歙之有城，由来久矣。《水经》乃北魏郦道元注，时南则为梁武帝，在隋义宁前百有余年，其时已称故城，则梁武之前已有此城，且城既建，中间别迁他所，因称为故，亦未可知。惜典籍残缺，无从考核，犹幸有郦注可据，得知故城所在，与今郡城暗合不爽，方隅悉同。歙城不始于义宁，抑已明矣，但郡治在歙，则自隋义宁始，鄂州因谓城亦始于是时耳，然则城果何时始，姑以臆测之，其殆始于孙吴初年乎！孙吴之初，贺齐讨丹阳山越时，歙毛甘以万户屯乌聊山，齐讨平之。夫乌聊今郡城依为屏蔽，厥壤爽垲，三面临水，利建都邑，且当时以万户之众屯聚此中，既就款服，悉为编氓，版筑之兴，不烦征召远方，揆日鸠工，设险以守，吾知必不逾此时也。作歙故城考。

吴瞻泰《续考》：歙城之治乌聊，自三国吴始也。吴志歙毛甘以万户屯乌聊山。唐《元和郡县志》云：乌聊山上有毛甘故城。宋《太平寰宇记》云：毛甘领万人屯乌聊，孙权遣贺齐平之，时歙县已治此。合吴与唐宋诸志而观之，则知万户崛起乡闾，其必有所恃，以为固圉计，而孙权讨平之后，即因其城以为治，故相传至元和，犹得指为毛甘故城也。郦道元注《水经》，所谓西径故城南者，适与《元和志》合。歙之治乌聊，炳炳可据。鄂州谓城创自义宁，不知义宁乃迁州治，非县治也，家叔子辨之详矣。第未引《元和》《太平》两书，而以臆测之，则言之无征，世将不信也。余故引之，以实吾叔子之说，亦以见毛甘之功不在汪越国下也，则今之府治，为毛甘城故址，其彰明较著者矣。

歙城郭乡隅考廨署、桥梁并载

歙附郭，则凡往昔所谓郡城、州城，即歙城也，缘以歙为州，而邑治别建，则城遂为州城矣。顾梁以前无考，惟《水经注》载，渐水北经歙县东，与一小溪合。其溪出县东北，西经故城。而《元和郡县志》亦载，歙乌聊山上有毛甘故城，则歙自三国时已有城，但非即今时府与县城也。自梁元帝承圣二年，置新宁郡，治海宁，即今之休宁，其址无考，亦未知建城与否。隋文帝开皇九年，改郡为歙州。炀帝大业三年，复为新安郡，治皆如故。十二年，汪越国始建郡治于休宁之万安山。恭帝义宁元年，再迁歙之乌聊山下，为今府治之始，即古毛甘故城址，州城之筑始于此。唐复以郡为歙州，宣宗大中九年修缮州城，懿宗咸通六年筑城外西北堤，僖宗中和三年复缮外罗城，昭宗光化间就咸通旧堤筑为新城。宋徽宗宣和三年改歙州为徽州，迁州治于溪北三里，即今新州之地，未及建城，四年仍还故州治，五年修复州城。孝宗乾道中再修州城，宁宗嘉定中筑护城长堤并新城垣。元顺帝至正间，复新之。明太祖始升为徽州府，加筑城垣，是为府城。嘉靖间重修，而歙县负郭为治，故无城。嘉靖三十四年，始建县城，在问政山下，东北跨山，西南接府城。国朝仍旧。

徽州府城，在乌聊山。隋义宁元年，唐越国公汪华保郡，称吴王，自休宁万安山徙治于此，所筑东半抱山，西半据平麓。扬之水顺城东北而西，会布射、富资、丰乐诸水为练江，环绕东南以入歙浦，因以为池，其外罗城周四里，子城周一里有奇。唐咸通六年，即城之西北为堤以御水。中和五年，即光启元年，广城之南北，计九里许。光化中，又因西北堤增筑为城，名新城。宋宣和四年，知州事卢宗原修筑启六门，东曰富州，西曰丰乐，南曰表城，曰紫阳，北曰通济，曰太平，皆为楼。乾道八年，州守赵师夔集六县各新沿城一门。嘉定十三年，州守宋济大兴版筑，鼎新雉堞，城南逼溪，更筑长堤，以护城址。元初修筑，改东门曰新安，西门曰庆丰，南北仍旧。至正十三年，元帅沙不丁因兵乱破碎，复行修筑。十七年，明兵下徽州，总兵官邓愈加筑今城，周一千一百三十四丈有奇，东高一丈七尺五寸，厚八尺五寸，南高二丈五寸，厚九尺八寸，西高一丈七尺五寸，厚一丈七寸，东北高一丈七尺五寸，厚九尺五寸，正北高一丈九尺五寸，厚一丈二尺。南北亘斗山之麓，东据斗山之巅，西阻练水之上，尽斗麓平地，南北长，东西狭，周围九里七十七步，改为五门，东曰德胜，南曰南山，西曰潮水，正北曰镇安，为小北门，东北曰临溪，为上北门，城外东西北各有濠，阔二丈四尺，深一丈二尺，惟南及东南无濠，以山险故也。嘉靖四十五年，知府何东序申请增修，其东连歙城一面，足为外障，不复加筑。南门至北门，计六百余丈，俱加高三尺，增建南山、镇安二门，月城

并筑四门，外敌台一座，以谨守望。国朝因之，时勤修治。

歙城，歙治旧负郭无城。明嘉靖三十三年，倭入境，越明年，知县史桂芳始建城，周围七里许，计千丈，高三丈，上阔一丈五尺，下阔二丈，南接郡城之南山，东南践天马山，挨屏山之左支上紫芝山，东北直上迎恩山，又起而凿石壁，迤西接风雩山，抱玉屏之上游也。郡城倚斗山，而屏山高于斗山，城屏山，则斗山有蔽。乌聊东转为云山，云山之巅，直冲万山、乌聊之罅。歙城包云山，则又为冲山之蔽，人谓歙城形势有补，郡城信矣。凡四门，南曰紫阳，东曰问政，东北曰新安，西北曰玉屏，各有楼，瞭望楼一所，在问政门内。国朝因之，时勤修治。

府署，宋时州衙。宣和中建，在城内西北隅。绍熙迄端平，因毁而新作者至再。元因之为路治，延祐二年，堂屋倾敝，达鲁花赤脱欢、总管张楫重建。至正十二年，城陷治坏，明年元帅沙不丁克复，重建如旧。明初，总兵官邓愈以为行枢密院后指挥副使，王克恭复以为指挥使司，而府治权移于右廉访分司衙，今之经历司地也。洪武三年，复为府治；正统九年，知府孙遇修葺。成化间，知府周正又于正厅前月台甬道上，周立石阑；弘治十六年，知府何歆于厅后廨舍构岑楼，题曰“清心阁”，盖廨内旧有紫翠楼、黄山堂、清心阁废址也，府前为谯楼。宣和中建，筑台为基，虚其中，南向为府治之正门，楼九间，脊柱外立柱二十有四。绍兴间，偶以郡城火灾，谬谓南向正门不利，乃于仪门外左侧筑台为楼。启门东向，曰迎和门，今改阳和门，而南门楼遂闭，惟接诏进表涖任一启之。弘治十四年，南谯楼坏，知府彭泽修之，欲仍启正门，未果。十六年，博罗何歆以御史出知府事，惩前谬，复启南谯楼正门，又建钟楼于左，与西城楼对峙，而治益整肃。国朝时加整葺。康熙三十年，仪门全坏，知府朱廷梅重建。乾隆十八年，知府何达善重修谯楼，三十七年，知府张廷炳重修阳和门楼，其同知廨在府堂之左，通判廨在同知廨后。

歙县署，在府东问政山下。宋时建，令廨居中，丞廨右侧，簿廨在东，尉廨在西，后倚山建有松风亭。元丰中，王荐为宰时，知州事张慎修易之，为岁寒亭，苏辙知绩溪为赋诗，发运使蒋之奇为作赋，皆刻石于亭上。元至元十八年，重建正厅。延祐四年，重建门楼，丞尉廨俱废，簿廨在县后，后为本路推官廨，盖元制县自达鲁花赤以下，皆蒙古衔同署，故丞簿无厅，惟尉专巡捕事，置司于郡城内。明洪武二十三年，知县彭子任重建正厅、后堂、仪门、外门、谯楼。成化元年，知县吴逊稍事修葺，正厅旋坏。弘治十四年，知县朱谏重建。国朝康熙十四年，谯楼灾，知县靳治荆重建廨内，问政山堂亦治荆建，后正厅复圮，听事皆在后堂。乾隆五十八年，知县吴殿华乃拆后堂，并正厅旧址，广其地重建大堂，今丞廨在县右，典史廨在丞右，簿廨裁废。歙县治，传为唐宗藩李王第遗址，南宋时其裔有富八郎者葬此，厥墓在今大堂后。

渔梁坝，在郡城南三里龙井山下。其地宋时为放生池，叠石成梁，横截练江，以潴迅流。盖以扬之水及丰乐、富资、布射诸溪会流于此，而其下为铁索港、汪洋港、车轮港，急湍飞流，最为陡险，截上流以缓之，则舟楫易上，而挽运不劳，且梁上诸溪，滩高易竭，统束于梁，庶浦溆常盈，不虞浅涸，转运赖之，灌溉亦赖之。梁始于唐，惟以木障水而已。宋绍兴间，急流荡决废，且六十年城市火灾屡见，形家谓修梁蓄水则火息，且水之盈虚，关郡之兴替，水聚则徽盛，水涸则徽耗。于是，州守宋济于嘉定十四年设栅，聚石为坝。十七年，州守袁甫谓非经久计，拟易以巨石，工未兴，以忧去，留钱万五千缗，以俟继者。绍定二年，甫提举江东，乃委本州推官赵希愬董其役，砌石十有八层，内固外圆，不斗于水，斗门东泻不怒，其流阔三丈，高半之，横亘可二十倍，凡四年而成，又拨钱五千缗置田，以资修筑，邑人立像紫阳观祀之。明初圮坏，弘治十二年，知府张祯葺之，未三年复圮。知府彭泽命通判陈理督治，尽去坝囊砂砾，实以方石，下流更为梯级，用杀水势。至万历间又圮，知歙县方承郁重建。崇祯时，知县叶高标修之，皆如弘治旧制。国朝顺治十六年，巡按卫贞元据民情，复请兴修，未及鸠工。康熙二十年丁卯，知府朱廷梅申请安抚谋之，诸绅士之居扬州者，倡议兴复，得太史许承家、祭酒吴苑、农部吴允森、绅士方如珽、许承谟、巴士进、许悌友、汪人御等输金万两，于戊辰春开工，知县靳治荆及邑士吴菘、汪士鋐、吴瞻泰监厥事。仿严州之石梁，坝石纵横互砌，中建石柱，通三水门，以泄水势，左右篷卷，如鳌背而坦，其脊用青石二十层，阔三丈，高半之，横亘二十倍，阅四年而成，历久半圮。乾隆四十年乙未，知府张廷炳、知县杨祈迪兴修，邑稠墅汪绅任厥费，逾年成。摄府事江恂为作记。

濒城诸桥，曰“河西桥”，在郡西郭外，西四县由此入城。宋端平元年，州守刘炳创浮桥，亘五十丈，立东西津门，榜曰“庆丰”。元末兵毁，明初架木为之。弘治间，知府何歆易之以石，凡十五洞，名“太平桥”。正德六年修，万历间邑人汪徽寿再修。国朝康熙五十六年，休宁郎中程建重造，增建桥亭石栏，其子中书程大瑛于乾隆九年重修，桥西有太白酒楼。又“万年桥”，在郡北郭外，为达省要津，古为木桥。万历元年，知府崔孔昕、知县姚学□倡建石梁，邑江村江希文等助资兴筑，东北岸立坊曰“砥柱中流”，西南岸曰源头活

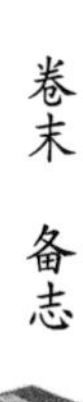

水，岁久圮坏。国朝顺治七年，邑人姚叙伦等输金重造，凡九洞，于北岸建亭一座，迎面石额曰“北钥云龙”，知府祖建衡题，向桥石额曰“道岸津梁”，协镇都督佥事胡茂祯题。康熙十五年，邑绅江演修造南岸靠城二洞，易以青石，居民于桥口建立圈门，协镇姚宏信题曰“北关通津”。乾隆五十五年，圈门毁，居民重新之，题额仍旧。又“紫阳桥”，原名“寿民桥”，郡南五里，为合邑诸川锁钥。万历三十八年，知府杨松年、郛元会、杨楷、洪有助相继筑成，长二十二丈，凡九洞，中洞最高，可通桅楫，工极坚密。桥南沿河为堤，直达霞山，先是松年于山顶建塔，以镇水口，至是并成，远望霞山，一塔如峙桥心，澄波倒影，水聚山环，益增灵秀。桥成时，有红晕罩桥，凡三日始散，人以为瑞，桥北建有郛公祠。

歙城市以外皆曰乡，曰里，仍古制也。六朝以前无考，唐立十六乡，每乡五里，凡八十里，五代迄宋仍之。县东为明德乡，厥里五：曰良干里，曰明化里，曰承风里，曰怀贞里，曰环城里(今作怀金还城)。东北为仁礼乡，厥里五：曰万安里，曰石干里，曰宁仁里，曰溪头里，曰永福里。又东北为登龙乡(今改登瀛)，厥里五：曰折桂里，曰清平里，曰化成里，曰宣化里，曰永泰里。县北为布政乡(今改德政)，厥里五：曰安化里，曰归化里(今改居化)，曰成果里，曰连溪里，曰连山里。又北为宁泰乡，厥里五：曰仁祐里，曰仁爱里，曰宁信里，曰犹风里，曰儒宗里。西北为同德乡(今改通德)，厥里五：曰长春里，曰隐儒里，曰敦孝里(今改开黄)，曰灵泉里，曰丰乐里。又西北为孝弟乡，厥里五：曰永安里，曰玉泉里，曰信行里，曰和睦里，曰万安里。县西为游仙乡(今改中鹄)，厥里五：曰迁乔里(讹作迁桥)，曰礼教里，曰长林里，曰醴泉里，曰万年里(今改清烈)。又西为衮绣乡，厥里五：曰仁风里，曰乐平里，曰福善里，曰新平里，曰黄池里。西南为永昌乡(今改永丰)，厥里五：曰安业里，曰长清里，曰永扬里，曰清泰里，曰环山里。又西南为敬爱乡(今改仁爱)，厥里五：曰金山里，曰长沙里，曰富资里，曰宁固里，曰涌泉里。又西南为长寿乡，厥里五：曰率诚里(讹作率城)，曰龙宿里，曰龙环里(今作龙还)，曰龙巷里，曰怀德里。又西南为宁仁乡，厥里五：曰修集里，曰神仙里，曰临溪里，曰章溪里，曰仁福里。县南为合阳乡(唐改孝女)，厥里五：曰孝女里，曰龙岩里(今作龙年)，曰药潭里，曰延宾里，曰章瑞里。又南为长乐乡，厥里五：曰赋诗里(今作富思)，曰白杨里，曰沙溪里，曰仙溪里，曰西村里。东南为长乐下乡，厥里五：曰长乐里，曰龙潭里，曰傍溪里(今作旁溪)，曰铜山里，曰王干里。

元明于附郭立关隅八，于各乡立都，三十有七。洪武二十四年，编为二百八里，内关隅一十八里，乡都一百九十里，后又增二十里，共二百二十八里。嘉靖四十一年，又析东关三图为五图，共二百三十里。乡与里沿宋制，而图保有析而增编者，迄国朝共二百七十八里。其在关隅，东关凡五图，西关凡二图，北关凡二图，古关凡二图，东南隅凡二图，东北隅凡三图，西北隅凡二图。其在乡都，明德乡自一都至四都，一都凡六图，二都凡三图，三都凡六图，四都凡二图。仁礼乡自五都至七都，五都凡四图，六都凡五图，七都凡十图。登瀛乡为八都，凡八图。德政乡自九都至十都，九都凡十六图，十都凡十二图。宁泰乡自十一都至十二都，十一都凡五图，十二都凡八图。通德乡自十三都至十四都，十三都凡五图，十四都凡七图。孝弟乡十五都兼二十都，十五都凡十二图。中鹄乡自十六都至十九都，十六都凡五图，十七都凡五图，十八都凡六图，十九都凡十一图。衮绣乡自二十都至二十三都，二十都凡七图，二十一都凡六图，二十二都凡十一图，二十三都凡十四图。永丰乡二十四都兼二十八都，二十四都凡九图。仁爱乡为二十五都，凡六图。长寿乡二十六都、二十七都兼二十九都，二十六都凡七图，二十七都凡六图，二十八都凡九图，二十九都凡六图。宁仁乡为三十七都，凡十图。孝女乡三十都、三十一都兼三十五都、三十六都，三十都凡九图，三十一都凡三图。长乐上乡自三十三都至三十四都，长乐下乡为三十二都，凡二图，三十三都凡四图，三十四都为凡五图，三十五都凡六图，三十六都凡五图。

附

赵瓯北《陔余丛考》：江南各县中，分民居为某乡某都某图。谢少连作《歙县志》谓：图音鄙，乃都鄙之遗意。赵宧光亦曰：都鄙，本作啚，俗误读作图。顾宁人非之，而引《嘉定县志》曰：啚即里也，以每里册首一图，故不曰里而曰图。又引《萧山志》谓：改里为啚自元始。然宁人亦失于考，按《宋史·袁燮传》，燮为江阴尉常平使，属当赈灾，燮命每保画一图，田畴、山水、道路悉载之，合保为都，合都为乡，合乡为县，征发争讼，遣胥披图，可立决。此为荒政首则，乡都图之制，固起于南宋也。

明经江本良《上摄守蔗畦江公书》：紫阳山麓，古放生池也。扬之登源、布射、富资、丰乐诸水汇于此，以注歙浦，于此设梁潴之，则水势弗倾，于形势良有裨益。坝峻三仞有奇，沿自宋元，而创易石工，至明乃甚。国朝康熙戊辰重治之。第稽诸往昔，惟插栅累石耳，自易石工，犹启水门，所以蓄水而泻

沙也。今则屡修屡砌，失厥本来，而成为石埂矣。虽有三槽，较坝面仅低尺许，有潴无泄沙石，日淤非特，坝工易摧，而于地方之害尤巨。先年坝沙浅则河底深，上游咸就安流，濒河田亩，亦收灌溉之利，自沙高河浅，坝塞不行，下流壅激，致上游旁啮，东山教场频遭冲决，迁徙靡宁。

他如桂林黄荆渡、尧苏登第桥，东山营水自扬之登源来者，沙壅而田多淤塞。岑山、瑞里、江村、长湖、范村、前山坝、叶家巷、步廊巷，水自布射来者，沙壅而田庐屡没。万年桥东两岸，夏雨暴涨，水深丈许，人家俱成巨浸。富堨、沙溪、徐村、云塘、宋祁、汪仰村、新州，水自富资来者，沙壅而田多荒废。郑村、潭渡、百花台、古关河西，水自丰乐来者，沙壅而河身日高，水发淹及庐舍。若城北及城南，皆水浅沙高，岸与河平，涨则河塝日就崩塌，坝之为害已极。即以风水论，出水之处犹咽喉也，咽喉梗噎，则上下关窍不通，身将重困。地势所关，应在人事，故自坝沙阻塞以后，数十村落近水居民，率多胀疾，历有明征，是筑坝求益未尽其善，反招损也。顷稠墅汪绅因坝石圮坏，输缗重筑，以培合郡风水，允称盛举，而寡识农民乃窃议，与其修之，无宁去之，是盖有疾于田庐之受祸也。其语无乃过激，惟宜乘此砌筑之时，建立水门，拦以坚厚石板，叠作三闸，霉水盛时，斟酌启闭，则沙随水泻下流，不塞上游河道自归漕路，不至旁泛，俾一滩一潭，相递而下，田亩庐舍，弗受冲激，则蓄水泄沙于形势、地利两收其益。较原估工费，所增不过千有余金，而地方蒙庇无涯矣，不朽盛业，惟高明裁之。乙未六月朔日。此书甫上，而江公谢事去，未及行，录之以视后之修筑者。

歙风俗礼教考祠宇并载

古者采风问俗，领于王官，輶车四出，教化所施，视此以为缓急，则风俗所关大矣。郡分三俗，附郭为歙，歙之西北，与休宁之东，俗富厚而备于礼，衣缝齐整，缘饰文貌，为独胜。休西为祁，西南为婺，俗好儒，而矜议论，财富稍绌，习朴诚，比者亦渐增饰矣。休北为黟，地窄民少，纤俭类祁、婺，然能勤稼穑，操织纫，有古遗风焉。歙东、南二乡，比西北为俭朴，而于绩则较侈矣。绩俗极俭，而安守本分，为诸邑所不及。语云："惟有绩溪真老实"，非訾言也。

歙东乡鲜园林山泽之利，农十三，贾十七。南区水陆二路，陆南山多田少，食资于豆与粟，而枣、栗、柿、橡之产副之。水南则贾善奇赢，士农错出。

北擅茶荈之美，近山之民多业茶，茶时虽妇女无自逸暇。东北则兼商贾之业矣，惟正西土壤沃野，家号富饶，习尚视诸乡较侈，今亦稍减。

武劲之风，盛于梁、陈、隋间，如程忠壮、汪越国，皆以捍卫乡里显。若文艺则振兴于唐、宋，如吴少微、舒雅诸前哲，悉著望一时。而元、明以来，英贤辈出，则彬彬然称“东南邹鲁”矣。至秉礼仗义，自古为然，郡邑悉同。故朴实邻于俭啬，质直状若拘牵，虽闺帏女妇，亦知贞节自矢，尤为比户可风。

士尚气节矜取，与其高者，杜门却轨，自偶古人。乡居非就试，罕至城府。各村自为文会，以名教相砥砺。乡有争竞，始则鸣族，不能决则诉于文会，听约束焉。再不决，然后讼于官，比经文会公论者，而官藉以得其款要过半矣，故其讼易解。若里约坊保，绝无权焉，不若他处把持唆使之纷纷也。

书吏操纵之弊，是处皆然，徽俗则否。充是役者，大都巨姓旧家，藉蔽风雨，计其上下之期，裹粮而往，惴惴焉以误公为惧。大憝巨猾，绝未之闻。间有作慝者，乡党共耳目之，奸诡不行焉。则非其人尽善良也，良由聚族而居，公论有所不容耳。里仁为美，不信然哉！

郡邑田少民稠，商贾四出，滇、黔、闽、粤、豫、晋、燕、秦，贸迁无弗至焉，淮、浙、楚、汉，其迩焉者矣。其拥雄资者，高轩结驷，俨然缙绅。次亦沃土自豪，奔走才智，而遍植其亲朋。最次且操奇赢，权出纳，翼妻孥而橐遗其子孙。然亦固有单寒之子，无尺寸藉，而积渐丰裕者。亦有袭祖父成业，未几而贫乏不振者。辄谓郡邑地高水迅，蓄难泄易致然。殊不知盈虚消长，气运循环，而亦视乎其人之担荷，天道恶盈，鬼神福谦，商贾之夫，彼固懵然不晓也。哀哉！

商居四民之末，徽殊不然。歙之业鹾于淮南北者，多缙绅巨族。其以急公议叙入仕者固多，而读书登第，入词垣跻朊仕者，更未易仆数，且名贤才士往往出于其间，则固商而兼士矣。浙鹾更有商籍，岁科两试，每试徽商额取生员五十名，拨杭州府学二十名，仁、钱两学各十五名。淮商近亦请立商籍，斯其人文之盛，非若列肆居奇、肩担背负者能同日而语也。自国初以来，徽商之名闻天下，非盗虚声，亦以其人具干才，饶利济，实多所建树耳。故每逢翠华巡幸，晋秩邀荣，夫岂幸致哉！则凡为商者，当益知所劝矣。

萝之巨商，业盐而外，惟茶北达燕京，南极广粤，获利颇赊。其茶统名松萝。而松萝实乃休山，匪隶歙境，且地面不过十余里，岁产不多，难供商贩。今所谓松罗，大概歙之北源茶也。其色味较之松罗，无所轩轾，故外郡茶客胥贩之于歙，而休山转无过问者矣。又徽多木商，贩自川广，集于江宁之上

河，赀本非巨万不可。因有移家上河者，服食华侈，仿佛淮扬，居然巨室，然皆婺人。近惟歙北乡村，偶有托业者，不若婺之盛也。典商大都休人，歙则杂商五，鹾商三，典仅二焉。治典者，亦惟休称能，凡典肆无不有休人者，以业专易精也。

农力最为勤苦，缘地势陡绝，厥土骍刚而不化。水高湍急，潴蓄易枯。十日不雨，则仰天而呼。一雨骤涨，而粪壤之苗又荡然矣。大山之所落，力垦为田，层累而上，十余级不盈一亩，刀耕火种，望收成于万一。深山穷民，仰给杂粮。早出偕耕于山，耦樵于林，以警狼虎；暮则相与荷锄，负薪以归，精馐华服，毕生不一遘焉。女人尤号能俭，居乡数月，不占鱼肉，日挫针治缫纫，故俗能蓄积，绝少漏卮，盖亦由内德焉。

歙南山多田少，居民多垦山而种，然皆土山，豆麦攸宜，较樵采之利，不啻倍蓰。且土性坚凝，无倾泻之害。若北乡之山，则石多土薄，惟宜柴薪。迩为外郡流民，赁以开垦，凿山刨石，兴种包芦，土人始惑于利，既则效尤，寖致山皮剥削，石防沙倾，霉月淫淋，乱石随水而下，淤塞溪流，磕撞途径，田庐涨没，其害与凿矿炼灰等。而且山木童然，柴薪亦为之踊贵，得不偿失。况穷山僻壤，最易藏奸，难免遗患。惟在贤有司曲喻严禁，以杜祸萌，庶无厝火之虞焉。

歙工首推制墨，而铜、锡、竹器及螺蜔诸品，并号精良。若罗经日晷，则奇巧独擅矣。

墨工惟歙最著，以流传有自也。南唐李超及其子廷珪始作，宋时潘谷继之。嘉靖后，若罗小华、程君房、方于鲁、吴去尘，皆名重一时。半螺寸铤，珍同珙璧。而国朝之贡，上方邀宸鉴，则有曹素功。此外擅名墨薮者，尤不下百数十家，胥能行世传远。夫文房精玩四，而婺之砚、歙之墨，徽居其二，讵不韪哉。

砚石出婺之龙尾山，而曰歙砚，以婺固古歙州地也。至谓产歙狱井中，则诞矣。盖土人称石之腴美者曰“肉石”，称砚坑曰“阱”，因误以为“狱井”耳。

家多故旧，自六朝唐宋以来，千百年世系比比皆是。重宗谊，修世好，村落家构祖祠，岁时合族以祭。贫民亦安土怀生，虽单寒不肯卖子流庸。婚配论门户，重别臧获之等，即其人盛赀富厚行作吏者，终不得列于辈流。苟稍紊主仆之分，始则一人争之，一族争之，既而通国争之，不直不已。牧民者，宜随其俗。力持风化，倘以他郡宽政施之，则政治虽如龚、黄、鲁、卓，而舆论沸腾，余无足观矣。

宗有谱，族有祠。一乡之中，建立社坛，岁时祈报，下民厮役，不得与焉。其良贱最易区别。

俗多负气，讼起微杪，而蔓延不休。然单户下民，畏权忍气者，亦复不少。顾其讼也，非若武断者流，大都坟墓之争，十居其七，比年此风亦稍息矣。

家居务为俭约，大富之家，日食不过一脔，贫者盂饭盘蔬而已。城市日鬻仅数猪，乡村尤俭。羊惟大祭祀用之，鸡非祀先款客，罕有食者，鹅鸭则无烹之者矣！较他郡绝无宰割之惨，故自唐宋迄明，每逢改革，为杀戮所不及。亦可见太和元气之征矣，岂尽关山深地僻，兵革不到哉！

冠服采章，普天率土，悉遵时制，罔敢或异。而女人服饰，则六邑各有所尚。大概歙近淮扬，休近苏松，婺黟祁近江右，绩近宁国。而歙休较侈，数十年前，虽富贵家妇人，衣裘者绝少，今则比比皆是，而珠翠之饰，亦颇奢矣，大抵由商于苏扬者启其渐也。持久之道，尚其知所节欤。

歙俗之美，在不肯轻去其乡，有之则为族戚所鄙，所谓千年归故土也。间有先贫后富，缘其地发祥，因挈属不返者。殊不知吾徽有千百年祖墓，千百丁祠宇，千百户乡村，他处无有也。假令迁后子孙长保富厚，已属孤另，设有不振，失所凭依，其流移不可问矣，可不慎欤。

地僻难免藏奸，徽居万山中，而俗称易治，缘族居之善也。一乡数千百户，大都一姓，他族姓非姻娅无由附居，且必别之曰客姓，若不使混焉。苟非面目素识，则群起而讶之矣。故奸匪无所容身，而勾捕最易。虽不乏鼠窃，半皆土人之无赖者，而以语盗，则绝少焉。

徽州独无教门，亦缘族居之故，非惟乡村中难以错处，即城市诸大姓，亦各分段落。所谓天主之堂、礼拜之寺，无从建焉。故教门人间有贸易来徽者，无萃聚之所，遂难久停焉。

歙无他郡流民，故风俗醇厚，无所渐染。惟邑北山居之民，盗开煤矿，炼灰取利，每招外来工匠，群聚深山，非惟地脉受伤，溪流淤塞，而凶顽盘踞，易启乱萌，虽屡经严禁，其风未熄。官斯土者，所宜设法，以杜其渐焉。

徽俗不尚佛老之教，僧人道士，惟用之以事斋醮耳，无敬信崇奉之者。所居不过施汤茗之寮，奉香火之庙，求其崇宏壮丽，所谓浮屠老子之宫，绝无有焉。于以见文公道学之邦，有不为歧途惑者，其教泽入人深哉。

六邑之语不能相通，而一邑中四乡又复差别，非若北省中州、吴、楚、滇、

粤，方音大抵相类，盖由父兄师长，不于少时教以调叶也。《记》云：人生七岁，不杂方言，其责则端在于乡里之明达者矣。

官司典制，秩祀仪文，郡邑悉遵会典。而一乡一族日用之常，则各沿其俗。丧祭大都守文公《家礼》，小有异同，惟葬不以时举，则违制矣。婚礼不尚亲迎，其余去古不远。冠虽不行，而有冠之名。笄则备极详，慎数者撮略如左(下)：

冠为成人之礼，近时大概从略，非独徽与歙也。然凡支幼长成入祠，尚曰冠丁；醵金于社，则曰冠金，亦见冠之遗意也。乃或以十五岁为冠，或以十六岁为冠，未有至二十者，是则与古殊矣。惟女将嫁，先期卜日而笄，曰上头，父母醮而宴之。婿家于是日亦致馒饦果饵之属，曰上头茶，斯为合礼。

婚礼。媒通庚帖以后，即致果饼腥鲜于女家，曰探宅，乃古纳采、问名、纳吉意，而并举之。女家则请翁姑及婿履式，以时致馈，曰送鞋样。既而行聘，曰下定，即古纳征也。吉期已卜，则以骈丽语启之，或附纳聘函中，亦有特举者，曰送日子书，即请期之礼。前后三往复，始娶。婿不亲迎，惟以亲族名帖致女家，曰领亲。女家以名帖答，曰交亲，亦不亲送也。伴妇舆者，婿家惟用仆妇之吉者以迎，谓之男妇，曰伴亲。女家用老成妇妪以送，曰伴娘，意殊缜密。新妇入门，即行交拜礼，而后合卺。三日庙见，乃拜谒翁姑尊长，诸家人以次及，曰拜堂。遂宴妇于堂上，始服妇职。

丧礼。殡殓一遵《家礼》。赴状推服长为丧主，得长长亲亲之义。惟尚七七从事浮屠，而设吊之期，或五日或三日、一日，视家道丰约、宾朋多寡，届日鼓吹迎宾。祭奠侈靡，皆非新丧所宜，是有望于乡贤更正矣。宁戚无易，任转移之责者其图之。

亲殁不即营葬，富者为屋以殡，贫者仅覆层瓦，或以茅茨，有至日久暴露者。由俗溺堪舆之说，拘忌卜择之故。意为求福，实以致祸，不孝孰甚。夫徽为山郡，岂少牛眠，则虽曰卜择，亦半属因循耳。所赖贤有司檄示劝化，立以节限，破拘虚之习，而兴其仁孝之心，德莫大焉。

举丧之日，延宾速客，曰贺坟。祖道层台，饰以灯彩。富者欲过，贫者欲及，縻费不赀。或则去丧服而衣衮绣，易哭泣而事趋跄，过墟而哀，虞祭卒哭，夫何有焉？绳以治葬服缌之制，其罪大矣。此徽俗之尤有弗能为乡邑讳者，秉礼之君子，其可身蹈之哉？

祭礼。尽遵文公《家礼》，各乡小异大同。家祠祭先，则以春秋二仲，有举于至日者，则僭矣。墓祭最重，曰挂钱，亦曰挂纸。举于清明，标识增封也。族祖则合族祭之，支祖则本支祭之。下及单丁小户，罔有不上墓者。故自汉、晋、唐、宋迄今，诸大族世代绵长，而祖墓历历咸在，无或迷失，执此故也。十月间有上坟之祀，曰送寒衣，亦感霜露之意。至诸神之祭不一，惟祀社最重，举于春仲，祈农事也；秋仲复行之，报岁功也。仪品丰俭，各乡不同。五祀独隆于灶，祀于岁终之二十三、四日，则海宇所同矣。

岁时礼。正月悬祖先容像于庭，供膳如生存礼，灯节后乃撤。元宵并前后三日为灯节，村落游烛龙于社，为汪越国寿，竹马秧歌，亦以队从。二月二日，比户迎福德之神，曰接土地。三月清明前后，各家上冢祭扫，挂楮钱于墓。七月十五为中元节，祀先，焚冥衣，荐新米饭。新丧之家，有延僧追荐亡灵者，或就僧寺为之。重九俗尚登高，载酒携肴，旅饮于野，亦避灾意也。余俗或与各郡邑同。

傩礼。颇近古，而不举于官，乃乡里好事者为之。新正用童子衣、彩衣蒙假面，作魁星财神之类，或扮彩狮，敲击锣鼓，跳舞于庭，用博果饵，亦即元衣朱裳、黄金四目、驱疫遗意。初春，歙西南乡村祀土神，曰作春事。其神曰太子之神，传为唐时封藩某王之子有德于民者，金鼓喧阗，陈列牲醴。夜则燔楮制旗幡于所居之下游，曰送圣，所以禳解也。三月上巳，濒河之乡，或竞渡河干，或造纸舟陆游，旗旐毕具，盖寓修禊之意。四月，城中奉诸神像，遍巡街衢巷，钲铙震天，各厢隅村落以次而及，逾月乃罢，曰游神，用驱疠疫也。各乡于四五月，或八九月，亦有保安之举，扎造龙舟，装饰采绘，僧道斋醮，磔牲以祷，曰善会。事毕则亦送之河干。岁杪，召道士跳舞娱神，排设福神衣甲，曰犒猖。俭家惟以牲醴祷祀，皆谓之谢神。

附

邑令吴公殿华《劝谕埋棺札》：札各图士民知悉，照得收葬骸骨，仁政所先，掩埋骼胔，月会备载，此因仁人君子之用心，而父母听民者之更宜亟举也。本县因公赴乡，留心察看，见沿途殡厝累累，经数十年而未葬者颇多，甚至厝屋倾颓，棺身尽露，仅用片瓦掩覆，或以束草遮盖，其最惨者，骨摊椑外，树长棺头，种种暴露，情实可伤。查此等暴棺，或系无主，或缘赤贫，又有惑于风水，因而久停误事者。

窃思死者，以入土为安。风水之说，本属无据。且将祖父已朽之骸，要子孙未来之福，轻重已属悬殊，而况迁延岁月，以致暴露，清夜自思，于心何

忍？合行剀切晓谕，札到，即便查□[明]图内暴露棺柩，如有主者，劝令该亲属急行安葬，若无主及子孙赤贫者，即就该图内广行劝谕，积善之家，代为掩埋。倘图内实无殷实之户，而多暴露之棺，准即协同地保，验明棺数，开呈本县，自行捐廉，给付埋瘗，士民切当认真查察，不可遗漏。如果踊跃遵行，使诸棺得免暴露之惨，则不啻自行阴德也，是所厚望。来年清明节后，本县当亲赴各□，挨图查勘，分令家丁点验，以期实惠。该士民等切勿视为具文，负本县一片婆心，幸甚望甚。乾隆五十七年十二月初三日特札。

先子[①]《素壶便录》[②]：徽宁俗社日祀神，曰做社。聚饮曰散社，亦即"桑柘影斜春社散，家家扶得醉人归"意。近复有演剧张灯，以为美观者，曰社会。按《春秋》庄公如齐观社，张氏注曰：社者，□祀地之名，东迁后，古意不存，浸为美观，则社之有会，殆自周已然。五月五日，屈原死于汨罗江，后人当是日于水次竞渡，以招其魂。今江浙俗三月三日，间有龙舟竟渡之戏。按周五月，为今三月，是仍吊屈原之意，不为无据，乃或以为上巳祛疫。夫祛疫奚必龙舟，又奚心竞渡哉！盖本古意，沿之久而失其由来。因在上巳，遂讹为祛疫俗说，而后凡祛疫者，转皆用龙舟矣。徽宁凡祈福酬神，辄祀五猖，或谓五猖，为五方正神，犹天之五纬，地之五行，或谓乃五通之类，然五纬五行，未可言猖惟五通近似，而要皆非也。按猖为猖獗，乃强也，五猖泛言五方强干之神，初无指实，考明祀典，旗纛之祭，其神有曰旗头大将，曰六纛大将，曰五方旗神，曰主宰战船正神，曰金鼓角铳炮之神，曰弓弩飞枪飞石之神，曰阵前阵后神祇，五猖等众，则五猖乃军营所祀，其曰等众，初非五纬五行之谓，而亦非五通，盖皆浑称，无所指名也。况五通五显，实亦正神，唐宋尝列祀典，无与战阵之事，至若今俗所谓五通，乃吴下□祀军营，安得祭之。大概徽宁人，行商远贾者，多五猖之祀，以资扞御，亦犹军行，冀无往不利耳，故亦有称五福者。又俗于神前割鸡沥血，曰剪生，此亦军营之礼。凡大征伐，天子祭军牙六纛，刺五雄鸡血于五酒碗，以酬神焉，亦见明典礼。

风俗不齐，端赖乎教，庠序尚焉，书院次之，试院则抡才地也，皆风化攸关。歙为程朱祖里，唐宋而后，敦化綦隆，理学叠起，有非他处所得拟者，矧地占灵区，山环水复，为兵燹所罕及，故自六朝迄今，学宫祠宇，基址相仍，历

① 先子：语出《孟子·公孙丑上》："曾西蹵然曰：'吾先子之所畏也。'"焦循正义："称'先子'者，谓父，非谓祖父也。"这里指江绍莲之父江登云。

②《素壶便录》：为江登云所撰的一部笔记。此段文字为江绍莲摘录于《素壶便录》卷下，嘉庆四年刻本，第18–19页。

历可指，猗欤休哉！古迹不泯，洵足以慰稽考之殷矣。

徽州府学，在府治东北隅。唐及五代皆然，其创建无考。宋太平兴国三年，知州事□德祥迁罗城东门内街南乌聊山上。嘉祐四年，以山高地狭，徙于南门内南园。熙宁四年，又以南园地卑湿，复迁乌聊山。元祐初，再徙南园。迨绍圣二年，复还东北隅古学之址，而南园后改为江东道院。宣和中，睦寇乱学毁坏。□[绍]兴十一年辛酉，知州事汪藻复为营建，恢宏旧制，□□庙右，学署中设知新堂，辟八斋以处学者，曰殖斋、懋斋、益斋、裕斋、毓斋、定斋、觉斋、浩斋，并藏古经籍法帖。淳熙五年，知州事陈居仁凿泮池，跨以石桥，长五十步。十五年，知州事许昌期重修学宫。十六年，改八斋为六斋，曰上达、致道、适正、笃志、成德、资深，续增从善、时习二斋。斋后为讲堂，改汪藻所题知新堂为明伦堂。绍熙二年，教授舒璘辟后圃依山城，创风雩亭，为士子藏修地。嘉定十一年，知州事孔元忠增置祭器。端平元年，知州事刘炳缮葺学门，并新墙垣。元初，屯军杂沓学宫，废乡贡，徐珩倡议兴复。祥兴元年，即元世祖至元十五年秋，江东按察副使奥屯希鲁按部尽徙军屯，清复学舍，礼请前士陈宜孙充教授，经理田土，凡殿宇讲堂，楼阁斋□[庑]，构葺如旧。至元二十八年，教授杨斌再复军营侵地，限以崇墉，辟棂星门隙地。大德四年，教授徐拱辰重建讲堂，及学内诸祠，置备礼器书籍。顺帝至元四年，教授陆德明出己资创大成殿。至正十九年(为龙凤五年)，重建两庑，后屡□□建。明洪武三年，更辟学后射圃□弓矢。八年，筑□□乐台，重创学门及泮池石桥。九年，重新两庑，四斋曰思诚、明善、持敬、进德。射圃之东，构观德亭。正统八年，大成殿损，监察御史兰溪徐郁谕同知徐亨扩其隙地，创建一新。十年，复创明伦堂，知府孙遇继成之，改筑射圃于学之东。成化四年，提学御史上饶娄谦、知府周正复新大成殿，殿后筑室以处师儒，东为楼舍以馆诸生，立科第题名碑。九年，又新明伦堂，东西各构三楹，并建奎光楼。十八年及弘治十四年，知府王哲、彭泽重修。正德九年，知府熊桂以文庙逼近民居，旁启正门非制，乃迁民居，改辟正门，开浚泮池。嘉靖十一年，学内建敬一亭。四十一年，知府胡孝更增饰如制。国朝顺治十三年，知府蔺一元、教授章霖建尊经阁。康熙九年，知府曹鼎望、教授章耿光修葺戟门并殿庑。十三年，成徽宁道王绪祖、知府张登举复增整圣殿。六十年，知府郭晋熙、教授黄师琼、训导姚嵩年倡新学宫，歙绅项絪输金重建，殿庑一新。雍正七年，项道晖重修明伦堂，并门□石坊。乾隆三□□年，歙令张佩芳倡修，项琥再行□葺。

歙县学，在县治之东问政山麓。旧时原有先师庙及学在县南，乃南唐保大八年置，至宋县附于州未别置学。淳祐十年庚戌，州守谢堂始建于县治左，即今学地也。元初，戍兵撤毁，教谕□泰初等相继兴复。至大三年，县尹宋节葺之。至正十二年，蕲黄寇至，学废。二十年(为龙凤七年)，知县张齐来，明年因其故址，移建紫阳书院，重建学于书院之东。明洪武三年增创，一遵颁降成式。正统间圮坏，知府孙遇、知县高年、教谕皮岳重修，知县裴从善踵成之，久复损坏。景泰五年，教谕罗镃白于当道，复侵地于斋后凿山填谷，就泉作井，扩为基址。天顺二年春，作学舍八楹，冬建讲堂三楹。四年，构外门三楹。五年，迁讲堂为馔堂七楹，规模始肃。镃去，诸生立碑纪绩，□其井为罗公井。成化四年，知府周正改建圣殿，从以两庑，南为战门，外为棂星门，为泮池，殿北建谈经阁，又建明伦堂，及东西两斋。正德六年，知府熊桂复修。嘉靖四十四年，□□谢廷杰；万历十年，知县陈九官；二十二年，知县□□郁；天启三年，知县戴东旻；崇祯四年，知县叶高□□继修治。国朝顺治四年，两庑及明伦堂坏，知县□希肃、教谕胡尔俊等重修。十三年，殿损，教谕王昕修。康熙四年，府同知署县事聂炜重建明伦堂。十一年大雨，圣殿圮，徽宁道吕正音、知府曹鼎望、知县孙继□、教谕吉天助重建，并环泮池以重垣绘魁星像，以拱学门。三十六年，知县郑元绶重葺。乾隆五年邑绅徐璟庆、十六年徐士修捐修。三十五年，知县张佩芳再修。五十二年，邑绅项士溥输金重建圣庙及堂庑，群祠一新。

紫阳书院，有二，其一曰古紫阳书院。宋嘉定十五年，知县彭方于治后岁寒亭，作文公祠堂。淳祐五年，州守韩补始请于朝，移建于城南门外，理宗赐额曰紫阳书院。缘文公父韦斋先生尝读书紫阳山，刻印章曰紫阳书堂，后文公取以榜其厅事，故后学称文公为紫阳夫子。此书院所由名也。宝祐二年，州守魏克愚相继为之。德祐二年(元至元十三年)，镇师撤城外，瓦屋□栅，迁主于南门内之江东道院，即古郡学废址。□□炎二年(至元十四年)，建祠于道院西。□[明]年，按察副使□□希鲁至，谋诸总府，遂改江东道院为紫阳书院。□□[延]祐二年，山长张炳以地卑湿，复迁南门外旧基左侧，正对紫阳山，为一郡山水胜处。至正十二年，毁于兵。二十年(为龙凤六年)，佥院黄廷桂□于歙县学右，知县张齐建学于左。二十七年(为明太祖吴元年)，知府胡善重修，出宋御书碑于水立之门。明洪武十三年，知县陈则威修。正统九年，巡按徐郁移建于县后射圃西向。景泰五年，教谕罗镃复于学右，作书院，时遂有两书院。在学右者，知府周正割庙地新之，后废为教官廨。在射圃者，成化十六年，知府王勤重修，改为南向，面城外紫阳山，盖即宋时岁寒亭、文公祠处也，故曰古书院。弘治十六年，知府彭泽再修。正德七年，知府熊桂增置堂庑斋舍，前为台为池，门外有御书碑。嘉靖四十五年，知县林元立葺之。天启二年，知县戴东旻复修，嗣以南山书院兴，此院遂废，年久倾圮，仅存文公供像三楹。国朝康熙五十一年，生员洪理修葺。□□乾隆五十七年，歙绅士之商于扬者，倡议兴复，□□庑斋舍，鼎建一新，延请师儒，以□[肆]课艺，更详拨□□，供膳修膏火之费。其一曰南山书院，在城外紫阳山，旧为老子祠。宋仁宗赐额紫阳观，山以得名，朱韦斋先生曾假读于此。明正德间，知府张芹改为书院，中为堂，祀朱子，旁列从祀诸儒，东西两斋曰求志、曰怀德，后为文会堂，又其后即老子祠，凭虚阁故址为堂，肖韦斋先生像祀之。嘉靖四十三年知府何东序，万历二十六年知府沈再荣、三十年知县方承郁、三十七年知县张涛，节次修整。国朝顺治七年，知府祖建衡重建，复构凭虚阁。康熙八年，知府曹鼎望修。三十一年，吴日慎等再修。次年，祭酒吴苑奏请，恭摹御书"学达性天"匾额，悬挂祠楹。四十年，吴瞻泰等复修，改文会堂为道原堂，以祀文公外祖祝处士，增配食先儒，添设卫道、衍绪二斋。雍正三年，休绅程建重修。十二年，知府窦容恂再修。乾隆九年，给事中吴炜奏请，御书"道脉薪传"额。十三年，歙绅徐士修重修，增筑书舍，贡生徐禋董其事，知府何达善延请名儒，聘淳安方棨如为山长，集诸生以时会讲，并自□□课，奖掖多方，一时士风丕振，士修又输银一万□□［两］［生］［息］，以赡生徒。五十九年，歙绅鲍志道复捐银八千□［两］入院，以助膏火之费。

问政书院，在今歙学名宦祠后，仅屋三楹，奉程朱木主。相传元初戍兵，撤毁学舍，教谕吕泰初聚诸生于此讲学，乃草创为之。明初知县张齐建学，此院仍旧，历来修葺无考，而日就圮坏。乾隆十六年，教谕张掖因院关古迹，重葺之。三十五年，知县张佩芳以其地规制不称，且无以容学者，乃卜地于学东江家坞，贡士程光国、州佐鲍清捐造堂舍，以课邑士。及佩芳去任，遂停。嗣知府江恂，拟增扩之，以为一邑书院，仿扬州广陵书院例，专课儒童，俾两斋教职，分季掌之，置产以供修膳，并诸童膏火，惜未行而公卒，是有待于后之贤守令，及乡邑硕望踵成之也。今此院并在学中者，遂有两所。

试院，在府治东。宋时为巡方治所，元设蒙古学于此，建帝师殿，后废。明洪武三年，建为察院，亦巡方公署也。弘治十三年，后堂圮，知府张□重建。国朝康熙二十八年，休宁监生黄凤翼重造，为试院。雍正初，建立棚厂，置办桌凳，分设安徽学院，按临考试。十一年冬月，歙绅汪涛重修。乾隆元

年夏月，工竣，凡堂厂、署舍、门垣，悉如前式。乾隆五十八年，歙宫保尚书曹文埴再修，重建棚厂，置桌凳。

程朱三夫子祠，原在歙西塌田。明万历四十年，知县刘伸创建，为堂供三夫子主，后为集贤院，右为聚奎堂，有石坊，题曰“程朱阙里”，岁久圮尽，惟石坊存。国朝乾隆二十五年，邑绅徐麟甡请于当事，输赀重建，以歙南篁墩为三夫子祖里，遂移建于其地，光禄寺少卿吴炜请于朝，御书“洛闽溯本”额，揭于石坊，麟甡复捐田，以供春秋祭费，岁久祠坏，封君程光国修治之。

附

学使刘公星炜《江宁试院记略》：安徽旧隶江南，士子三岁大比，例由学政录科，向日上下江之士，试于句曲。雍正三年，始分设两江学政，江苏即于是时建白门使院，而安徽则未暇及，于是十有三州之计偕者，待试于姑溪，道里往来，资斧重困，兼有采江之险。而居江北者，由金陵之当涂，百四十里，复还金陵，浃旬不得休息，寒畯有因之裹足者矣。新安徐副使璟庆，家世乐善，先曾于白门置宅一区，崇闳高厂，请于上官，愿就其地改建学政行馆，会副使物故，文孙本增踵而行之，议未定。己卯冬，余视学此邦。明年庚辰恩科，江城士子延颈树领，鳞集省会，咸思得耀于休明，而使院未建，非所以光盛典也。会制府尹公、中丞高公，皆保傅重望，节制吴会，百废俱举，余因商之二公，急檄司府，筹其经始，而徐君亦欢喜踊跃，乐先志之，得有成就，鸠工庀材，刻日并作，不数月，而堂皇庖湢，门庭几席，齿齿秩秩，所司以工竣告，余与高公先后请于朝得报可。即以是年七月，征文武士，而汇试之，登贤书者若干人。是举也，凡费白金万二千六百两有奇，复捐金二千，为岁修之费。自今以往，皖江人士，无波涛之险，仆赁之艰，而司衡者，于丹铅砚席之余，而求无负经营编造之事，良足述也。故乐书之。

中堂程公景伊《增建京都会馆记略》：古者郡国于京师，各有邸舍。考之前汉百官志，郡国邸舍，设长丞主之，初属少府，中属中尉，后属大鸿胪，皆官为志之，历代相沿不废。后虽不领于官，而会馆之设，实祖其意，非独桑梓聚集，联情谊，讲任恤，便羁旅而已。其大者，人材科第，实由此而出。国朝，辟门吁俊，设乡会两试，以登进天下之士，四方英髦，云集京师，顾或千里担簦，而一廛莫借，有苦于长安居之不易，而裹足不前者。然则翘材之薮，莫急于此。先是，光禄吴南溪先生首议，创立歙县会馆，以追前朝许文穆公之旧，监司黄君昆华独捐邸第一区为之，距今垂二十年。吾乡来者，有即次之安，无僦赁之苦。迩年以来，居者益众，至不能容，同里诸公谋所以广之，馆之南购有隙地可构，而苦于无赀，因遍告之邗江侨寓诸君子，闻议捐二千金，以成其事。逾年赀尚未集，而吴中翰二匏专札致陈臬徐君厚庵，乃先独捐如数，寄□师。于是，鸠工庀材，经始于乾隆己卯之二月，讫□月工告竣，增屋凡四十余楹。里人咸曰："此义举实足与黄公后先继美者也，是不可以不记。"而以勒石之文委于余。余闻厚庵之将捐也，语其宗人篁城太史曰：独捐，吾何吝第，此公事也。业议公捐，而吾独为之，无乃有掠美之讥。太史曰：不然。独捐以应今日之需，公捐以储将来之用，固并行而不悖者，又何患焉。厚庵乃首肯，其善让不德又有过人者，是宜并书之，以为来者劝。

又癸未《重修记略》：吾邑会馆之立，垂三十年，虽间有修葺，而未能大加整理。厅事之南，为兰心轩，渐就颓败。其后楹湫隘黝暗，非改造不可以居，徒以公费无出，因循而莫能举。乾隆壬午冬，比部鹤洲许君偕其侄枢部韬所、静泉雨君，谒选入都，慨然太息，以为此宁可复缓耶，吾将身任其事。于是，召匠庀材，经始于三月九日，至五月十日毕，工计捐赀八百两有奇。轩之东西，焕若初构，爽垲有加，而通馆门庭舍宇，亦赫然鼎新，器用咸备，甚盛事也。而馆南有隙地，□区尚可建屋数楹，许君复引为己任，期以乙酉□必就，此非勇于为义，而始终不倦者乎。勒之于石，于以见许君之功，足与昆华黄君、厚庵徐君并垂不朽也。

《惠济仓记略》：仓，在府城天宁寺前。乾隆十六年，旱饥，知府何公达善既劝阖邑绅士醵金籴运以赈。又念经久之储蓄，宜预筹也，乃札募歙人士之商淮扬者，各输其力之所及，得扬寓诸君程扬宗、程梦发、徐士修、黄履暹、洪征治、程枏、汪玉枢、江春、汪立德、汪允佑、黄为荃、闵世俨、吴凤华、朱嘉勤、汪宜晋、吴如棠、江楠、汪玉玑、汪永求、吴裕祖、罗本俅，并祁门马曰琯，共捐银六万两。又，楚商吴鼎和等平粜余银六千一百八十六两，扬商徐士修等赈粜余银九千三百一十四两，买谷积贮，建仓六十间。邻邑中老成及才干绅士江嘉诂等，凡八人司其事，遇有更替，必慎其选，经纪出入，概不假手官吏。别提银滋息，作为存项，以备不给，并兴蚕桑，教织纴，一时诸善政毕举。三十四年，知府徐公士硕复集余息银，建惠济堂，分男女二□，以赡鳏寡老疾，一切收贮赈发，察核诸条规，皆何公向所详定。备载邑志。

原　跋

余侄爱山大总戎，博雅君子也。少时居乡，于山川风土、人物事迹，靡不容心考核，尝慨然兴曰："生斯地而遇物不能名，数典忘其祖，微论遗谫陋讥也，将愈久而浸失其传矣。"于是，综核一乡之形胜、舆地[①]，使名号划然不紊。穷讨秩祀之源流，俗尚之沿习，使规制一一可征。阐扬先代之勋业文章，孝友节义，使余韵流风，传之不朽，其心乎此者有年矣。成进士后，历官三楚、豫章诸省，虽王事鞅掌，未尝一日忘故土，命其子梅宾搜罗编辑，增其缺略，织悉不遗，今则裒然成集，署曰《橙阳散志》。盖橙阳为村旧号，散纪其事，萃会以成书也。披阅一过，其间分门别类，若网在纲，瞭如指掌，其为文质而不俚，博而能精，不失良史遗轨焉。或曰橙阳志，志乡也，较郡邑志，微分广狭，似非所急。不知合诸乡而成邑志，合诸邑而成郡志，等而上之为省志，为会典，无不自乡始也。语云："观于乡而知王道之易。"睹橙阳志，而江村之风俗敦庞，后先继美，洵久道化，成之一验也。诗有之："维桑与梓，必恭敬止。"语云："莫为之后，虽盛弗传。"爱山为是志，可谓恭敬之大，而为可法可传之事矣。余故乐缀数言，以附简末。

乾隆乙未孟秋朔日益堂愚叔廷泰书于武乡官署。

余歙人，而产于滇。自滇来京洛万余里，又当宦游黔蜀，见山川秀丽者，其人文亦如之。意[②]吾乡橙里，钟黄山白岳秀，冠裳文物，当指不胜屈，以未尝一至为恨。年老宦废，始一返故里，与人老亲邻徜徉山水间，备览景物风土之美。里中先后英伟，一一得饱观听，因叹灵异所钟不妄也。及阅郡邑志，举胸中闻见，十不及半，疑[③]采录未广，抑以琐事不及载欤。欲别辑成书，

① "舆地"，乾隆本作"舆图"。

② "意"，乾隆本作"忆"。

③ "疑"，乾隆本作"甚疑"。

专纪乡闾盛事，奈南北奔走，不遑从事。逮移家白下，里门咫尺，谓集事不难，而老病时作，遂至终废。今春圣天子修巡狩大典，临幸江浙，族子梅宾以诗画才，应制来省，将为当宁献暇日手《橙阳散志》草本一册见视[①]，则厥父爰山弟手辑，将以付梓者，自舆地人品，以及礼仪文物，无不备载。

呜呼伟哉！以余有志未行者，竟先我成之，可谓同志矣。忆二十年前，于汉上晤家曙园，公言论间，即闻爰山具大才，名列成均，后更以庠生获隽，应殿廷选，侍从紫禁，两获车驾，北巡关外，多著功绩。劣子葵适，供职薇省，同居近臣之列，得时亲风范。余拟再至都门，与握手谈心，一倾生平积愫，顾余意多不遂，爰山复出镇临沮。既而，移驻苗疆，十余年来，终相南北。展阅斯志，使我倍深饥渴之想也。用记余幅，以见余志，即藉以通问爰山可尔?

乾隆乙酉初夏原任茂州守八十老人鉴载拜书

川岳灵淑之气，萃为人文，其事实关运会，故国家有郡邑志，凡通都僻壤，文物声明，无不备载，所以昭文治，验国华也。况桑梓敬恭之地，或以文章著，或以行谊传，尤为风化所关，楷模攸系者耶。第人往风微，嘉言懿行，泯没不彰，何可胜数。有心者，辄太息不置。

予江村居瑞金之麓，练水环焉，自歙州公卜筑，而后宏文硕德，代不乏人，然登高凭吊，欲问其轶事，而遗老尽矣。年湮世远，恐愈传而愈失其真。《传》云："莫为之后，虽盛弗传。"亦里中之阙也。西江大连帅禀忠孝之性，兼文武之才，儒将风流，久标重望，诚所云山川之秀矣。乃公事之余，更思表彰先德，阐发幽光。凡橙阳胄裔，贻韵流徽，及文物礼仪，悉入记载，不使如昔茫然，俾人有所观感，意至深远也。霖自髫年聚首后，天各一方，获闻兹行，仰同山斗，见善而喜，敢辞不文，因搜辑先型，并列时人品，概邮寄西江镇幕，敬供采择。念大连帅起家甲第，簪绂连云，洵足增辉，里党恭承，推源水木，谅不作寒微之诮，爰书以为之跋云。

丁亥秋渔山兄廷霖拜手[②]

① "视"，乾隆本作"示"。

② 乾隆本无此跋。

附录一:江登云、江绍莲传记资料

公讳登云,字叔青,爱山其号也。父星源公饶盛德实行,载邑志,以公贵晋秩大夫,配郑太夫人生勉亭公、泽民公而卒,继黄太夫人亦早卒,再择贤偶,娶许太夫人,生公及乐泉、研山诸公。公生有至性,孝亲敬长,友爱诸弟,即幼已然。而状貌魁梧,才识明达。年十六,从兄客鄱阳,予族多治禺策业,时勉亭公司饶埠鹾务,深器公之才识,尽报假手焉。公意殊不自得,尝语人曰:"丈夫志功名,为国家作梁栋材,否亦宜效毫末用,宁郁郁侪偶中相征,遂以终老耶。"闻者壮其说。会朝廷诏上舍人,通韬略者准试武闱。公已注名成均,遂于乾隆戊午应诏省试,不捷,怅然曰:"其以国子生不克,当材武选耶。"爰弃儒服从事韎韦跗注,间暇则精究孙吴、司马之书,务归实用。

岁己未,受知于学使者,开公入武庠。丁卯,领乡荐,连第进士,膺殿廷选侍直禁卫,恭慎称职。与人交披肝胆,重然诺,绝去世俗浮薄之习,族子有应试京师,抱沉疾者,公曰:"旅病无依,此吾责也。"舆归寓中,延医调治,汤药必亲,弥月不倦,疾以得痊。乡孝廉公车北上,旅邸未娴,必为布置曲尽,乡情人咸感仰。及公外任,而入都诸公有叹惜,不及江公在京时来者。其为人爱慕如此。武进刘中堂尝语于朝曰:"予主戊辰武闱会试,所得士多道学气"。盖指临清协镇死事叶公信、河务协镇萧公钟伟、今南昌都督张公兆璠及公诸人也。

己巳丁父丧,家居守制。时济源何公在郡称良二千石,重公人品,相契厚,遇事诸商。辛未,岁饥,流亡夹道,公寓书邗上,族人筹策救荒得醵金若干,买谷赈乡里,本村丁口数千,借免于饥。嗣是各乡踵而行之。何公闻而叹曰:"首先定策倡议劝捐,非江侍直不能也,仁人之言其利薄哉!"遂援其事,劝谕捐输,建廒储粟,即今惠济仓所自昉也。服阕入都,值圣驾北巡,扈从塞外,多著劳绩。

乙亥秋选,襄阳游府分镇南漳,即古临沮地为入川捷径,奸匪潜迹,民多受害。公抵任,设五大政,轮操习,以严讯防。给游巡单,以靖寇盗。革豪弁利债，以苏民困。立功过簿，以定黜陟。储兵粮以备饥荒，而于民间灾患尤极矜恤。丙子，大旱，官民祈雨无应，公自谷城归，诸坛叩祈，甘雨立应，禾以得登。戊寅夏，大水发山谷，河小势涨，水头怒涌高数丈，声如雷吼，城下民居当水冲者，势所不免，哭声震动。公步行出城，具朝服向天默祈，水将及城，焂(倏)尔无声，势平如削，民居安然，若出神助。

时当罗田逆匪煽乱之后，有投匿名帖于县署云马匪匿迹闫家坪，集众入川。邑令城守仓皇失措，请进兵剿袭。公沉思力持不可，曰："首告逆犯何必匿名，闫平浅露，焉能集众，此必挟仇栽害，脱遽尔称兵，事虚则村民无故遭残，事实亦恐闻风免脱。莫若藉给门牌，令干员逐户暗查，而以谙练兵弁分截要路，庶事机密，而民不扰。如公言行之果无实，乃邻邑木工因事报复，遂抵诬者于法，而一境良民免蹂躏之惨，树碑以颂者几千人。

壬午秋，制提二宪合疏题请调任镇箪，驻营乾州。故苗巢要地，叛服不常。同城为军民司马之官，公志切抚绥，思得贤牧共襄治理。未几，予以桂林陈大中丞荐，擢乾州司马。公喜予至，推诚相处，每事商确，常至夜分而散。凡所以为苗疆谋安奠，罔遗余力。数年间，强悍之风渐泯，苗民有卖刀买犊之盛，实皆藉公之贤。士人献诗歌颂公德政绩，至数百十章，奉万民衣伞，盈于门。镇将得士民心，晚近罕有也。于苗蛮中尤喜作养人材，为风俗劝。儒童刘瑛，兵人子也，有幼慧，公勉以力学，分簿俸以助膏火，后成名诸生。又，杭君名富者，备伍乾营，公独器之曰："此有用材也"。诸多提挈，后果以金川著绩，膺郊劳之典，恩赐蓝翎，守戎东。粤人服公之明鉴。

丙戌，升南安参府，南安岭海交关，屏藩百粤，流民解犯，络绎于道。公巡察綦严，地方赖以宁谧。节相高公，荐举贤能，列居一等，擢升袁临协镇。公承寄任之重，整顿营伍，严肃官箴，为一军表率。抚军海大中丞与两司论江右贤员，尝曰："江协镇乃端人正士，求诸文员中亦不多得。"海公讳明，负人望不轻于许可者也。公自甲午迄丙申，三膺朝命署南赣都督，每至镇轻车减从，一肩行李，主仆萧然，人不知有镇军至者。下车后，巡城垒，严汛防，察官弁，辨藏否，绝干谒，罢馈遗，军营整肃，号令严明。观察守令，藉为柱石。所辖六郡十八营，立碑纪德，记载甚详。

丁酉春，许太夫人弃养，公闻讣归，士民送诸道者，日数百人，属员至涕泣，不能仰视。抵里经纪丧仪，竭诚尽敬，麻衣泣血，无少废礼，由是精力顿减，步履稍艰，决然有休老之志。谓其子曰："吾入仕以来，直内廷者八年，外任二十余载，位忝封疆，秩跻上品，天恩高厚，图报靡涯，但精力既衰，旷官宜

戒，知止知足，往训堪师，行将乞此余年，为慈亲卜地治葬，以尽子职。”爰额其室曰“二知轩”，以见志。

先是，勉亭公体父志，已卜地与伯父左嵋公合莽，郑、黄两太夫人，亦归窀穸，惟许太夫人寿藏未定。公故以为念，日涉川原，得先年遗圹地，名弹弓坞，择期今冬归葬。乃初秋方届，竟以无疾而终。迹其一生，孝亲敬长，至老不怠，亲没后逢讳日，素服茹斋悲思竟日，居母丧哀毁骨立，几不欲生。濒危之日，犹以葬事为言，其笃于孝行如此。尝念兄勉亭公教养，以实行上闻，表请貤封，曰：“此行非敢云报，第吾兄孝义未可埋没，用以彰隐德，劝后来耳”。

生平重根本，家居朔望，黎明斋肃，入祠堂焚香展拜，严寒暑雨无间。先茔祠宇，时萦胸臆，又以支祠水法壅阻，为风水攸关，急宜整理，更欲议定宗祠司事章程，曰：“在国为国，在乡为乡一也。”惜皆未及行。至村閒逸事，尤好搜讨，尝辑《橙阳散志》一书，为一村文献，邑侯杨公谓足补邑志所未逮云。服官数十年，清洁自持，不蓄玩好，不营财产，然所至官署，必捐俸修治。任南漳时，城隍庙圮，倡首新之。在南安，则修治新安会馆，以便乡人棲止。在袁州，则捐甃东门街道，以利行路，动耗多金不惜。乡人往来宦所，尽情款洽，或流滞难归，则量其道里所需，出囊锾以佽助之，务令得返故乡。

吾邑鲍孝子，远涉寻亲，道经袁州，其父正以债累滞袁，久绝音耗，至是与子值欲归，而券人难之，不得行。公闻立召诸券人，为清其债，给路金，而护送之，父子得以偕归。以故廉俸所入，随手辄尽，清风两袖淡如也。性尚幽雅，所居必除别圃植竹木，位置盆花、名人书画，罗列四壁，焚香啜茗，细绎典坟，考证得失，格言法语，手录成集，曰《圣贤同归》，曰《素壶便录》。所为诗文曰：《爱山诗草》《修本堂集》《僚友良朋宴集》，极尽绸缪，然动循礼法，无戏言，无玩色。岁时接见，虽年幼必衣冠，必起立。御下严而有节，恤勤苦，悯饥寒，人虽劳而不怨。在任抚恤士卒，恩威并济，签役必安其家。寒夜巡城，见守城卒露处霜雪中，叹曰：“法令当严，而风寒宜恤，刘荆州之韦袍复帽，良有以也。”因置坚厚羊裘若干，领贮军装库中，为冬月持更用。故每当代事，军士含涕送者辄至百里外，不忍别去。其出处大略如此。

计生康熙丁酉正月三十日申时，卒乾隆戊戌七月初九日亥时，寿六十有二岁。由乾隆戊辰科进士，授御前侍卫，管銮仪卫事。初任湖北襄阳左营游击署郧阳副将、均州参将，调湖南镇筸左营游击署沅州副将，升江西南安参将、袁临副将加三级，三膺钦命，署理南赣吉袁临宁总兵官，四膺覃恩，授中宪大夫、武翼大夫、武义大夫，诰授武功大夫，例晋振威大夫；配程夫人，诰封夫人，例晋一品夫人。子三：绍莲，邑附生；绍蓉，运知事；孙四人。

诸子以予与公善，请为公传。予不敏，曷足以传公？第予与公尝相处于蛮烟瘴雾中，忧乐相共者有年，知公莫予若，遂如实书之。论曰：士大夫具命世才，鲜不盛气凌人。公起家韬略，秉礼若儒者，言行不外忠直孝友，为国家宣力三十年，终老故土，完人也，可多得哉！

大清乾隆四十三年仲秋月愚侄恂拜撰

《济阳江氏族谱》卷九《清覃恩累晋武功大夫袁临副将署南赣总兵官登云公原传》，乾隆四十三年刻本。

江登云，字叔青，号爱山，初名嘉咏，歙江村人。性孝友刚正，少补国学生，举乾隆丁卯武乡试，戊辰进士，授御前侍卫，赐带花翎，两护车驾，北巡关外，多著劳绩。辛未岁饥，登云时以父忧家居，移书邗上，族人输金储粟，以振里闬。初任南漳游击，治军有法，恤兵爱民，以地僻藏奸，设游巡法，以靖寇盗，革豪牟利债，以苏民困。时罗田逆匪马朝柱煽乱，后有匿名帖言匪党匿迹闫坪，邑令苍黄请兵剿袭，登云不可曰："首告逆犯何用匿名也？"乃声言散给门牌，按户检查，阴令干弁截要径，遍察果无实，乃邻邑木工因怨冀陷，遂抵诬者于法，一境免蹂躏之惨，树碑颂者几千人。历署均州参将、郧阳副将，奏调乾州游击，力罢采黄之议，以杜边衅。会有告红苗出掠行旅者，登云素审苗性愚，半由奸民诱伙，分财未遂，辄以首告相掣制，每致激变，因单骑按部宣布法令，曲加训诲，搜得永绥奸民杨老回等，正其罪，苗人尽称快，罔不帖服。题署辰州副将，以卓异擢南安参将，升袁临副将，三署南赣总兵，咨定储粮，振兵舒民之法，饥年称便。丁母忧归，卒。见《橙阳散志》。

道光《徽州府志》卷十二《人物志二·宦业二》，道光七年刻本。

江登云，字舒青，江村人。乾隆戊辰武进士，御前侍卫，赐带花翎，两扈(护)车驾，北巡关外，多著劳绩。十六年，以父忧家居，岁大饥，移书邗上，族人输金储粟，以振里闬。初任南漳游击，治军有法，以地僻藏奸，设游巡法，寇贼散去不敢发，严禁豪牟利债，民免刻剥。历署均州参将、郧阳副将，奏调乾州游击，力罢采黄之议，以杜边衅。会有告红苗出掠行旅者，登云素审苗性蠢愚，半由奸民诱结，分财未遂，辄以首告相掣制，因单骑按部宣布法令，搜得永绥奸民杨老回等，正其罪，苗人称快，罔不帖服。以卓异擢南安参将，升袁临副将，三署南赣总兵，咨定储粮，振兵舒民之法，饥年称便。

民国《歙县志》卷六《人物志·宦绩》，民国二十六年刻本。

(第二十五世)绍莲,字宸联,号梅宾,原字依濂,邑庠生。著有《梅宾诗草》《蟾扶文萃》《芸窗半稿》诸书。生乾隆戊午年九月十一日戌时,配吴氏,丰南封中宪大夫京生公女、候补知府明易胞妹、乾隆举人内阁中书应辰姑,生乾隆丁巳八月二十六日辰时,卒乾隆乙酉八月初二日戌时;继吴氏,丰南国学生桂翘公女,生乾隆戊辰四月十九日辰时。子:立棣,元出;立棣,继出。

《济阳江族谱》卷五《世系·岃公分桂一公派》,乾隆四十三年刻本。

江绍莲,字依濂,江村人,邑庠优生。嘉庆辛未科会试,特赐国子监学正。嘉庆十五年,采访儒行,太守成履恒以品端学富,详报备奏荐。著有《橙阳散志续编》十五卷、《披芸漫笔》十八卷、《闻见闲言》四卷、《梅宾诗钞》六卷。

民国《歙县志》卷七《人物志·文苑》,民国二十六年刻本。

附录二:江登云、江绍莲家族世系图(部分)

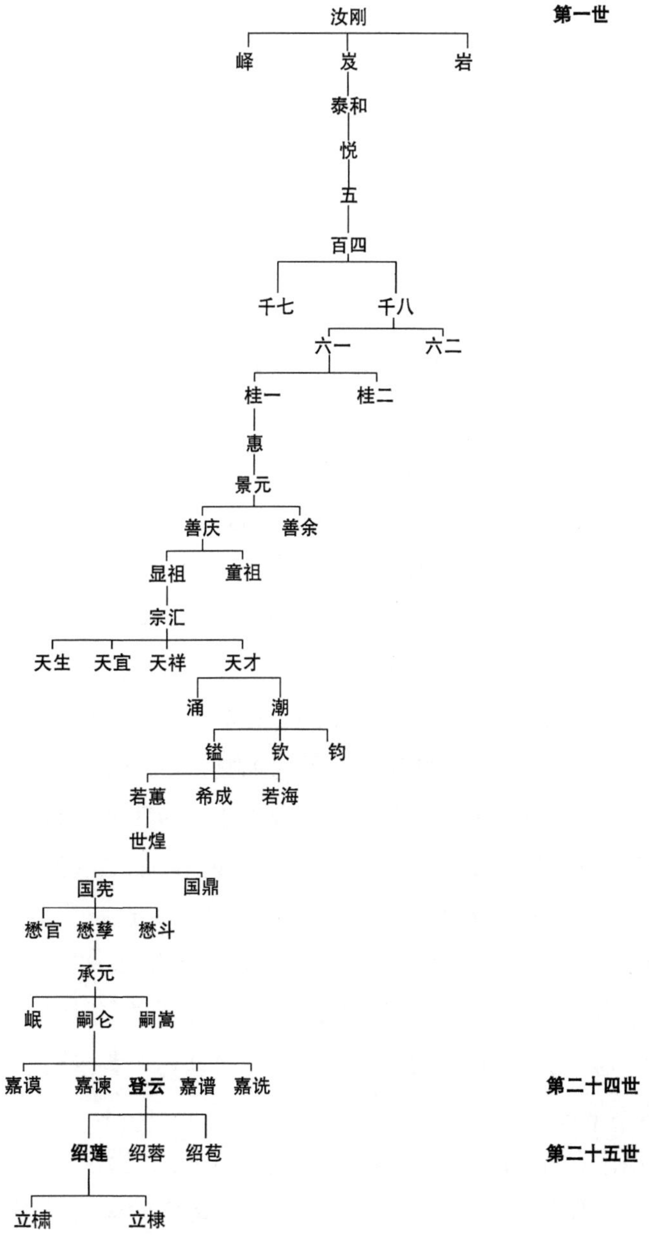

- 汝刚 (第一世)
  - 峄
  - 岌
    - 泰和
      - 悦
        - 五
          - 百四
            - 千七
            - 千八
              - 六一
                - 桂一
                  - 惠
                    - 景元
                      - 善庆
                        - 显祖
                          - 宗汇
                            - 天生
                            - 天宜
                            - 天祥
                            - 天才
                              - 涌
                              - 潮
                                - 镒
                                  - 若蕙
                                    - 世煌
                                      - 国宪
                                        - 懋官
                                        - 懋孳
                                          - 承元
                                            - 岷
                                            - 嗣仑
                                              - 嘉谟 (第二十四世)
                                              - 嘉谏
                                              - **登云**
                                                - **绍莲** (第二十五世)
                                                  - 立棣
                                                  - 立棣
                                                - 绍蓉
                                                - 绍苞
                                              - 嘉谱
                                              - 嘉诜
                                            - 嗣嵩
                                        - 懋斗
                                      - 国鼎
                                  - 希成
                                  - 若海
                                - 钦
                                - 钧
                        - 童祖
                      - 善余
                - 桂二
              - 六二
  - 岩

后　记

在传统中国文献体系中，方志与正史、文集、族谱等皆为重要文献载体。方志作为一种重要的地方文献，主要有一统志、省志、府志、县志、乡镇志和专志等类型。一般来说，府县级以上的方志多由官方倡修，举凡一地的山川水系、风土民情、社会经济、教育文化、地方望族等都包含在内。而乡镇志作为乡村社会最为直接的文献记载，则多为民间乡绅编纂，最能反映基层社会实态，其文献也是编纂府县志的重要资料来源，故而乡镇志具有重要研究价值。

在传统社会中，徽州素有"文献之邦"的美誉，如今遗存有数以万计的文书，数以千计的族谱、文集，数以百计的方志。这些资料是支撑徽学这一门新兴学科的重要基石。在徽州，目前遗存下来的乡镇志共有七部，分别是《岩镇志草》《橙阳散志》《孚潭志》《善和乡志》《丰南志》《沙溪集略》《西干志》。在这些乡镇志中，仅有前两部有刻本，其他五部均为抄本（稿本）。《橙阳散志》有两个版本，即乾隆四十年刻本和嘉庆十四年刻本，前者作者为江登云，后者作者为江登云、江绍莲。不仅如此，该方志两个版本的卷数也各不相同，即有十二卷、十五卷之别。该方志虽然为江登云始辑，其子江绍莲续编，但后者并非简单地将十二卷增加三卷内容，使之成为十五卷本，而是对整部方志从头到尾皆有改动、增减、补充、考证。这就使得该方志的编纂过程较为复杂。此外，近代徽州著名学者许承尧在其撰写的《歙事闲谭》一书中，大量抄录、节选《橙阳散志》内容，尤其是节录的《歙风俗礼教考》一篇，最为学界频频征引，但学者在引用时，不仅将该篇作者张冠李戴，而且对该方志的版本缺乏认识。

《橙阳散志》存在的上述问题，为学界研究带来很大不便，甚至很多学者在引用之时，仅依据其中一个版本，而不知其动态的编纂过程，乃至造成引用上的错误。故而,对《橙阳散志》的版本、内容进行系统整理、校勘既十分必要,又具有重要价值。

从《橙阳散志》版本遗存情况来看,乾隆四十年、嘉庆十四年两种版本皆有存世,乾隆四十年的刻本(稿本),分别收藏在国家图书馆、广东省立中山图书馆、南京大学图书馆,嘉庆十四年刻本分别收藏在中国社会科学院历史研究所图书馆(存前十卷)、上海图书馆(缺卷九、卷十)、安庆市图书馆(不全)。笔者在仔细比对的基础上,发现乾隆本虽然收藏在不同单位,但内容完全一致,嘉庆本也同样如此。故而,笔者在整理、校勘之时,选取嘉庆十四年刻本为底本,来校对乾隆四十年刻本(稿本)。

在整理的过程中,嘉庆本以上海图书馆(缺卷九、卷十)和中国社会科学院历史研究所图书馆(存前十卷)收藏的为主,乾隆本以南京大学图书馆和广东省立中山图书馆收藏的为主,将两种版本的内容进行仔细比勘,凡是存在增减、补充、考订之处,皆出校记。同时,为厘清《橙阳散志》的史源问题,还将该方志与该村族人编纂的歙县《济阳江氏族谱》(乾隆四十三年刻本)、《瑞阳阿集》(江东之撰)等典籍进行比对,并出注释,以明晰《橙阳散志》的史源和编修过程。

自2008年读硕士之初,笔者便阅读“中国地方志集成”中影印的《橙阳散志》(乾隆四十年刻本)以作研究。笔者在读博士期间,发现很多学者在利用该方志之时,不了解其版本问题,甚至将资料的作者张冠李戴,出现不少讹误。大约从2014年开始,笔者在各地馆藏机构查阅该方志的不同版本,并请学生进行录入。该方志的资料整理录入,时断时续,历时数年,孔康平、蒋璐、刘伟、张云龙、李慧芳、丁乐、朱传炜等硕士生付出了不少劳动。值得一提的是,刘猛博士的研究方向为方志学,他不仅帮助笔者在上海图书馆复印该方志,而且还帮助笔者进行整理。我们也常就该方志的编纂、内容和版本等问题进行讨论,这些都使笔者受益良多。在《橙阳散志》整理的过程中,安徽师范大学李琳琦教授将其列为其主编的“清代徽州乡土文献萃编”之一种,“清代徽州乡土文献萃编”获得2017年度国家古籍整理出版专项经费资助,从而使得本书的出版得以顺利进行。在本书整理过程中王世华教授不辞劳苦,对全书的标点、断句进行审订,纠正了不少文字标点错误。此外,在本书的出版过程中,安徽师范大学出版社的孙新文主任、蒋璐编辑也付出了

不少心血。在此，对上述给予笔者帮助的同志一并表示感谢。

古籍整理是一项艰苦而又枯燥的工作，不仅需要博览各种典籍，而且需要深厚的古文功底，稍有疏忽，便会出现讹误，进而影响图书质量。在本次校注中，虽然笔者花费很大力气进行整理、校勘，但囿于学识，难免存在一些问题，敬请广大读者、专家不吝赐教，以便今后进一步修订完善。

康　健

2018年2月2日

于芜湖寓所